应用型院校经济管理类核心基础课程规划教材
"互联网+"融媒体系列教材

电子商务

刘娜娜　张峰伟　主　编
徐雪峰　侯卫星　副主编

图书在版编目(CIP)数据

电子商务 / 刘娜娜,张峰伟主编. —上海：立信会计出版社,2023.11
ISBN 978-7-5429-7494-5

Ⅰ.①电… Ⅱ.①刘…②张… Ⅲ.①电子商务 Ⅳ.①F713.36

中国国家版本馆CIP数据核字(2024)第008113号

策划编辑　郭　光　张忠秀
责任编辑　郭　光
助理编辑　崔姝然
美术编辑　吴博闻

电子商务
DIANZI SHANGWU

出版发行	立信会计出版社
地　　址	上海市中山西路2230号　　邮政编码　200235
电　　话	(021)64411389　　传　　真　(021)64411325
网　　址	www.lixinaph.com　　电子邮箱　lixinaph2019@126.com
网上书店	http://lixin.jd.com　　http://lxkjcbs.tmall.com
经　　销	各地新华书店
印　　刷	上海华业装潢印刷有限公司
开　　本	787毫米×1092毫米　　1/16
印　　张	17.75
字　　数	443千字
版　　次	2023年11月第1版
印　　次	2023年11月第1次
书　　号	ISBN 978-7-5429-7494-5/F
定　　价	49.00元

如有印订差错,请与本社联系调换

前言

近年来,伴随着移动互联网、第四代和第五代通信技术的快速发展,智能手机等终端的迅速普及,我国互联网接入和应用水平快速提高。电子商务市场规模、增速持续领先全球。作为数字经济中最为活跃、发展态势最好的组成部分,电子商务已成为居民消费和经济增长的重要动力。一方面,电子商务的高速发展丰富了传统经济学,其融合信息经济、网络经济和市场经济的发展规律超出了传统经济学解释范围,人们亟需新的解释工具来认识电子商务发展的内在规律。另一方面,电子商务已经成为国民经济的重要组成部分和活力来源,更好地发挥电子商务的作用成为推动经济社会向着更高质量、更可持续、更具韧性的方向发展的必然趋势。因此,学习电子商务,具备电子商务相关的专业知识,以及分析和判断市场行情、行业发展趋势等能力已成为必然要求。

本书立意于"大智云物移"(即大数据、人工智能、云计算、物联网、移动互联网)五大科技的创新改革,对电子商务的相关知识进行了系统介绍,包括电子商务总论、电子商务技术支持、电子商务基本模式、新兴电子商务模式、网络营销、电子商务安全、电子商务支付方式、电子商务物流管理、电子商务法律法规和创新电子商务的行业应用等内容。本书从宏观角度出发,各章节内容布局合理,全面围绕电子商务活动的各项内容进行介绍。从基础知识开始,循序渐进、层层深入,使读者能够对电子商务有一个全方位的了解。

电子商务是一门应用性、实践性很强的课程,是高等院校经济管理类专业的主干课程之一。本书适用于应用型院校电子商务、跨境电子商务、国际经济与贸易、国际商务、市场营销、工商管理等专业的教学,也可以作为对电子商务有兴趣的读者的学习参考书。

本书主要有以下特色:

1. 突出系统性和应用性。本书从宏观、中观和微观三个角度对电子商务的各个知识点进行阐述,落脚于知识的应用,适合不同需求层次的读者。

2. 体现发展的前瞻性。本书吸取电子商务领域出现的新经营理念、新运作模式、新网络、新金融、新零售和新技术,在宏观理论方面进行了前瞻性的探索。

3. 融入课程思政。本书将课程思政融入教学内容,引导学生从思想、学习、生活、职业生涯规划等方面提高自我认知,为培养复合型、应用型、创新型的电子商务人才打下良好的基础。

4. 配备丰富的课程资源。本书配有教学大纲、教学日历、教学课件、教学案例和可撕页式课堂测试等课程资源,便于教师更好地完成课程内容;同时也能更好地帮助学生掌握电子商务的应用和操作重点,培养学生的实际分析与应用能力,帮助学生尽快掌握所学内容。

本书由刘娜娜、张峰伟、徐雪峰、侯卫星、孔祥敏、李满林等编写,书中参阅了大量的文献资料和相关教材,蕴含了一线教师们在教学实践中的心得和宝贵经验。同时也得到了多位专家的指点,特别是孔令一教授的无私帮助,在此表示诚挚的谢意。本书在编写和出版的过程中,得到了立信会计出版社的重要协助,感谢各位编辑夜以继日的工作,你们辛苦了!

由于编者水平有限,书中难免存在疏漏,如有不当之处,恳请各位读者批评指正,以便我们对本书进行修订和完善。

编 者

2023 年 11 月

目　录

第一章　电子商务总论 1
- 第一节　电子商务概述 2
- 第二节　电子商务系统 7
- 第三节　电子商务与传统商务 11
- 第四节　电子商务的发展 17
- 课堂测试 19

第二章　电子商务技术支持 21
- 第一节　计算机网络概述 22
- 第二节　互联网概述 26
- 第三节　Web 开发技术 34
- 第四节　电子商务技术及其应用 36
- 课堂测试 47

第三章　电子商务基本模式 49
- 第一节　B2B 电子商务模式 50
- 第二节　B2C 电子商务模式 58
- 第三节　C2C 电子商务模式 65
- 第四节　其他电子商务模式 74
- 课堂测试 79

第四章　新兴电子商务模式 81
- 第一节　C2B 电子商务模式 83
- 第二节　O2O 电子商务模式 88
- 第三节　社交电子商务 92
- 第四节　跨境电子商务 97
- 第五节　新零售 101
- 第六节　农产品电子商务 106
- 课堂测试 111

第五章　网络营销 ··· 113
第一节　网络营销概述 ··· 114
第二节　4P 与 4C 营销理论 ··· 121
第三节　网络广告概述 ··· 129
第四节　常用的网络营销方式 ··· 134
课堂测试 ·· 143

第六章　电子商务安全 ··· 145
第一节　电子商务安全概述 ·· 146
第二节　电子商务安全技术 ·· 152
第三节　电子商务安全管理 ·· 157
课堂测试 ·· 165

第七章　电子商务支付方式 ··· 167
第一节　电子支付概述 ·· 168
第二节　网上银行概述 ·· 173
第三节　第三方支付概述 ··· 176
第四节　移动支付概述 ·· 181
课堂测试 ·· 185

第八章　电子商务物流管理 ··· 187
第一节　电子商务物流概述 ·· 188
第二节　电子商务物流管理模式 ··· 195
第三节　电子商务物流配送管理 ··· 201
第四节　电子商务物流包装、仓储与冷链保鲜 ·························· 212
第五节　智慧物流概述 ·· 217
课堂测试 ·· 223

第九章　电子商务法律法规 ··· 225
第一节　电子商务法概述 ··· 227
第二节　电子商务合同概述 ·· 231
第三节　知识产权保护概述 ·· 236
第四节　网络隐私权与个人信息安全保护 ································· 242
第五节　电子商务安全与网络犯罪 ·· 245

课堂测试 · 251

第十章 创新电子商务的行业应用 · 253

　　第一节　在线教育 · 255

　　第二节　在线旅游 · 257

　　第三节　互联网医疗 · 260

　　第四节　互联网金融 · 264

　　第五节　智能制造 · 265

　　第六节　电子政务 · 267

　　第七节　AR 房地产交易 · 270

　　课堂测试 · 273

第一章　电子商务总论

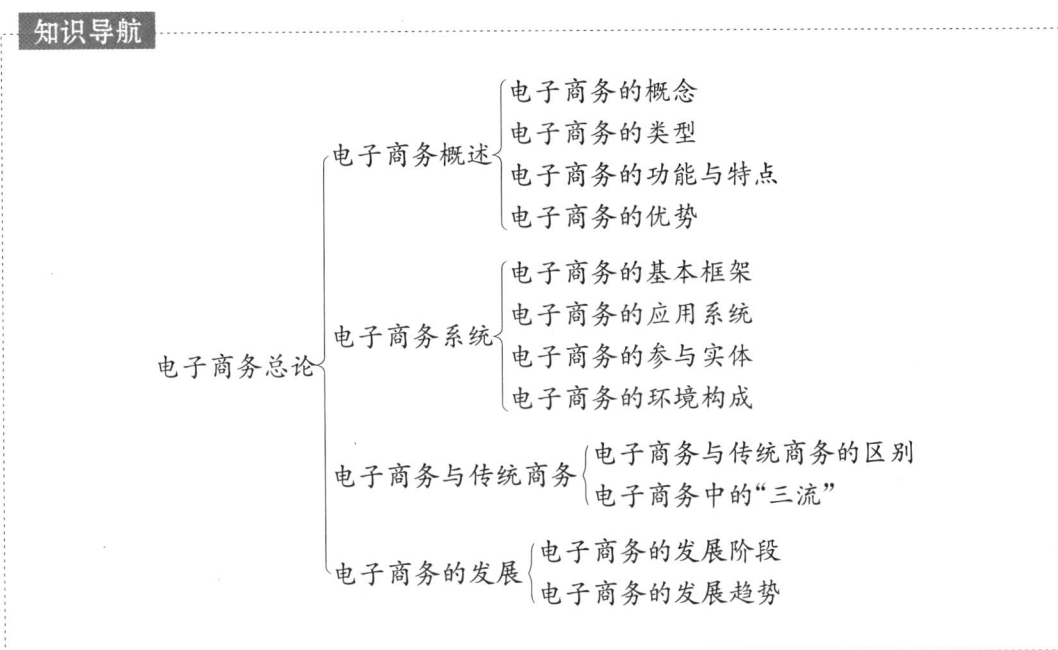

学习目标

1. 掌握电子商务的概念及类型。
2. 了解电子商务的发展趋势。
3. 理解电子商务与传统商务的区别。
4. 掌握电子商务的功能与特点。
5. 了解我国电子商务的发展。

【思政课堂】

2022 年网络零售市场发展情况

2022 年,我国网络零售市场总体稳步增长。国家统计局数据显示,2022 年全国网上零售额 13.79 万亿元,同比增长 4%。其中,实物商品网上零售额 11.96 万亿元,同比增长 6.2%,占社会消费品零售总额的比重为 27.2%。商务大数据对重点电商平台监测显示,2022 年全国网络零售市场主要呈现以下特点:

一是部分商品品类销售实现两位数增长。在 18 类监测商品中,8 类商品销售额增速超过两位数。其中,金银珠宝、烟酒类商品同比分别增长 27.3% 和 19.1%。

二是东北和中部地区增速较快。东北和中部地区网络零售额同比分别增长 13.2% 和 8.7%,比全国增速分别高出 9.2 和 4.7 个百分点。东部和西部地区网络零售额同比分别增长 3.8% 和 3%。

三是农产品网络零售增势较好。全国农村网络零售额 2.17 万亿元,同比增长 3.6%。其中,农村实物商品网络零售额 1.99 万亿元,同比增长 4.9%。全国农产品网络零售额 5 313.8 亿元,同比增长 9.2%,增速较 2021 年提升 6.4 个百分点。

四是跨境电商发展迅速。海关数据显示,2022 年我国跨境电商进出口(含 B2B)2.11 万亿元,同比增长 9.8%。其中,出口 1.55 万亿元,同比增长 11.7%,进口 0.56 万亿元,同比增长 4.9%。

五是电商新业态新模式彰显活力。重点监测电商平台累计直播场次超 1.2 亿场,累计观看超 1.1 万亿人次,直播商品超 9 500 万个,活跃主播近 110 万人。即时零售渗透的行业和品类持续扩大,覆盖更多应用场景,加速万物到家。

资料来源:中华人民共和国商务部.商务部电子商务司负责人介绍 2022 年网络零售市场发展情况[EB/OL].(2023-02-01)[2023-03-10]. http://sg.mofcom.gov.cn/article/sxtz/zgyshj/202303/20230303398361.shtml.

思考题:1. 电子商务有哪些特点?
2. 我国电子商务应该如何发展?

第一节 电子商务概述

电子商务通常是指在全球各地广泛的商业贸易活动中,在因特网开放的网络环境下,基于客户端、服务端应用方式,买卖双方不谋面地进行各种商贸活动,实现消费者的网上购物、商户之间的网上交易、在线电子支付,以及各种商务活动、交易活动、金融活动和相关的综合服务活动的一种新型的商业运营模式。各国政府、学者、企业界人士根据自己所处的地位和参与电子商务的角度和程度的不同,给电子商务许多不同的定义。电子商务包括 ABC、B2B、B2C、C2C、B2M、M2C、B2A(即 B2G)、C2A(即 C2G)、O2O 等。

电子商务是以信息网络技术为手段,以商品交换为中心的商务活动。"电子商务"中,"电子"是一种技术,是一种手段,而"商务"才是最核心的目的,一切手段都是为了达成目的而产生的。电子商务师是指利用计算机的技术、网络技术等现代信息技术来进行相关工作的人员。

一、电子商务的概念

电子商务在各国或不同的领域都有不同的定义,其关键依然是依靠着电子设备和网络通信技术进行的一种商业模式。随着电子商务的高速发展,它已不仅仅包括购物,还包括了物流配送等附带服务。一般来说,电子商务包括电子货币交换、供应链管理、电子交易市场、网络营销、在线事务处理、电子数据交换(electronic data interchange,EDI)、存货管理和自动数据收集系统等活动。在上述活动中,利用到的信息网络技术包括互联网、外联网、电子邮件、数据库、电子目录和移动电话。

狭义上讲,电子商务(electronic commerce,EC)是指通过使用互联网等电子工具(包括电话、广播、电视、计算机、计算机网络、移动通信等)在全球范围内进行的商务贸易活动。电子商务是以计算机网络为基础进行的各种商务活动,包括商品和服务的提供者、广告商、消费者、中间商等有关各方行为的总和。人们一般理解的电子商务是狭义上的电子商务。

广义上讲,电子商务一词源自"electronic business"是指通过电子手段进行的商业事务活动。通过使用互联网等电子工具,公司内部、供应商、客户和合作伙伴之间可以共享电子业务信息,实现企业间业务流程的电子化,配合企业内部的电子化生产管理系统,有助于提高企业的生产、库存、流通和资金等各个环节的效率。

二、电子商务的类型

按照商务贸易活动的运行方式,电子商务可以分为完全电子商务和非完全电子商务。

按照商务贸易活动的内容,电子商务可以分为间接电子商务(即有形货物的电子订货和付款,但仍然需要利用传统渠道,如邮政服务和商业快递送货)和直接电子商务(即无形货物和服务,如某些计算机软件及娱乐产品的联机订购、付款和交付,或者是全球规模的信息服务)。

按照开展电子交易的范围,电子商务可以分为区域化电子商务、远程国内电子商务和全球电子商务。

按照使用网络的类型,电子商务可以分为基于专门增值网络的电子商务、基于互联网的电子商务和基于内联网的电子商务。

按照交易对象,电子商务可以分为企业对企业的电子商务(B2B),企业对消费者的电子商务(B2C),企业对政府的电子商务(B2G),消费者对政府的电子商务(C2G),消费者对消费者的电子商务(C2C),代理商、企业、消费者三者相互转化的电子商务(ABC),以消费者为中心的全新商业模式(C2B2S),以供需方为目标的新型电子商务(P2D)。

三、电子商务的功能与特点

(一) 电子商务的功能

商家可通过电子商务提供网上交易和管理等全过程的服务。因此,电子商务具有广告宣传、咨询洽谈、网上订购、网上支付、电子账户、服务传递、意见征询、交易管理等功能。

1. 广告宣传

商家可凭借Web服务器,在因特网上发布各类商业信息。客户可借助网上的检索工具迅速地找到所需商品信息,而商家可利用网上主页和电子邮件在全球范围内作广告宣传。与以往的各类广告相比,线上的广告成本最为低廉,而给客户的信息量却最为丰富。

2. 咨询洽谈

客户可借助非实时的电子邮件、新闻组和实时的讨论组了解市场和商品信息、与商家洽谈交易事务,如有进一步的需求,还可利用白板会议来交流即时的信息。线上的咨询和洽谈能突破人们面对面洽谈的限制、提供多种方便的异地交谈方式。

3. 网上订购

客户可借助Web服务器中的邮件交互传送实现网上订购。一般来说,客户可以利用产品介绍的页面上的订购提示信息和订购交互格式框进行网上订购。当客户填完订购单后,系统会回复确认信息单,以保证订购信息的收悉。订购信息采用的是加密的方式,以使客户和商家的商业信息不会被泄漏。

4. 网上支付

电子商务要成为一个完整的过程,网上支付是其重要的环节。直接在网上采用电子支付手段可省略交易中很多人员的开销。网上支付需要更为可靠的信息传输安全控制机制,从而防止诈骗、窃听、冒用等非法行为。

5. 电子账户

网上支付必须由电子金融来支持,即需要银行或信用卡公司及保险公司等金融机构提供网上操作的金融服务。电子账户管理是网上支付基本的组成部分。信用卡卡号或银行账号都是电子账户的一种标志,而其可信度需配以必要技术措施来保证。例如,数字凭证、数字签名、加密等技术措施的应用有助于提高电子账户操作的安全性。

6. 服务传递

服务传递包括物流服务的传递和信息服务的传递。第一,物流服务的传递。对于已付款的客户订单,商家应将其订购的货物尽快地传递到客户的手中。有些货物在本地,有些货物在异地,商家可以线上进行物流的调配。第二,信息服务的传递。最适合在网上直接传递的货物是信息产品,如软件、电子读物、信息服务等。商家可利用电子商务的信息服务传递功能将货物直接从电子仓库中发到用户端。

7. 意见征询

电子商务能使商家十分方便地利用网页上的表单格式文件来收集客户对销售服务的反馈意见。这样一来,商家的市场运营能形成一个封闭的回路。客户的反馈意见不仅能提高商家售后服务的水平,更能使商家获得改进产品、发现市场的商业机会。

8. 交易管理

完整的交易管理涉及人、财、物多个方面,包括企业和企业、企业和客户,以及企业内部等各方面的协调和管理。因此,交易管理是涉及商务贸易活动全过程的管理。电子商务的发展,将会提供一个良好的交易管理的网络环境及多种多样的应用服务系统。这样一来,电子商务可以获得更广泛的应用。

(二) 电子商务的特点

传统商务贸易是在实体市场中进行的,而电子商务贸易是在基于互联网环境的虚拟市场中进行的。相较于传统商务贸易,电子商务将贸易流程中的实体更紧密地联系在一起,以便更迅速地满足各方需求,以最小的投入获取最大的利润。与传统商务相比,电子商务具有以下几个特点。

1. 虚拟性

电子商务平台作为数字化的电子虚拟市场,在利用其进行网络交易时,交易双方在整个商务活动过程中无需进行面对面交流,仅通过计算机网络就可以完成整个贸易活动。此外,电子商务还为交易双方提供了良好的沟通平台以进行信息的交换,最终可以促成电子合同的签订和电子支付。整个电子商务交易都是在虚拟的环境下完成的。

2. 信息化

电子商务信息化是指企业利用现代信息技术,通过对外部战略、信息、组织、流程、技术等资源进行整合、应用与深入开发,经历从简单业务IT策略到整个电子商务信息化系统构建,形成匹配企业运营的战略、信息、组织、流程、技术等资源,最终实现提升企业生产、经营决策水平与效率的目标。从技术角度来看,电子商务信息化是企业对现代信息技术的广泛应用。从作用对象来看,电子商务信息化是企业对内部信息资源的整合、开发与应用。电子商务信息化是一个动态发展的过程,在该过程中企业的竞争力、经营效益、决策水平都会不断地提升。

3. 全球化

传统商务依托门店、报纸杂志等进行营销,其销售市场仅在区域范围内。只有少数跨国公司有全球性业务。而电子商务依托的是能够实现全球范围内双向信息沟通和信息传输的互联网技术。因此,企业在互联网的支持下容易构建一个全球性交易市场。在该交易市场中,企业的业务范围可以突破地域和国界的限制,在任何时间、任何地点进行交易活动。几乎所有行业企业都可以通过互联网和全球各地的合作伙伴进行联系、沟通、合作,向全世界销售自己的产品。然而,电子商务全球化也给企业带来了面临更多竞争对手的压力。

4. 高效性

传统商务是通过电话、传真、电报等手段传送信息或资料的,不仅信息传递环节复杂、耗费大量时间,而且容易出错、降低工作效率。在电子商务活动中,各种商业报文都是标准化的,它们可在世界范围内被快速地传递并实现计算机自动处理。贸易洽谈、合同签订、货款支付和电子报关等过程直接通过电子化手段在最短时间内完成,极大地提升了商务通信的速度和效率,使得整个交易过程更加快捷和便利。此外,电子商务系统允许贸易伙伴之间沟通供求信息,这有利于企业对市场需求作出快速反应,提高产品生产速度,从而做到即时生产、即时销售。

5. 普遍性

电子商务作为一种新型的交易方式,将生产企业、流通企业以及消费者和政府带入一个网络经济、数字化生存的新天地。

6. 方便性

在电子商务环境中,人们不再受地域的限制,客户能以非常快捷的方式完成过去较为繁杂的商业活动,如通过网络银行随时存取账户资金、查询信息等。因此,企业对客户的服务质量得以大大提高。

7. 整体性

电子商务能够规范事务处理的工作流程,将人工操作和电子信息处理集成为一个不可分割的整体,不仅能提高人力和物力的利用率,还能提高系统运行的严密性。

8. 安全性

在电子商务中,安全性是一个至关重要的核心问题。电子商务的安全性要求网络能提供一种端到端的安全解决方案,如加密机制、签名机制、安全管理、存取控制、防火墙、防病毒保护等,这与传统商务有着很大的不同。

9. 协调性

商业活动本身是一个协调过程,包括客户与公司内部、生产商、批发商、零售商之间的协调。在电子商务环境中,协调是指银行、配送中心、通信部门、技术服务等多个部门通力协作。

四、电子商务的优势

电子商务的优势是将传统商务的流程电子化、数字化。一方面,"电子流"代替了"实物流",可以大量减少人力、物力,从而降低了成本;另一方面,电子商务突破了时间和空间的限制,使得交易活动可以在任何时间、任何地点进行,从而大大提高了效率。具体而言,电子商务的优势有以下几点。

(一)给企业带来巨大的商机

电子商务能给企业带来巨大的商机。企业可以节约成本、增加收入、提升知名度、平等参与市场竞争。同时,电子商务为虚拟企业和店铺的建立创造了条件。团购公司、淘宝网店等一系列虚拟企业和店铺的涌现,不仅活跃和延伸了现实的市场、刺激消费、繁荣市场经济,还为社会提供了很多就业机会,缓解了就业压力。

(二)满足消费者的需求

对消费者而言,电子商务的应用扩大了他们对商品的选择范围。消费者能够根据自身的需求定制产品,交易便捷,足不出户就可以买到物美价廉的产品。一些企业的网站能够根据消费者的需求为消费者量身打造产品。

(三)有利于中小企业跻身国际市场

电子商务为我国中小企业开拓国际市场、利用国内外各种资源提供了一个有利机会。在网络虚拟空间上开拓市场是企业扩张的重要途径,使得中小企业也能够在公平的环境中参与国内外市场竞争。电子商务创造了新的营销机会,为中小企业占领国内外市场开辟了一条新的道路。电子商务是一种跨越时空的商务活动,破除了时间和空间等限制,帮助企业进一步细分市场、开拓新产品市场,吸引新的客户。谁先抢占到市场,谁就赢得了发展的空间。

(四)时空优势

传统商务的特点是有固定的销售地点(即商店)和固定的销售时间,而电子商务是通过以信息库为特征的网上商店进行的,因此,其销售空间随着网络系统的扩展而扩大。在没有任何地理障碍的情况下,电子商务的销售时间由消费者,即互联网用户自己决定。

(五)成本优势

与传统商务相比,使用互联网渠道进行销售可以避免传统渠道中的许多间接连接,降低流通成本、交易成本和管理成本,加快信息流动。事实上,任何制造商都可以作为在线零售行业的商品供应商,并以相对低廉的成本向消费者销售商品。投资传统商店所需的成本越来越高,而投资电子商店所需的计算机和电信设备越来越便宜。同时,软硬件价格的降低使更多的消费者能够以较低的价格进入互联网,享受电子商务带来的好处,从而促进电子商务的发展。

(六)个性化优势

由于在线交流具有实时互动性,不受外部因素的干扰,消费者更容易表达其对产品和服务的意见。一方面,电子商务使在线零售商能够更好地了解客户的内部需求,更好地交付产品和服务。另一方面,相较于传统商务,电子商务能更方便地向客户提供个性化服务。

（七）信息优势

虽然传统的销售方式可以向消费者展示商店里的实际商品，但普通消费者经常会被外部因素（如商品的外观和包装）混淆而无法理解商品的内在质量。而商家利用电子商务技术，可以向消费者全面展示商品的内部结构和服务功能，帮助消费者充分了解商品和服务。此外，信息优势还体现在改善公司信息的组织结构，加快信息流动，通过整合和优化公司内部信息，为公司的生产和决策提供更快、更好的数据。

第二节 电子商务系统

一、电子商务的基本框架

电子商务的基本框架是指实现电子商务从技术到一般商业服务层所应具备的完整的运作基础。

（一）电子商务技术设施的三个层次

1. 网络层

网络层是指网络基础设施，即"信息高速公路"，是实现电子商务的最底层的硬件基础设施，包括远程通信网、有线电视网、无线通信网和互联网。这些网络都在不同程度上提供电子商务所需的传输线路。目前，这些网络基本上是独立的，研究部门正在研究将这些网络连接在一起。就目前来说，大部分电子商务的运作还是基于互联网的。

2. 信息发布与传输层

用户在网络层提供的信息传输线路上，根据一系列传输协议来发布传输文本、数据、声音、图像、动画、电影等信息。信息发布最常用的应用包括万维网（WWW）、文件传输协议（FTP）、Gopher（Gopher 是 Internet 上一个非常有名的信息查找系统）、远程登陆系统（Telnet）和 News（News 是一种流行的 URL 类型）。文件的传输方式一般包括电子邮件、EDI、FTP，以及点对点档案传输等。

3. 一般商业服务层

一般商业服务层是为了交易而提供的通用业务服务，是所有的企业、个人从事贸易活动时都会用到的服务，因此，一般商业服务层也称为基础设施层。一般商业服务层主要包括安全、电子支付、电子认证、商品目录服务、物流信息等。

（二）电子商务应用的四个支柱

1. 技术标准

技术标准是信息发布、传递的基础，是网络上信息一致性的保证。为了保证商务活动数据或单证能被不同国家、行业贸易伙伴的计算机识别处理，一定要有数据格式的一致约定。电子商务技术标准体系包括公共标准、网络标准、应用平台标准和应用技术标准。我国电子商务技术标准包含了四个方面：EDI 标准、商品编码标准（HS）、通信网络标准和其他相关的标准。

2. 公共政策

公共政策是指政府制定的促进电子商务发展的宏观政策，包括互联网络的市场准入管理、内容管理、电信及互联网络收费标准的制定、电子商务的税收政策等。

3. 法律规范

法律规范维系着商务活动的正常运作,网络活动必须受到法律规范的制约。法律规范制定的成功与否直接关系到电子商务活动能否顺利开展。电子商务的法律规范涵盖了知识产权保护、电子合同、电子签名、网络犯罪等诸多方面。

4. 网络安全

如何保障电子商务活动的安全,一直是电子商务能否顺利开展的重要问题。一个安全的电子商务系统,首先必须具有一个安全、可靠的通信网络,以保证交易信息安全、迅速地传递;其次必须保证数据库服务器的绝对安全,防止网络黑客闯入、盗取信息及传播计算机病毒。为此,制定了一系列安全标准,如安全套接层(SSL)、安全 HTTP 协议、安全电子交易(SET)等,并采用了电子签名、电子认证、防火墙等比较成熟的安全手段。

(三)电子商务系统的基本框架

从宏观上看,不同企业之间的分工协作以及企业和消费者之间的商品交换构成了整个社会的电子商务活动体系。电子商务系统的核心是电子商务的应用系统,不同的服务平台及软硬件环境,构成电子商务系统的运行环境。从底层到高层,电子商务系统的基本框架如表1-1所示。

表1-1　　　　　　　　电子商务系统的基本框架

电子商务应用系统（网络信息发布、B2B 交易、C2C 交易、网络银行、搜索引擎等）					电子商务应用
电子商务服务平台					商务服务基础环境
安全 (Firewall 等)	电子支付 (SET/SSL 等)	电子认证 (CA)	目录服务 (LDAP 等)	物流信息 (Logistics)	
电子商务应用开发支持平台					软件及开发环境
操作系统 (Windows, Unix, Linux 等)	网络通信协议 (TCP/IP, WAP 等)	开发语言 (PHP, Java, C++等)	对象组件 (JavaBeans, EJB 等)	大数据 (BigData)	人工智能 (AI)
计算机硬件（服务器,交换机,不间断电源等)					硬件环境
网络基础设施（互联网,有线电视网,无线网络）					网络环境
社会环境（技术标准,公共政策,法律规范,网络安全）					社会环境

二、电子商务的应用系统

电子商务的应用系统是电子商务系统的核心,为电子商务活动提供具体的支持。电子商务的应用系统一般建立在 Web Server 上,由应用开发人员根据企业特定的应用背景和需要来建立,以实现企业应用逻辑所需要的各种功能。

电子商务的应用系统是以互联网为手段的综合电子商务平台。具体来讲,企业可以通过互联网提供以下服务:网上提交订单、网上物流信息查询、网上支付(与银行联网)、供应商的调度、为大客户提供个性化服务。另外,企业还可以通过互联网进行产品质量反馈、市场调查等,并与各上游服务商通过互联网沟通信息。

(一) 电子商务的主要应用系统

1. 企业—企业的应用系统

企业对企业的电子商务(B2B)是电子商务业务的主体,约占电子商务总交易的 90%。就目前来看,电子商务在供货、库存、运输、信息流通等方面大大提高了企业的效率,电子商务最热心的推动者是企业。企业与企业之间通过引入电子商务能够产生大量效益。对于一个处于流通领域的商贸企业来说,由于它没有生产环节,电子商务活动几乎覆盖了其整个经营管理活动。通过电子商务,商贸企业可以更及时、准确地获取消费者的信息,从而准确预估订货量、减少库存,并通过网络促进销售、提高效率、降低成本,以获取更大的利益。

根据通用交易过程,企业对企业的电子商务可以分为以下四个阶段:一是交易前的准备阶段。这一阶段主要是指买卖双方和参加交易各方在签约前的准备活动。二是交易谈判和签订合同阶段。这一阶段主要是指买卖双方对所有交易细节进行谈判,将双方磋商的结果以文件的形式确定下来,即以书面文件形式和电子文件形式签订贸易合同。三是办理交易进行前的手续阶段。这一阶段主要是指买卖双方签订合同后到合同开始履行之前,办理各种手续的过程。四是交易合同的履行和索赔阶段。

2. 企业—消费者的应用系统

从长远来看,企业对消费者的电子商务(B2C)将最终在电子商务领域占据重要地位。B2C 是以互联网为主要服务提供手段,实现公众消费和提供服务,并保证与其相关的付款方式的电子商务模式。B2C 是随着万维网的出现而迅速发展的,可以将其看作是一种电子化的零售。目前,在互联网上遍布各种类型的商业中心,提供从鲜花、书籍到计算机、汽车等各种商品和服务。

电子购物方式彻底改变了传统的面对面交易、"一手交钱一手交货"等购物方式。当然,人们要想放心大胆地进行电子购物活动,还需要非常有效的电子商务保密系统。

3. 企业—政府的应用系统

包括政府采购、税收、商检、管理规则发布等在内的政府与企业之间的各项事务都属于企业对政府的电子商务(B2G)。例如,政府通过互联网发布采购清单,企业以电子的方式回应。随着电子商务的发展,B2G 的规模将会迅速增长。政府在 B2G 中扮演着两重角色:一是电子商务的使用者,进行购买活动,属于商业行为人。二是电子商务的宏观管理者,对电子商务起着扶持和规范的作用。在发达国家,电子商务的发展主要依靠私营企业的参与和投资,政府只起引导作用。与发达国家相比,发展中国家企业规模偏小、信息技术相对落后、债务偿还能力相对较低,政府的参与有助于引进技术、扩大企业规模和提高企业偿还债务的能力。

4. 消费者—消费者的应用系统

消费者对消费者的电子商务(C2C)主要体现在网上商店的建立。现在已经有很多的在线交易平台,如淘宝网、易趣网等。这些在线交易平台为很多消费者提供了在网上开店的机会,使得越来越多的人能够进入这一系统。

(二) 电子商务应用系统的功能

1. 商品动态展示和管理功能

电子商务应用系统将快递服务种类信息、快递服务价格信息、快递服务范围信息、市场动态等及时传递给用户,方便用户查找、查看信息。这就需要一个简单、直观、友好的操作界面,信息管理员能在该操作界面上对信息进行管理、审核和发布。

2. 交易功能

电子商务应用系统实现了用户在线下单,通过应用系统将快递信息提交给快递企业,快递企业对订单进行相应的处理后进行收件、配送。用户能查看、修改、撤销订单。同时,电子商务应用系统还需配备一定的网上支付功能以及快递配送确认的功能。

3. 用户/商家管理功能

电子商务应用系统具有在线注册、确认用户身份、登录查询、修改、注销等功能。同时,用户管理员可以对用户进行管理,还可以奖励或惩罚,设置用户的信用等,从而保证商务活动的正常有序进行。

4. 在线反馈沟通功能

通过电子商务应用系统,用户能方便地对快递企业的各种信息或其他事项进行在线查询,客服能在线回复用户的询问,确保信息交流顺畅、及时。

(三) 电子商务应用系统的基本特征

(1) 在 Web 服务器上建立,以实现企业的商务模型为目标。

(2) 使用各种与因特网相关的技术手段(如 TCP/IP、HTTP 等)实现企业的业务逻辑。

(3) 依赖底层的支持平台,并需要和底层平台紧密联系。

(4) 是一种分布式的应用体系,采取 B/S 的计算模式。

(5) 处理结果通过多种形式加以表达,支持多种信息终端。

三、电子商务的参与实体

电子商务的参与实体包括参与电子交易过程的机构、团体以及个人。具体来说,除了参与交易的客户和供应商,电子商务的交易还需要银行、认证中心、电子监管部门等的参与。

(一) 客户

相较于传统商务,电子商务客户的分布更为广泛,客户的需求更趋于多样性,客户与企业的联系更为密切。电子商务利用 WEB 技术采集客户信息、运用数据库技术储存客户资料、使用数据分析系统研究客户资料、使企业与客户之间的相互交流变得更为紧密。

(二) 供应商

供应商在电子商务中为客户提供相应的货物或服务。供应商在电子商务处于中心位置,供应商既是产品和服务的提供者,又是信息的提供者,还是电子商务发展的根本推动力量。供应商如何在信息技术速度进步的社会环境中利用现有的条件更为有效地发展自己的业务,是电子商务所要研究的中心问题。

(三) 银行

银行最直接地参与电子商务的方式便是建立网上银行。银行业具有的安全感、信誉度以及成熟的支付体系正适应了电子商务对安全、高效的资金支付服务的需求,银行业具有的优势正是互联网最缺乏的,却又是完整的电子商务所必需的要素。因此,银行是最适合承担在互联网上组合各种资源的重要职能的主体。银行能否充分利用自身优势、整合各种资源、延伸商务领域,已成为决定互联网发展方向和前景的重要因素。

（四）认证中心

认证中心（certificate authority center，CA）负责发放用以证明交易各方身份的数字证书。这种数字证书可以鉴别交易伙伴，确定合同、契约、单据的可靠性，并预防抵赖行为的产生。例如，CA发放的SSL证书和SET证书为电子商务交易提供了安全性保证。

（五）电子监管部门

电子监管部门负责对电子商务的交易过程进行监督和控制，如对淘宝，京东等平台的监管。

四、电子商务的环境构成

电子商务环境是以企业为中心的电子商务的一种基本形式。从系统角度看，电子商务是一个庞大、复杂的社会经济、技术系统。一个系统的运行必然受到环境的影响和制约。电子商务的环境构成分为内部环境和外部环境。

（一）内部环境

电子商务内部环境是指无形方面的（非硬件设施设备）环境。电子商务内部环境是多方面的，主要包括技术环境、经济环境、法规环境、政策环境等。

（二）外部环境

电子商务的发展要有一个支撑体系。例如，电子商务是基于网络的，企业必须上网，广大消费者甚至政府部门也要普遍上网才具备开展电子商务的基本条件；除了软件、数据等可以通过网络传输的商品，其他绝大多数商品必须通过现代物流手段才能到达顾客手中；电子商务过程中涉及远程付款、结算，传统的金融手段已经无法满足这种要求，广大银行必须发展电子金融，提供电子支付服务；由于网络具有虚拟等特点，电子商务使社会信用问题更加突出，缺乏一个良好的社会信用环境，电子商务是难以健康发展的；电子商务过程中涉及商业数据传输、个人隐私信息等，必须建立一个安全的网络环境保证信息安全。与过去相比，国内信息基础设施、现代物流、电子支付、信息安全、社会信用体系、信息安全体系已经得到很大改善。

电子商务的发展还要有一个保障体系。电子商务这种新的商务模式要求必须制定新的法律法规、修改现有法律法规中的有关条款、废除不适合电子商务发展的法律法规；为了规范电子商务的发展，必须建立一套符合国际惯例的标准体系；信息社会对电子商务从业人员的素质提出了更高的要求，必须培养不同层次的电子商务人才。电子商务是一个新事物，目前还不成熟、不完善，要有针对性地进行试点，推广示范企业的建设和运营经验，以点带面，推进电子商务发展。

第三节 电子商务与传统商务

一、电子商务与传统商务的区别

（一）运作流程的变化

与传统商务相比，电子商务的运作流程发生了根本性的改变。电子商务的运作流程主要有以下几个环节。

1. 商务平台的搭建

开展电子商务需要平台的建设,没有平台就无法开展接下来的一切工作,电子商务的平台就是网站。因此,首先要建设一个具有网络营销功能的网站,并基于这个网站来开展电子商务。

2. 产品的定位

商家在准备做电子商务前就要考虑这个问题,必须先考虑清楚自己准备做产品还是服务、做哪些产品等问题。只有定位好产品,商家才能考虑接下来的推广营销计划;不做好产品或者服务的定位就不能有效开展下一步的工作。

3. 网络营销和推广

在完成商务平台的搭建以及产品的定位后,商家接下来要考虑的是怎样让别人知道有这样一个平台出售这样的产品。为此,商家需要开展网络营销和推广工作。这一步对电子商务来说很关键也很重要,电子商务的成败大部分取决于这个环节。网络营销和推广是电子商务的核心所在。

4. 品牌信用度的建立

品牌信用度的建立主要是靠网络营销来实现的。需要注意的是,商家在前期建设网站时就应考虑这些问题。首先,网站应显现出诚信和品牌的统一性。品牌信用度的建立需要做到统一、长久、不间断地去影响互联网中的网民。同时,商家还应重视口碑宣传对品牌信用度的作用。

5. 客户关系的维护

当运营到一定阶段时,商家会拥有很多的客户资源。要想提升网站的客户忠诚度、促进客户再次购买的行为,就需要重视客户关系的维护。例如,商家可以在节假日的时候,给客户一些温馨的问候;在客户快过生日的时候,给客户寄生日礼物等。

6. 售后服务

售后服务的质量影响着客户是否会再次购买。因此,商家一定要做好售后服务这个环节,保证和承诺一定要做到。例如,网站上有"7天无条件退换货"的字样,那么,当客户在7天之内要求退换货的时候,商家不需要问客户退货的理由,快速办好退换货的工作即可。

7. 物流配送

电子商务的最后环节是物流配送。物流配送是否快捷和准确无误也影响着客户是否会再次购买。商家应保障物流时效,并和物流公司洽谈好合作事宜,不要让最后一个环节制约了整个的销售流程和环节。

（二）交易方式的变化

传统商务通过现金、汇款进行交易,而电子商务通过信息资金流进行交易。

（三）业务模式的变化

传统商务采用面销、电销模式,而电子商务采用网上宣传推广模式。

（四）经营模式的变化

传统商务采用全国连锁经营模式,而电子商务采用网络销售模式。在传统商务中,用户可以利用电话和传统媒体等方式来实现商务交易和管理过程。在电子商务中,用户则是在互联网、内部网和增值网以电子交易的方式进行交易活动和相关服务活动。

二、电子商务中的"三流"

电子商务中的"三流"分别是指物流、资金流和信息流。其中,物流是基础,信息流是桥梁,资金流是目的。电子商务利用网络科技将传统商业活动中的物流、资金流、信息流的传递方式进行了整合。从有关信息的流动和资金的转移到商品和服务的配送,电子商务实现了"三流合一"。因为无形商品的"三流"完全可以在网络上实现,所以无形电子商务又称为完全电子商务,而有形商品的"三流"不能完全在网上传输,因此有形商品电子商务又称为非完全电子商务。

(一) 物流

物流是指商品在空间和时间上的位移,包括这个过程中的采购配送、物流性加工、仓储和包装等环节中的流通情况。物流的宗旨在于满足企业与顾客的物流需求,尽量减少物流过程中各种形式的浪费,追求物流过程的持续改进和创新,降低物流成本,提高物流效率。一个成功的物流系统至少应该做到"7R",即适时(right time)、适质(right quality)、适量(right quantity)、适价(right price)、适地(right place),将正确的商品(right product)送到正确的顾客(right customer)手中。

物流虽只是交易的一个组成部分,但却是商品和服务价值的最终体现。"以顾客为中心"的价值实现最终体现在物流上。

(二) 资金流

资金流作为电子商务"三流"的构成要素之一,是实现电子商务交易活动不可或缺的手段。作为电子商务中连接生产企业、商业企业和消费者的纽带,银行是否能有效地实现电子支付已成为电子商务成败的关键。在常见的B2C交易中,持卡顾客向商家发出购物请求;商家将持卡人的支付指令通过支付网关发给银行的电子支付系统;银行接着通过银行卡网络从发卡行获得批准,并将确认信息再从支付网关返回商家;商家在取得支付确认后,向持卡人发出购物完成信息。剩下的工作就是银行系统内部的资金拨付和行间结算。

从以上过程不难看出,任何网上交易的资金流,都可以分为交易环节和支付结算环节两大部分。其中,支付结算环节是由包括支付网关、银行和发卡行在内的金融专用网络完成的。因此,银行可以说是任何电子商务资金流的核心机构。

(三) 信息流

信息流是指电子商务交易活动中买家和卖家为促成利于己方的交易而进行的所有信息获取、辨别、处理与应用活动。信息流是一切电子商务活动的核心。现代电子商务环境下的企业管理的本质和核心就是对企业信息流实施有效控制,从而提高企业效益。

1. 企业内部信息流

在传统企业还没有建立内联网的时候,企业内部分别存在着横向和纵向的信息流动。横向的信息流动是在企业各平级部门之间传递的信息流,而纵向的信息流动包括非平级部门之间自上而下和自下而上的信息流。自上而下的信息流主要是指导性和决策性的信息,包括企业战略、经营计划等;自下而上的信息流则是企业一些日常运营的反馈信息由基层向高层的汇总。

企业建立内联网以后情况就不同了,原来中规中矩的纵横格局被网状格局的"无始无终"取代。共享数据库成为不同部门和不同级别之间信息交流的中心,成为整个企业内部信息流的枢纽和"反应炉"。因此,信息传递的效率更高,科学性也更强,更易应用于决策当中。

2. 企业与企业之间的信息流

企业与企业之间的信息流主要包括企业与供应商之间、生产企业与商业企业之间的信息流。在电子商务环境下,企业与企业之间借助于电子数据交换(EDI)可以实现更为快速准确的信息交流。EDI软件将用户数据库系统中的信息,译成EDI的标准格式,以供传输交换。每个企业都有自己规定的数据格式,需要EDI软件将数据翻译成EDI标准的交换格式,然后再发出。接收者也要使用必要的转换软件,将接收到的EDI标准数据格式转换为内部格式,以备使用。

3. 企业与客户之间的信息流

客户资源已经成为所有现代企业的最重要资源。如何与客户进行有效交流、获得客户对产品的第一手信息已成为几乎所有企业的第一要务。借助客户关系管理(CRM)系统,企业可以方便地建立客户档案并与其有效沟通,形成和分析各种客户数据,并据此作出符合市场导向的决策。

(四)"三流"之间的关系

物流、资金流和信息流的形成是商品流通不断发展的必然结果。它们在商品价值形态的转化过程中有机地统一起来,共同完成商品的生产—分配—交换—消费—生产的循环。信息流提供及时准确的信息,资金流有计划地完成商品价值形态的转移,物流根据信息流和资金流的要求完成商品使用价值,即商品实体的转移过程,从而使得"三流"共同构成了商务活动中不可分割的整体,共同完成商品流通的全过程。

知识拓展

物流、资金流和信息流的一体化整合

首先,任何一笔电子商务交易都必不可少地包含这"三流"。它们时刻同在,互为因果。任何一个交易者在完成一笔交易之前必然要通过"三流"。其次,信息技术的不断进步、物流系统效率的不断提高为"三流"的一体化整合创造条件。三者之间在这个大环境下有效互动,构成了一个完整的电子商务模型:信息流是模型的肉体,是资金流和物流的基础;资金流和物流是模型的血液,是信息流的结果。

物流进行的是一个正向的流程,即从原材料供应商到制造商,再通过经销商和配送中心到顾客。物流的流通渠道如图1-1所示。

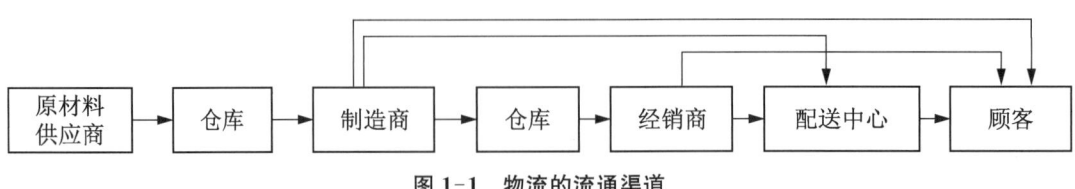

图1-1 物流的流通渠道

资金流进行的是一个反向的流程,即从顾客到经销商,再到制造商,最后到原材料供应商。资金流的流通渠道如图1-2所示。

图1-2 资金流的流通渠道

信息流进行的是双向流程,即电子商务各个交易主体之间不断进行信息的双向传递与交流。信息流的流通渠道如图1-3所示。

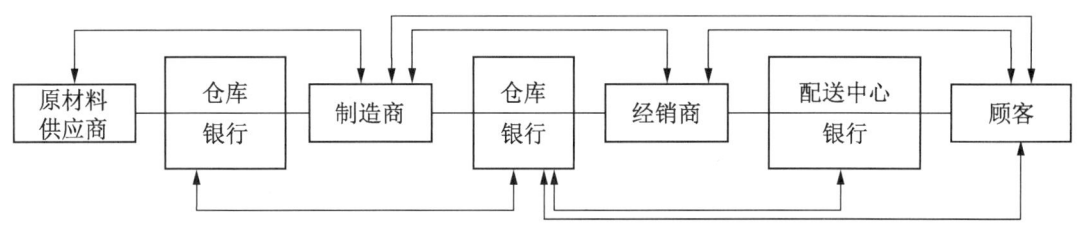

图1-3 信息流的流通渠道

三者的关系可以表述为：以信息流为依据,通过资金流实现商品的价值,通过物流实现商品的使用价值。物流是资金流的前提和条件,资金流是物流的依托和价值担保,并为适应物流的变化而不断进行调整,信息流对资金流和物流活动起指导和控制作用,并为资金流和物流活动提供决策的依据。

在电子商务活动中,物流、资金流和信息流本身是相互独立的。它们无论在时间上或渠道上都是可以分离的,流动的先后次序也没有固定的模式。

案例分析

格力电器渠道转型

一、格力电器渠道转型的背景

数字经济的发展给传统企业带来了前所未有的机遇和挑战。在数字经济背景下,渠道转型已成为许多企业优化商业模式、提高竞争力的新前沿。格力电器作为中国家电行业的领先企业之一,面临着同样的挑战和机遇。

格力电器在渠道转型方面有着成功经验。然而,数字经济的现状对企业的渠道战略提出了新的挑战。一方面,电子商务的兴起改变了传统的销售模式,为企业带来了新的商机。另一方面,客户需求的碎片化和产品服务的个性化使得企业很难完全覆盖市场。此外,制造商与渠道之间缺乏信任,渠道激励制度不完善,也成为格力电器转型的瓶颈。

鉴于上述问题,格力电器已采取了一系列措施,在数字经济中转变其渠道。首先,企业建立了数字营销平台,可以收集和分析大数据,为客户提供个性化和针对性的服务。其次,企业建立了基于O2O的新零售模式,可以有效整合线上和线下渠道,改善客户体验。最后,企业与电子商务平台和其他合作伙伴合作开发新的零售渠道,以扩大其市场覆盖范围。

二、格力电器如何利用工业互联网促进渠道转型

工业互联网的快速发展为传统企业带来了新的机遇和挑战,包括领先的家电制造商——格力电器。为了抓住机遇并克服挑战,企业需要转变其渠道战略。工业互联网是指信息技术、工业技术和物联网的结合,提供实时数据收集、分析和管理,并支持生产流程和供应链的优化。

通过利用工业互联网,格力电器可以提高渠道管理效率、提供个性化产品和服务,以及优化供应链。

(一) 提高渠道管理效率

工业互联网可以提高格力电器渠道管理的效率。通过收集和分析实时数据,企业可以快速了解市场需求和供应情况,并及时准确地作出渠道规划和优化决策。此外,工业互联网还可以提高库存管理的效率,减少资源浪费,提高交付准确性。

(二) 提供个性化产品和服务

工业互联网可以使格力电器为其客户提供个性化的产品和服务。通过收集和分析实时数据,企业可以更深入地了解客户的需求和偏好,并提供满足其独特需求的定制产品和服务。这可以帮助格力电器与客户建立更紧密的关系,提高客户满意度和忠诚度。

(三) 优化供应链

工业互联网也可以优化格力电器的供应链。通过收集和分析实时数据整合整个供应链,企业可以提高生产和交付的效率和准确性,减少交付周期和成本,并提高整个供应链的响应能力。这有助于格力电器在快速变化的市场中保持竞争力,并提高其整体业绩。

三、挑战和解决方案

然而,借助工业互联网,格力电器的渠道战略转型并非毫无挑战。其中最大的挑战之一是确保各种系统和流程的集成。格力电器需要确保其所有系统和流程能够无缝协作,并且收集的数据准确可靠。为了克服这一挑战,格力电器可以采取分阶段的方法,从小型、孤立的项目开始,逐步扩展到更大、更复杂的系统。

另一个挑战是缺乏工业互联网技术方面的人才和专业知识。格力电器需要吸引和留住具备实施和维护工业互联网系统和流程所需技能和经验的人才。为了克服这一挑战,格力电器可以投资培训和开发项目,以及与领先技术公司的建立合作伙伴关系。

四、结论

总之,数字经济的发展以及工业互联网的普及在促进格力电器渠道转型方面发挥着关键作用。通过提高渠道管理效率、提供个性化产品和服务以及优化供应链,格力电器可以在快速变化的市场中保持竞争力,并提高其整体绩效。为了借助工业互联网成功地转变其渠道战略,格力电器必须克服系统集成和人才开发的挑战。通过制定明确的战略和对其有效的实施,格力电器可以充分认识到工业互联网的优势,并成功实现其渠道转型。

资料来源:来自星球上的海.数字经济以及工业互联网的发展如何促进格力电器渠道转型?[EB/OL].(2023-02-06)[2023-03-30]. https://baijiahao.baidu.com/s?id=1757042211852173344&wfr=spider&for=pc.hmtl.

思考题: 1. 格力电器是如何进行渠道转型的?

2. 格力电器的成功转型说明了什么问题?

第四节 电子商务的发展

一、电子商务的发展阶段

我国电子商务发展至今已有 20 年左右的历史，电子商务已经发展得很成熟。2011—2016 年，电子商务进入井喷式爆发阶段。从 2021 年开始，电子商务就进入了平台厮杀阶段。

1999—2002 年是电子商务萌芽阶段。这个阶段，我国的网民数量很少，根据 2000 年公布的统计数据，当时我国的网民仅 1 000 万人左右。而且在这个阶段，大多数网民的网络生活还是停留于电子邮件和网页浏览阶段。

2003—2006 年是电子商务高速发展阶段。阿里巴巴、当当、卓越、慧聪、全球采购、淘宝等网站成了互联网"江湖"里的热点。这些生在网络、成长在网络的企业，仅在短短的数年内崛起，并且占领市场。

2007—2010 年是电子商务成熟阶段。这个阶段的电子商务已经不仅仅是互联网企业的天下。数不清的传统企业、商家和资金流入电子商务领域，使得电子商务世界变得异彩纷呈，大家统统涌入这片"蓝海"。

2011—2016 年是电子商务智能化、无线端娱乐化、销量爆发阶段。这个阶段的电子商务从电脑端向智能手机无线端转变，消费场景变得更安全、更智能化、更娱乐性化。尤其是 2013—2016 年，电子商务迎来一波受手机端消费习惯转变的影响而出现的爆发式增长，许多商家享受到流量红利的同时也获得了高额报酬。

2017—2021 年是电子商务深度挖掘、流量饱和阶段。随着无线端流量爆发的结束，电子商务行业进入了流量增长放缓、流量红利渐渐逝去的阶段，所有的商家开始向品牌化转型。各个电子商务平台也相互厮杀，以争取市场份额和用户量。商家通过打折促销开启了私域流量闭环的时代，试图用品牌的手段去圈住消费者。

2022 年至今是电子商务用户体验创新阶段。这个阶段的特征是所有的商家和平台都努力地提高用户体验。其目的就是要牢牢锁住已经在"池子"里的消费者，让他们可以持续地消费。这样一来，商家厮杀更为明显。将来除了创新（品牌、理念、服务以及粉丝互动娱乐性），单单靠产品本身已经很难有所突破。此外，电子商务对资金规模的要求越来越高。小商家将被挤压得无处生存，大商家产品价格也会越来越平民化。

二、电子商务的发展趋势

（一）智能化趋势

智能化趋势是一个垂直的发展趋势。随着硬件和软件技术的快速发展，网站规模的不断扩大与用户个性化需求的增加之间的矛盾有望得到解决。未来，智能虚拟购物者机器人将依托云计算技术，智能化地处理网站上大量的数据资源，为用户提供更加人性化的服务。同时，随着智能技术的应用，人们可以更有效、更快速地实现多平台信息的集成。例如，根据网民的操作特点和来自外部数据库的用户历史信息，进行有针对性的优化规划，及时、快速地满足用户个性化和即时性的需求，最终改善用户体验，提高消费率，提高用户满意度并增强网站黏性。

(二) 延展化趋势

延展化趋势是指横向的工业扩张趋势,将重点放在网上商品和服务的交易上,以扩大和拓展行业在各领域的联系。这意味着在企业内部,要素将渗透到企业管理、内部业务流程中;在外部产业集群领域,要素的开发将激活和推动一系列上游和下游产业的发展,如结算、包装、物流配送、区位服务等。此外,延展化趋势还将指导相关行业的创新和升级,如利用智能远距水电煤电计进行远距自动计费。这些创新反过来又将导致延展化趋势的不断加强。

(三) 规范化趋势

规范化趋势意味着市场将得到进一步发展和管理。随着市场情况的改善和相关法律、奖惩措施的出台,货物和服务供应商将变得更加规范和自律。例如,淘宝上的假冒商品在未来的生存空间越来越小。此外,随着地球环境的不断恶化和社会价值观的逐步转变,低碳环保的共识将慢慢在消费者中产生,进而促使环保理念进入电子商务行业。

(四) 分工化趋势

随着水平和垂直领域的不断发展,越来越多的专业服务网站将填补整个产业链的中间环节,将出现越来越多的可退款和最低价格网站。它们将进行消费者与网站之间、网站与物流之间、广告宣传与银行支付系统之间的专业资源对接。这些网站将继续在功能和应用方面进行创新。

(五) 区域化趋势

我国经济发展的不平衡,生活水平、自然条件、风俗习惯和教育水平的差异导致了网民结构的差异,这必然会使得网络经济和电子商务的发展表现出区域差异。例如,区域运营在团购网站中已经显示出不可替代的重要性。本地化的模式将更符合和接近当地生活习惯,每个区域群体的个性化需求将得到满足。

(六) 大众化趋势

随着中国经济向中西部地区的转移和全国范围的城市化,传统大都市以外的广大城乡地区将成为一个巨大的市场。除传统产业外,远程学习、远程医疗咨询、远程培训等网络也将得到快速发展,使得更多的人能够享受到日益普及的服务。

(七) 国际化趋势

国际化趋势具有历史必然性。我国网络经济已成为国际资本投资的热点。一方面,国际资本的直接注入将加快我国综合国力的提高,缩小我国企业与国际同行之间的差距,实现向全球消费者的"走出去"。另一方面,国际投资和业务在我国的本土化,不仅可以通过竞争提高我国企业的能力,而且可以使我国的中小企业向世界展示其专业渠道。这种内外部的相互融合与渗透将是未来发展中不可缺少的环节。

课 堂 测 试

班级_____ 姓名_____ 学号_____ 成绩_____

一、单项选择题(本大题共 10 小题,每题 4 分,共 40 分)

1. 狭义的电子商务的英文表达是( )。
   A. electronic commerce   B. electronic business
   C. electronic government D. electronic banking

2. 下列关于电子商务与传统商务的描述中,正确的是( )。
   A. 传统商务受到地域的限制,通常其贸易伙伴是固定的,而电子商务充分利用因特网,其贸易伙伴可以不受地域的限制,选择范围很大
   B. 随着计算机网络技术的发展,电子商务将完全取代传统商务
   C. 客户服务职能采用传统的服务形式,电子商务在这一方面还无能为力
   D. 客户购买的任何产品都只能通过人工送达

3. 电子数据交换的简称是( )。
   A. EB   B. EDI   C. NET   D. EC

4. 生产类企业上网采购是一种典型的( )电子商务活动。
   A. B2C   B. B2B   C. C2C   D. B2G

5. 一个企业在天猫上开了一个网店,这属于电子商务的( )模式。
   A. B2C   B. B2B   C. C2C   D. B2G

6. 网上采购中,( )为买方和卖方提供了一个快速寻找机会、快速匹配业务和快速交易的电子商务社区。
   A. 电子交易平台   B. 门户网站   C. ERP   D. SCM 系统

7. 下列关于虚拟市场带来的改变中,不包括( )。
   A. 更加丰富的信息
   B. 对买方而言更低的信息搜索成本
   C. 增大了买卖双方信息的不对称
   D. 位于不同地点的买方和卖方的能力大大提高

8. 电子商务,简单地说就是利用现代信息技术在互联网上进行的( )。
   A. 快递配送服务   B. 客户服务
   C. 营销活动   D. 交易活动

9. 国内著名的电子商务平台"京东"采用的是( )模式。
   A. B2B   B. B2C   C. C2C   D. B2G

10. 下列关于电子商务产生的原因中,叙述不正确的是( )。

A. 市场竞争的加剧　　　　　　　　B. 信息技术和网络技术的发展
C. 快递服务业的发展　　　　　　　D. 全球贸易自由化的发展

二、多项选择题(本大题共 5 小题,每题 6 分,共 30 分)

1. 电子商务以满足企业、商人和顾客的需要为目的,增加(　　),改善服务质量,降低交易费用。
   A. 交易时间　　　B. 贸易机会　　　C. 市场范围　　　D. 服务传递速度
2. 电子商务实质上形成了一个(　　)的市场交换场所。
   A. 在线实时　　　B. 虚拟　　　　　C. 全球性　　　　D. 网上真实
3. (　　)是电子商务概念模型的组成要素。
   A. 交易主体　　　B. 电子市场　　　C. 交易事务　　　D. 交易手段
4. 按照商务贸易活动的内容分类,电子商务可以分为(　　)。
   A. 直接电子商务　　　　　　　　　B. B2B 电子商务
   C. B2C 电子商务　　　　　　　　　D. 间接电子商务
5. 电子商务任何一笔交易都包括(　　)。
   A. 物流　　　　　B. 资金流　　　　C. 产业流　　　　D. 现金流

三、判断题(本大题共 5 小题,每题 6 分,共 30 分)

1. 网络商务信息是指通过计算机传输的商务信息,包括文字数据、表格、图形、影像、音乐以及内容能够被人工或计算机察知的符号系统。(　　)
2. 电子商务的核心是人。(　　)
3. 电子商务是一种以消费者为导向,强调个性化的营销方式。(　　)
4. 我国跨境电子商务的贸易模式主要分为企业对企业(B2B)和企业对消费者(B2C)两种。(　　)
5. 电子商务是以商流为表现形式的。(　　)

第二章　电子商务技术支持

知识导航

电子商务技术支持
- 计算机网络概述
  - 计算机网络的概念与功能
  - 计算机网络的组成与计算机网络系统
  - 计算机网络的类型
- 互联网概述
  - 互联网的组成与主要功能
  - IP 地址与域名
  - 无线网络
  - 移动通信技术
- Web 开发技术
  - Web 应用系统的结构
  - 客户端技术
  - 服务器端技术
- 电子商务技术及其应用
  - 云计算技术
  - 物联网技术
  - 移动计算技术
  - 大数据技术
  - APP 技术

学习目标

1. 掌握计算机网络的基础知识。
2. 掌握互联网的相关概念。
3. 了解 IP 地址与域名及移动通信技术。
4. 了解 Web 开发技术。
5. 了解电子商务的相关技术及其应用。

【思政课堂】

网络信息技术让生活更美好

随着经济社会的发展,各个领域的信息化都达到了一定水平,生产力水平和经济社会结构也发生重大变化,计算机网络技术对人们生活的全方位影响日益加深。手机、电脑、数字电视、电子书等都是电子化的,并且越来越多的工作也要通过电脑完成。这些信息产品已经不仅是个工具,而且成了人们生活的一部分,成了人们赖以生存的基本环境。

生活方式逐渐变得信息化,如网购、网络办公、网络学习等。单就网络学习而言,如果可以实现优质教育资源上网,那么就可以使更多的人享受到优质教育,特别是那些边远山区的孩子,可以享受到更优质的教育资源,而身边的老师主要起到辅导性的作用。这样一来,全体国民的素质可以得到很大提升。

人们对信息类和电子产品的消费比重越来越大,人们的生活内容正在越来越信息化。在所有物联网应用领域中,最让人期待的就是智能家居了,它可以让人们对未来生活场景中魔幻般的描述变为现实,包括智能家电、智能安防、电子商务、智能看护、信息服务和居家办公等。想象一下这样的场景:清晨我们在美妙的音乐中起床,窗帘自动拉开,电视机开始自动播报今天天气并提醒我们穿什么衣服,豆浆机、微波炉也已自动开启并准备好了早餐;出门时门窗、灯光会自动关闭,机器人会自动清扫房间,安防系统也启动,小汽车已自动预热;在路上短信会提醒说孩子已安全到达学校。如今,上述场景中的许多设想已成为现实,智能家居正在一步一步走入我们的生活。

技术的革新还在继续,它对人类的深刻影响还远远没有充分显现,但无论如何我们都有理由相信网络信息技术真的可以让生活更美好。

资料来源:张新红.信息技术革命正在孕育新的突破[EB/OL].(2012-07-05)[2022-07-10].https://business.sohu.com/20120705/n347310092.html.

思考题:电子商务新技术有哪些?它们是如何应用的?

第一节 计算机网络概述

计算机网络是伴随着计算机技术与通信技术的发展而发展的,既是两者有机结合的产物,也是电子商务运作的基础平台,是电子商务有效实施的必要保障。计算机网络的形成过程是从简单的为解决远程计算、信息收集和数据处理的专用联机系统开始,随着计算机技术和通信技术的发展,又在联机系统的基础上,发展到把多台独立计算机连接起来,组成以共享资源为目的的计算机网络。这样就进一步扩大了计算机的应用领域,促进了计算机技术、通信技术等在各个领域的飞速发展。

一、计算机网络的概念与功能

(一) 计算机网络的概念

计算机网络是指将地理位置不同的,具有独立功能的多台计算机及其外部设备,通过通信线路连接起来,在网络操作系统,网络管理软件及网络通信协议的管理和协调下,实现资源共享和信息传递的计算机系统。

计算机网络主要是由一些通用的、可编程的硬件互连而成,而这些硬件并非专门用来实现某一特定目的(如传送数据或视频信号)。这些可编程的硬件能够用来传送多种不同类型的数据,并能支持广泛的和日益增长的应用。

(二) 计算机网络的功能

计算机网络技术使计算机的作用范围和其自身的功能有了突破性的发展。计算机网络虽然多种多样,但是一般都具有以下几个功能。

1. 数据通信

数据通信是计算机网络最基本的功能。它用来快速传送计算机与终端、计算机与计算机之间的各种信息,包括文字信件、新闻消息、咨询信息、图片资料、报纸版面等。利用数据通信这一功能,可实现将分散在各个地区的单位或部门,用计算机网络联系起来,进行统一的调配、控制和管理。

2. 资源共享

"资源"指的是网络中所有的软件、硬件和数据资源。"共享"指的是网络中的用户能够部分或全部地享受这些资源。例如,某些地区或单位的数据库(如飞机机票、饭店客房等)可供全网使用;某些单位设计的软件,可供需要的地方有偿调用或办理一定手续后调用;一些外部设备,如打印机可面向用户,使不具有这些设备的地方也能使用这些硬件设备。如果不能实现资源共享,各地区都需要有完整的一套软、硬件及数据资源,这将大大地增加网络系统的投资费用。

3. 信息集中和综合处理

计算机在没有联网的条件下,每台计算机都是一个"孤岛"。使用者在管理这些计算机时,必须分别管理。而计算机联网后,使用者可以在某个中心位置实现对整个网络的管理,如数据库情报检索系统、交通运输部门的订票系统、军事指挥系统等。计算机网络技术的发展和应用,使得现代的办公手段、经营管理等发生了变化。目前,许多企、事业单位都增添了管理信息系统、办公自动化系统等,用来实现日常工作的集中管理,以提高工作效率,增加经济效益。

4. 分布式处理

当某台计算机负担过重时,或该计算机正在处理某项工作时,计算机网络可将新任务转交给空闲的计算机来完成,这样处理能均衡各计算机的负载,提高处理问题的实时性。对于大型综合性问题,可将问题各部分交给不同的计算机分头处理,充分利用网络资源,提高计算机的处理能力,即增强实用性。此外,还可以通过多台计算机联合使用并构成高性能的计算机体系的方式解决复杂问题。这种协同工作、并行处理的方式要比单独购置高性能的大型计算机便宜得多。

5. 提高系统的可靠性和可用性

计算机通过网络中的冗余部件可大大提高系统的可靠性。例如,在工作过程中,如果一台机器出了故障,可以使用网络中的另一台机器;如果网络中一条通信线路出了故障,可以选用另一条线路,从而提高了网络整体系统的可靠性和可用性。

二、计算机网络的组成与计算机网络系统

(一) 计算机网络的组成

计算机网络由通信子网和资源子网组成,即计算机网络的二级结构,如图 2-1 所示。

1. 通信子网

通信子网(communication subnet)简称子网,是指网络中实现网络通信功能的设备及其

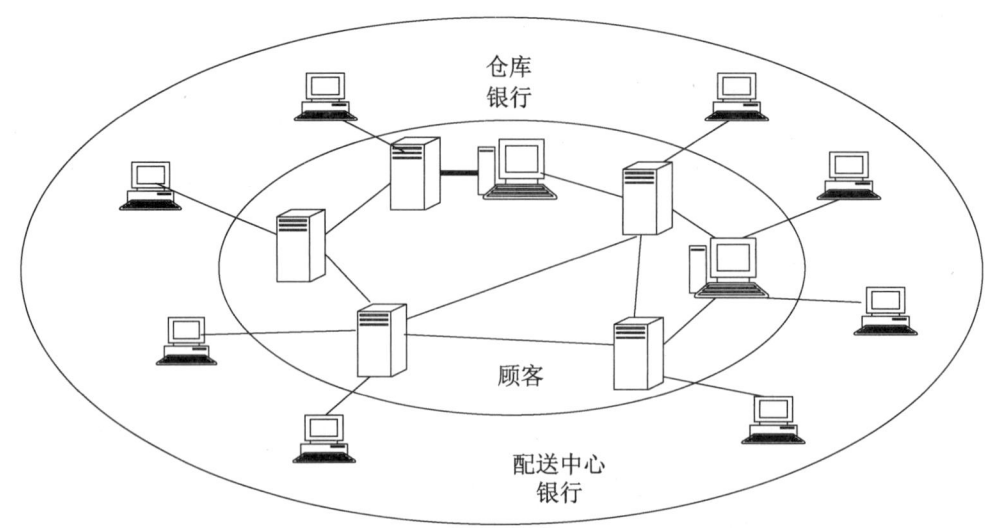

图 2-1　计算机网络的二级结构

软件的集合。通信设备、网络通信协议、通信控制软件等属于通信子网,是网络的内层,负责信息的传输,主要为用户提供数据的传输、转接、加工、变换等。通信子网的任务是在端结点之间传送报文,主要由转结点和通信链路组成。

通信子网包括专门负责通信处理的通信控制处理机、通信线路和其他通信设备,承担着全网的数据传输、转发和通信控制等通信处理工作,但不具备信息资源存储和计算的能力。

2. 资源子网

就局域网而言,通信子网由网卡、线缆、集线器、中继器、网桥、路由器、交换机等设备和相关软件组成。资源子网由联网的服务器、工作站、共享的打印机和其他设备及相关软件组成。

在广域网中,通信子网由一些专用的通信处理机(即节点交换机)及其运行的软件、集中器等设备和连接这些节点的通信链路组成。资源子网由上网的所有主机及其外部设备组成。

通信子网的设备在 TCP/IP 协议的物理层、数据链路层、网络层和传输层工作,而资源子网的设备在 TCP/IP 协议的应用层工作。资源子网负责全网的数据处理和计算,向用户提供各种网络资源和网络服务,使用户能够最大限度地共享网络中的各种软、硬件资源。

(二) 计算机网络系统

计算机网络系统主体可分为硬件和软件两大部分。一般而言,计算机网络硬件可以分为五类:网络服务器、网络工作站、网络交换互联设备、防火墙和外部设备;计算机网络软件分为网络系统软件和网络应用软件。

1. 计算机网络硬件

计算机网络硬件属于可被网络用户共享的硬件资源。通常情况下是一些大型的、昂贵的外部设备,如大型激光打印机、绘图设备、大容量存储系统等。

2. 计算机网络软件

计算机网络系统是在网络软件的控制下工作的。网络软件是一种在网络环境下运行的控制和管理网络工作的软件系统。一般而言,网络软件是一个软件包,包括供服务器使用的网络软件和供工作站使用的网络软件两个部分,每一部分都包括几个程序。互相通信的计算机必须遵守共同的协议,因此网络软件必须实现网络协议,并在协议的基础上提供网络功能。

根据网络软件的作用和功能,可把网络软件分为网络系统软件和网络应用软件。网络系统软件是控制和管理网络运行及网络资源使用的网络软件,为用户提供访问网络和操作网络的人机接口。网络应用软件是指为某一个应用目的而开发的网络软件。

三、计算机网络的类型

(一) 按传输技术分类

按传输技术的不同,计算机网络可分为点对点网络和广播式网络。

1. 点对点网络

点对点网络是指每一条物理线路连接一对计算机。如果通信的两台主机之间没有直接相连的线路,那么两者之间的分组传输必须通过中间节点的接收、存储和转发,直至传输到目的节点。

2. 广播式网络

广播式网络是指所有的联网计算机都共享一个公共通信信道。当其中一台计算机使用共享通信信道发送报文分组时,其他所有计算机都将收到这个分组。接收到这个分组的计算机通过检查该分组的目的地址来决定是否接收该分组。

(二) 按网络覆盖的范围分类

按网络覆盖的范围分类实际上是按网络传输的距离分类。传输技术随信息传输距离的不同而不同。按网络覆盖范围的不同,计算机网络可分为局域网、城域网和广域网。

1. 局域网

局域网(local area network,LAN)的分布距离一般在数千米以内。其基本特征是:属于某一个单位团体所建立与管理,一般是一个机构的内部网络,或是大学的校园网。

2. 城域网

城域网(metropolitan area network,MAN)是介于局域网和广域网之间的一种区域性网络,其分布距离一般在 10~100 千米,覆盖一个城市或地区。城域网为多个局域网提供高速的连接途径,实现大量用户间的数据、语音、图像、视频等多种信息的传输,也可作为公共设施运作。

3. 广域网

广域网(wide area network,WAN)的地理分布距离大,一般在数百千米以上,其通信线路一般由通信部门提供。广域网可以是一个国家或一个洲际网络,甚至可以把世界各地的局域网连接起来,实现远距离资源共享和低价高速的数据通讯。

(三) 按网络的拓扑结构分类

网络的拓扑结构是指用网中节点(主机、路由器等)中通信线路(网线)之间的几何关系

(如环形、总线形)表示的网络结构,主要是指通信子网的拓扑结构。按网的拓扑结构的不同,计算机网络可分为总线形网络、星形网络、网状形网络和环形网络。

1. 总线形网络

总线形网络是指用一根传输线把计算机连接起来的网络。这种网络的优点是建网方便,增减节点方便,节省线路。缺点是总线任意一处故障都会导致整个网络瘫痪,并且重负载的时候通信率较低。

2. 星形网络

星形网络是指每一台计算机或者终端都以单独的线路与中央设备相连。中央设备早期是计算机,如今一般是路由器或者交换机。星形网络比较容易集中控制和管理,因为端用户之间的通信必须经过中央设备。星形网络的缺点是中心节点故障,会致使整个网络瘫痪,同时星形网络的成本较高。

3. 网状形网络

一般情况下,网状形网络中的每个节点至少有两条路径与其他的节点连接,在广域网中使用较多。网状形网络分为有规则形和无规则形两种。其优点是可靠性较高,缺点是线路成本高、控制相对复杂。

4. 环形网络

环形网络是指所有计算机接口设备连接成一个环。它能够保证一台设备上发送的信号可以被环上其他所有的设备都看到。在简单的环形网络中,任何部件的损坏都将导致系统出现故障,这样将阻碍整个系统进行正常工作。环形网络中最为典型的例子就是令牌环局域网。环形网络的环可以是单环,也可以是双环,但是在环中信号的传输是单向的。

(四)按使用者分类

按使用者的不同,计算机网络可分为专用网和公用网。

1. 专用网

专用网(private network)是指某个部门为本单位的特殊业务需要而建造的网络。这种网络不向本单位以外提供服务,如铁路、军队、电力等部门的专用网。

2. 公用网

公用网(public network)是指电信公司出资建造的大型网络。所有按电信公司的规定交纳费用的用户,都可以使用这种网络。

(五)按传输介质分类

传输介质可分为无线和有线两类,所以网络也可以分为无线网络和有线网络两类。无线网络可以分为蓝牙、无线电、微波等。有线网络可以分为双绞线网络、同轴电缆网络等。

第二节 互联网概述

互联网是互相连接的计算机网络所组成的一个大系统,这个系统覆盖全球,是当前信息高速公路的主体。互联网是全球信息基础设施,提供了非常丰富的信息资源和最先进的信息交流手段,是电子商务的网络基础设施。

一、互联网的组成与主要功能

(一) 互联网的组成

互联网是通过分层结构实现的,从上至下可以大致分为物理网、协议、应用软件和信息四层。

1. 物理网

物理网是实现互联网通信的基础,其作用类似于现实生活中的交通网络,像一个巨大的蜘蛛网覆盖着全球,而且不断在延伸和加密。

2. 协议

在互联网上传输的每个信息至少应遵循三个协议:传输协议(TCP)、网际协议(IP)和应用程序协议。TCP协议负责管理被传送信息的完整性。IP协议负责将信息发送到指定的接收机。应用程序协议几乎和应用程序一样多,如SMTP、Telnet、FTP和HTTP等,每一个应用程序都有自己的协议,负责将网络传输的信息转换成用户能够识别的信息。

3. 应用软件

在实际应用中,人们是通过一个个具体的应用软件与互联网打交道的,每一个应用软件的使用代表着要获取互联网提供的某种网络服务。例如,通过QQ,人们可以寻找抒发情感的网上朋友;通过使用浏览器,人们可以访问互联网上的WWW服务器,浏览图文并茂的网页信息。

4. 信息

信息是指音讯、消息、通讯系统传输和处理的对象,泛指人类社会传播的一切内容。信息是网络的主体,互联网能够迅速地发展很大程度上依赖其丰富的信息和资源。

(二) 互联网的主要功能

互联网大大方便了信息的传播,给人们带来一种全新的通信方式。互联网的飞速发展和广泛应用得益于其具有的大量功能。这些功能为人们的信息交流带来了极大的便利。下面对互联网的一些主要功能进行分别介绍。

1. 电子邮件

电子邮件(E-mail)是网络用户之间进行快速、简便、可靠且低成本联络的现代通信手段。电子邮件使网络用户能够发送和接收文字、图像和语音等多种形式的信息。使用电子邮件的前提是拥有自己的电子信箱,即E-mail地址,实际上是在邮件服务器上建立一个用于存储邮件的磁盘空间。电子邮件地址的典型格式为"username@mailserver.com"。其中,"mailserver.com"代表邮件服务器的域名,"username"代表用户名,符号"@"读作"at",意为"在"。例如,某Email地址为"dxjyzc@sohu.com",其含义为用户名为"dxjyzc"的电子邮件地址在域名为"sohu.com"的主机上。利用电子邮件可以获得其他各种服务(如FTP、Gopher、Archie、WAIS等)。当用户想从这些信息中心查询资料时,只需要向其指定的电子信箱,发一封含有一系列信息查询命令的电子邮件,该邮件服务器程序将自动读取、分析该邮件中的命令,若无错误则将检索结果通过邮件方式发给用户,从而得到所需的信息。

2. 文件传输

互联网的文件传输(FTP)功能解决了远程传输文件的问题。无论两台计算机相距多远,只要它们都加入互联网并且都支持 FTP 协议,则这两台计算机之间就可以进行文件的传送。FTP 实质上是一种实时的联机服务。在进行工作时,用户首先要登录到目的服务器上,之后用户可以在服务器目录中寻找所需文件。FTP 几乎可以传送任何类型的文件,如文本文件、二进制文件、图像文件、声音文件等。一般的 FTP 服务器都支持匿名(anonymous)登录,用户在登录到这些服务器时无须事先注册用户名和口令,只要以"anonymous"为用户名和自己的 E-mail 地址作为口令就可以访问该 FTP 服务器了。

3. 远程登录

远程登录(Telnet)是互联网提供的最基本的信息服务之一。互联网用户的远程登录是在网络通信 Telnet 的支持下使自己的计算机暂时成为远程计算机仿真终端的过程。要在远程计算机上登录,首先应给出远程计算机的域名或 IP 地址。另外,事先应该成为该远程计算机系统的合法用户并拥有相应的账号和口令。

4. 万维网

万维网(world wide web,WWW),又称为环球信息网。人们常常把"WWW"简称为"Web",两者实际上是同一含义。Web 通过使用强有力的媒介传递信息,克服了许多早期信息传递的限制。Web 服务器利用 HTTP 传递 HTML 文件,Web 浏览器使用 HTTP 检索 HTML 文件。一旦从 Web 服务器检索到信息,Web 浏览器就会以静态和交互(如文本、图像)式显示各种对象。随着文本、图像、影像、声音和交互式应用程序的统一,WWW 已经成为信息交换的一种有效方式。正是由于 WWW 的出现,人们才可以浏览各种信息来源,并且通过各种超链接能够很容易地从一种信息来源转到另一种信息来源。超链接指向 Web 页面的统一资源定位器(URL)的对象。当用户单击一个超链接时,该用户就可转到超链接所指向的 Web 页面。URL 可以看成 Web 页面的地址,每个 Web 页面都有一个或多个 URL 与之相关。在特殊应用程序和浏览器的推动下,Web 很快成为互联网上发布文本和多媒体信息的一种有效手段。

5. 其他功能

例如,新闻组、讨论组或公告牌系统能使网上的用户与其他人在网上交流思想、公布公众注意事项、寻求帮助等。实际上,互联网具有的功能远远不止这些,还有搜索引擎、软件上传或下载服务、各类信息查询、网上聊天室、BBS 电子公告栏、免费个人主页空间、网上游戏、网上炒股、网上购物或商务活动、短信服务、视频会议和多媒体娱乐(VOD 点播、网上直播、MP3、FLASH 欣赏等)等。随着互联网的飞速发展,新的功能不断诞生。虽然互联网提供的服务越来越多,但这些服务一般都是基于 TCP/IP 协议的。

二、IP 地址与域名

(一) IP 地址

互联网中 IP 地址是一个极为重要的概念。为确保互联网上每台主机(能提供互联网服务的计算机)在通信时都能互相识别,每台主机都必须有一个唯一的地址来标识,即用 IP 地址表示该主机在网络上的位置,也叫主机网际协议地址,这犹如电话系统中每台接入电话网络的具有标识效用的电话号码。用户在拨号上网时,由互联网服务提供商(ISP)自动随机分配一个 IP 地址,而且每次拨号时 IP 地址都不固定,这就叫作动态 IP 地址。一般来说,大型网站都会向它们的域名服务商申请一个固定不变的 IP 地址,称为固定 IP 地址。

1. IPv4 地址

1) IPv4 地址的组成

IPv4 地址的层次结构组织包含两部分:网络地址与主机地址。前者用以区分在互联网上互联的各个网络,后者用来表示同一网络上的不同计算机(或主机)。IP 地址由 32 位二进制数构成,分为 4 段(4 个字节),每段 8 位(1 个字节),可以用小于 256 的十进制数来表示,段间用圆点隔开。例如,192.168.8.128(二进制数为:11000000.10101000.00001000.10000000)。在实际使用中,IP 地址码分配是分级进行的。由互联网数字分配机构(IANA)负责全球互联网上 IP 地址的分配;由中国互联网信息中心(CNNIC)负责我国 IP 地址的分配。

IP 地址具有以下两个重要性质:

(1) 每台主机的 IP 地址在整个互联网中是唯一的。

(2) 网络地址在互联网范围内统一分配,主机地址则由该网络本地分配。即当一个网络获得一个网络地址后,可以自行对本网络中的每台主机分配主机地址,主机地址只需在本网络中唯一即可。

2) IPv4 地址的分类

为适应不同规模网络的需要,IPv4 地址通常分为五类。具体如下:A 类以"0"开头,用于有大量主机的超大型网络;B 类以"10"开头,用于有较多主机的大、中型网络;C 类以"110"开头,用于主机数量不多的小型网络;D 类以"1110"开头,用于多目标地址的广播传递;E 类以"1111"开头,主要用于研究和试验,不供一般使用。其中,A、B、C 类为基本类,基本类所规定的网络地址与主机地址的空间分别与它们的相应长度相关。

例如,清华大学网站的 IP 地址为 166.111.4.100,这就是一个 B 类地址。其中,"166.111"是清华大学的网络号,"4.100"表示这个网络中的一个主机地址。在这个网络中,最多可以有 65 534 个拥有独立 IP 地址的主机。C 类地址使用前三组来标识网络号,地址范围为 192.1.1~223.254.254。在 C 类地址中,一个网中最多可有 254 个主机,但可以给一个组织分配多个网络号。我国的大部分企业使用的都是 C 类地址。224.1.1 以后的地址留作以后使用,但目前还没有明确定义。基本类 IPv4 地址空间列表如表 2-1 所示。

表 2-1　　　　　　　　　　基本类 IPv4 地址空间列表

类别	第一字节范围	网络位	主机位	网络中最大主机数	适用网络规模
A 类	1~126	7	24	1 677 214	大型
B 类	128~191	14	16	65 534	中型
C 类	192~223	21	8	254	小型

2. IPv6 地址

IPv6 是"Internet Protocol Version 6"的缩写,是 IETF(internet engineering task force)从 20 世纪 90 年代初开始制定的用于替代现行版本 IPv4 的下一代 IP 协议。

如果说 IPv4 实现的只是人机对话,而 IPv6 则扩展到任意事物之间(物联网)的对话。

IPv6 不仅可以为人类服务,还将服务于众多硬件设备,如家用电器、传感器、远程照相机、汽车等。IPv6 是无时不在、无处不在地深入社会每个角落的真正的宽带网,其所带来的经济效益将非常巨大。

(二) 域名

由于 IP 地址不易记忆,用户在使用时颇感不便。为此互联网引进了便于记忆的、富有一定含义的字符形地址——域名。在互联网上,域名是用有意义的名字来对应地标识计算机的 IP 地址。

域名在互联网上是不能重复的,为此互联网规定了一套命名机制,称为域名系统(domain name system,DNS)。域名和 IP 地址之间存在一对一或多对一的关系,因为一个企业网站只有一个 IP 地址,但是可以有多个域名。对于大多数人而言,只要有了域名,无需知道 IP 地址就可以访问网站。

域名系统是互联网的一项核心服务。作为可以将域名和 IP 地址相互映射的一个分布式数据库,域名系统能够使人更方便地访问互联网,而不用去记住能够被机器直接读取的 IP 数字串。

互联网的域名系统是一个树形结构,其形式如下:com(企业)、net(网络运行服务机构)、gov(政府机构)、org(非营利性组织)、edu(教育)。域由 InterNic 管理,其注册、运行工作目前由 Network Solution 公司负责。

互联网的域名系统是一种分布型层次式的命名机制。域名由若干子域构成,子域间以圆点相隔,最右边的子域是顶级域名,自右向左层次逐级降低,最左边的子域是主机名。例如"www.tsinghua.edu.cn"这个名字可标识一台主机,其中,"cn"表示中国,"edu"表示教育机构,"tsinghua"表示清华大学,"www"表示这台主机是一台 WWW 服务器。

TCP/IP 的域名语法只是一种抽象的标准,只要原则上符合层次型名字空间的要求,保证同层的名字不冲突就可以了。任何组织均可根据域名语法构造本组织内部的域名,但这些域名的使用当然也仅限于组织内部。

例如,只要域名后缀为"tsinghua.edu.cn"的名字空间就可以由清华大学管理,可以直接在前面加一个名字来表示主机,也可以再按照系来划分层次,如用"www.sem.tsinghua.edu.cn"表示清华大学经济管理学院的 WWW 服务器。为保证域名系统的通用性,互联网规定了一组正式的顶级域名。域名的组成如图 2-2 所示。

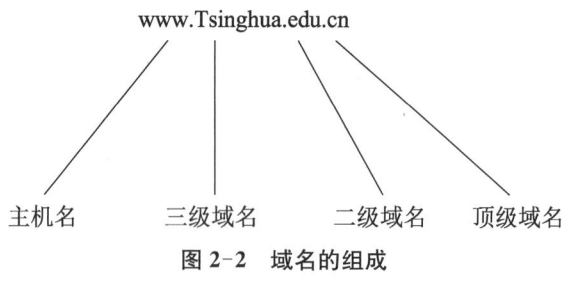

图 2-2 域名的组成

域名由网络信息中心(NIC)管理。假如一个国家的主机要按地理模式登记进入域名系统,需要首先向 NIC 申请登记本国的顶级域名(一般采用该国国际标准的二字符标识符)。NIC 将顶级域名的管理特权分派给指定管理机构,各管理机构再对其管辖范围内的域名空间继续划分,并将各子部分管理特权授予子管理机构,如此下去,便形成层次型域名。例如,以".cn"结尾的域名全部由中国的域名管理机构——中国互联网信息中心(CNNIC)管理。CNNIC 将 cn 域划成多个子域,包括 ac、com、edu、gov、net、org、bj、sc 等,并将二级域名

"edu"的管理权授予 CERNET 网络中心。CERNET 网络中心又将 edu 域划分成多个子域，即三级域，各大学和教育机构均可以在 edu 下向 CERNET 网络中心注册三级域名，例如，edu 下的"tsinghua"代表清华大学，"nankai"代表南开大学，并将这两个域名的管理权分别授予清华大学和南开大学。南开大学可以继续对三级域"nankai"进行划分，将四级域名分配给下属部门或主机，如 nankai 下的"cs"代表南开大学计算机系，而"www"和"ftp"代表两台主机。

1. 国际顶级域名

国际顶级域名可分成两大类：一类表示机构的类别，如表 2-2 所示；另一类表示国家或地区，如表 2-3 所示。一直以来，以".COM"".NET"".ORG"为代表的域名占据了通用顶级域名市场的前三位，尤其是".COM"域名更以 2 200 万的注册数量名列榜首，尽管".COM"域名还处在不断增长的阶段，但简单好用的".COM"域名早已被抢注一空，甚至出现了非法抢注域名的事件。通过决议，互联网国际域名管理机构名称与数字地址分配机构（ICANN）从近 50 个申请中遴选出 7 个新顶级域名来满足域名市场的需求。ICANN 机构理事会推出的 7 个顶级域名分别为代表航空运输业专用的".aero"；面向企业的".biz"；为商业、行业协会专用的".coop"；可以替代.com 通用域名的".info"；博物馆专用的".museum"；个人网站专用的".name"；会计、医生和律师等职业专用的".pro"。2014 年开始，全球陆续有 1 000 多个新域名后缀面世，如".top"（代表顶级、突破）、".xyz"（代表创意创新、三维空间、无极限）和".loan"（代表贷款）等。

表 2-2　　　　　　　　　　表示机构类别的顶级域名

域名	类别	域名	类别
com	商业机构	biz	商业机构
edu	教育机构（美国）	int	国际组织
gov	政府部门（美国）	org	非营利性组织
mil	军事部门（美国）	info	信息服务机构
net	网络服务机构	name	个人网站
coop	合作组织	aero	航空
pro	医生、律师、会计专用	museum	博物馆

表 2-3　　　　　　　　　　表示国家或地区的顶级域名（部分）

域名	国家或地区	域名	国家或地区	域名	国家或地区
uk	英国	au	澳大利亚	us	美国
ca	加拿大	ch	瑞士	in	印度
cn	中国	hk	中国香港	fr	法国
de	德国	sg	新加坡	jp	日本
it	意大利	tw	中国台湾	ru	俄罗斯
mx	墨西哥	mo	中国澳门	ws	西萨摩亚
tv	图瓦卢	cc	Cocos 群岛	bz	伯利兹

2. 中国的二级域名

中国的域名管理机构是中国互联网络信息中心(CNNIC)。CNNIC 设定的中国互联网络的二级域名分为"类别域名"和"行政区域名"两类。"类别域名"有 6 个,如表 2-4 所示,"行政区域名"有 34 个。我国互联网络域名体系中各级域名可以由字母(A—Z,a—z,大小写等价)、数字(0—9)、连接符(—)或汉字组成,各级域名之间用实点(.)连接,中文域名的各级域名之间用实点或中文句号(。)连接。

表 2-4 中国二级域名按类别分

域名	类别	域名	类别
ac	科研机构	gov	政府部门
edu	教育机构	org	非营利性组织
com	工、商、金融等企业	net	互联网络服务机构

中国互联网络按行政区域分配的二级域名设定了 34 个,每个省一个(包括中国香港、中国澳门、中国台湾),如北京 bj,上海 sh,天津 tj,江苏 js 等,但是实际上很少有单位申请该类二级域名。2003 年 3 月 17 日,原国家信息产业部宣布 cn 二级域名已经全面开放注册,即用户在顶级域名"cn"下可以直接申请注册二级域名,如"www.XXXX.cn",其中"XXXX"为用户自行决定的二级域名。

3. 中文域名

在 CNNIC 的中文域名系统中,在顶级域名"cn"之外暂设"中国""公司"和"网络"三个中文顶级域名。其中,注册"中国"的用户将自动获得"cn"的中文域名,如"龙.cn""龙.中国""中国频道.公司"和"中国频道.网络"等。中文通用域名的长度限制在 20 个汉字以内,首尾不能有非法字符,如"+""@""&"等,不得含有危害国家及政府的文字,允许使用中文、英文、阿拉伯数字及"—"号等字符;汉字中文通用域名兼容简体与繁体,无须重复注册。中文通用域名具有很鲜明的中国特色,但目前中文通用域名使用程度偏低。

4. 统一资源定位器

统一资源定位器(uniform resource locator,URL)由三部分组成:协议类型、主机名及路径、文件名。通过 URL 可以指定的协议类型主要有以下几种:http、https、ftp、gopher、telnet、file 等。

5. 通用网址与网络实名

通用网址是 CNNIC 开发的一种新兴的网络名称访问技术,带有半官方性质,它是通过建立通用网址与网站地址 URL 的对应关系,实现浏览器访问的一种便捷方式,用户只需要使用自己熟悉的语言告诉浏览器要去的通用网址即可。

通用网址、域名、网站地址三者是不同的概念。注册一个通用网址,必须先要注册域名,如"abc.com.cn",然后将通用网址(如"宇宙")指向基于域名的网站地址,如"www.abc.com.cn",将通用网址和域名一起提交给注册商。这样一来,在浏览器中输入"宇宙",就可以打开网站"http://www.abc.com.cn"。

三、无线网络

(一) 无线网络的概念

无线网络是指采用无线传输媒体(如无线电波、红外线等)的网络。与有线网络的用途十分类似,其最大的不同在于传输媒介的不同,即利用无线电技术取代网线。无线网络技术涵盖的范围很广,既包括允许用户建立远距离无线连接的全球语音和数据网络,也包括为近距离无线连接进行优化的红外、蓝牙及射频技术等。

(二) 无线局域网

无线局域网(WLAN)是把分布在数千米范围内的不同物理位置的计算机设备连在一起,在网络软件的支持下可以相互通信和资源共享的网络系统。通常计算机组网的传输媒介主要依赖铜缆或光缆,构成有线局域网。但有线网络在某些场合要受到布线的限制,其布线、改线工程量大,线路容易损坏,且网中的各节点不可移动。

WLAN 就是解决有线网络以上问题而出现的。WLAN 利用电磁波在空气中发送和接收数据,而无须线缆介质。无线联网方式是对有线联网方式的一种补充和扩展,使网上的计算机具有可移动性,能快速、方便地解决以有线方式不易实现的网络联通问题。

与有线网络相比,WLAN 具有安装便捷、使用灵活、经济节约、易于扩展四个优点。

(三) 无线个域网

无线个域网(WPAN)使人们能为个人操作空间(POS)设备,如手机与各种用于监测生命与体能指标(如心跳、脉搏、血压、血糖、体温、心电与计步等)的可穿戴设备等之间建立无线通信。相关设备通常具有价格便宜、体积小、易操作和功耗低等特点。

WPAN 的主要技术包括蓝牙、射频识别(RFID)、ZigBee 技术、超宽带(UWB)和红外线通信等。

(四) 无线网络的应用

无线网络几乎能应用到军事、教育、科学、商务及社会生活的各个领域,具体体现在以下几方面:餐饮服务、交通服务、移动短信服务、移动办公系统、移动金融服务、库存控制和物流服务、移动视频业务、移动定位业务、移动银行、移动游戏、移动远程医疗等。

四、移动通信技术

移动通信是指通信双方或至少有一方处于运动中进行信息交换的通信方式。显然,这是一种在人们生活和工作中非常实用的通信方式。例如,固定点与移动体(如汽车、轮船、飞机)之间、移动体与移动体之间、人与活动中的人,或人与移动体之间的信息传递,都属于移动通信。

移动通信技术具有固定通信没有的优势,所以得到了快速的发展。如今,智能手机更如同一款随身携带的小型计算机,通过移动通信网络实现无线网络接入后,可以方便地实现个人信息管理及查阅股票、新闻、天气、交通、商品信息、购物、应用程序下载、音乐、图片下载等。

截至 2020 年,移动通信技术已发展到第五代(5G)。从用户体验看,5G 具有更高的速率、更宽的带宽。5G 网速预计将比 4G 提高 10 倍左右,只需要几秒即可下载一部高清电影,能够满足消费者对虚拟现实、超高清视频等更高的网络体验需求。从行业应用看，5G 具有更高的可靠性，更低的时延，能够满足智能制造、自动驾驶等行业应用的特定需求，拓宽融合产业的发展空间，支撑经济社会创新发展。

 **案例分析**

5G 助力电子商务发展

5G 技术的高速发展，首先会带来一些设备的革新，如无人机、仓储机器人等。随着 5G 技术的成熟，这些革新后的设备都将用在仓储物流行业，慢慢地就会实现规模化、准确性更高的无人化作业。而且 5G 网络拥有可支持大带宽、低时延、高速率等优势，更有利于仓储物流行业大数据的应用。

曾经电子商务发展的一大阻碍就是消费者与商品没有"直接接触"，而 5G 的到来对于电子商务而言是机遇也是挑战。5G 将推动虚拟现实（VR）和增强现实（AR）在电子商务行业的应用，同时通过大数据等网络技术实现人与物的连接，提供智能购物与沉浸式体验，这将成为推动电子商务发展的重要因素。

近几年来，短视频和直播非常火爆，也带动了一些新的购物模式。5G 时代，短视频和直播的画质必然实现质的飞跃，更有可能打破空间壁垒，实现全景直播、全息直播，让消费者沉浸其中，让实时互动成为可能。

最值得一提的是，上传视频的商品在流量和转化率上都远远高于没有上传视频的商品，这证明视频购物已是大势所趋，如何在 5G 高清视频下更好地宣传自己的产品才是商家们应该考虑的问题。

可以看到，依托 5G、物联网、云计算、大数据等现代信息技术，电子商务的时代已经到来。我们要抓住机遇，搭乘 5G"顺风车"，通过多种技术的相互结合，实现电子商务的高效发展。

资料来源：5G 抢先看——搭乘 5G"顺风车"，助力电子商务快速发展[EB/OL].（2022-11-11）[2023-02-03]. https://baijiahao.baidu.com/s?id=17491931122168807694&wfr=spider&for=pc.html.

思考题：5G 技术对电子商务的发展有哪些影响？

第三节 Web 开发技术

Web 是建立在客户机/服务器（C/S）模型之上，以 HTML 语言和 HTTP 协议为基础，能够提供面向各种互联网服务的、一致的用户界面的信息浏览系统。

Web 开发技术是建立在互联网基础上的应用技术。Web 是一种典型的分布式应用结构，Web 应用中的每一次信息交换都需要涉及客户端和服务端，以及为其提供服务的数据库。Web 开发技术可以使用户在网络上完成收发邮件、阅读网页、下载软件、搜索信息、在线购物等操作。

一、Web 应用系统的结构

Web 应用系统是指可以通过 Web 访问的应用系统，主要有 B/S 结构和 C/S 结构两种模式。

1. B/S结构

B/S结构(browser/server,浏览器/服务器模式)是Web兴起后的一种网络结构模式,Web浏览器是客户端最主要的应用软件。这种模式统一了客户端,将系统功能实现的核心部分集中到服务器上,简化了系统的开发、维护和使用。B/S结构的工作模式如图2-3所示。

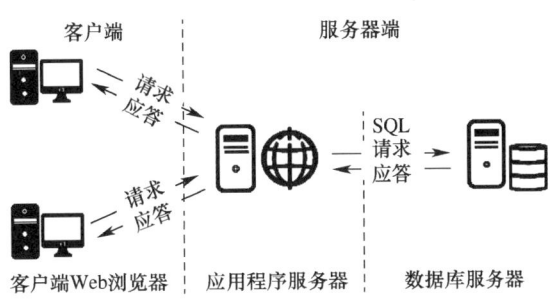

图2-3　B/S结构的工作模式

B/S结构采取浏览器请求、服务器响应的工作模式。客户机上只要安装一个浏览器,如Chrome、Safari、Microsoft Edge、Netscape Navigator或因特网 Explorer,服务器安装SQLServer、Oracle、MYSQL等数据库,浏览器就可以通过WebServer与数据库进行数据交互。

用户可以通过浏览器去访问因特网上由Web服务器产生的文本、数据、图片、动画、视频点播和声音等信息。而每一个Web服务器又可以通过各种方式与数据库服务器连接,大量的数据实际存放在数据库服务器中。

从Web服务器上下载程序到本地来执行,在下载过程中若遇到与数据库有关的指令,由Web服务器交给数据库服务器来解释执行,并返回给Web服务器,Web服务器又返回给用户。在B/S结构中,许许多多的网连接到一块,形成一个巨大的网,即全球网。而各个企业可以在B/S结构的基础上建立自己的因特网。

在B/S结构中,用户是通过浏览器针对许多分布于网络上的服务器进行请求访问的。浏览器的请求通过服务器进行处理,并将处理结果以及相应的信息返回给浏览器,其他的数据加工、请求全部都是由WebServer完成的。

2. C/S结构

C/S结构(client/server,客户机/服务器模式)通常采取两层结构。即服务器负责数据的管理,客户机负责完成与用户的交互任务。C/S结构的工作模式如图2-4所示。

C/S结构的工作原理是:用户通过应用程序向客户机提出数据请求,客户机通过网络将用户的数据请求提交给服务器,服务器的数据库管理系统执行数据处理任务,然后把经过处理的用户需要的那部分数据

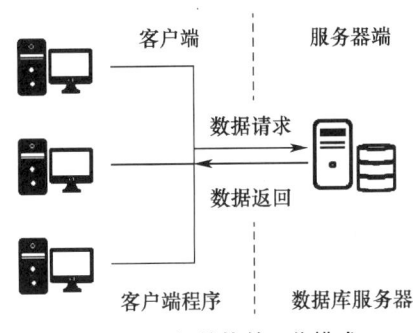

图2-4　C/S结构的工作模式

传输到客户机上,最后由客户机完成对其所需数据的加工。

二、客户端技术

客户端的主要任务是展现信息内容。客户端设计技术主要包括:HTML、脚本语言、XML以及级联样式表等。

(1) HTML是表示网络信息的符号标记语言。网页文件本身是一种文本文件,通过在文本文件中添加标记符,可以告诉浏览器如何显示内容、文字如何处理、画面如何安排、图片如何显示等。

(2) 脚本语言支持网页应用程序的客户机和服务器的开发,可以被嵌入到HTML之中,实现客户端与服务器端实时、动态的交互。脚本语言中,JavaScript较为常见,也与HTML关联较为紧密。

(3) XML以一种开放的自我描述方式定义了数据结构,将页面的内容和展示分开,通过标记不同类型的内容,体现数据之间的关系。

(4) 级联样式表是一种用来表现HTML或XML等文件样式的计算机语言,能够真正实现网页表现与内容的分离。

三、服务器端技术

服务器端技术主要负责实现动态交互。常见的服务器端技术主要有公共网关接口、动态服务页面、服务器页面和超文本与处理语言等。

(1) 公共网关接口(common gateway interface,CGI)是运行在网络服务器上的可执行程序,主要负责接收客户端的请求,并与服务器端的应用程序或数据库交互,将结果转换为HTML代码传送到客户端。

(2) 动态服务页面(active server pages,ASP)是一种生成动态交互性网页的工具,可以创建和运行动态网页或Web应用程序。ASP只能在支持它的服务器上运行,由服务器处理数据后,将标准的HTML页面传到浏览器。

(3) 服务器页面(java server pages,JSP)是一种动态网页技术标准,可以在传统的HTML文件中插入Java程序段和JSP标记,形成JSP文件。

(4) 超文本与处理语言(hypertext preprocessor,PHP)是一种创建动态交互性站点的服务器端脚本语言,是一种通用开源脚本语言。相比HTML、JSP等脚本语言,PHP功能强大且复杂,它的语言风格与C语言类似,是目前较为常用的网站编程语言。

第四节 电子商务技术及其应用

一、云计算技术

(一) 云计算的概念

云计算(cloud computing)是一种基于互联网的超级计算模式:在远程的数据中心里,成千上万台电脑和服务器连接成一片电脑云。通过这种方式,软、硬件资源和信息可以被共享,用户能够体验每秒 10 万亿次的运算能力。云计算技术拥有强大的计算能力,可以用于模拟预测气候变化、市场发展趋势等。

狭义的云计算是指 IT 基础设施的交付和使用模式,通过网络以按需、易扩展的方式获得所需的资源(硬件、软件、平台)。提供资源的网络被称为"云"。"云"中的资源在使用者看来是可以无限扩展的,并且可以随时获取、按需使用、随时扩展、按使用付费。这种特性经常被称为像水电一样使用 IT 基础设施。广义的云计算是指服务的交付和使用模式,通过网络以按需、易扩展的方式获得所需的服务。这种服务可以是 IT 和软件、互联网相关的,也可以是任意其他的服务。云计算的服务涉及硬件服务、基础设施服务、平台服务、软件服务、数据中心服务、物联网服务,最后发展到可作为一切事物的服务。

云计算是分布式处理、并行处理和网格计算的发展,或者说是这些计算机科学概念的商业实现。云计算的基本原理是:通过使计算分布在大量的分布式计算机上,而非本地计算机或远程服务器中。企业数据中心的运行与互联网相似,这使得企业能够将资源切换到需要的应用上,根据需求访问计算机和存储系统。

与现有的互联网环境、分布式计算环境不同,云计算技术的核心理念是服务。云计算是一种新型的计算服务模式、商业服务模式和服务支撑平台。云计算作为一种新型的计算服务模式,可以让用户通过一个简单的界面,得到所需要的计算资源和信息服务。用户通过云计算能够实现"付钱即所得",像水、电、燃气等社会公共服务资源一样按需获取。作为一种新型的服务支撑平台,云计算能够支持多种行业的新型服务模式,通过将云计算技术应用在不同领域中产生显著效益。

(二) 云计算的特点

云计算具有与其他传统信息服务环境不同的特点,具体表现在以下三点:

(1) 虚拟化。云计算能够将各种物理资源变成虚拟资源形成资源池,用户能够通过任意的终端设备在任意位置方便地使用云计算服务,而无须关心云计算服务的出处。

(2) 弹性。云计算拥有大规模的数据中心,不仅能够为海量用户提供便捷服务,而且还能够根据用户的需求,动态变化自身的计算能力,实现弹性处理。

(3) 按需服务。云计算将各种资源虚拟化成资源池,用户能够像使用水电气等社会公共资源一样根据自己的需求购买云计算服务。

应用云计算技术的优点包括:①安全。云计算提供了最可靠、最安全的数据存储中心,用户不用再担心数据丢失、病毒入侵等麻烦。②方便。云计算对用户端的设备要求最低,使用起来很方便。③数据共享。云计算可以轻松实现不同设备间的数据与应用共享。④无限可能。云计算为我们使用网络提供了几乎无限多的可能。

(三) 云计算在电子商务中的应用

1. 克服资源瓶颈

云计算可共享的基础设施包括由云计算商维护的大型服务器集群,电子商务企业可以使用这些基础设施提供的计算存储以及应用来满足其业务的运行需求,解决了资源瓶颈的问题。

2. 提供信息共享与业务协作

云计算给电子商务企业提供资源信息的整合与共享、随需应变的业务扩展和协作等服务。信息共享与业务协作是电子商务企业运作中最重要的中间环节,而云计算资源的高度灵活性可以轻松实现电子商务企业与供应商客户、政府之间以及企业内部之间的信息共享与业务协作。位于世界不同国家和地区的员工,都可以通过云平台实时实地进行文件、数据和订单的查看,一有更新和变更,所有员工都会及时被通知到。没有了地域和时间的限制,员工之间可以更加紧密有效地进行协作,对业务的响应速度和扩展性都得到了大大的提升。云平台开发出的不同模块,使移动电子商务成为可能。信息可在移动中传递,订单可在移动中完成。

3. 扩展业务与客户群

随着 IT 技术的革新,电子商务业务逐渐多样化和复杂化,客户群体遍布全国乃至全球。信息包括其中最有价值的部门数据,都存储在电脑、服务器、软件以及数据库中。在大数据时代,电子商务行业是与数据的挖掘和处理结合在一起的行业,而云计算可提供大数据挖掘与整合的功能,可为企业提供商业智能,帮助企业决策者分析数据,并快速作出决定。电子商务企业应根据自己的角色定位,选用合适的云计算平台,以便分析客户购买规律以及潜在客户群体,甚至是客户的喜好。

(四)主流的云计算应用

1. 微软云计算

微软推出的首批软件即服务产品包括 Dynamics CRM Online、Exchange Online、Office Communications Online 以及 SharePoint Online。每种产品都具有多客户共享版本,其主要服务对象是中小型企业。单客户版本的授权费用在 5 000 美元以上。针对普通用户,微软的在线服务还包括 WindowsLive、OfficeLive 和 XboxLive 等。

2. IBM 云计算

IBM 公司是最早进入中国的云计算服务提供商。由于其在中文服务方面做得比较理想,对于中国的用户应是一个不错的选择。2007 年,IBM 公司发布了蓝云(blue cloud)计划,这套产品将"通过分布式的全球化资源让企业的数据中心能像互联网一样运行"。

3. 亚马逊云计算

亚马逊作为首批进军云计算新兴市场的厂商之一,为尝试进入该领域的企业开创了良好的开端。亚马逊的云计算应用名为亚马逊网络服务,主要由以下核心服务组成:简单存储服务、弹性计算云、简单排列服务以及尚处于测试阶段的 SimpleDB。换句话说,亚马逊提供的是可以通过网络访问的存储、计算机处理、信息排队和数据库管理系统接入式服务。

知识拓展

中国的"四朵云"

国际分析机构 Canalys 日前发布的《2021 年中国云计算市场报告》显示,中国的云基础设施市场规模已达 274 亿美元,由阿里云、华为云、腾讯云和百度智能云组成的中国"四朵云"占据 80% 的中国云计算市场,稳居主导地位。

近年来,我国数字经济建设取得巨大成就。作为新型基础设施的重要组成部分,云计算市场空间将越来越大,技术创新和产业发展步伐将不断加快,服务模式将更加多元化。随着云网融合、云边协同的逐步推进,云计算的应用广度和深度将持续拓展,并将在推动经济发展质量变革、效率变革、动力变革等方面发挥重要作用。

据了解，目前"四朵云"侧重领域各有不同。阿里云在国内起步最早，起初主要应用于阿里的电子商务平台，近年来不断推出和升级了多款自研产品和技术，已建立起从底层数据中心到上层产品解决方案的整套云架构。华为云具备软硬件集成交付能力，在政务云和私有云领域始终保持领先地位，并不断扩大互联网企业的客户群。腾讯云基于在社交、游戏、视频和金融等方面的业务积累和经验，主要深耕音视频直播、文娱游戏行业，并在金融云市场位居前列。百度云将AI技术与云基础设施服务相结合，聚焦智能服务并突出差异化，基于"云智一体"的技术和产品，在制造、金融、能源等领域积极实践。

资料来源：经济日报.2023年我国云计算市场规模预计突破3000亿元"四朵云"飘来新机遇[EB/OL].（2022-04-09）[2023-01-30]. http://tech.cnr.cn/techyw/technews/20220409/t20220409_525790383.shtml.

二、物联网技术

（一）物联网的概念

物联网这个概念，美国早在1999年就提出来了，当时叫传感网。物联网通过射频识别（radio frequency identification，RFID）、红外感应器、全球定位系统、激光扫描器等信息传感设备，按约定的协议，把任何物品与互联网相连接，进行信息交换和通信，以实现智能化识别、定位、跟踪、监控和管理。

物联网是在"互联网概念"的基础上，将其用户端延伸和扩展到任何物品与物品之间，进行信息交换和通信的一种网络概念。

物联网是一个基于互联网、传统电信网等信息承载体，让所有能够被独立寻址的普通物理对象实现互联互通的网络。它具有普通对象设备化、自治终端互联化和普遍使用服务智能化三个重要特征。

（二）物联网的应用

在电子商务领域，采用物联网技术可建立弹性化、服务导向架构的传感网络平台，将传统电子商务从商品交易扩展到针对客户的个性化营销、个人体验和售后的价值延续等，并由此产生出许多全新的商品、销售和服务模式。

1. 智慧物流

智慧物流是新技术应用于物流行业的统称，指的是以物联网、大数据、人工智能等信息技术为支撑，在物流的运输、仓储、包装、装卸、配送等各个环节实现系统感知、全面分析及处理等功能。智慧物流的实现能大大地降低各行业运输的成本，提高运输效率，提升整个物流行业的智能化和自动化水平。物流是物联网落地的最佳场景，物联网在物流领域的应用场景非常丰富。

（1）仓库储存。借助基于LoRa、NB-IoT等传输网络的物联网仓库管理信息系统，能够完成收货入库、盘点、调拨、拣货、出库以及整个系统的数据查询、备份、统计、报表生产及报表管理等任务。尤其是无人仓、智能立体库、金融监管库里的大量物联网设备，能够实时监控货品的状态、指引设备运营。

（2）运输监测。智慧物流实时监测货物运输中的车辆行驶情况以及货物运输情况，包括货物位置、状态环境以及车辆的油耗、油量、车速及刹车次数等驾驶行为。

（3）冷链物流。冷链物流对温度要求比较高，智慧物流下温湿度传感器可将仓库、冷链车的温度实时传输到后台,便于监管。

(4) 智能快递柜。智能快递柜能够将云计算和物联网等技术结合,实现快件存取和后台中心数据处理,通过 RFID 或摄像头实时采集、监测货物收发等数据。

2. 智能交通

交通被认为是物联网所有应用场景中最有前景的应用之一。智能交通是物联网的体现形式,利用先进的信息技术、数据传输技术以及计算机处理技术等,集成到交通运输管理体系中,使人、车和路能够紧密地配合,改善交通运输环境、保障交通安全以及提高资源利用率。智能交通行业内应用较多的五大场景,包括智能公交车、共享单车、汽车联网、智慧停车以及智能红绿灯等。

(1) 智能公交车。智能交通结合公交车辆的运行特点,建设公交智能调度系统,对线路、车辆进行规划调度,实现智能排班。

(2) 共享单车。智能交通下的共享单车运用带有 GPS 或 NB-IoT 模块的智能锁,通过与 APP 相连,实现精准定位、实时掌控车辆状态等。

(3) 汽车联网。智能交通利用先进的传感器及控制技术等实现自动驾驶或智能驾驶,实时监控车辆运行状态,降低交通事故发生率。

(4) 智慧停车。智慧停车通过安装地磁感应,连接进入停车场的智能手机,实现停车自动导航、在线查询车位等功能。

(5) 智能红绿灯。智能红绿灯能够依据车流量、行人及天气等情况,动态调控灯信号来控制车流,提高道路承载力。

3. 智能安防

安防是物联网的一大应用市场,传统安防对人员的依赖性比较大,非常耗费人力,而智能安防能够通过设备实现智能判断。智能安防的核心在于智能安防系统。该系统是对拍摄的图像进行传输与存储,并对其分析与处理。一个完整的智能安防系统主要包括:门禁、监控和报警三大部分。行业中主要以视频监控为主。

因为采集的数据量足够大,且时延较低,所以城市中大部分的视频监控采用的是有线的连接方式,而对于偏远地区以及移动性的物体监控则采用的是 4G 等无线技术。

(1) 门禁系统主要以感应卡式,指纹,虹膜以及面部识别等为主,有安全、便捷和高效的特点,能联动视频抓拍、远程开门、手机位置探测及轨迹分析等。

(2) 监控系统主要以视频为主,分为警用和民用市场。通过视频实时监控,使用摄像头进行抓拍记录,将视频和图片进行数据存储和分析,实时监测确保安全。

(3) 报警系统主要通过报警主机进行报警,同时,部分研发厂商会将语音模块以及网络控制模块置于报警主机中,以便缩短报警反应时间。

4. 智慧能源

智慧能源属于智慧城市的一个部分。当物联网技术应用在能源领域时,主要用于水、电、燃气等表计以及根据外界天气对路灯的远程控制等。基于环境和设备进行物体感知,通过监测,提升利用效率、减少能源损耗。

5. 智能家居

智能家居的发展主要分为三个阶段:单品连接、物物联动和平台集成。其发展的方向是首先连接智能家居单品,随后走向不同单品之间的联动,最后向智能家居系统平台发展,进行统一的运营。当前,各个智能家居类企业正处在从单品向物物联动的过渡阶段。

6. 智能零售

借助物联网技术,智能零售主要体现出两大应用场景:自动售货机和无人便利店。行业内按照距离,将零售分为了三种不同的形式:远场零售、中场零售、近场零售。三者分别以电子商务、商场、超市、便利店和自动售货机为代表。物联网技术可以用于近场和中场零售,且主要应用于近场零售,即自动售货机和无人便利店。

智能零售通过将传统的售货机和便利店进行数字化升级、改造,打造无人零售模式。通过数据分析,并充分运用门店内的客流和活动,为用户提供更好的服务,为商家提供更高的经营效率。

(1)自动售货机。自动售货机也叫无人售货机,分为单品售货机和多品售货机,通过物联网平台进行数据传输,实现客户验证、购物车提交及扣款结算。

(2)无人便利店。无人便利店采用RFID技术,用户仅需扫码开门,便可进行商品选购,关门之后系统会自动识别所选商品,并自动完成扣款结算。

7. 智慧农业

智慧农业指的是利用物联网、人工智能、大数据等现代信息技术与农业进行深度融合,实现农业生产全过程的信息感知、精准管理和智能控制的一种全新的农业生产方式,可实现农业可视化诊断、远程控制以及灾害预警等功能。农业分为农业种植和畜牧养殖两个方面。农业种植分为设施种植(温室大棚)和大田种植,主要包括播种、施肥、灌溉、除草以及病虫害防治等五个部分,以传感器、摄像头和卫星等收集数据,实现数字化和智能机械化发展。当前,数字化的实现多以数据平台服务来呈现,而智能机械化以农机自动驾驶为代表。畜牧养殖主要是将新技术、新理念应用在生产中,包括繁育、饲养以及疾病防疫等,并且应用类型较少。因此,可以用"精细化养殖"定义整体畜牧养殖环节。

(三)我国发展物联网的优势

我国党中央和国务院明确指出要加快推动物联网技术研发和应用示范,许多行业也将物联网应用作为推动本行业发展的重点工作。物联网在中国迅速崛起得益于我国在物联网方面的以下优势:

(1)我国早在1999年就启动了物联网核心传感网技术研究,研发水平处于世界前列。

(2)在世界传感网领域,我国是标准主导国之一,专利拥有量高。

(3)我国是目前能够实现物联网完整产业链的国家之一。

(4)我国无线通信网络和宽带覆盖率高,为物联网的发展提供了坚实的基础设施支持。

(5)我国已经成为世界第二大经济体,有较为雄厚的经济实力支持物联网发展。

物联网不是科技狂想,而是又一场科技革命。物联网使物品和服务功能都发生了质的飞跃,这些新的功能将给使用者带来高效率、便利和安全的全新体验,由此也形成了基于这些功能的新兴产业。

物联网需要信息高速公路的建立。移动互联网的高速发展以及宽带的普及是物联网海量信息传输交互的基础。依靠网络技术,物联网将生产要素和供应链进行深度重组,成为信息化带动工业化的现实载体。

物联网的广泛用途,遍及智能交通、环境保护、政府工作、公共安全、平安家居、智能消防、工业监测、老人护理、个人健康、花卉栽培、水系监测、食品溯源、敌情侦查和情报搜集等多个领域。

三、移动计算技术

(一)移动计算的概念

移动计算技术是一门随着移动通信、互联网、分布式计算等技术的发展而兴起的新技术。同时也是一个多学科交叉、涵盖范围广泛的新兴技术,是计算研究中的热点领域。移动计算技术能够使便携式计算机、个人数字助手(PDA)、手机等各种信息智能终端设备在无线网络环境下实现数据的快速传输及资源的实时共享。其作用是将有用、准确、及时的信息提供给任何时间、任何地点的任何用户。

新工作空间(new workplace)模式的出现促使移动和嵌入式计算市场飞速发展。移动计算、嵌入式应用成为当前数据库应用领域新的增长点。"新工作空间"指由于业务需要,流动工作的人员需要的新型配套设备。"新工作空间"解决方案支持新的终端用户角色,包括数据挖掘者(即需要对信息进行大量和快速访问的人员)、作业拥有者(即控制"作业单元"的所有任务的工程技术人员),以及移动的和灵活机动的人员,即工作地点经常变动的工作人员。

移动计算技术包含"mobile computing"和"mobile computation"两类计算。前者关心在基于无线网络的移动设备(如笔记本电脑、支持 Wi-Fi 的手机、平板以及所有带有 Wi-Fi 功能的设备等)上进行的计算;后者则关心基于 Web 的移动程序(如 Applet、Agent)。两者也被人们统称为移动计算。无线网络的通信特点和 Web 地理位置的自然分布要求移动计算技术作为克服或解决网络带宽波动、连接不稳定、等待时间长等问题的有效方法。

(二)移动计算的特点

与固定网络上的分布计算相比,移动计算具有以下六个主要特点:

(1)移动性。移动计算机在移动过程中可以通过所在无线单元的 MSS 与固定网络的节点或其他移动计算机连接。

(2)网络条件多样性。移动计算机在移动过程中所使用的网络一般是变化的,这些网络既可以是高带宽的固定网络,也可以是低带宽的无线广域网(CDPD),甚至处于断接状态。

(3)频繁断接性。由于受电源、无线通信费用、网络条件等因素的限制,移动计算机一般不会采用持续联网的工作方式,而是主动或被动地间连、断接。

(4)网络通信的非对称性。一般固定服务器节点具有强大的发送设备,移动节点的发送能力较弱。因此,下行链路和上行链路的通信带宽和代价相差较大。

(5)移动计算机的电源能力有限。移动计算机主要依靠蓄电池供电,容量有限。经验表明,电池容量的提高远低于同期 CPU 速度和存储容量的发展速度。

(6)可靠性低。这与无线网络本身的可靠性及移动计算环境的易受干扰和不安全等因素有关。

由于移动计算具有上述特点,要构造一个移动应用系统,必须在终端、网络和数据库平台以及应用开发上作一些特定考虑。适合移动计算的终端、网络和数据库平台已经有较多的通信和计算机公司(如 Lucent、Motolora、Ericsson、IBM、Oracle、Sybase 等)的产品可供选择。应用上则须考虑与位置移动相关的查询和计算的优化。

(三)移动计算技术的应用

移动计算技术的应用范围很广泛。例如,移动计算技术适用于机场、港口、军事部门、流动银行、流动售票车等的移动车辆数据通信系统;工业机器人、自动化立体停车系统、各类装卸设备等的大型电子化工业设备的通信系统;学校、医院、办公室、家庭等的手持式电脑与便携式计算机的网络接入系统;仓库、超级市场、机场、港口等手持式数据读写设备的实时通信系统。

移动计算技术的应用极大地改变了人们的工作方式和生活方式。不仅将人们从办公室中解了出来,而且还将工作变得更轻松更有效。通过随时访问数据,决策者可以作出更明智的决策,与同事保持经常性的联系,并掌握重要信息。例如,在不离开会议现场的情况下,决策人员可在与客户洽谈订单之前立即了解库存情况,可以开具发票却不必打乱会议进程,并可给员工打电话。因而,会议变得更加高效,也更加灵活。最理想的情况是,销售订单甚至可以在会议结束之前就能够以电子的形式发送到办公室。

移动计算技术不仅可以扩展到员工的办公室,而且还可以延伸到客户董事会的会议室。无论在何时何地,只需把随身携带的支持无线接入的笔记本电脑带进一个公共无线热点(提供公共接入高速无线网络的咖啡屋、酒店或饭店),就可以连接到企业的办公网络或互联网。

移动计算技术的灵活性有助于直接提高工作满意度。例如,借助带有英特尔迅驰移动计算技术的网络,人们可以在办公室外度过更长的时间,同时还可以确保能够随时按需访问电子邮件。凭借移动计算技术带来的自由,人们能够灵活地开展工作而不必非得在办公室的电脑前完成工作。

随着人们对未来智能化生活的向往和追求逐渐转化成实际需求,越来越多的新技术开始出现并应用在生活当中,移动计算将为未来智能化生活的实现提供重要的技术支撑。未来移动计算将会渗入到我们生活的方方面面。智能家居、智能穿戴设备的信息传输处理、远程移动办公等都是人们对未来生活的美好向往,而这一切的背后都将由移动计算技术来支撑。不久的将来,智能化生活一定会在硬件不断发展以及各种技术的不断突破和发展的综合作用下成为现实,移动计算技术也将大放异彩。

案例分析

国家信息中心软件评测移动计算技术应用案例

国家信息中心软件评测研究中心(以下简称研究中心)是由中华人民共和国原国家计划委员会(以下简称原国家计委)批准成立,专门从事计算机软件评测和开发,以企业方式运作的事业单位。随着无线技术的成熟和发展,英特尔迅驰移动计算技术的推出,无线政府办公网成为办公发展的趋势。研究中心积极开展无线办公网的尝试,搭建了基于IEEE802.11b标准的无线局域网,并通过方正颐和笔记本电脑亲身体验英特尔迅驰移动计算技术带来的喜悦。

几年来,通过致力于政府、行业部门信息化建设的应用研究与开发,研究中心现已逐步形成了一套具有自主版权的、面向政府Intrant网络应用模式的产品软件(RISENET),并在原国家计委、水利部、文化和旅游部、北京市政府等部门内成功应用。

研究中心原本存在一个有线的局域网,但由于业务发展,现有的有线网络不能满足需求,需要增加以太网接口的网络连接;同时需在研究中心会议室、客户接待处组建网络,以满足合作伙伴员工或客户实时咨询公司信息的需求。结合实际情况,研究中心对新组建的网络提出几点要求:

第一,简单易用性。不破坏现有的有线网络重新开挖布线槽铺设线,同时不破坏现有的装修。

第二,安全性。要能保证网络安全阻止恶意侵入,使办公变得自由自在。

第三,高效性。员工在中心内部的任何地点都能快捷、简便、自由地访问所有网络资源,不需要指定明确的访问地点而可以始终保持网络连接。

根据研究中心网络现状和需求,采用的解决方案是在研究中心办公楼层左右各布置一个无线接入点,使无线信号覆盖整个楼层,通过ESSID(用来区分不同的大型网络的符号)设置实现漫游。通过MAC(media access control address)地址绑定和WEP加密技术,保护无线通信安全。该方案采用有线网和无线局域网相结合的组网模式,有线网快速使用以太网提供的核心高速数据交换;基于IEEE802.11b技术的无线局域网提供灵活机动、高速且廉价的移动接入,提供了高效的网络,连接即插即用。

这样设计,不但满足了对无线局域网的使用要求,又使整个网络与现有的有线网络充分结合,便于网络管理和维护。设计方案获得成功的优势有:

第一,充分的安全性保证。无线产品提供多级安全管理保障机制和高性能加密算法,确保网络安全,包括:支持有线等效加密、WEP技术、直接序列扩频、DSSS(direct sequence spread spectrum)、MAC地址过滤、ESSID访问控制。结合整个企业的安全系统,有效防止黑客有意的访问与攻击,满足企业对安全性的要求。

第二,办公移动性。员工在中心内部的任何地点都可以快捷、简便、自由地访问所有网络资源,不需要指定明确的访问地点而可以始终保持网络连接,甚至包括以前有线所不能到达的地方。

第三,安装简单、快速、免维护。安装无线局域网系统既快速又简单,同时用户无须再为布线头痛不已,摆脱线缆的羁绊,使办公变得自由自在。

第四,良好的扩充能力。无线网络不需铺设线缆,每个无线接入点具有保证最多30个用户同时在线的能力,满足您对计算机增加而不需铺设过多线缆的需要。

第五,强大的性能、长效的电池使用时间。采用英特尔迅驰移动计算技术的芳正颐和笔记本电脑,能够提供更高、更强大的性能,具有长效的电池使用时间。

第六,低成本。方正科技基于英特尔迅驰移动计算技术的笔记本内置无线网卡,节约了单独采购无线网卡的费用,降低了成本。

资料来源:中国CIOAge网.国家信息中心软件评测移动计算技术应用案例[EB/OL].(2016-09-18)[2022-12-23]. http://www.cioage.com/art/200710/56899.Htm.

思考题:1. 移动计算技术对网络有哪些要求?
2. 和传统的网络设施相比,移动计算技术的优势有哪些?

四、大数据技术

(一) 大数据技术的概念

大数据技术是指从各种各样类型的巨量数据中,快速获得有价值信息的技术。解决大数据问题的核心是大数据技术。目前所说的"大数据"不仅指数据本身的规模,也包括采集数据的工具、平台和数据分析系统。大数据研发的目的是发展大数据技术,并将其应用到相关领域,通过解决巨量数据处理问题来促进该领域的突破性发展。因此,大数据时代带来的挑战不仅体现在如何处理巨量数据并从中获取有价值的信息,也体现在如何加强大数据技术研发、抢占时代发展的前沿。大数据技术大致包含以下六方面内容。

1. 数据采集技术

数据采集技术是指通过 ETL 抽取、文件适配器、网络抓取、实时数据采集等多种技术从外部数据源导入结构化数据(如关系库记录)、半结构化数据(如日志、邮件等)、非结构化数据(如文件、视频、音频、网络数据流等)及实时数据。

2. 数据存储技术

数据存储技术负责进行大数据的存储。针对全数据类型和多样计算需求,以海量规模存储、快速查询读取为特征,存储来自外部数据源的各类数据,支撑数据处理层的高级应用。

3. 数据处理技术

数据处理技术能够对多样化的大数据进行加工、处理、分析、挖掘,从而产生新的业务价值,发现业务发展方向,提供业务决策依据。

4. 数据可视化技术

数据可视化技术是关于数据视觉表现形式的研究,主要旨在借助图形化手段,清晰有效地传达与沟通信息。

5. 数据安全技术

数据安全技术能够解决从大数据环境下的数据采集、存储、分析、应用等过程中产生的,诸如身份验证、授权过程和输入验证等大量安全问题。

6. 系统运行与维护技术

系统运行与维护技术能够全面监测大数据处理全过程中各参与方的整体状态,支持大数据应用功能的配置化定义,并快速扩展其应用功能。

(二) 大数据技术的特点

要理解大数据这一概念,首先要从"大"入手。"大"是指数据规模,大数据一般指在 10 TB(1 TB=1 024 GB)规模以上的数据量。大数据同过去的海量数据有所区别,其基本特征可以用 4 个"V"来总结:Volume、Variety、Value 和 Velocity,即体量大、类型多、价值密度低、处理速度快。

(1) 体量大。数据从 TB 级别,跃升到 PB 级别。

(2) 类型多。例如,大数据可以涵盖网络日志、视频、图片、地理位置信息等多种类型。

(3) 价值密度低。以视频这一大数据类型为例,在连续不间断的监控过程中,有用的数据可能仅有一两秒。

(4) 处理速度快。例如,大数据处理的"1 秒定律",即要在秒级时间范围内给出分析结果。

（三）大数据技术的应用

大数据技术能够将隐藏于海量数据中的信息和知识挖掘出来，为人类的社会经济活动提供依据，从而提高各个领域的运行效率，大大提高整个社会经济的集约化程度。在我国，大数据将重点应用于以下三大领域：商业智能、政府决策、公共服务，如商业智能技术、政府决策技术、电信数据信息处理与挖掘技术、电网数据信息处理与挖掘技术、气象信息分析技术、环境监测技术、警务云应用系统（道路监控、视频监控、网络监控、智能交通、反电信诈骗、指挥调度等公安信息系统）、大规模基因序列分析比对技术、Web 信息挖掘技术、多媒体数据并行化处理技术、影视制作渲染技术、其他各种行业的云计算和海量数据处理应用技术等。

五、APP 技术

（一）APP 的概念

APP 是英文"Application"（应用程序，一般指手机应用）的简称。由于智能手机的流行，APP 是指智能手机的第三方应用程序。比较著名的 APP 商店有 Apple 的 App Store 和 iTunes，Android 的 Android Market，以及微软的应用商城。

随着互联网越来越开放，APP 作为一种盈利模式开始被更多的互联网商业大亨看重。例如，淘宝开放平台、腾讯的微博微信开放平台、百度的百度应用平台都是 APP 技术的具体表现。这些平台一方面可以积聚各种不同类型的网络受众；另一方面还可以获取流量，其中包括大众流量和定向流量。

（二）APP 技术的特点

随着智能手机等移动终端设备的普及，人们逐渐习惯了使用 APP 客户端上网的方式，而目前国内各大电子商务平台均拥有了自己的 APP 客户端，这标志着 APP 客户端的商业使用已经初露锋芒。

APP 已经不仅仅只是移动设备上的一个客户端那么简单。如今在很多设备上已经可以下载厂商官方的 APP 软件对不同的产品进行无线控制。例如，音频厂商中，日本天龙与马兰士已经推出了 Android 与 IOS 版本的官方 APP，可以对各自的网络播放机或功放等产品进行无线播放或控制。

不仅如此，随着移动互联网的兴起，越来越多的互联网企业、电子商务平台将 APP 作为销售的主战场之一。数据表明，目前 APP（即手机）给电子商务带来的流量已经远远超过了传统互联网（即 PC 端）带来的流量。因此，通过 APP 进行盈利也是各大电子商务平台的发展方向。事实表明，各大电子商务平台向移动 APP 的倾斜也是十分明显的，原因不仅仅是每天增加的流量，更重要的是由于手机移动终端的便捷，为企业积累了更多的用户，更有一些用户体验不错的 APP 使得用户的忠诚度、活跃度都得以了很大程度的提升，从而为企业的创收和未来的发展起到了关键性的作用。

课 堂 测 试

班级_____ 姓名_____ 学号_____ 成绩_____

一、单项选择题(本大题共 10 小题,每题 4 分,共 40 分)

1. 电子商务系统的基本结构包括(　　)。
   A. 网络平台、买方和卖方、认证中心、支付中心、物流中心、客服中心、电子商务服务商
   B. 网络平台、买方和卖方、认证中心、支付中心、物流中心、电子商务服务商
   C. 网络平台、认证中心、支付中心、物流中心、电子商务服务商
   D. 网络平台、买方和卖方、认证中心、支付中心、物流中心

2. 下列对电子商务框架结构支撑的叙述中,不正确的是(　　)。
   A. 电子商务框架的层次包括硬件平台、网络平台、软件平台和商务服务支持平台
   B. 电子商务应用包括市场电子商务、企业电子商务和社会电子商务
   C. 公共政策、法律及信用体系是电子商务框架结构的支柱
   D. 技术标准和安全是电子商务框架结构的支柱

3. 计算机网络功能不包括(　　)。
   A. 数据通信　　　　　　　　　　B. 资源共享
   C. 分布式计算　　　　　　　　　D. 网格计算

4. IPv6 地址由(　　)个二进制位构成。
   A. 8　　　　　B. 128　　　　　C. 32　　　　　D. 64

5. 下列关于 IP 地址和域名的说法中,不正确的是(　　)。
   A. 因特网上任何一台主机的 IP 地址在全世界是唯一的
   B. IP 地址和域名一一对应,由 DNS 服务器进行解析
   C. 人们大都用域名在因特网上访问一台主机,因为这样速度比用 IP 地址快
   D. InterNIC 是负责域名管理的世界性组织

6. "www.baidu.com"是互联网上的(　　)。
   A. 域名　　　　B. IP　　　　C. 邮件地址　　　D. ISP

7. 下列各项中,表示广域网的是(　　)。
   A. WLAN　　　B. WAN　　　C. MAN　　　　D. LAN

8. 下列各项中,正确的是(　　)。
   A. 网络上的主机既可以用它的域名来表示,也可以用它的 IP 地址来表示
   B. 市场上提供的 ADSL 接入服务,使用的传输介质是 5 类双绞线
   C. 用匿名 FTP 登录时,口令一定要使用用户的 E-mail 地址
   D. 在因特网 Explorer 中,"搜索"按钮指的是搜索当前正在浏览网页上的内容

9. 通过射频识别(RFID)、红外感应器、全球定位系统、激光扫描器等信息传感设备,按约定的协议,把任何物品与互联网相连接,进行信息交换和通信,以实现智能化识别、定位、跟踪、监控和管理的一种网络概念是(　　)。
   A. 物联网技术　　　B. 移动计算技术　　　C. APP 技术　　　D. 云计算技术

10. 具有去中心化、不可篡改、全程追溯、共识保障、公开透明等特点的是(　　)技术。
    A. 物联网　　　B. 移动计算　　　C. 大数据　　　D. 云计算

二、多项选择题(本大题共 5 小题,每题 6 分,共 30 分)

1. 计算机网络硬件系统包括(　　)。
   A. 服务器　　　B. 网桥　　　C. 交换机　　　D. 防火墙

2. 网络软件有(　　)等。
   A. 网络系统软件　　　　　　B. 网络应用软件
   C. 网络工作站　　　　　　　D. 网络适配器

3. 网络的拓扑结构有(　　)。
   A. 星形　　　B. 总线形　　　C. 树形　　　D. 环形

4. 常见的顶级子域名有(　　)。
   A. .edu　　　B. .com　　　C. .cn　　　D. .net

5. 电子商务的新兴技术有(　　)。
   A. APP　　　B. 物联网　　　C. 云计算　　　D. 大数据

三、判断题(本大题共 5 小题,每题 6 分,共 30 分)

1. 以互联网为核心的计算机网络技术是电子商务的技术支撑。　　　(　　)
2. 计算机网络按传输介质可划分为 WAN、LAN 和 MAN。　　　(　　)
3. 在计算机网络中,所有的主机构成了网络的资源子网。　　　(　　)
4. 网络上的主机名既可以用它的域名来表示,也可以用它的 IP 地址来表示。　　　(　　)
5. IP 地址与域名是表示主机的两种符号系统,一个 IP 地址可以对应多个域名,但一个域名只能对应一个 IP 地址。　　　(　　)

第三章 电子商务基本模式

知识导航

电子商务基本模式
- B2B 电子商务模式
  - B2B 电子商务模式的相关概念
  - B2B 电子商务模式的特点
  - B2B 电子商务的基础
  - B2B 电子商务的商务模式
  - 国内主要的 B2B 电子商务网站
  - B2B 电子商务平台的盈利模式
  - B2B 电子商务的发展趋势
- B2C 电子商务模式
  - B2C 电子商务的概念及特点
  - B2C 电子商务的常见模式
  - B2C 电子商务平台的组成要素及交易流程
  - B2C 电子商务的盈利模式
  - B2C 电子商务的发展趋势
- C2C 电子商务模式
  - C2C 电子商务的概念及特点
  - C2C 电子商务的运作模式
  - C2C 电子商务的交易流程
  - C2C 电子商务的盈利模式
  - C2C 电子商务的发展趋势
- 其他电子商务模式
  - 企业与政府之间的电子商务模式
  - 企业与经理人之间的电子商务模式
  - B2B2C 交易模式

学习目标

1. 掌握 B2B、B2C、C2C 的概念与模式。
2. 掌握 B2B、B2C、C2C 电子商务模式的特点。
3. 掌握 B2B、B2C、C2C 的盈利模式。
4. 了解其他电子商务模式的概念。

【思政课堂】

中国电子商务发展已进入提质增效成熟期

商务部有关负责人在 2018 年 11 月的进博会上表示,目前非现金购物在我国已经成为常态,中国电子商务发展已进入提质增效的成熟期。

2013 年以来,中国网络零售市场规模始终保持全球首位。2017 年非银行支付机构发生网络支付金额达 143.26 万亿元,全年快递业务量 400.6 亿件,对全球快递业增长的贡献达 50%,当日达、次日达已成为普遍现象。全球十大电子商务企业,中国已占四席。网络零售日渐成为人们日常生活的重要保障渠道。

2018 年 9 月,我国进口商品种类共计 3 237 种,与 2017 年年底商品种类相比翻了近一倍。餐饮、旅游、文化娱乐、教育养老等服务性体验类消费成为新的消费热点。

进博会开幕以来,近百家电子商务示范企业与 30 余个国家和地区的 400 多个国际品牌,通过洽谈采购实现了合作共赢。

资料来源:央广网.商务部——中国电子商务发展已进入提质增效成熟期[EB/OL].(2018-11-08)[2022-12-30]. http://china.cnr.cn/news/20181108/t20181108_524408549_14.shtml.

思考题:近年来,我国电子商务的发展如火如荼,各类电子商务平台及交易模式等如雨后春笋般涌现,在此背景下,不同的电子商务平台又应该如何发展?

电子商务的参与者众多,包括企业、消费者、政府、认证中心、网上商店、银行、配送中心和支付服务的提供机构等。电子商务从不同的角度有不同的分类方法:按照商务贸易活动的运作方式的不同,可以分为完全电子商务和非完全电子商务;按照应用服务领域的不同,可以分为行业电子商务、企业电子商务和电子政务。电子商务的主要参与者可以分为企业(business)、消费者(customer)、政府(government),由此形成了 B2B、B2C、C2C、B2G 等多种交易模式。

电子商务交易模式是指在网络环境下基于一定技术基础的商业运营模式和盈利模式。目前在电子商务领域应用范围比较广泛的是 B2B、B2C、C2C 三大类交易模式,同时随着传统企业对电子商务及移动互联网的广泛应用,O2O 移动电子商务也成为了热门的电子商务交易模式。

第一节　B2B 电子商务模式

在电子商务交易中,B2B(business to business)是历史最久、发展最完善的电子商务模式,由于其能迅速带来利润和回报,一直居于电子商务的主导地位。1997 年,我国杭州诞生了第一家 B2B 电子商务平台"中国化工网"。随后经过长时间的探索与发展,我国 B2B 电子商务市场正逐渐向传统细分行业电子商务化、电子商务 B2B 在线交易及互联网金融等方向发展。

一、B2B 电子商务模式的相关概念

B2B 电子商务模式是指商家与商家之间建立的商业关系,即企业与企业之间的电子商务。企业和企业之间的电子商务是指企业通过第三方平台或内部信息系统平台将面向上游供应商的采购业务和下游代理商的销售业务有机地联系起来,以实现降低交易成本、提高客户满意度的商务模式。相比其他的电子商务模式,B2B 电子商务模式通常具有交易额大、关联对象较少、合作关系相对稳定、交易技术更专业化等特点。在交易的具体形式上,基于价值共赢的立场,B2B 电子商务模式也相对灵活。各行各业 B2B 交易市场的涌现,不断将市场两端的买家和卖家聚合,而作为两端的中间桥梁,B2B 交易市场不仅加强了买卖双方的信息交互,平衡了供需关系,也进一步促进了资源的合理分配。随着电子商务与传统行业的结合,电子商务活动的应用范围不断扩大,企业间的联系也愈发紧密,由此逐步带动了市场贸易大方向的变革。在电子商务的应用和探索领域,B2B 电子商务模式一直保持较高的活跃度。

一般来说,B2B 电子商务模式具有降低商务成本、强化供应链管理和缩短产销周期等优势。

(1) 降低商务成本。B2B 交易中,买卖双方能够在网上完成整个业务流程:从建立最初印象,到询价、签单和交货,最后提供客户服务。B2B 电子商务模式简化了企业间交易的许多流程,减少了费用,降低了企业经营成本。

(2) 强化供应链管理。优化生产计划可以通过 B2B 平台获悉产品在不同区域的需求情况,进一步预计和控制市场供求信息,从而对库存和物流控制进行明确的规划和管理,让企业获得较大的经济效益。B2B 电子商务的发展方向是创造高效率的无形市场,削减企业库存,实现零库存状态下的即时生产(just in time,JIT)。

(3) 缩短产销周期。通过 B2B 电子商务,企业可以避免因信息交流手段落后而产生的信息滞后和信息差错现象,从而大大加快企业资金流、物流的流动速度,缩短整个生产销售周期。

(一) B2B 电子商务模式的作用

1. 供应商管理

企业通过与供应商进行企业间的电子商务,实现网上自动采购,可以减少双方为进行交易投入的人力、物力和财力。

2. 库存管理

企业可以最大限度地控制库存。例如,戴尔公司通过允许顾客网上订货,实现了企业业务流程的高效运转,从而大大降低了库存成本。

3. 销售管理

采购方企业可以通过整合企业内部的采购体系,统一向供应商采购,实现批量采购来获取折扣。例如,连锁超市将其各地的多家超市通过网络整合在一起,统一进行采购配送,通过批量采购节省了大量的采购费用。

4. 信息管理

企业通过与潜在的客户建立网上商务关系,可以覆盖原来难以通过传统渠道覆盖的市

场,增加企业的市场机会;还可以通过与供应商和顾客建立统一的电子商务系统,实现企业的供应商与企业的顾客之间的直接沟通和交易。

5. 支付管理

B2B电子商务的结算方式多样化,减少了资金的周转环节。

6. 物流管理

企业通过与上游的供应商和下游的顾客建立企业间的电子商务系统,实现以销定产,以产定供,从而实现物流的高效运转和统一。

(二) B2B电子商务的主要模式

在商业高度发达的当下,B2B电子商务的模式也是多种多样的,主要包括以下四种。

1. 水平模式

水平模式是指面向中间交易市场的B2B。它将各个行业中相近的交易过程集中到一个场所,为企业的采购方和供应方提供交易的机会。水平模式的电子商务网站既不是拥有产品的企业,也不是经营商品的商家,而是一个将销售商和采购商汇集在一起的网上平台。采购商可以在网站上查到销售商和销售商品的有关信息。阿里巴巴、慧聪网等都是水平模式的主要代表。

2. 垂直模式

垂直模式是指面向制造业或面向商业的垂直B2B,可以分为两个方向,即上游和下游。生产商和商业零售商可以与上游的供应商之间形成供货关系;生产商与下游的经销商可以形成销货关系。垂直模式的电子商务网站类似于在线商店,是企业直接在网上开设的虚拟商店。通过这样的网站,商家可以大力宣传自己的产品,用更快捷、更全面的手段让更多的客户了解产品,从而促进交易;或者也可以是商家开设的网站,商家在自己的网站上宣传自己经营的商品,目的也是用更加直观便利的方法促进、扩大商业交易。

3. 自建模式

自建模式是指大型行业龙头企业基于自身的信息化建设程度,搭建以自身产品供应链为核心的行业化电子商务平台。行业龙头企业通过自身的电子商务平台,串联起行业整条产业链,供应链上下游企业通过该平台实现资讯、沟通、交易。但此类电子商务平台过于封闭,缺少产业链的深度整合。

4. 关联模式

关联模式是为了提升电子商务交易平台信息的广泛程度和准确性,从而整合水平模式和垂直模式而建立起来的跨行业电子商务模式。

二、B2B电子商务模式的特点

(一) 交易对象相对固定

B2B电子商务模式下的商品买卖双方一般为企业,他们的交易行为不像普通消费者发生的交易行为那样随意、无序。买方在交易前会根据自己想买的商品准备购货款,制订购货计划,进行货源市场的调查和市场分析,寻找自己满意的商家。卖方则会根据自己的产品制作广告宣传和进行全面的市场调查、分析,确定各种销售策略和方式,寻找合作伙伴和交易机会。因此,企业间的商品交易一般较为固定,这种固定既体现了企业的专一性,也体现了企业间交易要求内在的稳定性。

(二) 交易金额较大,企业成本较低

B2B 电子商务模式中,企业与企业之间的交易一般是大额交易,如企业与供货商、企业与批发商之间的采购等。通过 B2B 电子商务网站,买卖双方能够在网上完成整个业务流程,从"货比三家"到询价、签单、交货,B2B 电子商务网站减少了企业间交易的许多事务性工作流程和管理费用,降低了企业经营成本,提升了企业的利润空间。

(三) 交易过程复杂,合同要求比较规范

企业间的电子商务一般涉及多个部门和不同层次的人员,如市场部、财务部及法律部等,因此买卖双方间的信息交换和沟通比较多,且对交易过程的控制、对合同格式要求比较规范和严谨,注重法律有效性。

(四) 交易内容广泛

B2B 电子商务网站不只是一个交易平台,企业间电子商务活动的交易内容既可以是原材料,也可以是半成品或成品,甚至可以是行业资讯、项目外包、招商加盟及技术社区等,交易商品种类繁多,且不受网络交易的限制。

(五) 增值服务

B2B 平台会为会员企业提供移动金融和企业增值服务,如平台企业认证、独立域名、行业数据分析报告、搜索引擎优化等,为其消除信息不对称,提供或扩展营销渠道,从而增加企业收益、降低运营成本。

案例分析

上校舰长扬帆阿里巴巴网络平台

从军官到阿里巴巴网商,上校舰长的快速成功具有很好的借鉴意义,他对诚信的坚持,对网络资源的充分挖掘,以及对商业机会的高度敏感,加上多年训练出来的高度执行力,促成了他今天的成功,也注定了他未来将获得更大的成功。总结司景国的成功经验,以下几点很重要:

一、选择好的网络平台

司景国所在的部队军工厂,转业从事手工制作仿真铜质军舰、航船、飞机等模型,几年前其产品基本处于军内自销状态。自从选择了阿里巴巴网络平台,他的客户群迅速扩展至全国乃至国外,一些造船厂等大客户纷纷找上门来,销量直线上升,仅 2006 年网上成交金额就已达 500 万元。电子商务平台彻底抹去了"蚂蚁"与"大象"的界限,互联网的应用已经步入网商时代。

二、在网络上快速建立诚信

司景国除了通过提供优质的服务获得众多客户的好评来积累自己的商业信用,还通过其他方式积累了人际信用。他刚加入阿里的时候,就会去关注那些知名网商和有威望的版主,认真积极地回复他们的帖子,让自己迅速获得他们的信任和关注,并且很快他的原创文章得到大量的推荐。司景国看人很准,以文见人,对于有见地、有理想的年轻人,他总是积极鼓励、积极沟通,与自己文章的回复者也都热情沟通。一段时间后,很多看他帖子的人都成为他的好朋友。这导致他一发文章,就立刻成为热帖,一大批支持者会来支持和拥护,迅速

形成一种强大的人气氛围。

三、精于管理,善于推广

司景国首先是在网上选对了地方,即网商故事论坛。他是做舰船模型的,属于轻工的范畴,但是由于这个行业非常专业,基本上很难找到足够的同行和客户。在这种情况下,在轻工论坛实际上难以凸显他的行业特色,而这个时候他还并没有出名。网商故事论坛是以上海伟雅牵头的一帮写手团不断挖掘优秀网商资源进行研究和分享讨论的平台,这里的文章作为阿里巴巴推广优秀网商的原创基地,总是能够被阿里巴巴重点推荐。因此,司景国在这里迅速建立自己的人脉会非常有价值。随后,他又担任了网商活动的版主,通过网商活动论坛,上校舰长把阿里巴巴最活跃的一批网商聚合在一起,同时关注全国各地的网商活动,了解网商的需求,并给予支持和帮助。后来司景国当上十大网商后,他又选择了自己所在行业的轻工论坛,虽然作为诚信的网商,他已经成名了,但是在整个行业里,他还需要进一步拓展。其次,司景国选对了人。在论坛的管理上,他注重选人和用人,并制订了用人的标准,用人唯贤。再就是,他分工明确,奖惩分明,责任到人。司景国把自己多年管理企业所应用的一套高效的管理方法,用在网络社区的管理上,结果证明是相当有效的。

资料来源:雷玲,王忠元.电子商务案例分析[M].大连:大连理工出版社,2022.

思考题:阿里巴巴属于什么类型的电子商务模式?上校舰长为什么会选择阿里巴巴平台?

三、B2B 电子商务的基础

1. 企业的信息化水平

信息化水平指除最基本的网络基础设施和电子商务平台外,企业还需要有信息化、自动化的后台系统,包括企业资源计划系统(enterprise resource planning,ERP)、供应链管理系统(supply chain management,SCM)和计算机集成制造系统(computer integrated manufacturing system,CIMS)等。这些系统是企业进行 B2B 电子商务的前提条件,可以实现电子商务活动快速高效地进行,为交易双方提供便利。

2. 企业现有的框架结构

企业在开展 B2B 电子商务前,需要明确自身的现有业务体系,分析 B2B 电子商务对其现有商务模式的影响,判断是否会因为产生冲突,而导致原本的销售渠道混乱。当现有商务模式与 B2B 电子商务形成良性互补、互相促进、共同开发市场时,企业才应当考虑开展 B2B 电子商务。

3. 企业贸易伙伴开展 B2B 电子商务的情况

除企业自身外,企业上、下游供应链贸易伙伴对 B2B 电子商务的开展情况,也是决定企业是否开展 B2B 电子商务的条件。如果贸易伙伴具备开展 B2B 电子商务的条件,并且准备或已经开展了 B2B 电子商务,企业则应该考虑开展 B2B 电子商务。反之,如果贸易伙伴不具备这种能力,企业则要慎重考虑新模式下与贸易伙伴的往来是否会受到影响。一般来说,电子商务在企业中的推广应用程度和普及性是能否获取电子商务效益的关键。

四、B2B 电子商务的商务模式

1. 以贸易为主的综合 B2B 模式

以贸易为主的综合 B2B 模式的电子商务网站是目前国内比较主流的一类,其服务领域基本涵盖了整个行业,在广泛的行业范围和众多的网站用户基础上都展现出了自身强大的优势。国内主流的综合 B2B 网站有以提供外贸线上服务为主的阿里巴巴、中国制造网;以提供外贸线下服务为主的慧聪网、环球资源;以小宗外贸服务为主的敦煌网。采用此类模式的企业的所处行业覆盖面广、内容综合、服务广而不精。

2. 以"行业＋联盟"为主的综合 B2B 模式

以"行业＋联盟"为主的综合 B2B 模式的中国电子商务联盟是中国专业化、系统化的诚信网络商务平台,是企业与企业、企业与消费者、消费者与消费者之间的商务诚信系统。以"行业＋联盟"为主的综合 B2B 模式是以广大电子商务企业为主体,整合政府、企业和社会资源,利用电子商务最新信息技术、硬件设备、移动应用和营销模式对各行业 B2B 网站进行资源整合,为行业提供"既综合又专业"的 B2B 服务,其典型代表有中国网库。

3. 以供求商机信息服务为主的行业 B2B 模式

以供求商机信息服务为主的行业 B2B 模式的生产企业都需要大量采购原料和设备,网络只是发挥快速获取产品信息、快速找到合适产品的作用,如五金、电子、化工、建材、纺织等企业。采用此类模式的企业的所处行业通常比较大、涉及企业数量较多、产品的品种繁多且标准化,能形成很大的市场,因此必须做好电话营销,其典型代表有中国化工网。

4. 以招商加盟服务为主的行业 B2B 模式

以招商加盟服务为主的行业 B2B 模式是指产品直接面对消费者的企业,一般会找加盟商、代理商来销售商品,以扩大产品销售渠道,如服装、家居、百货、食品、医药等品牌企业,其典型代表有中国服务网、中国医药网。采用此类模式的企业一般以收取品牌的广告费、会员费来维持其运转,会员可在一级或二级栏目上为自己的品牌做广告,同时也可以在上面查看大量经销商的联系电话。采用此类模式的企业在经营时一定要将网站的流量做大,尤其要关注网站的排名、访问量等可以量化的数据。

5. 以在线交易服务为主的 B2B 行业网站

根据交易额的大小,以在线交易服务为主的 B2B 行业网站可以划分为两类:以小额在线批发交易服务为主和以提供大宗商品在线交易服务为主的网站。以小额在线批发交易服务为主的网站交易主体大多是零售商、贸易商和中小型企业,交易量和交易额均较小,如小商品、食品、家居用品等,典型代表有衣联网、全球速卖通等;以提供大宗商品在线交易服务为主的网站中交易产品价格变化较大,如石油、钢材、塑料、农产品等,产品较标准化,价格风险较大,典型代表有金银岛网交所、浙江塑料城网上交易市场等。采用此类模式的企业在运营时必须建好诚信机制,如支付的安全、买卖双方诚信审核机制等,可采用第三方合作伙伴来解决物流、资金流及诚信度审核的问题。此外,还有以行业资讯服务为主的行业 B2B 模式,如联讯纸业;以项目外包服务为主的行业 B2B 模式,如软件项目外包网;以技术社区服务为主的行业 B2B 模式等。

五、国内主要的 B2B 电子商务网站

1. 阿里巴巴

阿里巴巴于 1999 年 3 月成立,主要面向中小企业提供产品采购、信息交互和销售服务。它可以帮助企业采购商和供应商直接见面,还可以跟踪所供商品的种类和价格的变化,从而大大简化了企业间的业务流程。阿里巴巴最初采用免费模式,在会员大量进入后开始收取费用,树立了 B2B 网站的标准规范。

2. 中国制造网

中国制造网成立于 1996 年,总部位于南京,是全球最受欢迎的中国在线 B2B 门户网站之一,主要为中小企业提供便捷的网络贸易解决方案,促进了中国的全球贸易发展。它是一个中国产品信息荟萃的网络世界,面向国内外采购商,以推广中国企业为己任,努力营造良好的网络商务环境,搭建更广阔的网上贸易平台,为国内贸易的繁荣打开一扇便捷的电子商务大门。

3. 环球资源网

环球资源网创立于 1971 年,是一个老牌的多渠道 B2B 线上线下平台,通过线下会展、商情刊物、出售行业咨询报告等方式营运,其主要优势行业是电子和礼品等。环球资源网的核心是通过贸易展览会、环球资源网站、贸易杂志及手机应用程序等业务功能,促进亚洲与全球各国的贸易往来,是深受海外买家及供应商社群高度信赖的综合性电子商务网站。

六、B2B 电子商务平台的盈利模式

目前中国 B2B 电子商务平台的盈利模式较多,概括起来有以下五种。

1. 会员费

当企业注册为平台类电子商务企业的会员时,每年应交一定的会员费,便可以享受建立商铺、发布企业资料、展示产品、了解商品信息及各类线下增值服务,其交易不需缴纳佣金。相对于免费会员,收费会员享受的服务具有许多优势。例如,收费会员发布信息的数量、生动性及搜索排名皆优于免费会员,收费会员还能够无限制地查阅买家信息等。

2. 佣金

企业通过电子商务平台参与电子商务交易,必须注册为平台类电子商务企业的会员,每年不需要缴纳会员费,就可以享受网站提供的服务,但在买卖双方交易成功后,电子商务平台会收取一定佣金。

3. 广告费

网络广告是门户网站盈利的来源之一,同时也是 B2B 电子商务平台的收入来源。比较典型的广告类型有弹出广告、漂浮广告等。B2B 电子商务平台将网站上有价值的位置用于放置各类型广告,根据网站流量和网站人群精度标定广告位价格,然后再通过各种形式向商家出售。

4. 竞价排名

竞价排名是指搜索关键词排名服务。与公众搜索引擎的服务类似,卖家在一定的时间内对产品关键词进行竞价,价格越高,用户搜索该关键词的卖家产品信息越靠前。排名处于

搜索结果前列的卖家往往能够获得更多的点击,并可能带来更多成交的机会。

5. 交易费

平台类电子商务企业通过在线交易,将人工与互联网技术有机结合,将信息流、订单流、物流、资金流通过B2B电子商务平台实现整合。平台类电子商务企业可以通过撮合交易收取服务费、通过自营交易业务获取折扣和差价、通过供应链管理收取相关服务费等。

七、B2B电子商务的发展趋势

B2B电子商务的发展呈现出以下趋势。

(一)B2B向交付闭环转变

B2B电子商务逐步实现从"交易闭环"向"交付闭环"的转变。B2B平台的供应链服务价值存在于电子商务"四流"之中,增值服务成为公司主要收入来源,突破了以会员费、广告费、佣金为主要盈利模式的瓶颈。

(二)B2B供应链金融成为撬动B2B交易创新的支点

当前,B2B供应链金融逐渐成为撬动B2B交易创新的支点。B2B供应链金融以电子商务平台为中心,以真实存在的贸易为依托,通过资金流撬动交易,借交易集成各类仓储加工服务,由综合服务形成数据;再由数据打造低成本风控系统,降低资金成本,形成交易规模滚动式增长的产业链闭环。

(三)B2B线上线下融合发展趋势明显

因为企业采购和消费者的决策方式不同,所以B2B企业不能完全复制B2C电子商务企业的营销模式。但从影响主体看,两者影响的都是"人",所以在营销模式上两者又有相同的地方。围绕线上线下、移动端和PC端展开的跨渠道、多触点、随时随地无缝衔接的营销模式将成为B2B企业宣传的新趋势。

案例分析

百度与腾讯齐聚"toB"

2018年12月百度宣布启动新一轮战略升级,进行组织架构调整。在"夯实移动基础,决胜AI时代"的战略下,百度将进一步提升技术平台核心优势,同时加速推动AI时代产业智能化的升级。

一是智能云事业部(ACU)升级为智能云事业群组(ACG),同时承载"AI toB"和云业务的发展。ACG由尹世明负责,向百度总裁张亚勤汇报,张亚勤同时继续负责新兴业务事业群组(EBG)和智能驾驶事业群组(IDG)。二是将搜索公司及各事业群(BG)的运营、基础架构和集团共享平台整合到基础技术体系(TG),整合后的TG由百度高级副总裁王海峰统筹管理,王海峰同时继续负责AI技术平台体系(AIG)。至此,在2018年年末,BAT三家企业全部完成了面向"toB"的组织结构调整及云战略的升级。从BAT战略调整指向看:一是持续加码打造技术平台。二是瞄准云计算这一黄金赛道。三是为"产业智能化"浪潮的到来厉兵秣马。早在2018年的9月底,腾讯就进行了令业界广泛关注的战略升级和架构调整,宣布向产业互联网转型。

腾讯组织架构调整有两大重点:一是新成立的云与智慧产业事业群(CSIG),将"toB"业务提升到前所未有的重要位置,腾讯云的战略地位进一步强化;二是成立技术委员会,加强基础研发,打造技术中台。2018年11月26日,腾讯机构调整后,阿里宣布继2015年之后最大一次组织机构调整,阿里云事业群升级为阿里云智能事业群,由集团CTO张建锋兼任事业群总裁。阿里巴巴官方称,"阿里云智能平台是阿里巴巴集团中台战略的延伸和发展,目标是构建数字经济时代面向全社会基于云计算的智能化技术基础设施。"BAT齐步转向"toB"领域,对于云计算应用的竞争将会异常激烈。工业和信息化部2017年4月发布的《云计算发展三年行动计划(2017—2019年)》提出,到2019年我国云计算产业规模达到4 300亿元的发展目标;2018年8月发布的《推动企业上云实施指南(2018—2020年)》提出,到2020年行业企业上云的比例和应用深度显著提升,新增上云企业100万家,形成典型标杆应用案例100个以上。

资料来源:网易科技报道.百度宣布架构调整BAT齐聚"toB"赛道[EB/OL].(2018-12-18)[2023-02-17]. https://3g.163.com/tech/article/E3AMPOA300097U7R.html.

思考题: 1. 什么是云计算?其优势有哪些?
2. 分析百度调整BAT齐聚"toB"的原因。
3. 此次组织结构调整能为百度带来哪些积极的影响?

第二节　B2C电子商务模式

一、B2C电子商务的概念及特点

B2C(business to customer)电子商务模式,指的是企业与消费者之间进行的商务活动。这种形式的电子商务直接以网络零售业为主,即直接面向消费者销售产品和服务。B2C电子商务是我国最早产生的电子商务模式,以8848网上商城的正式运营为标志。近年来,随着互联网的发展,B2C电子商务模式的发展十分迅速,是未来电子商务发展的方向,也是电子商务发展的重点和难点。这种模式节省了消费者和企业的时间和空间,大大提高了交易效率,而且B2C网站在很大程度上解决了消费者对于诚信问题的担忧,因此B2C电子商务模式得到了较为稳定的发展。与传统交易模式相比,B2C电子商务的交易模式具有以下特点。

(一) 信息化管理

B2C企业采用电子化、数字化管理,对全部流程均采用远程交易,极大地减少了人力和物力成本,降低了运营成本,提高了效率。信息沟通快捷,可以即时、动态地更新有关商品种类、价格、配送等信息。

(二) 获客渠道广阔

借助线上商城,企业可以获得更多的线上获客渠道,减小了不同规模间企业的获客壁垒,提高了中小企业的竞争能力,赋能中小企业成长。

(三) 双向选择

线上商城提供了丰富的信息资源,无论对于商家还是消费者来说,都是一个双向选择的方式。

（四）成本大幅降低

线上商城提供的多品类商品方便消费者挑选，也在一定程度上节约了挑选商品的时间。此外，B2C 交易模式突破了时空的限制，消费者利用互联网能在任何时间、任何地点进行购物，足不出户就买到喜爱的商品。由于 B2C 业务可以在没有实体店铺的情况下开展，所以可以节约大量的仓储成本，还能够让消费者购买到低于市场价格的商品。

（五）配送灵活

商家根据不同的收货地址，选择最近的供应商与物流配送点，在最低送货成本的前提下，以最快速度把商品送到消费者手上，也节省了消费者线下购买商品的人力成本。

二、B2C 电子商务的常见模式

（一）按企业与消费者买卖关系分类的电子商务模式

按企业与消费者买卖关系进行分类，可以将 B2C 电子商务分为卖方企业对买方个人的电子商务和买方企业对卖方个人的电子商务两种模式。

1. 卖方企业对买方个人的电子商务模式

卖方企业对买方个人的电子商务模式是指由商家出售商品或服务给消费者，是最为常见的一种 B2C 电子商务模式，较为典型的网站有京东商城和当当网。

2. 买方企业对卖方个人的电子商务模式

买方企业对卖方个人的电子商务模式是指企业在网上向个人求购商品或服务的一种电子商务模式，主要用于企业人才招聘，如智联招聘、前程无忧等。

（二）按交易客体分类的电子商务模式

按交易客体进行分类，可以将 B2C 电子商务分为无形商品或服务的电子商务模式、有形商品或服务的电子商务模式。这两种电子商务模式的含义及特征分别如下。

1. 无形商品或服务的电子商务模式

电子客票、网上汇款、网上教育、计算机软件和数字化视听娱乐商品等，可以在网上直接实现交易的商品或服务都属于无形商品或服务。其电子商务模式主要包括网上订阅模式、付费浏览模式、广告支持模式和网上赠予模式四种。

（1）网上订阅模式是指消费者通过网络订阅企业提供的无形商品或服务的模式，消费者可以直接在网上进行浏览或消费。例如，网易云课堂、淘宝大学等在线服务商，为消费者提供了关于互联网、电子商务和淘宝开店等内容。

（2）付费浏览模式是指企业通过网站向消费者提供计次收费的网上信息浏览和信息下载的电子商务模式。付费浏览模式让消费者根据自己的需要，在网上有选择地购买一篇文章、一章书的内容或者参考书的一页。消费者也可付费获取在数据库中查询的内容。另外，一次性付费参与游戏娱乐也是很流行的付费浏览方式之一，如红袖添香、期刊网等网站就采用该模式进行赢利。

（3）广告支持模式是指在线服务商免费向消费者或用户提供信息在线服务，其营业收入完全来源于网站上的广告，如百度、谷歌等在线搜索服务网站。

（4）网上赠予模式是指企业借助互联网的优势，向用户赠送软件产品，以此扩大企业的知名度和市场份额的模式。由于软件产品属于无形的计算机商品，企业只需投入较低的成本,就能推动产品的发展。例如,某些商家对会员提供免费试用服务,这些会员中的很大一部分后来都成为了付费用户。

2. 有形商品或服务的电子商务模式

有形商品是指传统的实物商品,其查询、订购和付款等活动都可以通过网络进行,但最终的交付不能通过网络实现。根据经营主体的不同,有形商品或服务的电子商务模式可以分为独立 B2C 网站和 B2C 电子化交易市场。

(1) 独立 B2C 网站是指由企业自行搭建的网上交易平台。这需要企业具有较强的资金储备和技术实力,能够自行完成网站的开发、建设、支付和维护等一系列活动。

(2) B2C 电子化交易市场,也称为 B2C 电子商务中介或 B2C 电子市场运营商,是指在互联网环境下利用通信技术和网络技术等手段把参与交易的买卖双方集成在一起的虚拟交易环境。B2C 电子市场运营商一般不直接参与电子商务交易,而是由专业中介机构负责电子市场的运营,其经营的重点是聚集入驻企业和消费者,以此来扩大交易规模。常见的 B2C 电子化交易市场有天猫、招商银行信用卡商城等。

(三) 按 B2C 平台类型分类的电子商务模式

目前我国的 B2C 电子商务平台大致可以分为垂直型、综合型和交易平台型三种类型。

1. 垂直型 B2C 模式

垂直型 B2C 电子商务平台是指将注意力集中于某些特定的领域或某种特定的需求,提供有关这个领域或需求的全部深度信息和服务的电子商务平台。垂直型 B2C 的优势主要有独立平台和多样化零售方式。首先,垂直型 B2C 电子商务平台是独立的,专注于某一行业或某类产品,有特定的目标群体,能产生一定的优势,包括以行业为特色或以国际服务为特色。其次,垂直型 B2C 电子商务平台的零售方式多种多样,能在短期内盈利并且风险较小。国内常见的垂直型 B2C 网站有凡客诚品、乐淘网、好乐买等。

垂直型 B2C 模式主要有以下优势:①在垂直细分领域做出自己的特色,形成品牌效应,可以满足那些看重品牌的消费者的要求。②产品和服务专业化。垂直型 B2C 模式在产品的划分上具有单一特性,有助于产品和服务的细分,通过精耕细作,更能提高消费者的满意度和忠诚度。③垂直型 B2C 的物流管理更加高效、便捷,可以满足消费者对快捷服务的要求。

然而,垂直型 B2C 模式也有其劣势,包括:①如果垂直型 B2C 模式过于专注于专业化,会造成品类单一的后果,这限制了消费者的选择,使得目标群体过于狭窄,减少了网站的收益。②若产品和服务定位不精准或者没有"精耕细作",很容易使网站发展陷入死胡同。

2. 综合型 B2C 模式

综合型 B2C 模式也可以称为自营百货零售型电子商务。其特点在于商品种类齐全、数量庞大、覆盖范围广,并且拥有广泛、庞大的用户群体。从战略的角度来说,综合型 B2C 模式有利于企业的长远发展。综合型 B2C 企业有更远大的前景,所以一些着眼于更远未来的投资者可能会选择它。目前,京东是国内规模最大的综合型 B2C 电子商务企业,其特点是产品线结构非常丰富,拥有广泛、忠诚的注册用户,以及众多的合作供应商,拥有更有竞争力的价格和逐渐完善的自有物流体系等优势。

综合型 B2C 模式主要有以下优势:①综合型 B2C 企业拥有更加丰富的商品种类,能够更好地满足用户不同的需求,提供一站式的产品和服务,培养用户的忠诚度。②扩展产品线,可以增加收入渠道,获得更多的利润。利润的提高使得许多原垂直型 B2C 电子商务平台纷纷转型为综合型 B2C 电子商务平台,如京东、亚马逊中国、当当网等。但是,综合型 B2C 电子商务平台在物流和运营成本方面具有天然劣势,包括:①在物流方面,由于产品众多、供应链复杂,物流容易成为综合型 B2C 电子商务平台的发展瓶颈。如果没有强大的物流配送体系和配送能力,商家无法快速、及时地把产品调度、配送到消费者手中,则会在很大程度上影响消费者的满意度和购物体验。②综合型 B2C 网站的商品种类繁多,需要与众多的供应商、制造商合作,其运营成本必然要剧增。与垂直型 B2C 电子商务平台相比,综合型 B2C 电子商务平台将面临更多挑战。

3. 交易平台型 B2C 模式

交易平台型 B2C 模式是指 B2C 网络交易在平台型网站上进行,这个交易平台充当提供交易服务中介的角色。具体地讲,这是由专业的电子商务平台开发商或运营商建设的电子商务平台,多个买方和多个卖方通过这个集认证、付费、安全、客服等渠道于一体的统一平台为其提供相关服务完成交易的商业模式。这种模式有以下特点:①更加注重用户体验。②需要有更加完善的商家服务体系。③有助于提升营销体系,从单一的打折促销提升到多样化的整合营销。④可以帮助在平台上成长起来的自主品牌,真正地成长为网购品牌。

天猫是交易平台型 B2C 模式的一个典型代表。通过整合数千家品牌商、生产商,为商家和消费者提供一站式解决方案。天猫为商家和消费者的网上交易提供配套服务,以支持交易安全快捷地达成。这种模式在技术框架布局和系统平台维护方面优势明显,它将在很大程度上帮助缺乏资金和实力自建垂直型 B2C 电子商务平台的中小零售企业,并成为其入驻电子商务平台的首选。然而,交易平台型 B2C 模式还是存在发展时间短、平台规模小、与企业业务结合程度不深、信用问题突出等缺点。

(四) 按 B2C 平台经营商品特征分类的电子商务平台

按 B2C 平台经营商品特征分类,B2C 电子商务平台还可以分为商城式综合购物电子商务平台、专营商品电子商务平台、企业网络直销电子商务平台和团购电子商务平台。

1. 商城式综合购物电子商务平台

商城式综合购物电子商务平台的特点是有众多品类的商品,并有不同的供应商、渠道、经营模式、营销方式等,消费者可以根据需要自行选择。现阶段,缺乏资金和实力自建 B2C 电子商务平台的中小零售企业纷纷借助此类平台拓展自己的网上业务。这种平台一般适合有普通商品需求的消费者,他们可根据需要在众多的平台中反复比较和筛选。同时,商城式综合购物电子商务平台也为消费者提供了相关保障,例如,七天无理由退换货、货到付款等。在我国,商城式综合购物电子商务平台的典型代表有天猫商城等。

 案例分析

京东和天猫运营模式的区别

京东和天猫是 B2C 电子商务的两种典型代表,也是很多企业首选入驻的两个平台。

一、京东与天猫的领域区别

天猫是一个为买卖双方搭建的第三方平台;京东则是拥有品牌商品的品牌旗舰店、以自

营模式为主的一个平台。

二、京东与天猫的入驻区别

天猫分为旗舰店、专卖店、专营店。旗舰店是商家以自有品牌(商标为R或TM状态)入驻天猫开设的店铺。专卖店是商家持品牌授权文件在天猫开设的店铺。专营店是经营天猫同一招商大类两个及以上品牌商品的店铺。天猫旗舰店、专卖店、专营店又有多种细分模式。京东则主要分为自营和第三方店铺。京东的第三方店铺类型也分为旗舰店、专卖店、专营店,但京东对这三种类型的店铺没有再做细分。相比而言,天猫入驻门槛高、成本高,京东开店成本低,也相对容易一点。京东和天猫运营模式的区别主要表现在:

第一,赢利模式的区别。天猫的收入来源为:保证金、技术服务年费和实时划扣的技术服务费(佣金);广告收入和关键词竞价收费;软件和服务收费;间接收益,如通过支付宝收取签约商户的交易服务费用,以及利用用户存款和支付时间差形成的巨额资金进行其他投资的赢利。而京东的收入来源为:店铺出租费、产品登录费;广告费;靠厂商返点和其他补贴获利;以低价的方式来获得大规模销量,赚取采购价与销售价之间的差价和交易费;间接收益,如京东金融收益等。

第二,物流服务的区别。天猫没有自己的物流系统,其物流主要是依靠第三方物流商和菜鸟物流体系(四"通"一"达"以及EMS),商家如果不在本省,客户收到货需三天左右,偏远地区则需时更长。而京东的物流是自建的,在全国大部分城市都设有物流配送中心,基本能当日送达,在物流配送上,京东自营可以说优势巨大。

第三,搜索规则的不同。京东的搜索规则与天猫是两套完全不同的体系。在京东,店铺的概念较弱,主要按商品搜索规则来判断哪些商品能排在前面。而天猫拥有较强的店铺概念,如店铺搜索、店铺评分,店铺相关指标对天猫商品的排序有较大影响。

资料来源:尚楚电商.京东和天猫的运营模式的区别[EB/OL].(2019-01-23)[2022-12-20]. https://baijiahao.baidu.com/s?id=16234379785269728 29&wfr=spider&for=pc.html.

思考题:1. 京东和天猫的主要收入来源分别包括哪几项?
2. 天猫的旗舰店、专卖店、专营店有何不同?
3. 简述京东和天猫的运营模式的主要区别。

2. 专营商品电子商务平台

专营商品电子商务平台是指专门销售书籍、CD、数码产品等同类型商品的电子商务平台。这类电子商务平台的竞争优势在于其专业性强、专营商品品种齐全、商品专业性强、专业信息资源丰富。所以这种平台更适合对某类型商品有需求的消费者,可以使他们获得最多相关专业信息。专营商品电子商务平台有京东、当当网、乐淘网等。

3. 企业网络直销电子商务平台

企业网络直销电子商务平台是指企业经由自身搭建的电子商务平台,直接通过网络向消费者销售其产品或服务。这种平台更适合以下三种类型的消费者:一是对该品牌忠诚度高的消费者,希望通过企业网络直销电子商务平台得到比传统渠道购买更加优惠的产品或服务。二是由于地域性限制无法获得但又非常需要企业提供的产品或服务的消费者，希望通过企业网络直销电子商务平台直接满足他们的需求。三是对该企业会员个人网络定制服务感兴趣的消费者。越来越多的企业正在通过企业网络直销电子商务平台发展按单定制的直销模式，一方面可以满足对产品有不同需要的消费者需求，另一方面能够真正实现企业的零库存高周转。我国企业网络直销电子商务平台有戴尔、华硕、凡客诚品等。

4. 团购电子商务平台

团购电子商务平台是线下团购模式的网络组织平台。与传统团购模式相比，团购电子商务平台的价格是提前公布的，不会随着参与购买的消费者人数增多而逐级下降，消费者只需要决定参与交易或不参与交易即可，这与电子商务平台中的"秒杀"活动相类似，但是企业占据绝对主导。团购电子商务平台的特点在于其商品的限定性非常强，折扣商品有限，商品价格一般比其他平台便宜，商品质量也更有保证，但消费者有购买次数限制。这种模式更有利于经济较为拮据的消费者，可以为其提供最优的价格。

三、B2C 电子商务平台的组成要素及交易流程

一般 B2C 电子商务平台包含以下组成要素：

（1）前台页面。其主要功能包括产品内容展示。

（2）后台管理。其主要功能包括产品的录入及管理、购物流程管理、商品选择设计、支付管理等。

（3）用户注册及用户管理。其主要功能包括消费者信息管理、消费者单据管理、消费者购买意愿分析、客户挖掘、客户关系管理、消费者制度及积分管理等。

（4）物流管理。其主要功能包括对消费者所购买的产品进行运输、储存、保管、搬运、包装、装卸、配送、流通加工以及与之相伴随的信息传递等活动。

（5）咨询提供。其主要功能包括在线客服、信息搜索等。

（6）社区。其主要功能包括消费者之间信息交流和信息共享。

B2C 电子商务平台的交易流程可以概括为：首先，消费者根据自身需求，进入相关电子商务平台查询所需产品和服务的信息；其次，在确定所需具体产品和服务后，消费者根据电子商务平台提示下订单，即告知网站所需产品名称、数量、送货方式和付款方式等重要信息；最后，消费者确定订单和付款，电子商务平台按照订单送货。

四、B2C 电子商务的盈利模式

（一）网络广告收益模式

网络广告收益模式是 B2C 电子商务平台的主要盈利模式，其主要通过网站的客流基础吸引广告投放。这种模式成功与否的关键是其网页能否吸引大量的访客，以及网络广告能否受到关注。B2C 网站通过免费向顾客提供产品或服务吸引足够的注意力，从而吸引广告主投入广告。网络广告投放的效率较高，一般按照广告点击的次数收费。B2C 网站可以充分利用自身提供的产品或服务的不同来区分消费群体，对广告主的吸引力也很大。

（二）销售营业收入模式

销售营业收入模式是指通过赚取销售价与采购价之间的差价和交易费获得利润的盈利模式。有形商品和服务的电子商务大多属于这种盈利模式，如京东、亚马逊中国等。具体来说，销售营业收入模式可以细分为以下两种：销售平台式和自主销售式。销售平台式不直接销售产品，而是为商家提供B2C的平台服务，通过收取虚拟店铺出租费、交易手续费、加盟费等实现盈利。其典型代表有天猫商城。自主销售式需要网站直接销售产品，包括本行业产品和衍生产品。其中，销售本行业产品是指通过网络平台销售自己生产的产品或加盟厂商的产品。商品制造企业主要通过自主销售式扩大销售，获取更大的利润。

（三）收费会员制模式

B2C网站向收费会员提供便捷的在线加盟注册程序、实时的用户购买行为跟踪记录、准确的在线销售统计资料查询及完善的信息保障等服务。收费会员制模式能够吸引忠诚度更高的客户。其典型代表有阿里巴巴。

（四）间接盈利模式

B2C网站的间接盈利模式的收益来源主要有支付收益和物流收益两种。支付收益方面，例如，淘宝通过支付宝收取一定的交易服务费用，而且可以充分利用用户存款和支付时间差产生的巨额资金进行其他投资盈利。物流收益方面，B2C网站将物流纳为自身的服务，不仅能够获取物流的利润，还能使用户创造的价值得到增值。

五、B2C电子商务的发展趋势

在二十多年的发展中，我国电子商务经历了产业萌芽期、基础建设期、快速发展期和成熟期四个阶段，规模不断壮大，逐步成为现代服务业的重要组成部分。

在产业萌芽期（1997—1999年），信息化水平较低，网购人群基数小，大众对电子商务缺乏了解，国内电子商务网站处于探索萌芽状态。在基础建设期（2000—2007年），由于国家政策支持，诚信瓶颈基本解决，物流支付等基础设施进一步完善，B2C电子商务发展迅速。在快速发展期（2008—2015年），具有中国特色的网络交易方式形成。同时，随着移动互联网的发展和智能手机的普及，电子商务进入风口期。在成熟期（2016年至今），电子商务平台流量格局已定，线上红利逐渐消失，垂直细分领域继续深耕。由此，也可以看出我国未来B2C电子商务的发展趋势。

（一）B2C仍是电子商务行业主流

目前电子商务行业发展进入成熟期，电子商务平台综合服务能力愈加突出，B2C电子商务能从平台品控、物流配送等方面更好地服务用户，未来其作为电子商务行业主流的趋势仍将持续。而消费者对品质的追求也愈发明显，消费者将更重视B2C电子商务平台自身及平台商品的品牌背书能力。因此，提升品牌背书能力也成为B2C电子商务平台重要的发展方向。

（二）B2C电子商务运营模式多样化发展

随着线上获客成本的不断提高，B2C电子商务平台纷纷创新运营模式，针对不同消费者的运营模式相继出现。而针对主流消费者的消费需求变化，能满足用户对优质、高性价比商品消费需求的运营模式，未来也有较大发展市场。能否针对主流消费者进一步提升服务及商品质量也成为平台竞争的重点。

（三）平台发展渗透垂直领域

产品细分化趋势愈加明显，以及物流配送服务质量的提升使 B2C 电子商务平台有能力渗透到更多细分领域，而对不同垂直领域商品的覆盖也使用户的个性化需求可以得到更好的满足。未来 B2C 电子商务行业产品细分化的趋势会更加明显，更多垂直电子商务平台会出现，而综合 B2C 电子商务平台也会利用其自身资源优势渗透至各领域。

（四）线下场景成争夺重点

各平台将继续加强对新零售业务的布局，无论是阿里对饿了么的收购，还是各 B2C 电子商务平台纷纷推出线下门店和提高配送效率的举动，都显示出新零售业务的竞争趋向激烈，线下场景也将成为竞争重点。新零售业务的发展是电子商务平台拓展线下流量、降低获客成本的关键，同时也是提升消费者体验的关键一环，未来各平台围绕新零售业务的布局将不断加强。

（五）结合本地化仓储提升物流效率

B2C 电子商务的发展将进一步解决各平台"最后一公里"的配送问题，继续加强仓储物流布局，未来结合本地化仓储的模式将会更加明显。通过本地化配送服务支撑，远程物流的效率也将很大程度得到提升，随着物流配送效率的提高，未来 B2C 电子商务行业仍会有巨大的发展空间。

（六）优化高净值用户体验

平台会员服务打造将继续升级。现阶段 B2C 电子商务平台纷纷推出会员服务，通过会员制度平台能有效筛选高净值用户，并针对该部分人群的各项会员权益有效提升其体验感，来进一步增强平台高净值用户的黏性。同时随着人们付费观念的普及，平台在未来可以针对不同人群推出分级会员服务，以便进一步提升用户体验。

第三节 C2C 电子商务模式

一、C2C 电子商务的概念及特点

随着互联网的快速发展，C2C 电子商务（customer to customer）在人们的日常生活中扮演的角色越来越重要，越来越多人利用互联网开展各种活动，其中就包括在网上进行商品交易。在此背景下，C2C 电子商务模式应运而生。世界上最早的 C2C 网站是由皮埃尔·奥米迪亚于 1995 年创办的 eBay 网站。而中国在 1999 年正式开通的易趣网，是国内最早的 C2C 网络交易平台。之后的 2003 年，阿里巴巴成立淘宝网，它的出现和成长对早期用户网上购物习惯的培养起到至关重要的作用。C2C 电子商务即消费者与消费者之间借助第三方电子商务平台来完成"个人对个人的"的交易活动。因此，可以说在 C2C 电子商务模式中，第三方电子商务平台供应商是至关重要的一个角色，它直接影响到 C2C 电子商务模式存在的前提和基础。

C2C 电子商务为买卖双方提供了网上信息交流的平台，以及一系列交易的配套服务。

C2C电子商务的构成要素包括买卖双方和电子交易平台。与其他电子商务交易模式相比，C2C电子商务模式具有以下特点。

（一）交易空间、时间的无限性

首先，C2C电子商务不受地域的限制、不分国界和地区，人们能够在虚拟的网络中买到任何地方的任何商品，地域的远近仅仅体现在物流费用上。其次，C2C电子商务采用个人与个人的交易模式，打破了传统经营中营业时间的概念。交易双方可以24小时不间断地进行营业和交易。

（二）交易双方的虚拟隐蔽性

在C2C电子商务模式下，交易的主体区别于传统的经营主体。交易双方的真实信息并不能直接被获取，交易的主体特别是销售方的真实信息具有一定的隐蔽性，其是否使用真实姓名、是否具备固定的营业场所、是否拥有足够的资金及合格的商品均无从考证，这使在C2C电子商务模式下税收征管的难度加大。

（三）交易过程的便捷风险性

由于不受时间、地域等条件的限制，交易双方足不出户就能瞬间完成多笔交易，且享有低成本的优点。但与此同时，交易双方也一并承担着比传统交易更可观的风险。例如，交易双方注册信息的真实准确性、诚信状况等都难以得到保证。

（四）交易的无纸化

会计凭证、账簿、报表等要素是传统税务征收管理工作赖以开展的基础。而C2C电子商务中仅需借助互联网及其相关的信息技术即可完成商业交易活动，交易的无纸化也是其区别于传统交易的主要特征。在淘宝的C2C电子商务流程中，经营者借助互联网平台，在网络上发布货物信息、买卖双方达成交易，使得交易双方的买卖合同、各种交易票据等书面形式的纸质凭证均被电子信息替代。但电子信息数据亦有保存风险、篡改风险，这使得C2C电子商务模式在节省交易成本的同时失去了税收征管的凭证依据。

当前，以淘宝为主的C2C电子商务模式虽然具有很大的发展潜力，但是它仍然面临许多问题。倘若这些问题不能得到妥善解决，将可能影响和制约C2C电子商务的发展。其中最主要的是C2C电子商务模式下存在的税款严重流失的问题。例如，淘宝中的个人网店店主对交易的商品都没有缴纳正常线下商店应该缴纳的税款，从而造成了严重的税款流失，并且网上交易不用纳税，已然成为一种潜规则，这对于传统实体店和C2C电子商务双方的持续发展都是不利的。

（五）双向信誉评估

在C2C电子商务模式下，消费者和商家都可以在交易结束后，借助C2C电子商务网站提供的在线信任度评估系统给对方信任度进行评估。C2C电子商务网站应建立有关机制防止一部分消费者故意给出恶意评价。

二、C2C电子商务的运作模式

（一）网络拍卖模式

网络拍卖模式是指通过互联网实施的价格谈判交易活动，利用互联网在网站上公开发布将要招标的物品或者服务的信息，通过竞争投标的方式出售给出价最高或最低的投标者。

其实质是以竞争价格为核心,建立生产者和消费者之间的交流与互动机制,共同确定价格和数量,从而达到均衡的一种市场经济过程。

主要的网络拍卖模式有英式拍卖、荷兰式拍卖、密封递价拍卖和双重拍卖四种。

(1) 英式拍卖。英式拍卖也被称为"出价逐升式拍卖",是目前最流行的网上拍卖模式。在拍卖中,竞买人由低开始出价,此后出价一个比前一个要高,直到没有更高的出价为止,出价最高者即最后一个竞买人将以其所出的价格获得该商品。

英式拍卖对卖方和竞买人来说都有缺点。获胜的竞买人的出价只需比前一个最高价高一点,因此,每个竞买人都不愿马上按照预估价出价。竞买人也可能会被令人兴奋的竞价过程吸引,导致最后的价格超出之前的预估价,这种心理现象被称为"赢者诅咒"。

(2) 荷兰式拍卖。荷兰式拍卖是一种公开的减价拍卖,又称"出价渐降式拍卖"。荷兰式拍卖交易的大多是量大的物品。在传统拍卖中,物品价格每隔一定的时间会下降一些,在此过程中,第一个出价人可以按照他出价时的价格购买所需的量。如果他买完后物品还有剩余,降价过程继续,直到所有物品都被买走为止,但都以最后一个成功购买的价格成交。

例如,卖家有100束鲜花,必须在一天内卖完,否则花就谢了。荷兰式拍卖的流程是:首先,卖家设定最高价为每束100元,每半个小时降价10元。拍卖开始后没有人竞价。过了半个小时,降到每束90元时,此时有个竞买人竞价。如果他买100束,则拍卖到此结束,此竞买人成为买受人,并且100束鲜花以每朵90元成交。如果他只买70束,那么剩下的30束将继续拍卖。如果一天过去了,不再有人竞价,那么拍卖的结果是唯一的竞买人成为买受人,以每束90元的成交价买走70束花。但是,如果过了半小时又有人来竞买剩下的30束花,而价格为每束80元。这时结束拍卖,两个竞买人都成为买受人,都以每束80元的价格成交。

荷兰式拍卖因其最出名的一个案例——荷兰郁金香拍卖而得名。荷兰式拍卖成交的速度特别快,所以经常被用来拍卖果蔬、食品之类的不易长期保存的鲜活产品。如果拍卖的是同类多件物品,竞买人一般会随着价格的下降而增多,拍卖过程一直持续到拍卖品的供应量与总需求量相等为止;还有的拍卖站点,出价最高者也可以以出价最低的获胜竞买人的价格获得该产品。荷兰式拍卖的缺点是拍卖速度太快,而且需要所有竞买人在某一时候竞买。

(3) 密封递价拍卖。密封递价拍卖又被称为"投标拍卖",可分为一级密封拍卖和二级密封拍卖。

一级密封拍卖也被称为密封递价最高价拍卖,即在密封递价过程中,出价最高的竞买人中标。如果拍卖的是多件相同物品,出价低于前一个的竞买人购得剩余的拍卖品。

二级密封拍卖也被称为"密封递价次高价拍卖",其竞价过程与一级密封拍卖类似,只是出价最高的竞买人是按照出价第二高的竞买人所出的价格来购买拍卖品的。二级密封拍卖也被称"维氏拍卖"(由威廉·维克思提出)。

(4) 双重拍卖。在双重拍卖中,买家和卖家都向拍卖人同时递交价格和数量来出价。拍卖人把卖家的要约(从最低价开始上升)和买家的要约(从最高价开始下降)进行匹配,直到要约提出的所有出售数量都卖给了买家。

无论使用哪种网络拍卖模式,网络拍卖系统的流程都基本如图3-1所示。

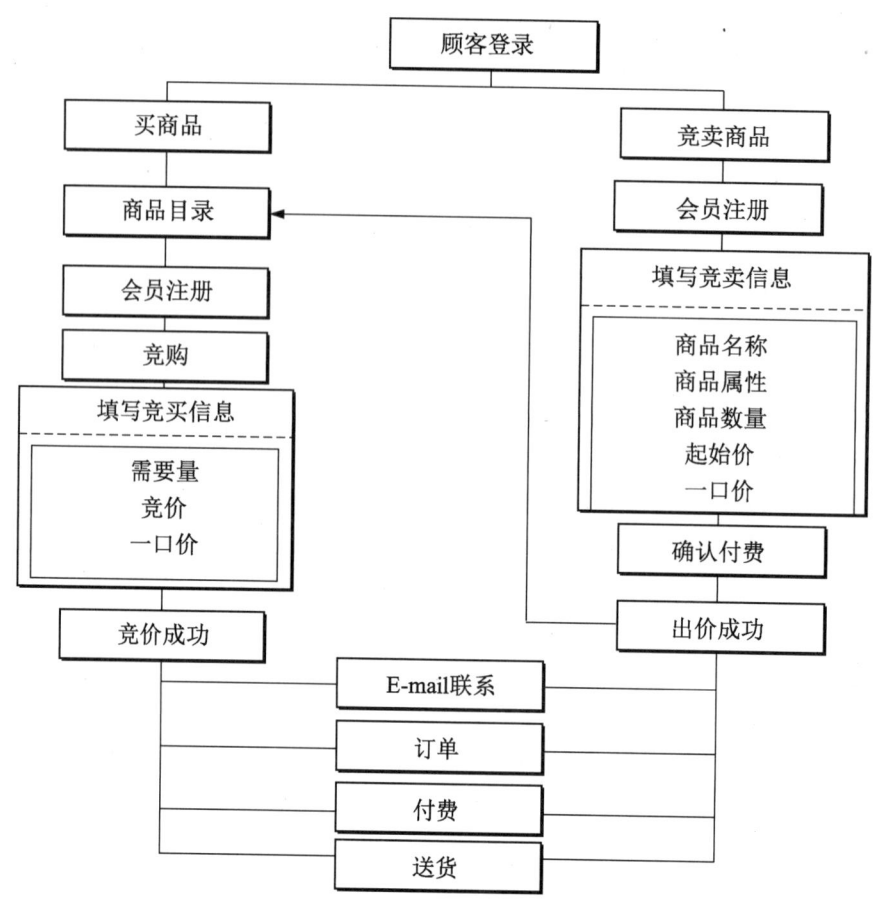

图 3-1 网络拍卖系统的流程

知识拓展

网络拍卖小知识

一、网络拍卖价格的设定

在竞价卖法中,通常使用一口价、底价、起始价,三者的关系是:一口价＞底价＞起始价。根据卖法不同,可以有以下几种价格设定的方式。

只设起始价:即无底价竞标卖法。

起始价＋底价:底价＞起始价,只有高于底价出价才可能中标。

只设一口价:出一口价则直接中标。

起始价＋底价＋一口价:可以参与竞标,但出价超过底价才可能中标,也可以直接以一口价购买。

起始价＋一口价:可以参与竞标,也可以直接以一口价。

二、网络拍卖的特点

(1) 以互联网为平台,通过网络进行价格谈判。

(2) 通过网络,将过去少数人才能参与的贵族式的物品交换形式,变成每一位网民都可以加入其中的平民化交易方式。

(3) 营造了一个供需有效集结的市场,是一种典型的中介型电子商务形式。

(4) 相对于传统拍卖,网络拍卖的每个商家都可以制定一套适合自己的拍卖规则,并且通过网络拍卖还可以使定价达到更准确的水平,同时能够扩大参与拍卖的人的范围。

(5) 交易双方不受时间、地域的限制。个人可以自由出入、随时买卖各种物品,无需支付中间人费用。

(6) 拍卖网站不一定是拍卖人,卖方也不一定是委托人。许多拍卖网站只是提供一个虚拟的交易场所,所有人都可以在此进行拍卖活动。

(7) 买方不必事先缴付保证金。网站自建的信用评价系统,以及所有用户的监督力量营造出一个相对安全的交易环境,因此,买卖双方都能找到可信赖的交易伙伴。

(8) 买卖双方在竞价过程中可以自由交流,如对拍卖品进行提问、回答、讨论与留言等。拍卖网站一般都提供网页供用户登录求购信息,或协助寻找厂商或卖方。

(9) 卖方可根据买方的信用情况,选择出价者中的任何一方成交,而非一定是"价高者得"。国内的易趣网就是采用这种方式:卖方在网站免费注册登录物品信息,买方出价竞价,最后卖方选择买方,与其联系完成交易。

三、网络拍卖的优点

(1) 通过网络平台突破了地域限制,虚拟集成了商家和消费者,大大降低了集体竞价的成本。

(2) 买卖双方在竞价过程中可自由交流。

(3) 买方不必事先缴付保证金。网站自建的信用评价系统,以及所有用户的监督力量营造出一个相对安全的交易环境,使得买卖双方都能找到可信赖的交易伙伴。

(4) 利用互联网平台将拍卖变成了平民交易。

(5) 帮助拍卖企业节省了预展和拍卖现场需要花费的人工和场地成本,同时也帮助竞拍者节约了时间、交通、住宿等诸多成本。

(6) 网络拍卖的公开性还可以抑制拍卖中的各类不正当行为。准确记录拍卖活动的全过程,有助于为监管部门提供准确的监管依据。

(二)店铺模式

店铺模式主要是指电子商务企业为个人提供开设网上商店的平台,即网上商城,以会员制、广告或其他服务项目来收取费用的模式。个人在网上商城开设商店,可以依托网上商城的基本功能和服务。顾客则是网上商城的主要访问者。因此,网上商城的选择非常重要。不同网上商城的功能、服务、操作方式和管理水平相差较大。

 案例分析

京东旗下二手交易平台——拍拍的 C2C 电商平台成功之道

大众的消费需求在社会疾驰裂变的刺激下变得更为多元,消费观念也逐步迁移。让人始料未及的是,"品质"与"二手"这两个看似略有矛盾的词,也开始紧密关联。但除去"线上二手交易"之外,京东旗下二手交易平台——拍拍更想做的是"承包人们'确认收货'后的全体验平台"。

拍拍作为京东集团旗下的 C2C 电子商务平台,以其独特的运营模式和市场策略在中国电商领域取得了成功。拍拍成立于 2005 年,最初是一家相对独立的 C2C 电子商务平台。2010 年,京东集团收购了拍拍,将其纳入集团旗下,实现了线上线下的协同发展。

拍拍为卖家提供了一个开放、自主的销售平台,任何注册用户都可以在平台上开设店铺,销售商品。这种开放性带来了极大的商业活力,使得平台上涌现出了各类商品和卖家。

为保障交易安全,拍拍还提供了担保交易服务,在买家确认收到商品后,款项才支付给卖家,从而有效降低了交易风险。

此外,拍拍还引入了社交互动元素,允许买家和卖家相互留言、评价,创造了一个社区化的交易环境。这样一来,买家可以通过评价了解卖家信誉,有助于平台透明度的提高。

京东在收购拍拍后,进行了品牌一体化的战略规划。将拍拍与京东商城等业务紧密衔接,形成品牌一体化的运营格局。这有助于京东整体品牌形象的传播和提升。京东一直以来强调品质和信誉,这一理念也被引入拍拍的运营中,以提高用户对其信誉和服务质量的认可度。

拍拍在 C2C 模式下引入了竞拍和固定价相结合的方式。用户既可以通过竞拍获得心仪商品,也可以选择直接购买。这种组合模式既保证了商品价格的灵活性,又保留了传统电商的购物方式,增加了用户体验的多样性。

为了保障交易双方的权益,拍拍建立了信誉体系,对买家和卖家进行信誉评级。卖家的信誉评级与其交易成功率、用户评价等相关,这有助于提高交易的透明度和可信度,从而减少交易风险,也为买家提供了更为安全的购物环境。

思考题: 1. 拍拍是怎样运用 C2C 电子商务模式的?

2. 相较于其他电子商务模式,C2C 模式具有哪些优势?

三、C2C 电子商务的交易流程

根据 C2C 电子商务的交易对象,其交易流程可分为买家交易流程和卖家交易流程。下面以淘宝网为例,介绍在淘宝网中的买家和卖家交易流程。

(一) 买家交易流程

根据买家在网店中购物的顺序,可以将买家交易流程分为搜索和浏览商品、购买商品、付款、收货和评价。

1. 搜索和浏览商品

买家在淘宝网购买商品时,需要根据自己的需要进行搜索,搜索完成后淘宝网将符合买家搜索条件的商品展示在网页中。买家浏览查看这些商品后,若有满足自己需要的商品,可以将其加入购物车。

淘宝网提供了多种搜索商品的方法,除了在搜索框中输入关键字进行搜索,还可以按照需要在商品类目中搜索。搜索后,在打开的页面中可以设置更加详细的搜索条件,如商品品牌、商品卖点、商品款式、商品用途和商品价格等;还可按照需要对搜索结果进行排序,目前淘宝网支持综合、销量、信用和价格排序。当有符合需要的商品时,单击商品图片或商品标题即可进入商品详情页进行浏览。

2. 购买商品

在网上搜索并找到所需的商品后,买家可以将商品加入购物车,并在购物车中进行结算,也可直接单击商品信息页面中的"立即购买"按钮进行购买。购买商品前买家需要注意,要先确认商品的信息,包括商品的颜色、规格、数量、送货方式和收货地址等。

3. 付款

买家在确认收货信息后,即可进入支付页面。买家在该页面中可以利用淘宝网提供的第三方支付平台——支付宝进行付款。买家可以通过预先在支付宝中充值,或者还可以通过网上银行、信用卡和货到付款等方式进行支付。

4. 收货和评价

当买家收到货物并确认无误后,即可返回淘宝网中确认收货,同时对商品的质量、卖家的服务和物流服务等项目进行评价。交易完成后,卖家即可收到买家支付的货款。

(二)卖家交易流程

卖家作为商品的销售方,需要先开设店铺,然后上传商品信息。卖家交易流程主要包括以下内容。

1. 开设店铺并发布商品

在淘宝网中开设店铺需要先进行支付宝实名认证和开店认证,认证成功后,卖家就可以在淘宝网中发布商品信息。信息发布后,买家即可在淘宝网中搜索到该商品。卖家在发布商品信息时,可选择以一口价、个人闲置或拍卖的方式进行出售,"一口价"是指卖家以固定的价格出售宝贝。"个人闲置商品"是指已通过支付宝实名认证的淘宝网用户以"闲置"的方式发布的商品,通常是个人持有、自用的或从未使用的闲置物品,卖家可以根据自己的情况来进行选择。"拍卖"是指卖家出售宝贝时只设置宝贝起拍价和加价幅度。

不管采用哪种方式发布商品,卖家在发布前都需要准备商品资料,包括商品标题、图片、类别、价格、数量、送货方式、运费、有无发票和保修单等信息。

2. 发货

发布的商品并被买家搜索并购买后,卖家需要发货。发货要及时,并尽量按照买家的要求选择对应的快递公司,并将发货情况告知买家。

3. 收款和评价

买家收到商品并确认付款后,卖家即可收到支付宝中暂存的款项。此时,卖家可以对买家进行评价,评价信息将计入买家的信用等级。

4. 提现

淘宝网中的所有货款都存放在支付宝平台中,卖家需要进行提现操作才能将其中的资金转移到自己的银行账户中。

四、C2C 电子商务的盈利模式

(一)会员制盈利模式

会员费,即会员制服务收费,是指 C2C 网站为其收费会员提供网上店铺出租、公司认证、产品信息推荐等多种服务组合而收取的费用。由于 C2C 网站提供的是多种服务的有效组合,比较能适应收费会员的需求,因此,会员制盈利模式的收费比较稳定。费用为第一年缴纳,第二年到期时需要会员续费,续费后再进行下一年的服务。不续费的会员将恢复为免费会员,不再享受多种服务。

(二)交易提成收入模式

交易提成是 C2C 网站的主要利润来源。这是因为 C2C 网站是一个交易平台,为交易双方提供机会,就相当于现实生活中的交易所、大卖场,而从交易中收取提成是其市场本性的体现。

(三)网络广告盈利模式

企业将有价值的位置用于放置各类型广告,根据网站流量和网站人群精度标定广告位价格,然后再通过各种形式向客户出售。如果 C2C 网站具有充足的访问量和用户黏度,广告业务会非常大。但是出于对用户体验的考虑,C2C 网站均没有完全开放此业务,只有个别广告位不定期开放。

(四)搜索排名竞价盈利模式

C2C 网站商品的丰富性决定了购买者搜索行为的频繁性,搜索的大量应用就决定了商品信息在搜索结果中排名的重要性,由此便引出了根据搜索关键字竞价的业务。用户可以为某关键字提出自己认为合适的价格,最终由出价最高者竞得,在有效时间内该用户的商品可获得竞得的排位。只有当卖家认识到搜索排名竞价能为他们带来潜在收益,才愿意花钱使用。

(五)支付环节收费模式

支付问题一向是制约电子商务发展的瓶颈,直到阿里巴巴推出了支付宝,才在一定程度上促进了网上在线支付业务的开展。买家可以先把预付款通过网上银行打到支付公司的个人专用账户,待收到卖家发出的货物后,再通知支付公司把货款打入卖家账户,这样买家不用担心收不到货还要付款,卖家也不用担心发了货而收不到款。而支付公司就按成交额的一定比例收取手续费。

 案例分析

淘宝网不可忽视的缺点

C2C 网络购物平台之所以在近年飞速发展,是因为继易趣网之后,淘宝网和腾讯拍拍、百度有啊网站相继进军 C2C 电子商务购物平台。四个平台之间的良性竞争,促使这些平台的功能和服务持续不断创新,以提供更好的使用体验吸引并留住客户。随后更多的零售商进入 C2C 市场开展业务,带来的竞争使商品丰富、价格合理,促进 C2C 市场交易额快速增长。

淘宝网在 2010 年的注册用户 1.7 亿,并且还在持续地增长中。淘宝网上线的时候宣布三年内不收取任何费用,用免费的手段直接将收费平台的用户大量吸引到淘宝上。免费也使得许多用户纷纷开设账号,以娱乐的心态销售或者购买商品,使得淘宝用户快速增长,迅速占领了市场。同时淘宝网赢得了不收费、重义轻利的口碑。互联网企业只有在大面积占领市场之后才能实现更好的盈利和发展,腾讯、360 等企业无不如此。

淘宝网的第三方支付平台支付宝推出后,各大银行纷纷提供在线支付服务,基本上解决了用户资金安全问题。另外我国快递业近年发展迅速,民营和国有快递公司的不断竞争发展,使快递业服务质量迅速提升,较之前有很大改观,已能满足C2C市场的基本需求。淘宝网解决了物流和资金流的问题,从而能够专注发展平台的信息流,这两点给淘宝的快速发展奠定了坚实的基础。中国C2C电子商务市场从淘宝网进入市场以来,推行免费策略,吸引了大批客户,并且创建独有信用评价体系,与第三方支付模式相融合,降低了网络购物的风险。

除上述优点外,随着近几年电子商务的快速发展,淘宝网也逐渐暴露出一些不可忽视的缺点。

第一,商品质量难保证。CNNIC于2006年发布的《中国C2C网上购物调查报告》显示,网上购物最让人不放心的就是商品品质。事实上,无论是线上还是线下购物,买到称心如意的好商品才是影响消费者购物满足感的决定因素。如果买到了假货或劣质商品,则会大大影响消费者的购物感受。在淘宝网上发布的商品,大多价格低廉。这本来是电子商务自身的优势所在,但正是由于淘宝上低门槛的开店政策和众多中小卖家间激烈的价格竞争,使淘宝上面假货、仿货、劣质货等泛滥。这将会严重影响消费者,特别是初次网购者,对淘宝乃至整个C2C网上购物的看法。

第二,交易诚信难维护。支付货款是电子商务的一个重要环节。在我国电子商务的初期,支付货款时通常由消费者先通过银行向卖家汇款,卖家再寄送商品给消费者。在这种模式下,很容易出现卖方不发货或卷款消失等诈骗情况。淘宝于2004年推出了"支付宝"这种网络购物支付软件,用第三方介入的方式控制双方打款和发货的进度,同时保障了买家和卖家双方的权益,减少了网上购物的不确定性。自从支付宝出现以后,电子商务纷纷采用第三方支付平台介入的做法,可以说,"支付宝"这种交易模式引发了新的行业标准。但是,即使货款支付有了保障,也不能避免因对商品不满意而退换货情况的发生。而在这种情况下,淘宝及其他电子商务平台普遍采取的做法是让消费者承担商品退换的运费,这大大加重了消费者的经济和心理负担。因此,找到新的退换货模式势在必行,此外,提高对商品质量的监管也是一种防微杜渐的方法。

第三,用户体验相对于实体店来说较差。实体店可以让用户进行体验以便确定是否购买产品,减少了售后的产品纠纷问题。而网购带给用户的体验就不得而知了。所以网购中产生的产品质量问题,一直是网购的硬伤,因此产生的店铺与消费者的纠纷问题也是屡见不鲜。所以对于C2C网络购物平台而言,用户体验是一个亟待解决的问题。

第四,物流问题。物流公司员工暴力搬运快递货物已不止一次出现在报道中,这在某种程度上是一种隐患,会影响店铺商家的信誉。如果消费者接到商品时出现质量问题而选择退货,会给商家造成不必要的经济损失。但如果不退货,消费者的利益就会受到损害,所以势必会产生纠纷问题,进而影响到商家的信誉和评价。而物流的另一个大问题是物流运输的速度。如果第三方物流出现拖单现象,将会直接影响了客户的心情,而商家的信誉也会进而受到影响。在淘宝评价中,经常会看到客户因为物流公司运送缓慢来抱怨商家,给出中评甚至差评,所以物流问题也是C2C网络购物平台必须解决的问题。

资料来源:豆丁网. 从淘宝看C2C、B2C的优缺点及发展趋势[EB/OL]. (2016-11-30)[2023-03-01]. https://www.docin.com/p-1798561104.html.

思考题:为什么淘宝网会出现不可忽视的缺点?

五、C2C 电子商务的发展趋势

（一）C2C 平台利用优势整合 B2C 模式

从淘宝推出"天猫商城"可以看出，淘宝平台利用高市场占有率优和高人气的网络点击量吸引其他 B2C 企业和传统零售企业等进入 C2C 平台，C2C 和 B2C 电子商务的界限也逐渐模糊。C2C 平台希望通过向 B2C 电子商务卖家提供更多的服务而获得一定的收入，也给予买家更多保障。随着这个趋势的不断发展，从 B2C 电子商务中获得的收入可能成为 C2C 平台发展过程中的重要盈利点。

（二）C2C 商业营销模式和数据服务开发

C2C 购物网站直面消费终端、掌握海量用户购买路径和习惯数据，加上覆盖群体广泛等特征，其蕴含的巨大媒体价值被逐步释放和认可，对网络营销等相关盈利模式的探索也初步获得成功。例如，淘宝推出的收费数据服务，已面向用户，并得到一定的市场认可度，有助于其从中获取利润。

（三）C2C 平台网站朝社区多元化方向发展

C2C 平台趋向于为用户提供更加完整的解决方案，以最大限度地降低交易成本，包括降低弥补有限理性的成本和避免机会主义得逞的成本。即时通信、社区资源、搜索以及物流等都是降低交易成本的关键环节。

第四节 其他电子商务模式

一、企业与政府之间的电子商务模式

企业与政府之间的电子商务（business to government，B2G）涵盖了政府与企业间的各项事务，包括政府采购、税收、商检、管理条例发布，以及法规政策颁布等。政府一方面作为消费者，可以通过因特网发布自己的采购清单，公开、透明、高效、廉洁地完成所需物品的采购；另一方面，政府对企业宏观调控、指导规范、监督管理的职能通过网络以电子商务的方式更能充分、及时地发挥。借助于网络及其他信息技术，政府职能部门能更及时全面地获取所需信息，作出正确决策，做到快速反应，并迅速、直接地将政策法规及调控信息传达于企业，起到管理与服务的作用。政府对电子商务具有推动、管理和规范作用。

（一）政府在电子商务中的作用

一般而言，政府在电子商务中担任的角色可以大致归纳为规划者、管理者和应用者三种。

1. 电子商务的规划者

政府应当发挥其政策的宏观调控指导作用，从战略的高度重视电子商务对未来经济发展的重要推动作用。政府作为电子商务的规划者，应该制定电子商务发展的宏观战略和规划，这规定了整个社会努力的方向，决定着本国电子商务发展的未来。

2. 电子商务的管理者

电子商务作为一种新兴的交易手段和商业运作模式，其成长不仅取决于计算机和网络技术的发展和成熟,还很大程度上取决于政府能否发挥好作为电子商务管理者的作用,营造一种有利于电子商务发展的环境,包括公正的法律环境、公平的竞争环境、完善的市场环境。

3. 电子商务的应用者

政府应当以身作则,带头应用电子商务,这不仅可以提高政府工作效率和服务质量,也有助于改进和完善电子商务,建立企业和消费者对电子商务的信心。政府对电子商务的应用包括:电子采购及招标、电子邮购、电子化公文、电子税务、电子身份证、公开办公信箱及直接的电子商务等。

政府在电子商务中应做到:实施有力的宏观调控,完善应用环境,加强基础设施建设,促进信息化进程,普及知识和培养人才。

(二)企业与政府之间的电子商务的应用

1. 政府网上招标

招标是指由采购方或主办单位发出通知,说明准备采购的商品或兴办工程的要求,提出交易条件,邀请卖主或承包人在指定的期限内提出报价。投标是一种严格按照招标方规定的条件,由卖主或承包人在规定的期限内提出报价,争取中标达成协议的一种商务方式。网络招投标是通过互联网完成招标和投标的全过程。网络招投标的业务流程,如图3-2所示。

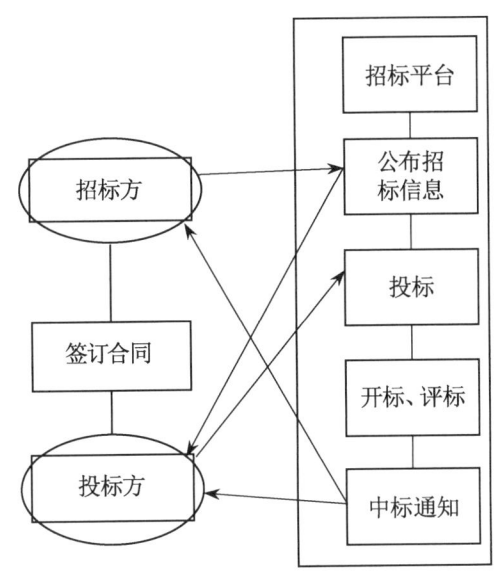

图3-2 网络招投标的业务流程

2. 电子海关

中国电子口岸运用现代信息技术,将国家各行政管理机关分别管理的进出口业务信息流、资金流、物流电子底账数据集中存放到公共数据中心,在统一、安全、高效的计算机物理平台上实现数据共享和数据交换。每个进出口企业可以在网上直接向海关、检疫、外贸、工商、税务等政府机关申办各种进出口和行政管理手续,从而彻底改变了过去企业为了办理一项进出口业务而往返于各部门的状况,实现了政府对企业的"一站式"服务。

电子海关有以下优点:

(1) 提高海关的管理效率,减轻工作强度,改善通关质量,减少通关时间。
(2) 促进企业进出口贸易,杜绝逃税现象。
(3) 提高行政执法透明度,是政府部门行政执法公平、公正、公开的重要途径。

二、企业与经理人之间的电子商务模式

企业与经理人之间的电子商务(business to manager,B2M)与 B2B、B2C 电子商务有着本质的不同,其根本的区别在于企业面对的不是企业,也不是最终消费者,而是职业经理人。现阶段已经出现一大批职业经理人,他们不受雇于某个企业,但可以为某个企业提供服务,一个职业经理人甚至可以为几个企业提供服务。例如,保险业的职业经理的手上可能会有好多客户,他可以给不同客户推销不同保险公司的产品。职业经理人通过为企业提供服务而获取佣金。

在 B2M 模式中,企业通过网络平台发布该企业的产品或者服务,职业经理人通过企业的网络平台获取这些信息,然后为该企业提供产品销售或者提供服务,企业通过职业经理人达到销售产品或者获得服务的目的。

三、B2B2C 交易模式

B2B2C 是一种新型营销交易模式,第一个"B"指的是商品或服务的供应商,第二个"B"指的是经销商,"C"则是表示消费者。B2B2C 交易模式实际上是一个多用户商城 B2B 及 B2C 的集合。在这个电子商城里,商户既可以进行 B2B 交易(批发),也可以进行 B2C 交易。

B2B2C 交易模式把产业链条上的"供应商→经销商→消费者"连接在一起,将生产、分销、终端零售的资源进行全面整合,将企业、个人用户的不同需求整合在一起,从而缩短了销售链的长度。从营销学角度上来说,销售链中的环节越少越好。B2B2C 交易模式让商户在 B 端市场充当买方,一转身又在 C 端市场转成卖方的角色,B2B2C 平台把商户直接推送到与消费者面对面的前台,减少了中间环节和成本,既让商户获得更多的价值,也让消费者受益。

(一) B2B2C 交易模式的特点

B2B2C 交易模式把"供应商→经销商→消费者"各个产业链紧密连接在一起。整个供应链是一个从创造增值到价值变现的过程。B2B2C 电子商务把从生产、分销到终端零售的资源进行全面整合,大大增强了网商的服务能力,更有利于客户获得增加价值的机会。B2B2C 电子商务平台将帮助商家直接充当卖方角色,把商家直接推到与消费者面对面的前台,让生产商获得更多的利润,使更多的资金投入到技术和产品创新上,最终让广大消费者获益。这是一类新型电子商务模式的网站,其创新性在于,它为所有的消费者提供了新的电子交易规则。B2B2C 电子商务平台颠覆了传统的电子商务模式,将企业与单个客户的不同需求完全地整合在一个平台上。B2B2C 交易模式既省去了当当卓越式 B2C 的库存和物流,又拥有淘宝易趣式 B2B 欠缺的盈利能力。

B2B2C 电子商务平台通常没有库存,为客户节约了成本(包括时间、资金、风险等成本);并建立了更完善的物流体系,根据客户需求选择合适的物流公司,加强与物流企业的协作,形成整套的物流解决方案。

随着技术进步,一个企业将需要越来越少的生产人员,但企业却永远无法不依赖于消费

者而生存和发展。因此,把消费者放在核心地位,让消费者与消费者结合、让消费者与企业结合,这无疑是最具生命力的电子商务模式。商家与商家、消费者与消费者、商家与消费者、直销与零售;商家、消费者与营销员逐渐融合,形成一个 B2B2C 联合创收平台。显而易见,B2B2C 电子商务模式符合商业发展的趋势,其商业价值不可估量,不仅可以实现商家与商家的直接网上交易,还可以借助其强大的平台特性,让更多的消费者寻找自己想要的交易目标。B2B2C 电子商务模式改变了人们的生活方式和消费观念,即利用一个新型商业模式的网站来实现自己的财务自由和时间自由。

(二) B2B2C 的应用模式

B2B2C 模式的出发点是服务于原有的 B2C 模式,促进原有的 B 端和 C 端完成更加便利、科学、顺畅平滑的交易,然后慢慢地,形成平台式的应用场景服务,将 B 端和 C 端都变成平台的客户,从而形成一个新的产业链条——B2B2C。

B2B2C 模式通过在 B2C 模式中增加一个"中间商"环节(即 B 端环节),形成一个场景革命。增加的 B 端环节的存在符合商业逻辑,并且能够被市场接受,能够对原有的 B 端和 C 端同时提供更加优质的附加服务。

根据不同细分行业的不同商业逻辑,从对原有 B2C 模式影响的最终结果来看,B2B2C 模式大致可以分为颠覆式 B2B2C 模式、共生式 B2B2C 模式、依存式 B2B2C 模式。

1. 颠覆式 B2B2C 模式

在颠覆式 B2B2C 模式中,中间平台环节(B)的终极目的并非促进原有 B2C 模式运行得更加顺畅,而是颠覆原有的 B2C 格局。虽然这种颠覆式 B2B2C 模式在最初始阶段,也是打着为 B2C 模式提供更加便捷、优质、顺畅服务等类似的旗号,但是,一旦平台初具规模,原有的 B2C 格局会受到影响,甚至 B 端企业会被消灭或者改造。颠覆式 B2B2C 模式的典型案例有滴滴打车。

2. 共生式 B2B2C 模式

在共生式 B2B2C 模式中,中间平台环节(B)通过促进 B2C 模式运行得更加顺畅,从而形成自己的运营场景。因此,共生式 B2B2C 模式绝不能颠覆原有的 B2C 模式,而是通过技术手段,更加促进 B2C 模式的繁荣。共生式 B2B2C 模式的典型案例有美团外卖。在传统的餐饮 B2C 模式中,要么是堂食、要么是外带,即使是叫个外卖,也是电话订餐,餐厅大多自己送餐上门。对于消费者而言,效率和可选择空间有限,即使有个效率高的选择,如线下实体快餐店,也都是卖自家盒饭的外卖公司。

各种订餐平台出现以后,大大促进了餐饮 B2C 模式中外卖业务的发展。商家也乐见其成,为自己餐饮业务又增加了一份客观收入来源。而美团外卖也逐渐将商家的客户(C),引流并积累到自己平台上,针对消费者的吃喝玩乐,打造出一站式场景化布局。

随着美团外卖平台的快速发展,这种寄生关系可能会发生颠倒。不再是美团外卖寄生于原有的 B2C 模式,也许是 B 端、C 端会寄生于中间的平台。但不管怎样,美团外卖不会取代原有的 B 端,独立去为消费者提供多样化的服务,原有的 B 端和 C 端还是整个商业模式的核心。

在共生式 B2B2C 模式中,中间平台环节(B)、B 端和 C 端形成了一个共生共荣的关系。

3. 依存式 B2B2C 模式

在依存式 B2B2C 模式中,中间平台环节(B)可以通过导流、目标客户需求发掘、精准营销等方式,将最适合的"C",推荐给最适合的"B",提供精细化的营销服务。依存式 B2B2C 模式中的典型案例有"什么值得买"网站。"什么值得买"网站本质是一家电子商务导购平台,于 2019 年 7 月 15 日在深交所创业板上市。"什么值得买"网站通过向网友介绍、推荐高性价比的网购产品,实现向相关电子商务平台导流。其商业模式也很简单,以直接引流到电子商务、品牌商官网的形式,向消费者进行推荐,以实际销售产品的提成来换算广告佣金。阿里巴巴、京东、网易、苏宁、国美等电子商务网站都是"什么值得买"的主要收入来源。

在依存式 B2B2C 模式中,中间平台环节(B)并不会颠覆原有的 B2C 模式,甚至连影响都谈不上。而是通过为原有的 B2C 模式提供增值服务,获取薅羊毛的收益。"什么值得买"网站赚的是导流费用和产品销售佣金,这是典型的依存于传统 B2C 链条的案例。

课 堂 测 试

班级_____ 姓名_____ 学号_____ 成绩_____

一、单项选择题(本大题共 10 小题,每题 4 分,共 40 分)

1. 下列各项中,属于 B2B 电子商务网站的是(　　)。
   A. 阿里巴巴　　　　B. 慧聪网　　　　C. 环球贸易网　　　　D. 以上都不是

2. 下列各项中,不属于 B2C 电子商务网站的是(　　)。
   A. 天猫　　　　　　B. 淘宝网　　　　C. 一号店　　　　　　D. 唯品会

3. 下列关于 B2B 电子商务的说法中,正确的是(　　)。
   A. 只要企业想开展 B2B 业务,就可以通过 B2B 平台进行业务扩展
   B. 在 B2B 模式下,企业可以通过批量采购来优化企业内部的采购体系和库存体系
   C. B2B 电子商务平台可以通过收取广告费、中间费用和技术服务费等进行盈利
   D. B2B 电子商务分为面向制造业或面向商业的垂直 B2B 模式、面向中间交易市场的 B2B 模式

4. 按无形商品和服务的电子商务模式划分,淘宝大学属于(　　)模式。
   A. 网上订阅　　　　B. 付费浏览　　　C. 广告支持　　　　　D. 网上赠予

5. 电子商务平台在网站建设方面应该做到(　　)。
   A. 在保证消费者购物安全的前提下可以忽略其他的问题
   B. 对消费者收取一定的交易费
   C. 体现出网络购物与现实生活中购物的区别
   D. 购物界面简单,操作方便

6. 下列各项中,不属于 B2C 电子商务的经营方式的是(　　)。
   A. 网上超市　　　　B. 网上商城　　　C. 网上订阅　　　　　D. 网上采购

7. 下列各项中,不属于 B2C 电子商务盈利方式的是(　　)。
   A. 商户销售抽成
   B. 培训、展会、论坛等线下服务收费
   C. 产品或服务的差价
   D. 代理商代理的销售利润

8. 网络拍卖是 C2C 电子商务的一种运作模式,下列有关网上拍卖叙述错误的是(　　)。
   A. 英式拍卖是限时内出价高者拍得
   B. 反拍卖是指卖家以低价向买家提供商品
   C. 荷兰式拍卖是指最高出价者以第二高价购得
   D. 一口价是卖家设置的商品价格

9. 下列各项中,属于C2C电子商务盈利模式的是(　　)。
   A. 商户销售抽成、交易提成、广告费、增值服务费、支付环节费用
   B. 会员费、间接利润来源、广告费、增值服务费、支付环节费用
   C. 会员费、交易提成、广告费、增值服务费、支付环节费用
   D. 会员费、交易提成、广告费、代理商代理的销售利润、支付环节费用
10. 腾讯启动产业互联网业务,体现了B2B电子商务行业的(　　)发展趋势。
    A. B2B与B2C融合发展
    B. 信息服务向在线交易延伸
    C. B2B线下支付向线上转移
    D. B2B电子商务平台的垂直细分化

二、多项选择题(本大题共5小题,每题6分,共30分)

1. 按照交易客体分类,B2C电子商务模式可以分为(　　)。
   A. 买方企业对卖方个人　　B. 卖家企业对买方个人
   C. 有形商品和服务　　　　D. 无形商品和服务
2. C2C电子商务的盈利模式包括(　　)。
   A. 会员费　　　　　　　　B. 网络广告费
   C. 增值服务费　　　　　　D. 特色服务费
3. B2B电子商务的盈利模式包括(　　)。
   A. 会员费　　　　　　　　B. 广告费
   C. 物流费　　　　　　　　D. 信息化技术服务费
4. 无形商品的电子商务运作模式主要包括(　　)。
   A. 广告支持模式　　　　　B. 网上订阅模式
   C. 网上赠予模式　　　　　D. 付费浏览模式
5. 下列各项中,属于平台型综合电子商务的平台有(　　)。
   A. 小米商城　　　　　　　B. 京东商城
   C. 聚美优品　　　　　　　D. 亚马逊

三、判断题(本大题共5小题,每题6分,共30分)

1. 综合型B2B涵盖不同行业和领域,服务不同行业的从业者。　　　　(　　)
2. 垂直型B2B的典型电子商务平台有阿里巴巴。　　　　　　　　　　(　　)
3. 在网络拍卖中,限时内出价高者先得的是维式拍卖。　　　　　　　(　　)
4. 两个企业通过网络进行的交易肯定是B2B模式。　　　　　　　　　(　　)
5. B2B模式在整个电子商务市场中所占比例最大,是电子商务的主体。(　　)

第四章　新兴电子商务模式

知识导航

新兴电子商务模式
- C2B电子商务模式
  - C2B电子商务模式的概念与特点
  - C2B电子商务模式的类型
  - C2B电子商务模式的优势
  - C2B电子商务模式存在的问题
  - C2B电子商务模式的发展趋势
- O2O电子商务模式
  - O2O电子商务模式的概念
  - O2O电子商务的应用模式
  - O2O电子商务模式的特点与优势
  - O2O与B2C、C2C的区别
- 社交电子商务
  - 社交电子商务的概念
  - 社交电子商务与传统电子商务的区别
  - 社交电子商务的类型
  - 社交电子商务的运营基础
  - 社交电子商务的客户服务
  - 社交电子商务发展的现状与存在的问题
  - 对社交电子商务健康发展的建议
- 跨境电子商务
  - 跨境电子商务的概念与特点
  - 跨境电子商务的参与主体
  - 跨境电子商务的类型
  - 跨境电子商务的平台构成
  - 跨境电子商务与传统商务的区别
- 新零售
  - 新零售的概念与发展
  - 新零售与传统零售的区别
  - 新零售的特点
  - 新零售的运营模式
  - 新零售的发展趋势
- 农产品电子商务
  - 农产品电子商务的概念与特点
  - 农产品电子商务业态

学习目标

1. 掌握 C2B 电子商务模式的概念与特点。
2. 了解 O2O 电子商务模式的适用企业、特点与优势。
3. 了解社交电子商务的基础知识。
4. 掌握跨境电子商务的参与主体及类型。
5. 掌握新零售的运营模式。

【思政课堂】

C2B 让"汽车定制"越来越简单

习惯了大批量生产的制造企业如何满足消费者"私人定制"的需求,能否借助第四次工业革命扩大影响范围?随着 5G、人工智能、大数据等新技术以前所未有的速度和规模兴起,这一问题成了各国政商界领袖、学界专家关注的热点。

在 2019 年 7 月初举行的世界经济论坛第十三届新领军者年会(夏季达沃斯论坛)上,最新一批工业 4.0"灯塔工厂"名单正式公布,上汽大通 C2B 定制工厂经过两轮评审成功入选,这是中国整车企业首次获此殊荣。近日,从南京 C2B 定制工厂驶下生产线的 MAXUSD60 正式上市,售价区间为 9.38~16.78 万元。

"每位消费者都能随心所欲地进行选配,才是真正的定制!"上汽大通总经理王瑞表示,MAXUSD60 支持 C2B 大规模个性化智能定制模式,消费者可通过"蜘蛛智选"进行定制。与此同时,MAXUSD60 推出了金融礼、保险礼、养护礼、流量礼四重礼包,让用户购车、用车更轻松、更实惠。

在现场公布 MAXUS 的中文音译名称为"迈克萨斯"后,王瑞表示,"迈克萨斯"这一名字蕴含着与 C2B 大规模个性化智能定制模式密切相关的意义。"MAXUS 是 MAX 与 US 的天然结合,MAX 代表无限、广阔的海洋形象和精神,US 则代表每一位用户。"

在他看来,C2B 智能定制模式不仅能够满足人们多样化、个性化的汽车需求,更让每一个人都能成为爱车定制的参与者和决策者。

据介绍,MAXUSD60 目前已全面上线"蜘蛛智选"智能选配器,开放了 100 多个定制选项、上万种个性组合供人们选择。以车辆色彩为例,MAXUSD60 共提供了 8 款基础配色,还增加了"酷黑动感""真我本色""鎏金轻奢""幻影亮银"四款专属车身套装。此外,在前脸格栅、轮毂样式、座椅分布、内饰风格、科技配置等方面,MAXUSD60 同样提供了丰富的选项。王瑞在发布会上直言:"个性化智能定制模式意味着每一个生而与众不同的个体都值得用他们喜欢的方式被嘉奖。"

"具有挑战性的市场环境推动该工厂打造了大规模智能定制的新模式,实现了从用户到供应商、端到端的数字化价值链,从而提高了销售量并降低了成本。"这是达沃斯论坛工业 4.0"灯塔工厂"评委会专家们写下的"颁奖词"。

"这不仅意味着上汽大通 C2B 定制工厂在世界范围的权威评选中获得肯定,也代表了达沃斯世界经济论坛对上汽大通 C2B 用户驱动业务发展模式的认可,以及对上汽大通在汽车行业发展中贡献出中国智慧的表彰。"他指出,在这座"灯塔工厂"的全力支持下,MAXUSD60 有信心为消费者打造特别的深度定制体验。

消费者不用在众多"套餐"车型中反复纠结,直接打开"蜘蛛智选",就能把喜欢的设计和配置都选上。为了实现这一目标,汽车产业链的各个环节几乎都要作出调整。

当时,评委会的专家们告诉上汽大通副总经理谢嘉悦,最让他们感到欣喜和惊讶的不是先进的自动化生产设备,而是各类信息在研发、生产过程中的高度共享化和互联化。在他们看来,C2B智能定制模式不仅是上汽大通的"金字招牌",更是对价值链的重塑。

以零部件供应商为例,在上汽大通南京工厂,由于产品高度定制化,光座椅组合就有超过400种。"为此我们与供应商伙伴协作,帮助他们把能够快速响应的生产环节搬到这里,让供应商也成为南京工厂的一部分。"据透露,此举不仅确保了上汽大通C2B智能定制模式的可行性,也大幅减轻了供应商的库存压力,因此得到了供应商的积极响应。

在传统的生产、销售模式中,入门款低配车型和价格较高的顶配车型往往销量较低,因此供应商、车企在这部分的成本往往居高不下。现在,上汽大通C2B智能定制模式则为人们提供了新的思路。

近年来,互联网、大数据技术的崛起和相互融合,催生了一系列私人定制产品,让生活中原本复杂的选择变得简单明了。"定制民宿""定制旅行"的兴起则证明,那些往往能够满足消费者个性化需求的产品和服务,更容易在激烈的市场竞争中脱颖而出。谢嘉悦坦言,作为国内第一家实施C2B战略部署的车企,上汽大通的目标就是"让每一个配置都是用户真正想要的"。当然,要实现企业与用户及伙伴的数字化直联这个任务并非一日之功。工业4.0浪潮下,车企如何与供应商、经销商携手,通过智能定制化产品和服务让汽车消费体验焕然一新,仍然值得我们所期待。

资料来源:中国青年报.C2B让"汽车定制"越来越简单[EB/OL].(2019-07-26)[2023-03-26].https://www.workercn.cn/28429/201907/26/190726084857800.shtml.

思考题:1. 分析上汽大通C2B模式的优势在哪里?
2. 对比分析B2C、C2C与C2B模式的区别?

第一节 C2B电子商务模式

一、C2B电子商务模式的概念与特点

(一) C2B电子商务模式的概念

C2B电子商务(customer to business),即消费者到企业的电子商务,是互联网经济时代新的商业模式。这一模式改变了原有生产者(企业和机构)和消费者的关系,是一种消费者贡献价值(create value),企业和机构消费价值(customer value)。而C2B电子商务模式和我们熟知的供需模式(demand supply model,DSM)恰恰相反。

(二) C2B电子商务模式的特点

真正的C2B电子商务应该先有消费者需求产生而后有企业生产,即先有消费者提出需求,后有生产企业按需组织生产。通常情况为消费者根据自身需求定制产品和价格,或主动参与产品设计、生产和定价,产品、价格等彰显消费者的个性化需求,生产企业进行定制化

生产。

C2B电子商务的核心是以消费者为中心,消费者当家作主。从消费者的角度看,C2B电子商务具有以下几个特点。

1. 个性化定制与标准化生产

个性化定制作为C2B电子商务的基础是最为核心的概念。传统B2C模式的企业在生产时往往从经验出发,按部就班地提升原有产品在细节和技术上的缺陷,而忽视了市场上最容易发生变化的消费者需求。而C2B电子商务让企业随时关注市场诉求,用最快的速度实现消费者需求。在个性化定制的同时,企业也要注意本身在生产流程上的标准化。这样做的原因有两个:一是防止由于过度的个性化,而客户不够专业导致无法表达的状况的出现。二是防止企业的模式成为"小作坊式"的小众化高成本模式,这也使得企业的规模不必限制在工作室的模式。

2. 信息化系统建设

企业在实现用户个性化的过程中,必须打造快速的信息传递系统。区别于传统企业的拉动式生产模式,C2B电子商务要求企业在生产链上采用波浪式、倒逼式的传导模式。为了尽可能实现这种模式,就必须在简单收集数据的基础上,增加一个强大的ERP处理系统,达到24小时不间断地处理订单数量、原材料需求、生产计划安排等方面的计算。此外,在消费者端,ERP系统还需要对消费者数据进行全面的整合分析,为以后的营销方案奠定基础。只有在这样一个强大的ERP系统支持下,企业才能最大限度地避免个性化生产带来的成本溢出。

3. 定制化和标准化产品共同经营

虽然个性化的生产在很大程度上满足了消费者需求,但是目前有很大部分的传统生产经营企业仍存在信息化薄弱、管理水平低下、处于多品种小批量的生产线的问题,这也必然会导致生产成本骤升、资金增加的问题,对于企业的长久经营来说是不小的挑战,尤其是对资本较为薄弱的初创型企业。所以,如果企业想要做大做强,在提供个性化产品定制服务的同时,企业还需要经营标准化、规模化的产品。如此,才能在保证企业资金回流的同时,打造定制化核心品牌形象。

二、C2B电子商务模式的类型

C2B电子商务满足企业和消费者的双重需求,是商业模式发展的必然趋势。虽然这个概念才引入几年,目前C2B电子商务还是处在培育阶段,但是在各领域的探索却像星星之火,不断涌现出典型的特色案例。根据当前的实践情况,国内外对C2B电子商务的探索主要有定制、预售和反向购买三种类型。

(一)定制

现代人的消费观念更加关注个性化和品质,喜欢张扬和独特性。因此对个性化的产品和服务的需求越来越强烈,C2B电子商务恰巧能够满足这种需求。在淘宝搜索框页面输入"个性化定制"关键词,竟然显示出100多页的结果,涉及的产品包括T恤衫、杯子、台历、钥匙链、工艺品,甚至还有鞋子,而且竟然还出现了大量支持3D打印的创意产品。

个性化定制又可以分为两种类型,一种是完全个性化定制,另一种是模块化定制。

1. 个性化定制

个性化定制是指从产品创意、原材料选择、规格型号和生产工艺等各方面需求完全来自消费者。生产者通过电子商务平台与消费者沟通,确定其详细需求。消费者在电子商务平台上下单、支付,个性化定制能够最大限度地满足消费者的需求。

个性化定制能够使产品完全按照消费者的喜好设计和生产,因此产品具有独特性。个性化定制不仅能够彰显消费者飞扬的个性,而且消费者可以动手参与产品的设计过程,能体验到与众不同的动手、动脑乐趣。淘宝网的一家个性化定制鞋店里,没有一双成品鞋在售,所有销售都来自消费者的主动需求。消费者提供自己想要鞋子的图样、面料选择,再附上自己脚的各维尺寸,就会有专业设计师确认需求。一旦订单形成,工艺师就会按照消费者的需求进行制作,很快,消费者就会收到一双独一无二的专属鞋子。

2. 模块化定制

个性化定制虽然受到消费者的欢迎,但是由于完全是个性化生产,企业很难扩大其产能,从而制约企业发展壮大。目前,C2B模式比较流行的另一种模式是模块化定制。模块化定制的原理是企业把一个完整的产品,按照关键属性分解成若干个模块,每个模块给消费者若干个选择项,消费者可以在电子商务平台上进行较为有限的选择,完成产品定制。企业在生产端,汇聚消费者海量的个性化需求,将其拆解成不同的模块,对相同的模块分别进行大规模生产,然后再进行组装。

(二) 预售

预售是指在产品还没正式进入市场前,商家提前利用电子商务平台进行销售。电子商务平台直接对接了全国的大市场,因此,商家可以通过预售进行产品宣传,在短时间内快速聚集单个分散的消费者需求订单。商家在电子商务平台上获取了预售订单和定金,按需求组织生产,既可以规避库存风险,又可以降低生产成本。

近年来,天猫商城在"双十一"购物节来临之前都会大规模地开展预售活动。对于预售的商品,消费者当日付尾款,商家随后发货。预售模式下,商家有时间按照订单量充分备货,从而扩大销售量。消费者同样获得优惠,买到心仪商品,因此预售模式受到卖家和消费者的热烈欢迎。

预售模式在农产品的销售实践中效果尤其突出。"买难卖难"一直是制约农业发展的核心问题,而长期导致这一问题无法根治的两个主要原因是农产品生产和销售的信息不对称和流通渠道过长。预售模式可以减少农民的营销成本,降低库存和仓储费用,使农民获得流动资金、能够集中物流发货,还可以提高效率。

(三) 反向购买

通常情况,电子商务平台上的购买信息是由卖家主动发起的,买家对其进行选择性购买。随着电子商务模式的多元化发展,反向购买模式出现。反向购买模式是由买家主动发起购买信息,卖家可根据自身情况选择是否签约。从订单信息流动方向看,反向购买模式是真正的C2B模式。

当前,反向购买模式主要涉及反向定价、反向团购和反向设计三个方面。

1. 反向定价

反向定价是消费者提出自己的需求,然后设定愿意花钱购买的价格再支付定金,由电子商务平台代理与商家议价,如果有商家接受出价,则与消费者形成订单,反之则无。例如,Priceline 网站是一家提供旅行商务服务的网站,在预订酒店服务中,向消费者提供反向定价服务。消费者可以在网站填写出行日期和目的地,选择偏好的酒店类型,然后填写预订价格。网站随后与酒店匹配订单,一旦有满足要求的酒店愿意出价,则订单成交,网站从消费者的信用卡中划转预定保证金。

2. 反向团购

反向团购是由消费者主动发起的团购。消费者在网站发起团购,然后聚集同样需求的消费者一起参加,形成批量购买,以此增加议价能力。平台系统将团购信息通知所有相关卖家,让他们来参与竞价。在竞价的过程中,每个商家都不知道其他商家出多少钱,最后会有若干个商家胜出,消费者可以从这几家中任意选择一家购买。反向团购主要适合单品价格高、议价空间大的商品,如汽车、建材等。

Buckete 是一家以钢琴为主的团购网站,提供反向团购服务。在网站上,发起人提出购买意向,有同样需求的消费者在有效期内可以选择加入。有效期结束,发起人打包为一个批量"购买意愿",与供货商协商,从而获得理想价格。据悉,Buckete 网站已经通过反向团购方式出售 100 多台钢琴,每台钢琴的价格比在专卖店购买便宜 40% 左右。

3. 反向设计

反向设计是指由消费者决定产品的设计。现代营销理念就是根据消费者的需求确定设计、生产、销售、定价和服务的每一个环节。尤其是产品设计环节,越来越多的消费者的需求被融入到产品中。因此获得消费者的需求成为企业营销的关键。在互联网时代,C2B 电子商务逐渐成为企业获得消费者需求的最有效途径。

三、C2B 电子商务模式的优势

对于生产企业来说,采用 C2B 模式最直接的优势是能够通过互联网平台直接对接消费者,简化传统商业中间冗长的价值链环节。企业围绕消费者的订单,直接设计、采购、生产和满足需求,最终创造价值。企业由于精准营销、按需生产,从而降低了成本、实现了零库存、提高了交易效率。然而关于企业采用 C2B 模式可能导致的定制生产成本高、丧失规模经济等缺点,互联网将很好地予以弥补。互联网为产销双方提供低成本、快捷、双向的沟通渠道,加之发达的现代化物流业、便捷的金融支付手段,很大程度上节省了交易成本,以模块化、延迟生产技术为代表的柔性生产技术日益成熟,也使生产成本大幅下降。

站在消费者的角度,C2B 模式更是具有不可替代的优势。在此模式下,消费者真正成为市场的主导,他们可以主动参与到产品设计、生产、定价中,使其个性化和多样化需求得到了充分满足。首先,消费者参与设计产品,将自己的要求一一阐述给生产者,能得到自己最满意的产品,满足其个性化需求;其次,消费者参与产品定价,不再需要到实体店里与商家议价,只要在 C2B 网站发布需求时附上自己想要支付的价格即可,同时,对于消费者的需求,会有不止一家商家来竞标,消费者可以从中自行选择性价比高的商家与之交易;最后,C2B 模式还给消费者购买带来了诸多便利,很大程度上节省了消费者的时间、精力和金钱,同时也提高了消费者对企业的满意度,帮助企业树立品牌信誉,培养忠诚顾客。

四、C2B 电子商务模式存在的问题

目前,国内 C2B 电子商务模式主要集中在数字产品、商家主导的团购、预售、个别标准化商品的定制等方面,还没有真正与企业的生产和经营结合起来,仍然处在探索的初级阶段,在推广和应用中还存在一些亟待解决的问题。

(一) 认识存在误区,制约了 C2B 模式发展

目前,C2B 模式从理论到实践层面都处在不断探索中,社会上也存在一些认识误区:一是企业思想上不重视 C2B 模式,没有把消费者和市场需求放在企业发展的核心位置上,仍然沿袭"产品导向"或者是"生产导向"。二是在应用模式上存在误区,以为 C2B 模式就是简单地把传统销售渠道搬到互联网上,没有充分发挥消费者驱动营销的作用。三是企业内部和外部没有根据 C2B 模式的需要进行相应变革,从而导致实际运营过程中的障碍重重。

(二) 获得用户难,需求预测难以实现

C2B 模式的关键是准确判断消费者的需求,企业才能根据需求及时组织设计和生产。分解这个难点又包括三个关键环节:首先,企业需要和众多的潜在用户建立联系,只有用户规模足够大或者具有代表性,才能减少所获取需求信息的误差;其次,企业能够与潜在消费者进行实时互动,获得有价值的信息;最后,企业要具有专业的数据分析和判断能力,去粗取精、去伪存真,才能得出真正的结论。

(三) 生产成本高,信息化管理能力滞后

C2B 模式追求的是小批量、多品种、高品质,因此很难规模化批量生产。个性化生产会带来一系列问题,如生产成本高、生产周期长、生产效率低、管理难度大、企业很难做大等。即使是模块化定制,也需要企业具备一系列的较高能力,如大数据处理能力、信息化管理能力、价值链的资源协同能力及柔性生产能力等。而当前情况下,我国大多数企业还不具备这些能力。

(四) 消费者期望高,用户满意度面临挑战

在 C2B 模式下,消费者在一定程度上参与了产品的设计、生产和流通过程,并且付出了相对较高的购买价格,因此 C2B 模式下的消费者对产品质量和服务都有更高的期望。这也对企业生产、营销、服务等环节都提出了更高的要求。一旦不能满足消费者的预期,企业就会面临较低的用户满意度和大量退换货的问题,这同样会造成库存积压。

五、C2B 电子商务模式的发展趋势

在现代市场经济下,由于国民经济的发展、人们生活水平的提高、思想观念及受教育程度的变化等,人们的消费方式和习惯发生了翻天覆地的变化。如今,消费者更加注重购买时的参与感和体验感,C2B 电子商务模式作为一种崭新的消费方式,被视为是一种逆向的商业模式,因为它能帮助消费者快速购买到称心的商品,给消费者带来完全不一样的体验,更好地满足消费者的需求,开发潜力十分大。C2B 电子商务主要有以下几种发展趋势。

(一) 建立以消费者为中心的模式

过去的消费者对消息的接收较为被动,并且企业自己定义产品价值,对产品的研发和生产都是设计师、研发人员说了算。但现在消费者对消息的接受较为积极、主动,因此 C2B 电

子商务模式未来必须向构建以消费者为中心,不能只是停留在个性化需求这一方面,还要不断进行改进和创新,保证质量,从而实现买卖双方的双赢的方向发展。与此同时,企业需要对整个供应链进行相应的变革,从而真正实现以消费者为核心的新跨越。在现今的发展模式下,所有的电子商务进行的交易,其用户都是以网站为存在基础,所以要满足用户的需求才能更好地在互联网新时代下发展。

(二) 建立信息聚合的新模式

在互联网时代,信息与数据是发展最为重要的基础,企业在此基础上进行信息的聚合才能进行相关的分析。随着全民参与互联网时代的到来,互联网提供的网络信息增长也变得更加迅速,但同时采集信息也变得复杂起来,好的信息和不好的信息充斥在其中。所以在互联网时代下,企业必须发展新模式、采用更先进的技术来提高用户体验,整合用户的信息,并从中挖掘出有效的商业信息。同时企业要把所进行的交易进行一定的分析和总结,以此获得规模效应,实现信息聚合下的新 C2B 模式。

(三) 建立新营销模式

在互联网时代,必须对 C2B 电子商务模式进行相应的变革,在时代的发展中不断地对其进行分析和策划,演绎出个性化的营销平台,将更多的用户聚合起来,让厂家变成消费流程中的生产工具。同时,企业应注重发展柔性化的供应链。这是因为柔性生产只需保留最小的安全库存,可以更好地把握市场机会。

第二节 O2O 电子商务模式

一、O2O 电子商务模式的概念

O2O 电子商务模式(offline to offline)是移动电子商务的典型应用。随着移动互联网的快速发展,利用移动终端进行网上订餐、订票等线下互动已经被人们广泛接受。O2O 模式不仅改变着个人的生活方式,丰富着生活的各个方面,而且也给商家带来了不一样的商机。

O2O 主要包括 O2O 线上平台、线下实体店、消费者、在线支付等要素。一般来说,O2O 在营销实践中逐渐形成了以下两种基本的消费模式。

(一) 线上交易、线下体验模式

线上交易、线下体验模式是 O2O 的主流模式。该模式通过打折、提供信息、服务预订等方式,把线下实体店的消息通过移动终端推送给消费者,将消费者从线上引流到线下实体店进行消费,适用于餐饮、健身、娱乐等本地服务商家。采用这类模式的平台有很多,如美团、饿了么、大众点评等。

(二) 线下营销、线上交易模式

线下营销、线上交易模式被广泛应用于传统的线下企业中。在互联网营销的大趋势下,很多传统的线下企业开始搭建自己的电子商务平台,将线下流量引至线上,打开线上市场。例如,扫描二维码加会员下单就是该模式的典型应用。

二、O2O 电子商务的应用模式

作为双线零售,有线上零售渠道和线下零售渠道的品牌商、零售商都可以通称为 O2O。

这种线上线下双零售渠道结合的形式已经颇具代表性，是传统零售企业进行电子商务活动的集体表征。

O2O电子商务的消费内容可分为服务和产品。线上交易、线下体验以及线下营销、线上交易的O2O模式围绕的都是"服务消费"，而双线零售的O2O模式围绕的是"产品消费"。围绕"产品消费"的O2O模式不仅只有零售企业的双线结合，与B2C模式相比，还有很多产品更适合O2O模式。例如，有些企业已开始在房产、汽车、家具橱柜、配镜等非标准、高单价商品上进行尝试，并取得了不错的成绩。这类商品需要极强的用户体验，虽然企业采用B2C模式也可以进行销售，但不能满足大部分用户的需求，O2O模式则是更为理想的消费形式。

依据O2O模式的发展现状及发展趋势，建设开放式平台是O2O模式发展的基础。O2O模式开放式平台应该以互联网或移动互联网为基础，以用户身份和优惠消费凭证识别为纽带，以城市区域为核心，实现高效、互动和本地化服务；同时，从基于O2O理念的团购模式中也可以看出，提供商品和服务的商家只是团购网平台上的一个参与者，而不是团购模式的主导者。这个运行模式必将制约O2O商业生态的发展。因此，面向商家和企业完全开放的O2O平台，势必将成为O2O商业模式得以广泛推广和应用的创新力量。

从国内外O2O模式的应用发展情况来看，餐饮、旅游与汽车租赁等生活服务领域是其发展最早和最为成熟的行业。针对订餐行业，O2O模式开放式平台已成功地将线下商务的机会与互联网结合在一起，让互联网成为线下交易的前台。这样线下服务就可以利用互联网来招揽大量食客，消费者可以在线上筛选餐饮服务，并进行在线结算，很快便可以达到规模。而且这种模式推广效果可查，每笔交易可跟踪，通过区域化聚集本地商户，商家能够线上接单、线下服务客户，很好地解决了线上到线下的验证问题，安全可靠，并且可以统计后台服务的使用情况，在方便了消费者的同时，也方便了商家。

目前，旅游行业发展得如火如荼。O2O平台与旅游完美结合，可以实现机票加酒店模式，方便消费者进行自由旅游，确保旅途中的吃、住、行、旅、购、娱等环节都均可在线预定或交易；同时还可进行在线景点票务交易，在网上向散客销售景区电子门票，这相当于景区给每家网站都开设了一条通道来实现预定或交易。

除此之外，O2O平台还可在家电、家具、娱乐、专修、培训、快递等行业进行广泛的应用。简言之，但凡一类商品具备不易运输、金额高、售后服务受关注以及本地化交易等特点，该类商品便在O2O平台上具有广泛的实施空间。

三、O2O电子商务模式的特点与优势

（一）O2O电子商务模式的特点

1. 渠道增加、用户也逐渐增加

O2O模式颠覆了传统的宣传营销模式。例如，原来火锅店为了宣传新优惠活动，需要找拥有媒体资源的平台进行广告投放。而O2O工具的出现，商家可以自己管理用户，并推送消息，省去了重复的宣传投入成本。

2. 数据分析私有

商家可以通过大数据，来分析交易质量和推广效果，由此掌握用户数据，然后通过与客

户的交流,了解更多的客户需求。这不仅能提升营销效果,也能维持老客户对品牌的忠诚度。

3. 自己营销与运营

O2O电子商务的营销模式重点在于在线预付。通过O2O模式,商家可以将线下商品及服务进行线上展示,并提供在线支付"预约消费"。这对于消费者来说,不仅拓宽了选择的余地,还可以通过对比线上与线下得到最令人期待的服务。商家也常会使用比线下支付更为优惠的手段吸引客户进行在线支付,这也为消费者节约了不少支出。

4. 不用拘束于商城的位置与租金成本

由于O2O电子商务的推广模式能获得更精准的反馈效果,所以对新品、新店的推广效果特别好。而且O2O模式异于传统模式,它对实体店的地理位置没有那么强烈的依赖性。因此,只要新品或者新店的线上宣传做得好,实体店的位置即使不处于黄金地段,也一样可以吸引顾客光临。

5. 获取的商家及其服务的内容信息更丰富、全面

O2O采用线上线下互动的模式,利用商家行业分类、关键词查询等方式,帮助消费者浏览众多商家的信息,以便获得符合自身需求的服务。

6. 向商家在线咨询更加便捷,且大部分商品支持退换货

在市场经济活动中,各类人员对有关信息的了解程度是有差异的。掌握信息比较充分的人员,往往处于比较有利的地位,而信息贫乏的人员,往往处于比较不利的地位,这种现象被称为"信息不对称"。一般而言,卖家比买家拥有更多关于交易物品的信息。传统的"面对面"的商业模式会因为买卖双方的信息不对称,从而使消费者承担着商品与价值不符的风险;而在O2O模式中,这种风险被降到了最低。

7. 价格优势

一般来说,线上各大电子商务平台上标明的商品价格会比实体店的商品价格便宜20%左右。对于同一件商品来说,在线上各大网店甚至会有着不同的折扣价,而且会员、VIP级别的消费者,在价格方面会更有优势。

(二) O2O电子商务模式的优势

(1) O2O模式充分利用了互联网跨地域、无边界、海量信息、海量用户的优势,同时充分挖掘线下资源,进一步促成线上用户与线下商品与服务的交易。团购就是O2O的典型代表。

(2) O2O模式可以对商家的营销效果进行直观的统计和追踪评估,规避了传统营销模式的推广效果的不可预测性。O2O将线上订单和线下消费结合,所有的消费行为均可以被准确统计,进而吸引更多的商家进来,为消费者提供更多优质的产品和服务。

(3) O2O模式在服务业中具有优势。价格便宜,购买方便,且折扣信息等能及时获知。

(4) O2O模式将拓宽电子商务的发展方向,由规模化走向多元化。

(5) O2O模式打通了线上线下的信息和体验环节,让线下消费者避免了因信息不对称而遭受的"价格蒙蔽",同时又能实现线上消费者"售前体验"。

(6) O2O模式让线上的流量充分得到利用,从而提高转化率,与客户建立信任。

O2O模式的益处在于把线上和线下的优势完美结合。通过网购导购机,把互联网与地面店完美对接,实现互联网落地。让消费者在享受线上优惠价格的同时,又可享受线下贴身的服务。同时,O2O模式还可实现不同商家的联盟。这种模式也专注于各类商城系统开发定制,助力电子商务事业,提供专业可靠的技术服务,而且会不断地对产品进行更改研发,从而保证产品会更有生命力,让用户更满意。

四、O2O 与 B2C、C2C 的区别

(一) 服务对象不同

从客户对象来分析,B2C 和 C2C 模式的客户对象是互联网中的消费者,即个人;从商家层面上来看,B2C 模式下的企业与商家可以是合作关系,也可以是竞争对手。

从客户对象来分析,O2O 模式的客户对象涵盖了 B2B 和 B2C 模式的所有客户,即企业和个人;从商家层面上来看,O2O 模式运营商与商家永远都是合作关系或者是将会是合作关系,几乎不存在竞争。

(二) 侧重点不同

B2C 和 C2C 模式改变了零售业的销售方式,同时也改变着人们购买商品的方式,其侧重点是网络购物,并通过物流配送系统完成商品所有权的转移,即商品消费。以销售实体商品为主的电子商务企业也很难利用 B2C 或 C2C 模式向消费者提供服务性消费,因为这样的企业几乎没有实体店面,因此无法完成线下消费。对于以服务业为主的企业,则不能很好地利用 B2C 和 C2C 模式参与电子商务,因为服务性消费必须在线下消费,才能完成整个交易流程。

O2O 模式让一直徘徊在互联网大门之外的服务业抓住了互联网的这个机遇,将线上的消费者带到线下的实体店中消费,其侧重点是本地企业提供的服务性消费,如餐饮、电影、健身、租车、租房等。服务型企业可以充分利用 O2O 模式积极参与电子商务,让更多的消费者来店中消费,但前提是必须先在网上支付费用。

当然 B2C、C2C 和 O2O 模式的侧重点是有内在联系的,在其中具有互补性,不能完全阻断三者的关系。

(三) 推送内容不同

电子商务企业通过 B2C、C2C 平台向消费者推送的内容主要是与商品有关的信息,即商品描述,如商品的基本属性、使用方法、维护注意事项等。这些信息都是消费者购买前需要掌握的信息,是消费者了解商品的重要信息来源,也是影响消费者购买决策的重要因素之一。因此,B2C 和 C2C 模式向消费者推送的内容应以商品描述信息为主、促销信息为辅。

而 O2O 模式主要是向消费者推送优惠券、打折信息等内容,至于商品或服务信息一般需要到实体店中才能详细了解到。因为所有商品或服务必须在实体店才能消费,所以 O2O 模式只关注信息的准确性和及时性,不需要关心商品或服务信息。

在 O2O 模式中,互联网成为线下交易的前台,用来吸引消费者。消费者可以在线上筛选服务,并进行在线结算。该模式最重要的特点是:推广效果可查询,每笔交易可跟踪。O2O 模式是结合了传统线下门店和 B2C、C2C 的最新商业模式。

案例分析

盒马鲜生的一体化O2O模式

盒马鲜生通过结合线上移动应用和线下门店,重新定义了传统零售模式。盒马鲜生的O2O模式允许消费者通过移动应用进行线上选购,然后选择线下门店自提或者配送到家。

(一)线上选购和线下体验

盒马鲜生的移动应用允许用户在手机上浏览并购买商品。用户可以选择到最近的盒马门店自提,也可以选择由盒马的配送员将商品送到家。这种"无缝连接"的线上选购和线下自提或配送,为用户提供了更加灵活和便捷的购物体验。

(二)智能化科技

盒马鲜生大量应用了智能化科技,包括人工智能、物联网和大数据分析。例如,他们的门店配备了智能购物车,能够自动识别商品并实时计算购物清单。此外,他们通过大数据分析用户购物行为,为用户提供个性化的推荐和促销活动。

(三)线上会员和积分体系

盒马鲜生建立了线上会员体系,用户在购物过程中可以积累积分,享受会员专属优惠。这促使用户更加愿意在盒马鲜生进行购物,并增强了用户忠诚度。

(四)社区化零售

盒马鲜生在一些门店融入了社区化零售的概念,将线下门店设计成社区的"中心",除了购物,还提供社交、用餐、教育等多元化服务,使得消费者更愿意花更多时间在这里。

盒马鲜生的O2O模式取得了显著的成功。通过整合线上线下资源,提高了零售效率,改善了用户购物体验,并在新零售领域占领了领先地位。这个案例展示了O2O模式的潜力,以及如何通过创新科技和改变传统商业模式,实现零售业的转型和升级。

思考题:O2O模式的不断升级为消费者带来了哪些改变?

第三节 社交电子商务

一、社交电子商务的概念

社交电子商务实际上是电子商务在社交媒体环境下的衍生模式,可以说是社交媒体与电子商务的一种结合。具体来说,社交电子商务是借助微信、微博等社交媒体,通过社交互动、用户自己生成内容等手段来辅助商品的销售,并将关注、分享、沟通、讨论等社交元素应用于电子商务交易过程的一种模式。简单地讲,通过时下流行的社交媒体和粉丝进行社交互动来拉动商品销售的电子商务模式就是社交电子商务。

从2014年开始,智能手机等移动智能终端开始普及,人们的上网习惯发生了巨大的改变,不再需要花费好几个小时坐在计算机前面,而是拿起手机随时随地上网,上网的时间也越来越碎片化。随之而来的是人们的社交需求越来越强烈。微信、微博等社交媒体让趣味相同的人聚集在一起,通过文字、图片、视频等信息进行互动,随后这些信息又以不同的方式被分享、传播,于是巨大的社交流量由此产生。仅以微信生态下的流量红利来说,当下微信生态拥有10亿月活跃用户,占据了用户50%以上的移动上网时间,有效地覆盖传统电子商务大量未能覆盖的用户群体。在巨大的移动社交流量红利下,社交电子商务应运而生,并且开始进入飞速发展阶段,不少企业和商家纷纷发力社交电子商务。

二、社交电子商务与传统电子商务的区别

传统电子商务是指依靠平台生长的电子商务,讲究流量至上,其交易主要是依靠流量的转化,各个平台比拼的也是获取流量的能力,在互联网早期流量红利当头的时代,传统电子商务实现了高效的商品流转,最终造就了阿里的传奇。但是随着互联网行业的迅速发展,以淘宝、天猫、京东为主的传统电子商务平台,面临着流量红利殆尽的困境,而以拼多多为代表的社交电子商务却成为市场发展的主力军,行业呈现爆发式增长,在此背景下,传统电子商务巨头们也在向"社交"靠拢,小米、京东、苏宁和阿里分别推出了小米有品、京东拼购、苏宁推客和淘宝特价版,也是想抓住社交电子商务的风口机会。具体来说,社交电子商务与传统电子商务具有以下区别:

(1) 发展模式不同。传统电子商务以货物为中心,属于产品导向,是基于流量红利的经济发展模式。社交电子商务是以人为中心的,是用户导向,是基于分享经济的流量发展模式。

(2) 获取流量的方式不同。传统电子商务是因为有需求才有消费,属于计划性需求。流量的获取依赖于平台的搜索功能。消费者会根据搜索页的关键词排名,通过比价格、比销量和比评价等方式进行选择购买。社交电子商务是消费者在社交分享和内容的驱动下从注意到产生兴趣,属于非计划性需求、发现式购买。流量的获取依赖于人与人之间的分享和裂变传播,这更容易刺激消费者产生冲动型消费。消费决策容易受平台和其他用户的影响。此外,传统电子商务通常具有聚合的流量中心,商家需要自己购买平台的流量,而且从曝光、浏览、下单、付款到复购,流量从上到下呈漏斗状递减。而社交电子商务则呈现去中心化特征,其流量模型是裂变模式。消费者从第一次购买成为用户,进一步成为会员,进而参与分享或分销传播带来流量,每一个环节都有可能裂变,裂变后成交,成交后进一步裂变。社交电子商务的玩法是借助老用户带动新用户的裂变增长,自建流量池。

(3) 获客成本不同。获客成本是指获得、获取付费客户的成本。在传统电子商务平台上,买卖双方本质上具有对立性的利益关系,这让人们很难建立信任,消费者购物后的分享以评价为主,主动传播意愿不强,加上传统电子商务平台的流量获取基于平台的搜索功能,用户比较分散、很难沉淀,因此购买转化率低,获客成本较高。而社交电子商务借助社交网络的强互动性和高黏性,可以提升买卖双方的信任感,使用户的认可度与忠诚度提高,从而使社交电子商务获得较高的商品转化率与更高的复购率。用户在价格或佣金的驱动下,主动传播意愿较高,用户既是消费者,也是推荐者,因此可以实现快速传播,尤其是基于熟人社交的信任背书,更易产生裂变式增长。

(4) 盈利模式不同。传统电子商务就是把传统的生意用互联网的工具去销售,依靠产品盈利。传统电子商务流量是入口,没有流量就没有价值,流水是资产,赚取差价就是其盈

利模式。而社交电子商务依靠渠道和用户盈利,产品是入口,粉丝是资产,社群是其盈利模式。

由此可见,社交电子商务是依托社交关系实现交易的电子商务。社交电子商务使原来物与物的相连,已经变成人与人的连接;经营的理念从以产品为中心,转化为以消费者为中心,从经营"产品",转到经营"用户价值",注重人和社群的聚集,然后把潜在消费者转化为受众、用户或粉丝。

三、社交电子商务的类型

(一)拼购类社交电子商务

拼购类社交电子商务是基于社交关系的团购低价和分享导向型电子商务。其目标用户是对价格敏感的用户。例如,某平台整体平均客单价仅42.5元,远低于传统电子商务平台100—500元的平均客单价。拼购类社交电子商务平台以生活用品、服饰等消费频次高、受众广的大众流通性商品为主。

拼购类电子商务的核心功能就是拼团。商家花费一次引流成本即可吸引用户主动开团,用户为了尽快达成订单会自主将其分享至自己的社交关系链中,拼团信息在传播的过程中也有可能吸引其他用户再次开团,使传播次数和订单数将实现裂变式增长。

(二)会员分销类社交电子商务

会员分销类社交电子商务是个人微商的升级版。早期个人微商模式下,个人店主需要自己完成商品采购、定价、销售、售后全消费流程。而在会员制电子商务模式下,由分销平台提供标准化的全产业链服务,店主只需要利用社交关系进行分享和推荐就可以获得收入。

会员分销类社交电子商务的核心功能就是店主的招募和分销,来自分销裂变带来的获客红利,平台通过有吸引力的晋升及激励机制让店主获益,推动店主进行拉新和商品推广,有效降低了平台的获客与维护成本。

(三)社区团购

社区团购平台提供仓储、物流、售后支持,由社区团长负责社区运营,主要包括社群运营、订单收集、商品推广及货物分发。社区团购是微信商业化带来电子商务红利,依托于小程序的兴起,其商业功能的逐步完善为社区团购发展奠定了基础。

(四)内容类社交电子商务

为了满足年轻人碎片化、个性化的消费需求,内容类社交电子商务和内容产业链正逐渐走向融合。通过内容影响消费者决策,引导消费者的购物行为。内容类社交电子商务是指通过形式多样的内容引导消费者进行购物的电子商务,其核心点就是内容的产出,通过帖子、直播、短视频等丰富的形式吸引用户,形成从"发现——购买——分享——发现"的完整闭环。

四、社交电子商务的运营基础

(一)选品

社交电子商务平台的运营基础是选品。这是一个产品泛滥的时代,用户最烦恼的不是没有商品选择,而是商品太多不知道该怎么选。所以,为用户选择适合他们的产品,才是选品成功的正确方向。

（二）内容输出

在"内容为王"的时代,与其说人们愿意为内容买单,不如说用户愿意为能打动自己的内容买单。每一类用户所需要的内容表达方式都不一样,这是因为解决消费者决定过程当中的核心痛点不一样。因此,内容要瞄准核心痛点,还要场景化,能激发用户共鸣,这就需要社交电子商务平台拥有针对性的场景设计、别开生面的内容,以及个性化 IP,才能在人际传播中流动。有温度有性格的内容才是王道,先社交再成交。

（三）社群运营

社群运营的关键是帮助平台打造个人 IP。不仅人格与内容可以 IP 化,服务和场景也可以 IP 化。社群运营还需要设计好利益分享机制,实现平台与个人的利益捆绑,只有利益分享机制公平公正,让人们产生离不开的归属感,合作才能长久。

（四）数据

数据是不能被忽视的,社交电子商务平台如果不积淀足够多的数据,没有对数据进行深度分析,运营推广就没有方向,社群运营效率的提升就没有了基础,因此数据是所有电子商务的基本功能。

五、社交电子商务的客户服务

社交电子商务往往基于"自用省钱、分享赚钱"这个理念而建立,其客户分为两类。

（一）店主

店主是指通过购买一定的开店礼包获取开店资格的消费者。店主开店后,可以通过社交网络分享产品信息进行营销而赚取利润,也可以自行购买本店产品,并且能够节省成本开支。

（二）普通消费者

普通消费者一般先通过店主分享的二维码,扫码下载 APP 后成为社交电子商务的 VIP,再点击店主分享的商品链接进行购买,购买后产品售价的 5% 到 20% 左右会成为店主的利润。VIP 在扫描店主的二维码注册后,可以下载社交电子商务的 APP,在 APP 中的任何购买行为,都会通知到店主端。店主能看到 VIP 的订单,并进行管理,如催发货、代为退货退款、代为办理投诉理赔等。

虽然店主和普通消费者都是社交电子商务的用户,但店主与普通消费者相比较,往往拥有更高的忠诚度和购买率。

六、社交电子商务发展的现状与存在的问题

（一）社交电子商务发展的现状

1. 社交应用电子商务化

过去的社交应用或社交网站主要依靠广告或者增值服务实现盈利,随着移动电子支付的发展,对企业来说,将巨大的用户流量转变成现金流是实现社交类公司持续盈利的目标。众多社交应用在融合电子商务的路上,新浪尤为明显。早在 2012 年 12 月份,新浪就尝试在其微博上售卖小米手机。

2. 电子商务平台社交化

电子商务平台社交化是指电子商务在发展过程中出于某种目的,将带有社交属性的元素运用于自身的广告传播、商品推广和销售的过程。电子商务融入社交属性的直接目的在于准确地把握用户数据,以此来制定具有针对性的营销策略,实现自身的长久发展,构建完整的商业闭环。例如,电子商务巨头阿里在社交领域的尝试过程中,上线"来往"APP、苏宁易购开发即时通信软件——云信。

3. 社交应用与电子商务平台协同发展

社交应用与电子商务平台协同发展是指部分电子商务主体由于与社交应用或网站达成战略协议,进而允许用户将商品链接发送或分享到社交应用中,以提高企业知名度和交易量。例如,拼多多与微信之间的战略合作,用户可直接将商品购买链接发送给自己的亲朋好友,邀请好友一同购买商品,也可以直接点击他人分享的购物链接进行购买。这种低成本的"拉新"成为电子商务与社交应用合作的主要案例。

(二) 社交电子商务发展存在的问题

1. 社交电子商务竞争秩序混乱

社交电子商务在不断的发展过程中,虽然在逐步完善相关的竞争秩序,但是目前的竞争环境依然存在以下问题:一是社交电子商务由于还处于粗放发展期,为了快速扩展市场和增加用户数量,平台和商家经常采取极低的价格来吸引用户购买,在此过程中将不可避免地出现产品质量低劣、售卖假货等问题,由于国家质量监管部门的存在,此类商家虽然也会受到相应的惩罚,但是惩罚力度不够,欺诈消费者的行为很可能会继续存在。二是某些商户或企业交易数据造假,混淆统计监测数据,对行业发展趋势的判断造成了极大的干扰。三是不公平的竞争现象依然存在,如选择强制、交易条件不合理、扰乱商业秩序等新型不公平竞争行为,使得监管部门难以作出准确的界定、举证和处理。

2. 对用户个人信息保护不到位

如今网上购物成为人们日常生活不可或缺的一部分,人们在享受购物便利的同时也面临着个人信息泄露的威胁。到目前为止,虽然我国相继出台并落实了《互联网信息服务管理办法》《信息安全技术:个人信息安全规范》等法律法规,但是针对用户信息的相关保护政策还不够成熟,当出现恶意泄露和侵犯用户信息时,由于我国相关法律法规并未对个人信息的收集、保存、使用等方面作出明确的解释说明,对发生各类信息被恶意泄露、滥用的案件并不具有实质的指导意义。这就给不法分子提供了作案机会。例如,当用户点开分享到朋友圈中的商品链接时,大部分情况下都会弹出"授权登录"对话框,此时用户的个人信息将被商家采集,由于大部分的用户对被获取相关用户信息一事并未在意,但是并不排除存在商家根据用户的个人隐私进行商品推销的情况,更为严重的是故意泄露用户个人信息或与数据收集公司进行合作,对用户信息进行贩卖的情况。

3. 用户与社交电子商务之间的信任危机

社交电子商务的发展很大程度上是建立在成型交易的基础上的,但网络交易中存在一个重要矛盾就是交易虚拟化。这种矛盾在许多中小企业宣传时尤为明显,用户常常因为不信任而放弃与该企业交易。此外,因为支付方式与广告投放、购买平台分属于不同的渠道,在出现交易问题时,很难追踪到相关的责任主体。

4. "社交+电子商务"发展模式的不确定性

社交结合电子商务的发展模式至今还未形成一套标准,这也在一方面展露出了社交电子商务发展的不成熟。行业标准是社交电子商务良性发展的催化剂,因此,缺乏一套规范的行业标准将在很大程度上限制社交电子商务的发展。

七、对社交电子商务健康发展的建议

(一) 社交电子商务平台加快建立双向监督体系

对于交易中出现商品质量良莠不齐的情况,建议电子商务平台建立完善的用户监督商户、商户监督用户的双向体系,在给用户提供举报不合法商户渠道的同时,也给予诚信经营商户的权益保护,从而对于出现的欺诈行为进行严厉的查处。

(二) 社交电子商务平台加强对用户个人信息的保护

针对目前对个人信息保护的不到位的问题,建议用户和电子商务平台必须采取一定的措施。对于用户而言,建议经常将手机、电脑等终端设备通过安全有效的防病毒软件进行查杀,做到真正的防患于未然。为了维护交易的安全、保护用户数据,社交电子商务平台急需建立一套严密的网络安全防护体系,在提高防范意识的同时,及时地对可疑的数据或漏洞进行删除和修补,对涉及的关键数据使用高倍的加密算法,提高数据库的安全防御能力。

(三) 社交电子商务平台促进与网络运营商建立战略合作

为了方便用户可以随时随地进行消费,各大社交电子商务与社交主体可主动与网络运营商进行商务合作,共同推出定向使用少消费流量或不消费流量的网络套餐。

(四) 政府相关单位加强对社交电子商务的监管

在监督体系的设计上,立法部门需高瞻远瞩,多方面实时征集多方面意见,在可能会出现的情况和问题中预先提出解决措施,多与消费者直接交流,更好地了解商品使用的真实感受,对能提供大量信息、图片、视频的消费者进行相应的奖励等。

第四节 跨境电子商务

一、跨境电子商务的概念与特点

(一) 跨境电子商务的概念

跨境电子商务(cross-border e-commerce)是指不同国家或地区间的交易双方个人或企业通过互联网及其相关信息平台实现的各种商务活动,包括出口和进口两个层面的总和。跨境电子商务是分属不同关境的交易主体,通过电子商务平台达成交易,进行支付结算,并通过跨境物流送达商品、完成交易的一种国际商业活动。

我国跨境电子商务主要分为企业对企业(B2B)和企业对消费者(B2C)两种贸易模式。在B2B模式下,企业运用电子商务在线上以广告和信息发布为主,成交和通关流程基本在线下完成。在B2C模式下,我国企业直接面对国外消费者,以销售个人消费品为主,物流方面主要采用航空小包、邮寄、快递等方式,其报关主体是邮政或快递公司。

近年来,全球跨境电子商务市场增速明显。其中,B2B模式被全球性的力量所拉动,更倾向于全球化,而B2C模式则倾向于本地化。其原因就在于:B2B模式下,主要是跨国公司通过其全球性的供应商、客户和全球分公司来推动电子商务的发展,这反过来促使本地企业也从事电子商务以保持竞争力。相比之下,B2C模式则被消费者市场所拉动,更多体现的是本地化、发散化。因此,当所有的消费者都希望购买便利、价格低廉的商品时,因消费者的偏好和价值观、民族文化、各国的物流体系等不同,不同国家之间的本地消费者市场呈现出差异化。跨境电子商务的兴起得益于信息通信技术的发展,而且这也是消费模式的变化。

 案例分析

跨境电子商务蓬勃发展

党的二十大报告提出,加快建设贸易强国。作为一种新业态新模式,跨境电子商务已成为我国外贸发展的新动能、转型升级的新渠道和高质量发展的新抓手。2015年,我国已设立首个跨境电子商务综合试验区。近年来,我国跨境电子商务综试区模式愈发成熟,跨境电子商务综试区已扩至165个,这在跨境电子商务发展中发挥了重要的作用。

前不久,国务院批复同意在廊坊等33个城市和地区设立跨境电子商务综合试验区。这是我国设立的第七批跨境电子商务综试区,至此,我国跨境电子商务综试区数量扩至165个。新设一批跨境电子商务综试区,大力发展跨境电子商务等新业态新模式,有利于激发外贸主体活力,提升外贸运行效率,稳定外贸产业链供应链,实现产业数字化和贸易数字化融合。

资料来源:新华网.跨境电商蓬勃发展[EB/OL].(2023-02-15)[2023-03-30].https://baijiahao.baidu.com/s?id=1757853465188290352&wfr=spider&for=pc.html.

思考题:跨境电子商务的蓬勃发展为我国外贸带来了什么?

(二)跨境电子商务的特点

1. 全球性和非中心化

跨境贸易电子商务具有全球性和非中心化的特性,失去了传统交易具有的地理因素。网络是一个没有边界的媒介体,依附于网络发生的跨境电子商务也因此具有了全球性和非中心化的特性。互联网用户不需要跨越国界就可以把产品,尤其是高附加值产品和服务提交到市场。

网络的全球性特征带来的积极影响是信息得以最大限度地共享,消极影响是用户必须面临因文化、政治和法律的不同而产生的风险。任何人只要具备了一定的技术手段,在任何时候、任何地方都可以让信息进入网络、相互联系,从而进行交易。

2. 无形性

数字化传输是通过不同类型的媒介在全球化网络环境中集中进行的。这些媒介在网络中是以计算机数据代码的形式出现的,因此是无形的。数字化产品和服务基于数字传输活动的特性,所以也必然具有无形性。

3. 匿名性

跨境贸易电子商务的全球性和非中心化特征,导致电子商务用户的身份和其所处的地理位置很难被识别。在线交易的消费者往往不展示自己的真实身份和自己的地理位置。

4. 即时性

电子商务中的信息交流无视实际时空距离,一方发送信息与另一方接收信息几乎是同时的。电子商务交易的即时性提高了人们来往的效率,免去了传统交易中的中介环节。

5. 无纸化

在电子商务中,计算机通信记录取代了一系列的纸面交易文件。由于信息以数字化形式存在和传送,用户在发送或接收信息时,整个信息发送和接收的过程展现出无纸化特征。

6. 快速演进

互联网的技术在不断地发展变化,基于互联网的电子商务活动也处在瞬息万变的快速演进过程中,改善着人们的生活。

二、跨境电子商务的参与主体

跨境电子商务的参与主体包括:跨境电子商务经营者、跨境电子商务第三方平台运营商,以及国内服务提供商。

跨境电子商务经营者,即跨境电子商务企业,主要是指向境外消费者销售跨境电子商务货物的境外注册企业,为货物权利所有人,通俗地说就是跨境电子商务卖家。

跨境电子商务第三方平台运营商,简称跨境电子商务平台,在中国办理工商登记,为消费者和跨境电子商务企业提供网络空间、虚拟商务场所、交易规则,以及交易撮合、信息发布等服务,并为交易双方之间的交易活动建立信息网络系统运营商。其典型代表有 eBay、亚马逊等。

国内服务提供商办理工商登记,接受跨境电子商务企业的委托,向其提供报关、付款、物流、仓储等服务,具备相应的经营资格,直接向海关提供相关的付款、物流、仓储信息,接受海关、市场监督等部门的跟踪监督,也承担相应的责任。

三、跨境电子商务的类型

(一)按照交易主体属性分类

根据交易主体属性的不同,跨境电子商务可分为 B2B 跨境电子商务、B2C 跨境电子商务、C2C 跨境电子商务三类。其中,B2B 跨境电子商务中的典型代表有阿里巴巴(为与阿里巴巴集团进行区分,此处的阿里巴巴特指阿里巴巴集团旗下的 1688 全球购物网站);B2C 跨境电子商务中天猫国际、京东全球购等;C2C 跨境电子商务中阿里速卖通(成立之初为 C2C 模式,后于 2016 年向 B2C 模式转型)等。

(二)按照平台经营商品品类分类

根据跨境电子商务平台经营商品品类的不同,跨境电子商务分为综合平台型、综合自营型、垂直平台型、垂直自营型四类。其中,综合平台型跨境电子商务的代表性企业有京东全球购、天猫国际、淘宝全球购、洋码头等;综合自营型跨境电子商务的代表性企业有亚马逊海外购、网易考拉海购、小红书、兰亭集势等;垂直平台型跨境电子商务的参与者比较有限,主要集中于服饰、美妆等垂直类商品,代表性企业有美丽说、海蜜全球购等;垂直自营型跨境电子商务也比较少见,代表性企业有聚美优品、唯品会等。

综合平台型跨境电子商务的主要特点有三点：一是交易主体提供商品交易的跨境电子商务平台，但并不参与商品购买、销售等相应的交易环节。二是国外品牌商、制造商、经销商、网店店主等入驻该跨境电子商务平台，在其从事商品展示、销售等活动。三是商家云集，商品种类丰富。综合平台型跨境电子商务的优势和劣势均比较鲜明。其优势体现在：一是商品货源广泛而充足。二是商品种类繁多。三是支付方式便捷。四是平台规模较大，网站流量较大。其劣势体现在：一是跨境物流、海关、商检等环节缺乏自有稳定渠道，服务质量不高。二是商品质量保障水平较低，容易出现各种类型的商品质量问题，这导致消费者对平台商品的信任度偏低。

综合自营型跨境电子商务的主要特点有两点：一是开发和运营跨境电子商务平台，并作为商品购买主体从海外采购商品与备货。二是涉及从商品供应、销售到售后的整条供应链。综合自营型跨境电子商务的主要优势体现在：一是电子商务平台与商品都是自营的，可掌控能力较强。二是商品质量保障水平高，商家信誉度好，消费者信任度高。三是货源较为稳定。四是跨境物流、海关与商检等环节资源稳定。五是跨境支付便捷。综合自营型跨境电子商务的主要劣势体现在：一是整体运营成本高。二是资源需求多。三是运营风险高。四是资金压力大。五是商品滞销、退换货等问题显著。

（三）按照商品流动方向分类

根据商品流动方向的不同，跨境电子商务可分为跨境进口电子商务和跨境出口电子商务两类。目前我国跨境电子商务交易仍以跨境出口为主，其中又以跨境 B2B 出口为主要形式。

跨境进口电子商务指的是从事商品进口业务的跨境电子商务，具体指国外商品通过电子商务渠道销售到我国市场，通过电子商务平台完成商品的展示、交易、支付，并通过线下的跨境物流送达商品、完成商品交易的电子商务企业，其代表性企业有天猫国际、京东全球购、洋码头、小红书等。跨境出口电子商务指的是从事商品出口业务的跨境电子商务，具体指将本国商品通过电子商务渠道销售到国外市场，通过电子商务平台完成商品的展示、交易、支付，并通过线下的跨境物流送达商品、完成商品交易的电子商务企业，其代表性企业有亚马逊海外购、eBay、阿里速卖通等。

四、跨境电子商务的平台构成

2021 年 5 月 18 日，国内知名电子商务智库——电子商务研究中心（100EC. CN）发布《2020 年度中国跨境电子商务市场数据报告》。报告显示，目前出口跨境电子商务平台主要由以下几类构成：

（1）B2B 类。如阿里巴巴国际站、环球资源网、中国制造网、敦煌网、大龙网、拓拉思、领工云商、大健云仓、宝信环球、全球贸易通等。

（2）B2C 类。如亚马逊全球开店、eBay、全球速卖通、Wish、Shopee、SHEIN、安克创新、环球易购、棒谷科技、有棵树、联络互动、通拓科技、赛维时代、兰亭集势、执御、傲基、蓝思网络、万拓科创等。

（3）第三方服务企业。如一达通、卓志、嘉云数据、世贸通、SHOPLINE、泛鼎国际、小笨鸟、启橙电子商务、纵腾集团、运去哪、递四方、斑马物联网、Paypal、PingPong、连连支付、领星、店匠、易仓科技等。

五、跨境电子商务与传统商务的区别

(一) 两者的概念不同

跨境电子商务是指分属不同关境的交易主体,通过电子商务平台达成交易、进行电子支付结算,并通过跨境物流送达商品、完成交易的一种国际商业活动。

传统商务是指用户可以利用电话、传真、信函等传统媒体来实现商务交易和管理的过程。

(二) 两者的特点不同

跨境电子商务是基于网络发展起来的。网络空间相对于物理空间来说是一个新空间,是一个由网址和密码组成的虚拟但客观存在的世界。网络空间独特的价值标准和行为模式深刻地影响着跨境电子商务,使其不同于传统的交易方式而呈现出自己的特点。

传统商务的用户能够通过传统手段进行市场营销、广告宣传、获得营销信息、接收订货信息、作出购买决策、支付款项、提供客户服务支持等服务。上述传统手段具有环节多、成本高、效率低等特点。

(三) 两者的主体不同

跨境电子商务的主体是制造工厂、电子商务公司、外贸公司、跨境电子商务平台、物流公司等。其中,销售商是跨境电子商务的中心。

传统商务的主体是从事商品贸易活动的组织和个人。其中,制造商是传统商务的中心。

第五节　新　零　售

一、新零售的概念与发展

(一) 新零售的概念

新零售是指企业以互联网为依托,运用大数据、人工智能等技术手段,对商品的生产、流通、销售过程进行升级改造,进而重塑业态结构和生态圈,并对线上服务、线下体验、现代物流进行深度融合的零售新模式。

我国电子商务发展已经步入成熟期,实体零售企业纷纷开拓线上渠道,电子商务企业则转向线下渠道的开拓,零售活动渐渐打破原有的边界。相比传统的零售概念,当前的零售模式内涵应更加丰富,外延应更加宽广。

(二) 新零售的发展

国家统计局数据显示,我国社会消费品零售规模稳步增长,2019 年已经达到 41.2 万亿元。网络零售额占比也在不断上升,2019 年网络零售额已达到 10.6 万亿元,占社会消费品零售总额的 25.7%。阿里研究院认为,新零售的诞生源于技术驱动、消费升级、行业增长三重因素。商务部流通产业促进中心认为,技术升级为新零售提供发动机、消费升级则为新零售增强牵引力。综合诸多观点可以看出,行业发展诉求是新零售发展的前提,技术创新和消

费升级是其发展的基本动力,在行业发展、消费升级和技术创新的共同推动下,新零售产业蓬勃发展。

1. 行业发展

我国传统零售业不断受到来自电子商务平台的冲击,然而由于互联网的快速发展与移动终端的大范围普及带来的用户增长与人口红利,传统电子商务也正在逐渐萎缩,遇到了发展瓶颈。网经社电子商务研究中心相关数据显示,近几年移动网购交易规模的增长率在不断下降。这表明,传统零售向纯电子商务转型的方式不再可行,需要进行变革,探索新的零售模式。

2. 消费升级

传统电子商务的购物体验一直存在不足,相比线下实体店提供的商品或服务的可视、可触、可感、可用等属性,线上电子商务难以提供真实场景的购物体验以满足消费者日益增长的对于高品质体验式消费的需求。随着"90后""00后"逐渐成为现代社会消费群体的主力,新一代消费群体更加注重消费场景与体验,消费升级进程进一步加快。因此,零售商需要提供个性化、智能化的消费服务。对传统电子商务进行变革,需要融入线下以打造全渠道零售平台,来优化消费者体验,使其在享受线上购物的方便快捷的同时,也能获得线下购物的真实体验。

3. 技术创新

新兴技术的不断创新、发展和应用推广对于传统零售向新零售的变革具有重要影响。新零售作为一种新兴的商业零售模式,涉及线上网络平台、线下实体商家、仓储物流等多个方面的深度融合,需要有一系列新兴技术的支撑,包括大数据、云计算、物联网、区块链、人工智能等。新零售不仅是渠道的融合,更是线上线下数据的贯通,这依托云计算的分布式处理、分布式数据库和云存储、虚拟化技术。云计算帮助零售商打破各个网点之间的数据孤岛,实现线上线下数据统一汇集,形成统一的数据平台,有效提高零售企业运营效率。物联网技术是新零售实现线上线下商业闭环的关键。物联网以极低的成本将商品信息数据化,将线下零售商业行为转移到互联网,建立完整的商品和消费者数据库。人工智能在消费者需求挖掘、产品生产物流配送、商品自动识别结算等环节能够有效替代传统人工。总之,技术创新为零售企业优化产品生产流程,既能降低生产成本及客群运维成本,又可以同时提升消费者体验。

二、新零售与传统零售的区别

新零售在传统零售的基础上发展而来,两者均围绕"人、货、场",实现信息流、资金流、物流的交互。新零售与传统零售的区别主要表现在以下几个方面。

1. 经营范围

经营范围包括消费者地域及产品经营范围。传统零售位于线下,较多受到物理空间的限制,产品经营范围与店铺选址、商品陈列、商品品类等有关,同样受到一定限制。而新零售拓宽了线上渠道,较少受到物理空间的限制,同时,产品经营依赖网络虚拟空间,在物流不受限制的情况下,商品丰富度被极大地提高。例如,淘宝的一个店铺能够不受物理空间限制,经营多个品类的商品,并覆盖全国市场。

2. 经营灵活性

传统零售的经营相对缺乏灵活性,其核实库存、补货盘货、规模扩张等均需要花费一定时间,且多为人工进行,较为繁琐。而新零售打破了时间的限制,消费者随时随地可以在网站上下单;商品的信息调整由商家通过后台信息系统高效率完成,在互联网大数据的计算分析下,为商家提供经营数据分析,方便其更好地进货、补货,减少货物堆积,提高经营效率和效益。

3. 经营环节

传统零售的经营环节较多,包含多级代理,商家对产业链上游的议价能力较弱,经营成本较高,导致产品会以较高的价格销售。而新零售可以省去一切不必要的流通环节,实现去中心化,获利方式从信息不对等的差价转移到产品与效能的增值,从而削减经营成本,有利于商家建立价格优势。

4. 竞争态势

传统零售受到经营范围的限制,通常通过连锁的形式产生规模经济,同一业态以及不同业态之间的竞争较弱。而新零售下规模经济与网络协同效应显著,消费者转换成本较低,导致商家之间竞争激烈。

5. 消费者成本与体验

传统零售中,消费者除了要支付购物费用,还有额外的交通、时间等交易成本,但能够享受到购物的娱乐、社交等派生价值,并且可以对所要购买的产品进行全面的了解与感知。而新零售能够大大节省消费者购物的额外成本,但通过图片、文字、小视频等形式展现的产品无法真正满足消费者对于目标产品或服务的了解需求。然而,传统零售的场景较为单一,即到店、取货、付款,完成交易流程。在新零售下,场景多元化,实体店与电子商务平台相结合,包括门店购、APP 购、店中店触屏购、VR 购、直播购等多种形式,这样丰富了消费者的购物体验。

三、新零售的特点

(一) 渠道一体化

企业或商家能够有效连接线上网店和线下实体门店,打通各类零售渠道终端,实现线上线下数据的深度融合:一边在线上可以进行宣传和销售,另一边在线下则可以进行形象展示并为消费者提供服务体验。

(二) 经营数据化

新零售就是将零售数据化,通过数据化管理,构筑多种零售场景,从而沉淀商品、会员、营销、交易、服务等数据,为企业或商家的运营决策提供丰富、有效的数据依据。

(三) 卖场智能化

新零售引入智能触屏、智能货架、智能收银系统等物流设备,增强卖场体验感,提升购物便捷性,可以进行大数据、云分析,从而能够更便捷、有序地管理库存、销售等工作。

(四) 高效的运营模型

商品管理是零售运营的核心,损耗是评价运营水平的核心指标。在新零售模式下,企业通过大数据模型,能够预测商品的销量和损耗。另外,在每个门店管理者的手机上安装单品管理的 APP,能够帮助门店更加精准地下单。未来,更高效的运营模型甚至可能做到人工智能自动下单。

(五) 高效的赋能体系

赋能是新零售的典型特征,一线员工通常是企业重要的赋能对象。例如,儿童零售品牌"孩子王",其会员贡献了超过 95% 的成交额,其重要策略之一就是通过赋能,将员工转换成为育儿顾问,目前孩子王超过 60% 的员工已拥有育婴师证书。同时,其建立管理机制,使育儿顾问与会员结成一对一的服务关系。此外,还用数字化手段帮助员工管理客户,这样为每个员工提供专业、全面的母婴知识库,帮助员工回答各种专业方面的咨询问题。

四、新零售的运营模式

在新零售模式下,实体零售与电子商务的商业形态不再对立,线上线下融合发展将是电子商务发展的新常态。目前对于各行各业来说,新零售主要有以下三种运营模式。

(一) 初级模式——线下实体店的内在变革

线下实体店的内在变革是新零售的初级模式。跨界运营就是该模式的典型应用。例如,2017 年永辉超市推出了"超级物种"旗舰店。"超级物种"的创新之处在于利用永辉超市的供应链,以生鲜作为主要引流商品,通过高性价比商品吸引大量的中高端消费者,再通过餐饮服务的叠加(在超市里面加入餐饮元素),有效地提高了消费者的复购率。不管是在超市里面放置咖啡桌,还是设置休闲屋,其本质都是为了让消费者尽可能长时间地待在超市里,从而带动更多的消费。

(二) 中级模式——线上导流,线下消费

"线上导流,线下消费"是新零售的中级模式,它将线上线下相结合。例如,"小米之家"通过其线上的影响力,把线上的流量导入线下的"小米之家"门店,然后在门店中以多品类的系列商品来引起消费者的关注,在增强消费者消费体验的同时,使消费者能够购买不同品类的商品,从而达到增加销量的效果。

(三) 终极模式——线上线下一体化

线上线下一体化是新零售的终极模式。倘若要实现这个目标,通常需要大数据的支持。例如,银泰百货下沙工厂店利用阿里大数据描绘出周围 5 千米的消费者画像,据此确定门店装修风格、商品品类等。银泰百货通过阿里及其成熟的互联网技术,监控商品价格趋势,了解消费者群体的消费偏好,将商品和消费者精确匹配。此外,实行线上线下同步购物结算,消费者在结束购物后不需要排队结账,只需扫描商品上的二维码,打开相应的 APP,筛选购物清单,用支付宝完成支付即可。消费者可以选择直接在商场提货回家,也可以等待门店配送到家。

五、新零售的发展趋势

(一) 规模化、无界化、智慧化

新零售具有规模运营的特点,主要表现在以下两个方面:一是新兴技术创新驱动新零售发展,线上线下海量资源的整合对新零售效率和服务水平的提高至关重要。二是电子商务具有规模经济与网络效应特征,线上线下与物流协同的体系构建需要依托规模化的运营

组织，同时也需要线上电子商务平台串联传统零售企业，使新零售更具规模化。

无界化是新零售的基本趋势。"人、货、场"是新零售的核心三要素。新零售的无界化趋势主要体现在零售场景、货物、人与企业之间的边界将逐渐模糊。在零售场景上，时间和空间的边界将逐步消失，去中心化趋势显著；在货物上，新零售中商品、服务、数据、内容的组合盛行，产业边界将逐渐模糊；在人与企业之间，用户将参与产品设计，也可能成为企业的分销商，实现供需合一、人企互动、协同共创。

新零售依托一系列新兴技术创新实现发展，具有天然的智慧零售属性。以数据、算法和计算能力为关键要素的核心科技与零售产业不同环节的融合，正催化出越来越多具有实用性和针对性的零售科技，也使得零售产业的数字化转型朝着更加智能化、普及化和深度一体化的方向发展。

（二）生态逐步完善，多零售业态共存

当前，我国零售业发展呈现新常态，传统零售竞争压力增大与传统电子商务人口红利逐渐减少，使得线上线下的零售企业转型需求日益迫切。纯电子商务向O2O趋势演进，开展线下多业态布局。目前一些企业已经开始新零售的具体尝试，成为新零售与新技术和新资源结合的榜样，例如国内的京东、淘宝，国外的亚马逊。在这些行业巨头的示范下，更多的企业将加速数字化转型进程，来推动新零售生态逐步完善。新零售在大数据、云计算、物联网、人工智能等新兴技术创新赋能下，表现出巨大潜力。然而，消费需求的多样性使得新零售业态难以完全垄断，目前我国新零售发展尚处于初期阶段，新旧零售业态将处于长期共存的状态，从而形成相互竞争、相互补充的市场局面。

（三）竞争由价格转向差异化，"线上＋线下＋物流"深度融合

规模、成本、效率是零售业的三个关键内容。传统零售业竞争焦点为低价策略。在居民收入持续增长、主力消费人群年轻化的形势下，人们的消费需求呈现出个性化和多样化特征，这促使零售企业采取差异化竞争策略，趋向更细分的领域发展，致力于提升消费者的购物体验。新零售"线上＋线下＋物流"深度融合、协同发展，更好地迎合消费升级趋势是必然选择。新零售将走向全渠道运营，以此建立全链路、精准高效的渠道营销体系。

下面以盒马鲜生为例进行具体说明。盒马鲜生是阿里巴巴集团旗下，以数据和技术驱动的新零售平台。盒马鲜生以实体店为核心，采用"线上电子商务＋线下门店"的经营模式，集"生鲜超市＋餐饮体验＋线上业务仓储"三种功能于一身。

1. 注重线上线下与物流的结合

盒马鲜生研发了手机APP，用APP线上下单购买的产品取自线下实体店，线上线下同源同质，大大减少了顾客线上购物时对生鲜质量的担忧。线下门店内设有多个APP付款通道，使消费者不必长时间等待排队结账，以此来优化线下购物体验。这种线上线下的合作对云计算、大数据等技术有更高的要求，但能为消费者提供更方便的购物方式。

2. 整合全渠道

全渠道是"以人为本"的运营模式。零售企业联合制造商、售卖商家、渠道内的所有合作伙伴在同一个公共平台上进行合作，将线上线下的数据进行匹配，从而为消费者提供最佳的购物体验。例如，盒马鲜生作为终端的零售商，与产品的源头也建立了联系，用户扫描产品

上的二维码即可了解产品的产地、生产日期等各类商品信息,这在传统零售渠道中是不可能实现的。

第六节　农产品电子商务

农产品电子商务已经走过了二十余年的发展历程。1994年,农业信息化起步;1998—2005年,粮食棉花在网上流动起来;2005—2012年,农产品电子商务起步;2012年是生鲜农产品电子商务元年,发生了"褚橙进京""荔枝大战"等事件,品牌农产品电子商务竞争日盛;2013—2014年,农产品电子商务B2C、O2O等多种模式同时涌现,预售、众筹、溯源、C2B等互联网创新风起云涌;2015年,天天果园获得京东集团战略投资,农产品电子商务进入融资和兼并重组高潮时期;2016年至今,农产品电子商务已完成了由"成长期"向"发展期"的转型,进入了"发展期"。

一、农产品电子商务的概念与特点

(一) 农产品电子商务的概念

农产品电子商务是指农产品商务活动的电子化,包括农产品交易、物流配送、支付结算等经营活动。

(二) 农村电子商务的特点

农产品电子商务具有鲜、活、不耐储藏、不耐运输的特点。正是这四个特点决定了农产品电子商务业态有其自身的发展特点。它不像工业品电子商务,产品多放几个月再销售也不影响质量。因此,农产品电子商务在发展过程中,不同的区域有着不同的模式。

二、农产品电子商务业态

(一) 发展农产品电子商务业态的重要性

农产品电子商务业态指的是与农产品生产、流通领域相关的主体如何利用互联网渠道,将其农产品销售给目标消费者的一种经营形态。

强调农产品电子商务业态,并不是认为其与其他电子商务业态有什么本质区别。而是因为农产品具备不同于一般工业品的特殊性质,既不可能像工业化一样完全实现产品的标准化,更要面临产业链、供应链不成熟的严峻现实。农产品电子商务与工业品电子商务相比较而言,具有地域特色鲜明、季节特征突出、风俗人文内涵丰富等特点,因此有很多差异化的产品可以挖掘。发展农产品电子商务业态的重要性体现在以下几个方面。

1. 有利于解决农产品小生产与大市场的对接问题

农产品销售一大难点是如何解决"最初一公里"和"最后一公里"的问题。"一家一户"的小生产难以对接大市场。目前农产品收购主要是依靠经纪人、中间商,这是农产品价格暴涨暴跌的"推手"。

而农产品电子商务解决了"一家一户"的小生产与大市场的对接问题,成为破解"三农"问题的一个新的解决途径。它能够推动"一村一品"的特色农业发展,既提高农产品附加值,又可以增加农民收入。

2. 有利于减少农产品流通中介环节，缩短农产品物流的距离

电子商务的发展动摇了传统中介的存在基础。通过电子商务平台，生产者能直接和消费者进行交流，迅速了解市场信息，自主地进行交易，这样有助于大大加强生产者信息获取能力、产品自销能力和风险抵抗能力，降低了其对传统中介的依赖性。电子商务有助于选择和保留附加值高的流通环节，合并或去除附加值低的渠道。例如，在农产品流通领域中，批发市场规模大，商品集散、价格形成及供需调节功能强，附加值较大。而产销地的中间商规模较小，信息传递、产品集散、价格调节功能较弱，附加值较小。因此，可以以传统的农产品批发市场为现实载体，去除中间商环节，以此构建"生产者农户—农村销售合作组织—电子批发市场—网店—消费者"的新型农产品电子商务产业链。这样一来，既能减少农产品的流通环节，又能加快商品和信息的流动速度。

3. 有利于降低农产品的流通成本

电子商务可以减少农产品的流通环节，缩短物流的距离。不仅有助于降低农产品流通的运输保鲜成本和时间成本，而且能够减少交易中介的运营费用及抽取的利润。另外，通过电子商务平台，生产者能直接、迅速、准确地了解市场需求，生产出适销、适量的农产品，避免因产品过剩而导致的超额运输、储藏、加工及损耗成本，降低包括信息搜寻成本、摊位费、产品陈列费用、询价议价成本等在内的交易成本和因信息不通畅而带来的风险成本。

4. 有利于健全市场机制、改进市场交易方式、完善市场的信息服务功能

（1）有利于健全市场价格机制。市场分割、信息不对称、缺乏充分竞争的市场环境是农产品价格不稳定的主导因素。通过电子商务平台，各地的农产品批发市场能相互连通，形成全国性的农产品流通大市场。另外，农产品虚拟市场可以容纳大量的交易者，实现交易的集约化和市场的规模化。再者，电子商务的自动化也大大减少人工成本和人为干预的风险，不仅使交易的边际成本接近零，而且让每个交易者都享有平等的信息获取和交易机会，这样保证了市场高度的透明性和公平性。因此，农产品电子商务可以打破信息闭塞、市场割据的局面，构建规模大、信息流畅、透明度高、竞争充分的全国农产品统一市场，建立反应灵敏、健全有效的公平价格形成机制。

（2）有利于改进市场交易方式。高成本、低效率的对手交易已经难以适应农产品流通发展的要求，市场需要更加先进、高效的交易方式，如拍卖交易方式。电子商务的自动化和空间可扩展性为传统的拍卖交易提供了新的发展空间。大量分布广泛的交易者通过电子商务拍卖平台进行网上零距离的沟通和交易，构成充分竞争的市场环境。另外，虚拟拍卖市场能提供拍卖申请、招标竞价、电子支付、配送服务等"一条龙"的自动化服务，既提高了交易效率，又减少了人为因素的干扰，实现保证市场公开、公正、公平的效果。

（3）有利于完善市场的信息服务功能。我国已建立和开发了许多农业信息服务系统，用来从各农产品市场中获取最新的信息，并对其进行筛选、加工、处理。这些系统可作为服务后台，提供原始的或经过分析处理的有用信息。而电子商务网站可作为信息发布前台，将各类信息进行整合、发布，并与其他农产品市场进行信息联网，使用户能从同一平台上获得即时、全面、有价值的信息。另外，电子商务网站还能提供各类信息增值服务，如信息的搜索、查询，同类产品销量、价格等的汇总、比较等，这样可以帮助用户减少信息搜寻成本，以此提高信息利用率，满足用户的多样化需求。

5. 有利于将一批年轻人留在农村创业、就业

农产品电子商务能够提供物流配送、摄影设计等工作机会,有助于带动农民致富,促进农村更好地发展,缩小城乡差距。

(二)农产品电子商务业态的模式

1. 综合交易平台模式

综合交易平台模式是最常见的农产品电子商务模式。农产品生产者或供应商在大型电子商务平台开设网店,并负责农产品的货源、品控、仓储和营销,物流配送多选择第三方快递公司。淘宝、天猫、京东、苏宁易购以及微商的农产品商家店铺、旗舰店均属于这种类型,也是目前普及程度最高的模式。该模式有着相对较低的进入门槛,有利于各地农产品快速迈入电子商务时代,农产品交易规模和品类也因此高居现有模式之首。2020年,阿里平台实现农产品销售额3037亿元,稳居中国最大的农产品上行平台。

2. 垂直交易平台模式

中国的农产品供需是一个"多对多"的关系。在美国,农业人口大约只有350万,还不到总人口的2‰,这样便可以实现"少对多"的集中式供给。但中国的农业体系主要由超过2.3亿的个体种植户和百万个初级批发市场以及10亿消费者构成,导致供需两端都极度分散。传统的农产品流通路径需要经过原产地收购商、产地批发商、销地批发商、销地零售商(菜市场或超市)等多个环节。其中每一个环节都需要经过仓储、物流等,从而造成损耗和成本叠加。为了解决这一问题,以每日优鲜、本来生活为代表的生鲜平台对上述冗长的流通路径进行了改造,直接从农户手中采购商品,然后统一入库、打包,最后完成配送。

3. 新零售模式

通过运用大数据、人工智能等先进技术手段,对商品的生产、流通与销售过程进行升级改造,进而重塑业态结构与生态圈,以消费者体验为核心,将线上线下的"人、货、场"三要素重组构成"商品通、会员通、支付通"的农产品的新零售模式,给消费者带来了众多便利。新零售模式下,处于产业链前端的电子商务平台从筛选的供货商处采购农产品,在产业链中后端进行统一的品控、仓储、营销和物流配送,并利用强有力的产业链中后端资源整合优化前端,通过数据分析优化采购计划。新零售模式由需求驱动,通过记录消费者购买物品的种类、偏好、品牌、价格等,以此调整自己的营销计划,打造货物的高效流转能力,提升店铺运营效率。盒马鲜生、叮咚买菜、美团买菜等是这一模式的典型代表。

4. 社交电子商务模式

社交电子商务模式通过在社交工具上与粉丝进行互动、用户自生内容等手段来辅助商品的购买和销售,并将关注、分享、沟通、讨论、互动等社交化的元素应用于农产品电子商务交易过程。作为后电子商务时代的"新物种",社交电子商务模式依托微信生态提供的低成本裂变机会,侧重于需求端的整合,打破传统电子商务无法突破的瓶颈,成为了近年来势头最盛的互联网经济"新风口"。创建于2015年的"拼多多"就是该模式的典型代表,以"拼团"的社交电子商务思维快速崛起,赋能农产品上行,刷新了市场对电子商务的传统认知。

5. 直播电子商务模式

直播电子商务是网络零售创新的又一次尝试,从电子商务,到新零售,再到直播电子商务,中国一直在引领全球网络零售创新的步伐。以淘宝、抖音等为代表的直播电子商务呈现

爆发式增长。其背后是通过"人、货、场"要素的升维,重构产业链、延伸价值链,来实现从"无人店铺"到"有人店铺"的升级,让消费者感受有温度的购物体验。在农村地区,直播也变成新农活,手机变成了新农具,数据变成了新农资,农产品直播电子商务成为脱贫致富的新抓手。

6. 社区服务商务模式

近年来,农产品以销定产、消费者就近购买的社区电子商务蓬勃发展。社区电子商务是一种线上线下互动的商业运作模式,依据社区划分服务范围,消费者根据购买需要,利用微信、支付宝互联网工具下单,第二天所购货物被准时送到所在社区内的实体店。社区电子商务一头下沉到乡村,另一头下沉到社区,通过数字化的手段把生产和销售深度融合起来,把小农户和大市场对接起来,通过高效、透明、可控的订单服务模式和业态,使社区居民方便快捷地买到新鲜实惠的生鲜农产品。这种消费方式既改善了社区的商业结构,又促进了消费市场的发育和成长,并且还能够将市场数据反馈给生产者,来实现以销定产、以销优产,消费者也实现了以销定购。

7. 农场直销模式

农场直销模式的代表有沱沱工社、多利农庄,依托自己的农场打造生鲜电子商务。农场直销模式有以下三个优势:一是自己的农场,在食品安全问题上有绝对的信心。二是自产自销,完全不用担心产品的供应会突然出现问题。三是近距离优势,刚采摘的新鲜果蔬通过近距离配送能够保证其新鲜度。

沱沱工社整合了全球食品行业优质的供应资源,致力于向中国消费者提供具有质量和信誉保障的高端食品和生活用品。从商品组织、供应商评估、物流配送,沱沱工社能够确保每一件送达消费者手中的正规商品均经过其层层把关。

8. 跨界整合模式

2020年2月14日,中国石化股份有限公司北京石油分公司(以下简称北京石油)推出了"一键到车"业务,即在加油的同时,消费者可以享受易捷商品配送到车的服务,并且可以做到"加油不下车、开票不进店、购物不接触"。利用加油站网点多、供应渠道快捷便利的优势,北京石油摇身变成"卖菜郎",跨界入局生鲜行业,推出了"安心买菜"业务。用户在完成线上下单之后,加油站工作人员便会把菜品放到用户后备箱当中,全程无需下车、无需开窗、无需与外人接触,即可完成一次购买过程。为了确保蔬菜品质,北京石油与小汤山、首农农场等专业蔬菜生产基地合作,从田间采摘后,经过质量、新鲜度等一系列检测后当天就可以统一装箱配送到加油站。

农村电子商务覆盖面不断扩大

"今年又是个丰收年,收入也增加了。"湖北省枣阳市丰满园果业有限公司总经理刘健开心地说。2022年,其公司种植的"黄金蜜三号"黄桃,由于特别适合当地气候,挂树期长,亩产量达到了1 500公斤左右。收成好更要卖得好,该公司基地生产的黄桃果品,通过京东实现从田间地头到市民餐桌的一站式销售,卖向全国。800亩①黄桃销售收入突破700万元,

---

① 1亩=666.666 666 667平方米。

带动周边 300 多户农户都实现增产增收。

2022 年,商务部同财政部、国家乡村振兴局共同组织实施县域商业建设行动,支持各地加快补齐农村商业设施短板,扩大农村电子商务覆盖面。上半年,全国建设改造县级物流配送中心 69 个、村级便民商店 6.5 万个。各地积极探索创新,形成了一批好经验好做法,推动农村电子商务规模不断壮大。

国家统计局数据显示,2022 年前三季度,全国农村网络零售额达 14 978.5 亿元,同比增长 3.6%。美团发布的数据显示,国家乡村振兴重点帮扶县已有超过 98% 的县接入美团,线上活跃商户达 48 万家。2022 年前三季度,约有 12 万名来自国家乡村振兴重点帮扶县的骑手实现省内就业。

专家表示,要进一步完善农村流通渠道,扩大消费规模。支持农村消费大数据开发应用。补齐基站、宽带等乡村数字基础设施短板,提高农村居民数字化技能水平,培养线上消费习惯。支持相关地区以县区为单位集中建设区域电子商务平台,推动农村电子商务高质量发展。

资料来源:人民日报.农村电子商务覆盖面不断扩大,推动农村市场迸发更大活力[EB/OL].(2022-12-28)[2023-03-01]. https://www.cnr.cn/news/20221228/t20221228_526106959.shtml.

思考题:电子商务是如何助力乡村振兴的?

课 堂 测 试

班级_____ 姓名_____ 学号_____ 成绩_____

一、单项选择题(本大题共 10 小题,每题 4 分,共 40 分)

1. 与传统电子商务相比,社交电子商务以(　　)为中心。
   A. 企业　　　　B. 商品　　　　C. 人　　　　D. 物流

2. C2B 模式是指(　　)的电子商务模式。
   A. 企业对企业　　B. 企业对消费者　　C. 消费者对企业　　D. 消费者对消费者

3. 下列关于 C2B 的描述中,错误的是(　　)。
   A. C2B 是消费者发起的需求,更加贴近生产
   B. C2B 模式的典型应用是用户个性化定制
   C. C2B 的核心是消费者角色的变化
   D. C2B 模式不适宜作为具有庞大资源和用户的综合性平台的组件

4. 下列各项中,不属于 O2O 营销模式优势的是(　　)。
   A. 消费者可以获取更丰富、全面的商家及其服务的内容信息
   B. 商家不受地理位置限制,可以进行精准营销
   C. 消费者可以获得相比线下直接消费较为便宜的价格
   D. O2O 平台可以提供托管代运营

5. 下列关于社交电子商务说法中,正确的是(　　)。
   A. 拼团型社交电子商务的用户既是购买者,又是分享者
   B. 对于内容型社交电子商务,用户在社群中不易获得归属感,因此用户忠诚度不高
   C. 分销型社交电子商务的每一个用户都可以成为分销客,通过传播来发展下级分销客
   D. 内容型社交电子商务起源于弱社交关系下的社交社区,它利用虚拟社群吸引用户购买

6. 下列各项中,属于完成跨境电子商务不可缺少的部分的是(　　)。
   A. 拥有跨境物流运输系统　　　　B. 跨境电子商务平台
   C. 跨境支付结算　　　　　　　　D. 以上都是

7. 下列各项中,(　　)是新零售的终极模式。
   A. 实体店内部改革　　　　　　　B. 线上导流,线下消费
   C. 线上线下一体化　　　　　　　D. 以上都不是

8. C2B 的核心是(　　)。
   A. 个性化定制　　　　　　　　　B. 集体议价
   C. 具备全产业链　　　　　　　　D. 反向提供服务

9. 下列各项中,属于C2B模式的是(   )。
   A. 团购网　　　　B. 卓越网　　　　C. 当当网　　　　D. 阿里巴巴
10. 在B2C跨境电子商务主要的几种模式中,核心领域内继续挖掘新亮点的是(   )。
   A. 综合型B2C　　　　　　　　　B. 垂直型B2C
   C. 第三方交易平台型B2C网站　　D. 传统零售商网络销售型B2C

二、多项选择题(本大题共5小题,每题6分,共30分)

1. 下列关于O2O模式的说法中,正确的有(   )。
   A. O2O营销模式又称为离线商务模式,是指线上营销线上购买带动线下经营和线下消费
   B. O2O营销模式可以给用户提供有打折、提供信息、服务预订等服务
   C. O2O营销模式特别适合到店消费的商品和服务如餐饮、美容、健身等
   D. O2O模式最突出的形式是团购
2. 社交电子商务的主要模式包括(   )。
   A. 拼购类　　　　B. 会员制　　　　C. 社区团购　　　　D. 内容类
3. (   )属于拼购类社交电子商务。
   A. 拼多多　　　　B. 京东拼购　　　　C. 苏宁拼购　　　　D. 云集
4. 和传统国际贸易相比,跨境电子商务呈现出的传统国际贸易所不具备的特点有(   )。
   A. 多边化　　　　B. 小批量　　　　C. 高频度　　　　D. 透明化
5. 跨境电子商务的参与主体有(   )。
   A. 通过第三方平台进展跨境电子商务经营的企业和个人
   B. 跨境电子商务的第三方平台
   C. 物流企业
   D. 支付企业

三、判断题(本大题共5小题,每题6分,共30分)

1. O2O是一种电子商务的模式,被定义为将线下商务的机会与互联网结合在一起,让互联网成为线下交易的前台。　　　　　　　　　　　　　　　　　　　　　　(   )
2. 移动互联网是指将移动通信和互联网两者结合起来,成为一体的网络模式。(   )
3. 主要的跨境电子商务第三方平台有速卖通、Wish、敦煌网、eBay、淘宝等。(   )
4. eBay提供亚太物流系统为卖家提供全流程的物流信息服务,包括报关、物流面单打印及物流信息追踪。　　　　　　　　　　　　　　　　　　　　　　　　　　(   )
5. 餐饮业是发展O2O最早的行业之一。　　　　　　　　　　　　　　　　(   )

第五章　网络营销

知识导航

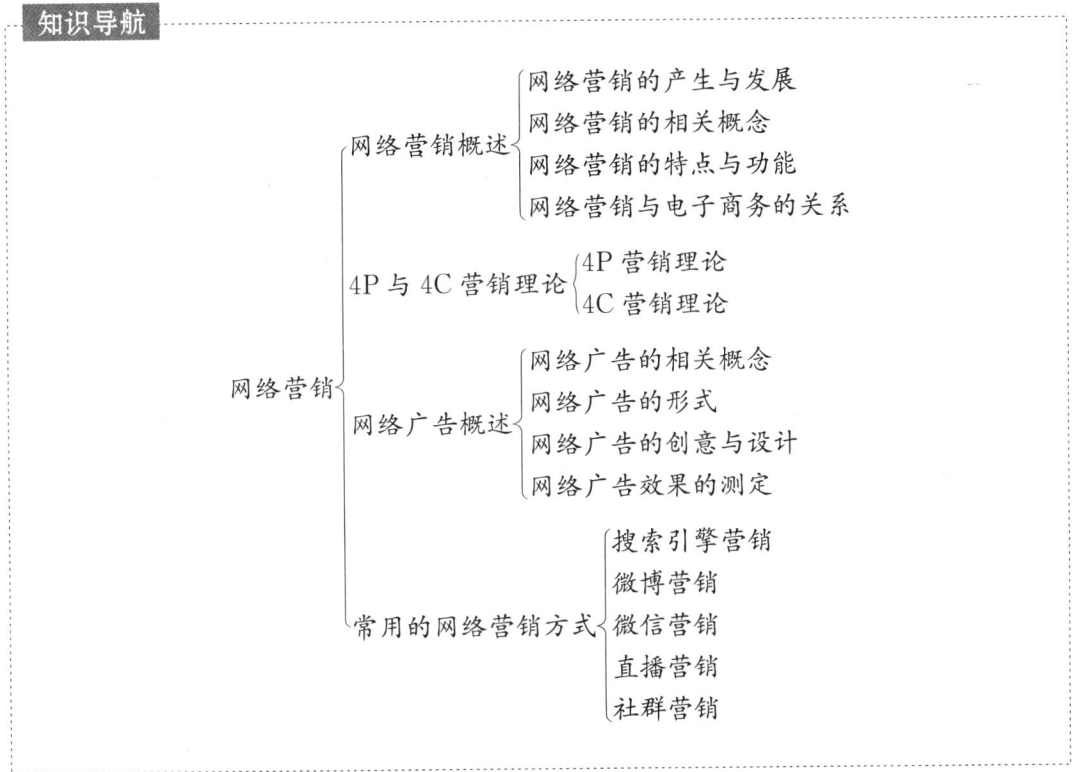

学习目标

1. 掌握网络营销的相关理论。
2. 掌握网络广告的形式。
3. 熟悉网络营销过程的 4P 与 4C 营销理论。
4. 了解常用的网络营销方式。

【思政课堂】

网络营销或成为中小企业发展的新引擎

网络营销在近几年备受关注,发展速度迅猛,如今已成为新型营销模式的代表,并且显现出不同于传统营销的独特优势,尤其在中小企业发展中,网络营销更是发挥着不可小觑的作用。

近年来,随着国家经济实力的不断提高,我国中小企业的数量也明显增多,截至2021年年末,我国中小微企业数量达4 800万户,比2012年年末增长了2.7倍。同时中小企业的发展质量和发展水平也日益提高,尤其是在对外贸易和国际市场竞争中,越来越多的中小企业走了出来,除了技术创新和产品竞争,最终的市场竞争,都是品牌的竞争和产品影响力的竞争,尤其是中小企业,在面对复杂的市场环境和巨大的资金压力、适应新时代企业自身发展特点的同时,加强探索更加有效的网络营销方式,通过不断优化的营销策略来突出企业的独特优势。这样不仅可以把业务从地域当中解放出来,以更低的成本让产品能够面向全球市场,拓宽生存和发展空间、打开市场,还可以快速提高销售的转化效率和资金的流转速度。

互联网可以更好地满足多元化客户的需求,实现快速的全网覆盖,尤其对于中小型的企业和创业公司来说,网络营销是拓展市场、扩大销量最好的方式之一,同时网络营销除了在宣传推广方面的作用,在服务方面也可以弥补中小企业没有强大的销售网点和经销渠道的不足,通过对销售的各个环节的追踪和用户需求的精准把控,来不断优化产品和服务,从而满足客户喜好、保证客户黏性。

资料来源:新浪中心.越视界——2023网络营销或成为中小企业发展新的引擎[EB/OL].(2023-01-03)[2023-02-23]. https://news.sina.com.cn/sx/2023-01-03/detail-imxywncr9107057.shtml.

思考题:互联网在我们生活中已经起到了非常重要的作用,网络也为我们的生活提供了便利,新媒体下的网络营销手段有哪些?企业应该如何利用网络营销更好地提高自身的竞争力呢?

第一节 网络营销概述

一、网络营销的产生与发展

20世纪90年代,互联网技术在全球范围内得到了快速发展,各大企业开始利用互联网技术为用户提供信息服务和拓展业务,并探索和发展出了新的营销模式,即网络营销。经过数十年的发展,网络营销已经成为企业营销活动的重要方式。

(一)网络营销的产生

商业诞生后,营销也就随之出现。在数千年中,营销不断发展,并适应了不同的时代和环境,形成了丰富的理论。网络营销就是传统营销理论在互联网环境中的应用和发展。

1994年被认为是网络营销发展重要的一年。在网络广告诞生的同时,各大搜索引擎也相继诞生。另外,基于互联网的第一起"利用互联网赚钱"的"律师事件",促使人们开始对通过邮件开展营销活动的方式进行了深入思考,也直接促成了网络营销概念的形成。从这些历史事件来看,可以认为网络营销诞生于1994年。

1994年4月12日,美国亚利桑那州两位从事移民签证咨询服务的律师把一封"绿卡抽奖"的广告信发到他们可以发现的每个新闻组并引起了轩然大波,他们的"邮件炸弹"让许多服务器处于瘫痪状态。1996年,这两位律师还合作了一本书《网络赚钱术》,书中介绍了他们的这次辉煌经历:通过互联网发布广告信息,只花了20美元的上网通信费用就吸引来

25 000名客户,获利10万美元。

网络营销是企业利用网络宣传品牌、营销商品或服务的一种策略活动,其最终目的在于吸引消费者进入目标网站并购买其商品或服务。从原则上来说,网络营销是以互联网媒体为基础,以其他媒体为整合工具,利用互联网的特性和理念去实施营销活动,更有效地促成品牌的延伸或个人和组织交易活动实现的营销模式。网络营销建立在互联网的基础上,借助互联网来满足消费者需求、为消费者创造价值。网络营销不是针对某种方法或某个平台的应用,而是包括规划、实施、运营和管理等内容,贯穿企业开展网络活动的整个过程。

(二)我国网络营销的发展

相对于互联网发达国家,我国的网络营销起步较晚。我国的网络营销的发展大致可分为五个阶段:萌芽阶段(2000年以前)、应用和发展阶段(2001—2004年)、市场形成和发展阶段(2004—2009年)、社会化转变阶段(2010—2015年)、多元化与生态化阶段(2016年至今)。

1. 萌芽阶段

1994年4月20日,中国国际互联网正式开通。网络营销也随着互联网的应用而逐渐开始为企业所用。在1997年之前,我国网络营销仍处于萌芽阶段,没有清晰的网络营销概念和方法,也很少有企业将网络营销作为其主要的营销手段。

1997年是中国网络营销的诞生年。1997年2月,专业IT资讯网站ChinaByte正式开通免费新闻邮件服务;到1997年12月,新闻邮件订户数接近3万。1997年3月,在ChinaByte网站上出现第一个商业性网络广告。1997年5月,网易网站发布。1997年11月,国内首家专业的网络杂志发行商索易开始提供第一份免费网络杂志;到1998年12月,索易获得第一个邮件赞助商,这标志着我国专业E-mail营销服务的诞生。1998年4月,搜狐网站诞生。1998年10月,新浪网发布。1998年10月,3721网站诞生(提供中文快捷网址即后来的网络实名服务)。1999年5月,8848电子商务网站诞生,曾是中国电子商务的标志。1999年11月,阿里巴巴B2B平台发布。1999年11月,腾讯QQ上线。1999年11月,当当网上书店发布。1999年12月,百度公司诞生。

根据中国互联网络信息中心(CNNIC)发布的《第一次中国互联网络发展状况调查统计报告(1997年10月)》的调查结果显示,到1997年10月底,我国上网人数为62万人,WWW站点数约1 500个,无论是上网人数还是网站数量均微不足道。但上述标志事件的出现,表明我国网络营销进入了萌芽阶段。

2. 应用和发展阶段

进入2001年之后,网络营销已不再是空洞的概念,而是进入了实质性的应用和发展阶段,主要特征表现在六个方面:网络营销服务市场初步形成、企业网站建设发展迅速、网络广告形式和应用不断发展、E-mail营销市场环境亟待改善、搜索引擎营销向深层次发展、网上销售环境日趋完善。

3. 市场形成和发展阶段

2004—2009年,网络营销进入市场形成和发展阶段。主要特征表现在:网络营销服务市场继续快速增长,新型网络营销服务不断出现;企业网络营销的认识和需求层次提升;搜索引擎营销呈现专业化、产业化趋势;更多有价值的网络资源为企业网络营销提供了新的机会;新型网络营销概念和方法受到关注。

4. 社会化转变阶段

2010—2015年,网络营销进入社会化转变阶段。主要特征表现在:网络营销开始向全员网络营销发展;不断出现基于WEB2.0的网络营销平台;社会化网络营销蓬勃兴起;网络营销与网上销售的集合日益紧密;部分传统网络营销模式逐渐被冷落;移动网络营销重要性不断提高。

5. 多元化与生态化阶段

2016年之后,网络营销向多元化与生态化方向发展。网络营销分散化程度继续提高。从传统互联网以网站的超级链接为基础,发展到移动互联网用户社交关系连接,从全员网络营销到全员价值营销,人的互联价值超过了网页互联的价值,强调了人在网络营销中的核心地位。网络营销思想从企业人员群体到社会关系网络的演变,社会关系资源成为重要的网络营销资源。

二、网络营销的相关概念

常见的网络营销的英文表达是 E-Marketing,其中"E"表示电子化、信息化、网络化,既简洁又直观明了,而且与电子商务、电子虚拟市场等对应。

(一) 网络营销的概念

网络营销是企业整体营销战略的一个组成部分,是为实现企业总体经营目标所进行的、以互联网为基础、利用数字化的信息和网络媒体的交互性来辅助营销目标实现的一种新型的市场营销方式。它以现代营销理论为基础,借助互联网、计算机通信和数字交互式媒体,运用新的营销理念、新的营销模式、新的营销渠道和新的营销策略,以达到开拓市场、增加盈利的目标。

网络营销是电子商务在营销过程中的运用,是营销领域的电子化。网络营销贯穿营销的全过程,从信息发布、市场调查、客户关系管理,到产品开发、制定网络营销策略、网上采购、销售及售后服务都属于网络营销的范畴。正确理解网络营销的概念应把握以下两点。

1. 网络营销不是孤立存在的

网络营销作为企业整体营销战略的一个组成部分,是不可能脱离一般营销环境而独立存在的。在很多情况下,网络营销理论是传统营销理论在互联网环境中的应用和发展。对于不同的企业,网络营销所处的地位有所不同。以经营网络服务产品为主的网络公司,更加注重网络营销策略,而在传统的工商企业中,网络营销通常只是处于辅助地位。因此,网络营销与传统营销策略之间并没有冲突,但由于网络营销依赖互联网应用环境而具有自身的特点,有相对独立的理论和方法体系。在企业营销实践中,往往是传统营销和网络营销并存。

2. 网上销售不等于网络营销

网上销售(在线销售)和网络营销是两个不同的概念,网上销售只是网络营销的一个重要组成部分。网络营销是为最终实现产品销售、提升品牌形象的目的而进行的活动,而网上销售则是网络营销发展到一定阶段产生的结果,但并不是唯一结果。因此,网上销售本身并不等于网络营销。这可以从以下三个方面来说明:首先,网络营销的目的并不仅仅是促进网上销售,很多情况下,网络营销活动不一定能实现网上直接销售的目的,但是可能促进网下销售量的增加,提高顾客的忠诚度。其次,网络营销的效果表现在多个方面,如提升企业品牌价值、加强与客户之间的沟通、拓展对外信息发布的渠道、改善对顾客服务的质量等。最后,从网络营销的内容来看,网上销售只是其中的一个部分,但不是必须具备的内容,许多企业网站根本不具备网上销售产品的条件,网站主要是作为企业发布产品信息的一个渠道,通过一定的网站推广手段,实现产品宣传的目的。

(二) 网络营销的相关定律

1. 摩尔定律

摩尔定律是由英特尔创始人之一戈登·摩尔提出来的。其内容为:当价格不变时,集成电路上可容纳的晶体管数目,约每隔18个月便会增加一倍,性能也将提升一倍。换言之,每1美元能购买到的电脑性能,将每隔18个月翻一倍以上。这一定律揭示了信息技术进步的速度。

在应用摩尔定律的40多年里,信息技术由实验室进入普通家庭,互联网将全世界联系起来,多媒体视听设备丰富着每个人的生活。在传统产业中,当产品的性能成倍提高时,其成本也应该相应提高,而在信息技术产业中恰恰相反,其成本往往会随着产品性能的提高而出现降低的现象。这是因为其主要部件晶体管的生产成本不断下降,而晶体管的密集程度却不断上升,使产品性能不断提高。因此,适应于传统企业的营销理论和方法必将随着互联网的变化而变化。

2. 梅特卡夫定律

梅特卡夫定律由以太网的发明人罗伯特·梅特卡夫提出,并以他的名字命名的。可以将其内容简单描述为:网络的价值与网络使用者数量的平方成正比。梅特卡夫定律为包括互联网在内的许多重大发明存在的实际价值提供了一个简洁的数学结论。电话的发明就是遵循梅特卡夫定律的。如果全世界只有一个人使用电话,那么电话这项发明的价值为零,可是大家都在使用电话,用户越多,电话的价值就越大。同样的道理,腾讯QQ和淘宝网的飞速发展也是因为其网络用户的不断加入而产生了巨大的价值。

3. 注意力经济

1997年,迈克尔·戈德海伯在美国发表了一篇题为《注意力购买者》的文章,提出了"注意力经济"的概念。他在这篇文章中指出,当今社会是一个信息极其丰富甚至泛滥的社会,而互联网的出现,加快了这一进程,信息非但不是稀缺资源,相反是过剩的。而相对于过剩的信息,只有一种资源是稀缺的,那就是人们的注意力。著名的诺贝尔奖获得者赫伯特·西蒙也指出:"随着信息的发展,有价值的不是信息,而是注意力。"这种观点被IT业和管理界形象地描述为"注意力经济"。

在把注意力转化为经济价值的过程中,吸引人们的注意力往往会形成一种商业价值,并获得经济利益。因此,注意力往往会成为一种经济资源。由这种注意力形成的经济模式,就是注意力经济。

注意力经济是指最大限度地吸引用户或消费者的注意力,通过培养潜在的消费群体,以获得最大的未来商业利益的经济模式。在这种经济模式下,最重要的资源既不是传统意义上的货币资本,也不是信息本身,而是大众的注意力。只有大众对某种产品注意,才有可能成为消费者,并购买这种产品。而吸引大众的注意力的重要手段之一,就是视觉上的争夺,也正如此,注意力经济也被称为"眼球经济"。

注意力是指人们关注一个主题、一个事件、一种行为和多种信息的持久程度,具有以下几个特点:

(1) 注意力是不能共享、无法复制的,一个企业不能借用另一个企业的注意力资源,因为注意力是客户针对某一特定公司、特定产品而言的。

(2) 大众注意力是有限的、稀缺的。

(3) 大众注意力有易从众的特点,受众可以相互交流、相互影响,促使注意力往主流、集中的方向集合。

(4) 注意力是可以传递的,名人广告就说明了这一点,受众的注意力可以由自己关注的名人到名人所做的产品。

(5) 注意力能直接产生经济价值。

三、网络营销的特点与功能

(一) 网络营销的特点

1. 跨时空性

网络营销不受空间、时间限制,企业随时随地都可以进行营销活动。通过将企业形象和产品信息展示在第三方平台上,网络营销可以为企业提供全天候的服务。

2. 丰富的传播方式

传统的营销方式有限,而网络营销采用图片、文字、语音等多种形式相结合的传播方式,更易于接近消费者。

3. 个性化营销

互联网是一对一的,消费者占主导地位,不受强迫和干扰,人们可以通过互动获得他们想要的信息。因此,企业服务质量得以有效提高。

4. 简化营销流程

传统的被迫接受信息的模式转变为主动掌握信息的模式。消费者可以利用网络搜索自己想要的产品,直接订购,提高效率。

5. 低营销成本

企业不需要在网站上花费装修、水电、劳动力等费用。经营网络虚拟店铺只需企业花费网络费、计算机硬件费、广告费等不太多的费用,就大大地减少其投资成本。

(二) 网络营销的功能

目前,各大企业已经将互联网应用到营销的各个方面。总体来说,网络营销主要有六大功能,包括品牌推广、网站推广、信息发布、促进销售、维护消费者关系和网上调研。

1. 品牌推广

网络营销的重要任务之一就是通过互联网帮助企业快速建立和推广品牌,使知名企业的线下品牌在网上得以延伸。一般企业则可以通过互联网快速树立品牌形象,并提升企业整体形象。企业可以以企业网站建设为基础,通过一系列的推广措施来建设品牌,并通过品牌取得消费者对企业的认知和认可。

2. 网站推广

很多企业的网络营销都依赖于自己建立的网站。成功的网络营销能够吸引消费者点击相应页面，以此提高网站的浏览量和点击量，进而促进网站的推广。例如，某企业在自己的官网首页宣传新品，并配合竞格排名、促销活动、其他渠道宣传，吸引大量消费者点击，其中部分消费者会浏览除"新品宣传页"外的其他页面，这相当于利用网络营销为官网中的其他页面"引流"。

3. 信息发布

网络营销可以将企业营销信息以高效的手段传递给目标消费者、合作伙伴和公众等群体。信息发布是网络营销的基本职能之一。互联网作为一个开放的信息平台，使网络营销具备了强大的信息发布功能。通过网络营销发布信息，企业可以主动跟踪营销情况、及时获得回复，也可以与消费者进行交互式的再交流和再沟通。由此可见，网络营销方式下的信息发布效果是其他营销模式所无法比拟的。

4. 促进销售

网络营销的最终目的是促进销售。各种网络营销方法都有直接或间接促进销售的效果。同时还有许多有针对性的促销手段，如网络优惠券、团购、积分等。

5. 维护消费者关系

传统营销中，消费者往往只能单方面接收信息，难以与企业建立密切的联系。互联网提供了更加方便的在线客服服务手段，从形式简单的常见问题解答，到邮件列表，以及聊天室和微信群等各种即时信息服务，便于企业维护其与消费者的关系。通过网络营销的高互动性和信息传递的实时性，企业能够及时解决消费者的问题，从而让消费者获得更好的体验，有助于建立消费者对产品、企业的良好印象，与企业形成密切、融洽的关系。同时，消费者也习惯于通过网络营销的渠道与企业进行互动，如微博、微信公众号、短视频等，在多次营销形成的长期互动中，企业更有机会维护与消费者的长期关系。

6. 网上调研

相较于传统营销，网络营销能够便于企业更加容易地收集到真实、及时、全面的反馈信息，从而为企业后续的工作提供参考和指导，这就是网络营销的网上调研功能。例如，某企业在自己的官网中设置了宣传页面，同时用微博、微信等方式为宣传页面引流。那么，该企业可通过网站后台清楚地获取以下数据：网页访问量、各时段访问量、访问者平均停留时间、下单量、各渠道引流人数、用户在每一个页面中的停留时间等。通过这些数据，企业可以精确衡量营销的效果、各渠道的引流效果、最佳营销时段等。这些信息可以指导企业下一步的营销活动。这种调研效果是传统营销无法比拟的。

安徽特酒集团网络营销市场调研案例分析

一、集团网络营销市场调研的思路

（一）明确调研方向

安徽特酒集团是我国特级酒精行业的龙头企业，其全套设备及技术全部从法国引进。集团确定了营销调研的三个方向：价格信息；关税、贸易政策及国际贸易数据；贸易对象，即潜在客户的详细信息。

(二)制定信息收集途径

(1)价格。主要有两种:一是生产商报价。二是销售商报价。

(2)关税、贸易政策和数据。主要包括检索大型数据库、向已经建立联系的各国进口商发 E-mail、相关政府机构站点和新闻机构站点查询。

(3)交易对象的详细信息。包括目录型、数量型、地域型搜索引擎,专业的管理机构及行业协会站点和各国酒类专卖机构站点。

二、集团网络营销市场调研的步骤

(一)价格信息的收集

对价格信息的收集从以下两个方面入手:生产商的报价、销售商的报价。

(二)关税及相关政策和数据的收集

这类信息的收集有以下几种方案:通过大型数据库检索、向已建立联系的各国进口商询问、查询各国相关政府机构的站点、通过新闻机构的站点查询。

(三)各国进口商的详细信息的收集

具体方法有以下几种:利用 Yahoo 等目录型的搜索工具、利用数量型的搜索工具、通过地域性的搜索引擎、通过黄页等商业工具、通过专业的管理机构及行业协会、通过最大的进口商——各国的酒类专卖机构。

三、网络营销市场调研过程评价

安特集团利用半年左右时间收集了以上三个方面的情报,对世界上伏特加酒的贸易状况有了基本的了解,掌握了世界伏特加酒交易的价格走势,认清了安特牌伏特加酒所处的档次水平,也联系了上百家进口商、经销商,可以说基本上把握了国际伏特加酒市场的脉搏,圆满地完成了网络营销市场调研工作。这些工作为以后的网上谈判、选择代理商等网络营销工作打下了良好的基础。

资料来源:豆丁网.安徽特酒集团网络营销市场调研案例分析[EB/OL].(2010-08-02)[2023-02-15]. http://www.docin.com/p-68306296.html.

思考题: 1. 案例中的网络营销市场调研通过哪些渠道收集了信息?

2. 案例中所应用的网络营销市场调研和传统调研有哪些区别?

四、网络营销与电子商务的关系

网络营销不等于电子商务,这主要是基于下列两个方面的考虑。

(一)网络营销与电子商务研究的范围不同

电子商务的内涵很广,其核心是电子化交易。电子商务强调的是交易方式和交易过程的各个环节,而网络营销注重的是以互联网为主要手段的营销活动。

网络营销和电子商务的这种关系也表明,发生在电子交易过程中的网上支付和交易之后的商品配送等问题并不是网络营销所能包含的内容。同样,电子商务体系中所涉及的安全、法律等问题也不适合全部包括在网络营销中。

(二)网络营销与电子商务关注的重点不同

网络营销关注的重点是在交易前的宣传和推广,而电子商务关注的重点则是实现电子化交易。网络营销的概念已经表明,网络营销是企业整体营销战略的一个组成部分。由此可见,无论传统企业还是基于互联网开展业务的企业、也无论是否具有电子化交易的发生,都需要网络营销。但网络营销本身并不是一个完整的商业交易过程,而是为了促成交易而提供支持的过程,因此是电子商务中的一个重要环节。尤其是在交易发生之前,网络营销发挥着主要的信息传递作用。从这种意义上说,电子商务可以看作是网络营销的高级阶段。一个企业在没有完全开展电子商务之前,同样可以开展不同层次的网络营销活动。

以上两个方面表明了电子商务与网络营销的关系。不过,电子商务与网络营销是密切相关的,网络营销是电子商务的组成部分。开展网络营销活动并不等于实现了电子商务(即网上交易),但实现电子商务一定是以开展网络营销活动为前提的,因为网上销售被认为是网络营销的职能之一。

第二节 4P 与 4C 营销理论

一、4P 营销理论

(一) 4P 营销理论的来源

4P 营销理论产生于 20 世纪 60 年代的美国,它是随着营销组合理论的提出而出现的。1953 年,尼尔·博登(Neil Borden)在美国市场营销学会的就职演说中创造了"市场营销组合"这一术语,其意是指市场需求或多或少地在某种程度上受到所谓"营销变量"或"营销要素"的影响。

(二) 4P 营销理论的基本要素

1960 年,美国密歇根州立大学的杰罗姆·麦卡锡教授在其《基础营销》一书中概括出 4 类要素,即产品(product)、价格(price)、渠道(place)、促销(promotion)。1967 年,菲利普·科特勒在其畅销书《营销管理:分析、规划与控制》中进一步确认了以 4P 为核心的营销组合方法。下面进行逐一介绍。

1. 产品

企业应注重开发的功能,要求产品有独特的卖点,把消费者对产品的功能诉求放在第一位。

2. 价格

企业应根据其不同的市场定位,制定不同的价格策略。产品的定价依据是企业的品牌战略,在给产品定价时应考虑品牌的含金量。

3. 渠道

企业应注重经销商的培育和销售网络的建立。这是因为企业并不直接面对消费者,其与消费者的联系是通过分销商来进行的。

4. 促销

很多人将促销狭义地理解为"宣传",其实是很片面的。促销应当是包括品牌宣传(广告)、公关、促销等一系列的营销行为。

(三) 4P营销策略

1. 产品策略

产品策略主要是指企业通过向目标市场提供各种适合消费者需求的有形或无形产品的方式来实现其营销目标。其中包括对与产品有关的品种、规格、式样、质量、包装、特色、商标、品牌以及各种措施等可控因素的组合和运用。产品策略是企业为了在激烈的市场竞争中获得优势,在生产、销售产品时所运用的一系列措施和手段,包括产品选择策略、新产品开发策略、网络品牌策略等。

（1）产品选择策略。适合网上销售的产品（服务）包括无形产品、网上服务和实体产品三类。无形产品指电脑软件、音乐、电影、图像、文献、电子贺卡等,它们可以直接通过网络下载。网上服务包括远程教育服务、票务服务、金融证券服务、保险服务、旅游宾馆预订,以及各种形式的信息服务等。实体产品的网上销售需要相应的物流配送系统作为支撑。由于消费者自身的某些特点以及网上销售在购买体验上的局限性,导致适合网上销售的产品具有以下三个特点：

第一,产品标准化。这类产品的质量和性能具有统一的质量标准,产品之间没有多大差异,并且在购买前后其质量都非常稳定。这类产品包括书刊、电脑及相关配件、家电产品、通信产品等。

第二,重购性。有些产品虽需要在使用之后才能对其好坏作出评价,但顾客通过重复购买能够对产品的质量和性能逐渐熟悉,从而产生信任。这类产品包括化妆用品、音像器材及制品、家居用品等。

第三,时尚性。由于网民中时尚新潮者居多,他们对时髦、前卫型产品或特色服务的需求越来越多。但这类产品和服务现实生活中往往"可遇不可求",但在网上却很容易被找到。这类产品主要包括时装、礼品等。

（2）新产品开发策略。企业应引导消费者参与产品设计。新产品的开发过程包括新产品的构思与概念形成、研制、试销与上市。网络营销的一个重要特性是与消费者的交互性。企业可以通过网络了解消费者的需求,为消费者提供个性化的产品订制服务,也可按照消费者需求来定制特殊产品。消费者则通过网络提出的批评意见、产品质量问题、对产品功能的询问等正面或负面信息都可以为老产品的改进或新产品的开发提供参考。有些企业把消费者当作伙伴,通过网络直接了解消费者的需求,甚至邀请消费者协助产品的设计、改进和生产,使其生产出来的产品更易于被消费者接受,能够最大化地满足消费者的多样化需求。

（3）网络品牌策略。品牌是一种名称、术语、标记、符号或设计以及它们的组合,其目的是辨认某种出售的产品或服务。网络的虚拟性和低成本使越来越多的小企业和不知名的产品比较容易地加入市场竞争的行列。品牌拥有巨大的号召力和震撼力,有助于企业拥有一大批忠诚的消费者,引导消费趋势。

网络品牌是指网络虚拟环境下企业的品牌塑造,网络品牌主要体现在域名品牌上。有了域名后还要注重企业域名品牌的发展。网络品牌包含以下三个层次：

第一,网络品牌要有一定的表现形态,如域名、网站（网站名称和网站内容）、电子邮箱、网络实名或通用网址等。

第二,网络品牌需要借助一定的信息传递手段,如搜索引擎营销、许可 E-mail 营销、网络广告等。

第三，网络品牌价值的转化，如网站访问量上升、注册用户人数增加、对销售的促进效果等。这个过程也就是网络营销活动的过程。

跨国界的网络营销对品牌文化内涵提出了更高的要求。要求企业为满足不同国家和地区消费者的需要，应赋予品牌不同的文化内涵。例如雀巢咖啡在不同区域就实现了不同的定位或改变其产品个性。因此，企业应该针对不同网站影响的主要地区或客户群的差异，适应当地或目标客户群的文化特征。例如，宝洁公司为了避免其旗下几十个品牌之间的相互冲突，为每个品牌单独建立了一个网站。

2. 定价策略

定价策略主要是指企业按照市场规律制定价格和变动价格等方式来实现其营销目标。由于信息的开放性，消费者很容易掌握同行业各个竞争者的价格。价格是否合理将直接影响产品或服务的销路。影响定价的主要因素有成本、供求关系和竞争因素等。在企业市场营销实践中，除上述三个主要因素外，营销的其他组合因素，如产品、分销渠道、促销手段、消费者心理、企业本身的规模、财务状况和国家政策等，也会对企业的产品价格产生不同程度的影响。另外，由于竞争者的冲击，网络营销的定价策略应作适时调整，根据营销目的的不同，可分阶段制定价格。例如，企业在自身品牌推广阶段可以以低价吸引消费者，在考虑成本的基础上，通过减少利润来占有市场；当品牌优势已经发挥出来并形成了一定销售规模时，可以通过规模生产降低成本来提高企业利润。

传统营销是以"企业成本＋利润"来定价的。在网络营销中，定价策略转化为以消费者为满足意愿而愿意付出的代价为基础。为了降低消费者的购买成本，产品和服务在研发时就要充分考虑消费者的购买力。网络营销"一对一"的特征使得消费者可在充分了解市场信息的基础上来选购或定制自己需要的产品或服务。消费者提出愿意付出的成本，企业根据消费者的要求提供柔性的产品设计和生产方案，直到顾客认同并确认后再组织生产和销售。网络营销的定价策略主要包括以下九种类型。

(1) 低价策略。互联网使得交易成本降低，所以一般消费者认为互联网的产品价格也应该较低。当企业拓展网上市场，但产品已不具有竞争优势时，仍可以采用低价策略。网上定价可在线下价格的基础上进行打折，或者采用有奖销售和附带赠品的方式进行销售。网站有时可实行部分产品超低价销售，目的也是吸引"人气"，带动其他产品的销售。例如，当当从光盘生产厂家那里低价定制了十万张光盘，以市场价十分之一的价格售出，"赔本赚吆喝"是为了制造轰动效应，促进其图书的销售。企业在网上公布价格时要注意区分消费对象，即消费者、零售商、批发商、合作伙伴，要注意分别提供不同的价格信息发布渠道，否则会导致营销渠道混乱。同时还要比较同类站点公布的价格。

(2) 个性化产品定价策略。个性化产品的生产分为两类：一是面向工业组织市场的定制生产。这部分市场涉及供应商与订货商的协作问题。例如，波音公司在设计和生产新型飞机时，要求其供应商按照其飞机总体设计标准和成本要求来组织生产。二是根据消费者的个性化要求生产。利用网络技术软件，帮助消费者选择配置或者自行设计能满足自己需求的个性化产品，同时承担自己愿意付出的价格。例如，在戴尔公司的网站上，消费者可以了解相应型号产品的基本配置和基本功能，根据自身实际需要并在能承担的价格内，配置出自己满意的产品,然后下单。

(3) 按使用次数定价策略。随着经济的发展,人们对产品的需求越来越多,产品的使用周期也越来越短,许多产品购买后使用几次就不再使用。因此,企业可以采用按使用次数定价的方式。消费者不需要完全购买产品,通过注册后即可直接使用产品。例如,用友软件公司推出网络财务软件,用户在网上注册后即可在网上直接处理账务而无需购买软件。

(4) 拍卖竞价策略。网上拍卖竞价主要有竞价拍卖、团购价两种方式。竞价拍卖主要用在C2C的交易中,针对二手货、收藏品。例如,一些公司将库存积压产品放到网上拍卖。团购价主要是指多个消费者结合起来向批发商(或生产商)以数量换价格的优惠方式。由于网络为团购行为提供了实现的可能性,现在很多人非常乐于在网上进行团购,大到家居装潢材料,小到生活用品。

(5) 免费策略。免费策略是最有效的市场占领手段之一。免费策略有以下四种形式:一是产品或服务完全免费,即产品或服务从购买、使用到售后服务都完全免费,如免费的信息报道、免费的软件下载、免费的电子邮件信箱等。二是对产品或服务实行限制性免费,即产品或服务可以被有限次使用,超过一定期限或次数后,取消免费服务。例如,一些杀毒软件有免费使用期,鼓励大家下载试用。三是对产品或服务实行部分免费。例如,著名研究公司艾瑞咨询的网站只公布部分研究成果,如果要获取全部成果必须付款作为公司客户。四是对产品或服务实行捆绑式免费。企业先采用免费策略以占领市场,目的达到后,再开设收费项目。例如,阿里巴巴继续对会员注册和发布信息实行免费,甚至免费提供"贸易通"供客户下载。但在会员数超过百万、网站已形成气候后,推出"诚信通"和"中国供应商"两项收费业务。这两项业务的开展,使免费会员的成交概率大为降低,迫使一些厂家购买收费服务。

(6) 动态定价策略。动态定价是指在网络营销过程中,企业利用网络技术,根据单个交易水平的供给状况、不同时间消费者所能承受的价格,即时确定产品或服务的价格。动态定价可以提高企业对固定资产的利用率、降低成本,增加了竞争对手监督企业产品价格变化的难度,使竞争对手的价格紧随策略很难实施。

(7) 比价策略。比价是指通过搜索引擎收集同一类产品的零售和价格信息,对价格进行比较,使消费者可以在一家网站"货比三家"。例如,当当网的智能比价系统,每天比一次,保证比其他网站价格低10%。

(8) 搭配销售策略。即购买某种产品或服务时赠送其他产品或服务。厂家在网上通过购物车或其他形式进行报价,其实质是一种变相折扣或价格减让,目的是销售更多的产品。运用此种策略要注意:一是让消费者自己搭配商品,不可勉强搭售,以免招致消费者反感。二是巧妙运用多种相关商品组合,让消费者有更多的选择余地,甚至可以自行设计搭配方案,然后买卖双方在网上协商定价。

(9) 促销定价策略。每逢重大电子商务节日,如天猫的"双11"、淘宝的"双12"和京东的"618"等,各大商家为了促进销售、降低库存,纷纷采用"满减送""打折销售""买一送一"等促销手段来吸引客户。

3. 渠道策略

渠道策略主要是指企业以科学合理地选择分销渠道和组织商品实体流通的方式来实现

其营销目标,其中包括与分销有关的渠道覆盖面、商品流转环节、中间商、网点设置以及储存运输等可控因素的组合和运用。渠道策略主要涉及分销渠道及其结构、分销渠道策略的选择与管理、批发商与零售商及实体分配等内容。网络营销渠道类型包括网络直销、网络间接营销、比较购物代理等。

(1) 网络直接营销渠道。即生产企业建立网络营销站点,消费者直接在网站订货并通过网站直接完成支付结算。这样的网上直销方式能够减少流通环节,有效降低成本;生产企业则可以通过网络直接营销渠道为客户直接提供售后服务和技术支持等。

(2) 网络间接营销渠道。即网络中间商利用在市场信息、规模、技术、知名度等方面的优势帮助单个企业实现销售。网络中间商提供收集信息、促销宣传、关联营销、结算支付等职能,与企业是一种专业分工与合作的关系。

近年来,互联网上涌现出来越来越多的新型网络中间商,主要有以下类型:①目录服务商:为用户提供网站分类并整理成目录的服务。②搜索引擎服务商:为用户提供基于关键词的检索服务。③虚拟商场:包含与两个以上的商业站点链接的网站。④互联网内容供应商:向目标客户群提供所需信息的服务。⑤网络零售商:在网上开设的零售店,向消费者直销商品。⑥虚拟评估机构:对网上商家进行评估的第三方机构。⑦网络统计机构:为用户提供统计数据的机构。⑧网络金融机构:为网络交易提供金融服务的金融机构。⑨虚拟集市:为想要进行物品交易的人提供虚拟交易场所。⑩智能代理:利用专门设计的软件,为消费者提供所需信息搜集过滤的服务。

(3) 比较购物代理。比较购物代理是以万维网站的形式存在于互联网上,使用专门设计的比较购物代理程序(软件),为消费者提供网络导购、商品价格比较、销售商信誉评估等服务的网络虚拟中介组织。国外著名的比较购物代理系统有便宜搜寻器(Bargain Finder)、网络多重代理分类广告系统(Kasbah)、萤火虫购物代理(Firefly)等。

4. 促销策略

促销策略主要是指企业通过利用各种信息传播手段刺激消费者的购买欲望、促进产品销售的方式来实现其营销目标。企业将合适的产品,在适当地点、以适当的价格出售的信息传递到目标市场,一般是通过两种方式:一是人员推销,即推销员和消费者面对面地进行推销。二是非人员推销,即通过大众传播媒介在同一时间向大量消费者传递信息,主要包括广告、公共关系和营销推广等方式。一个好的促销策略,往往能起到多方面作用,如提供信息情况,及时引导采购;激发购买欲望,扩大产品需求;突出产品特点,建立产品形象;维持市场份额,巩固市场地位等。网络促销方式分为推式战略和拉式战略两种。

(1) 推式战略。即制造商采取积极措施把产品信息提供给网络中介商、网络中介商采取积极促销手段把产品信息发布给消费者,使消费者产生购买欲望,从而实现通过销售渠道推出产品的目的,完成厂家与消费者的沟通与联系。

(2) 拉式战略,也称吸引策略。一般是通过网络开展密集型的广告宣传、销售促进等活动,引起消费者的购买欲望,激发购买动机,进而增加中间商的压力,促使零售商向批发商、批发商向制造商进货,最终满足消费者的需求,达到促进销售的目的。

具体来说,拉式战略主要有以下四种方法:

第一,进行广告宣传。例如,苹果公司每次推出新款手机产品时,都会在其官网和相关媒体上大力宣传,"吊"足消费者"胃口",刺激"苹果粉"的购买欲望,达到"饥饿营销"的效果。

第二,实行代销、试销。代销、试销具有试验的性质。这是因为新产品初次投入市场时,销售情况难以预料,流通部门不愿大批量购进。采用代销、试销的方式,可以消除流通部门的疑虑,建立对企业产品的信心。

第三,利用创品牌、树信誉,增强用户的信任感。在产品销售中,消费者最关心的是产品质量、使用效果和使用期限。名牌产品、高质量的服务自然会对消费者产生吸引力。

第四,召开产品的展销会、订货会,增强客户线下体验,吸引消费者。

二、4C营销理论

(一) 4C营销理论的来源

4C营销理论是由美国营销专家劳特朋教授在1990年提出的。与传统的4P营销理论相对应的4C营销理论,以消费者需求为导向,重新设定了市场营销组合的四个基本要素:即顾客(consumer)、成本(cost)、便利(convenience)和沟通(communication)。4C营销理论强调企业首先应该把顾客满意度放在第一位,其次是努力降低顾客的购买成本,然后要注意到顾客购买过程中的便利性,而不是从企业的角度来决定销售渠道策略,最后还应以顾客为中心实施有效的营销沟通。

(二) 4C营销理论的基本内容

下面以零售企业为例,逐一介绍4C营销理论的基本内容。

1. 顾客

"Customer"(顾客)主要指顾客的需求。企业必须首先了解和研究顾客,根据顾客的需求来提供产品。同时,企业提供的不仅仅是产品和服务,更重要的是由此产生的客户价值。

零售企业直接面向顾客,因而更应该考虑顾客的需求,建立以顾客为中心的零售观念,将"以顾客为中心"贯穿市场营销活动的整个过程。零售企业应站在顾客的立场上,帮助顾客挑选商品货源;按照顾客的需求,组织商品销售;研究顾客的购买行为,更好地满足顾客的需要;更注重对顾客提供优质的服务。

2. 成本

"Cost"(成本)不单是指企业的生产成本,还包括顾客的购买成本,同时也意味着产品定价的理想状态,既要低于顾客的心理价格,亦能让企业有所盈利。此外,顾客的购买成本不仅包括其货币支出,还包括其为此耗费的时间、体力、精力消耗以及购买风险。具体来说,顾客总成本由货币成本、时间成本、精神成本和体力成本等构成。顾客在购买商品时,总希望把成本降到最低限度,以使自己得到最大限度的满足。因此,零售企业必须考虑顾客为满足需求而愿意支付的顾客总成本并努力将其降低。例如,降低商品进价成本和市场营销费用从而降低商品价格,以减少顾客的货币成本;提高工作效率,尽可能减少顾客的时间支出,节约顾客的购买时间;通过多种渠道向顾客提供详尽的信息、为顾客提供良好的售后服务,减少顾客精神和体力的耗费。

3. 方便

"Convenience"(便利)是指为顾客提供最大的购物和使用便利。4C营销理论强调企业在制定分销策略时,要更多考虑顾客的便利性,而不是企业自己的便利性;要通过好的售前、售中和售后服务让顾客在购物的同时,也能享受到便利。便利是客户价值不可或缺的一部分。

最大限度地便利消费者,是目前处于过度竞争状况的零售企业应该认真思考的问题。如上所述,零售企业在选择地理位置时,应考虑地区抉择、区域抉择、地点抉择等因素,尤其应考虑"消费者的易接近性"这一因素,使消费者容易达到商店。即使是远程的消费者,也能通过便利的交通接近商店。同时,在商店的设计和布局上要考虑方便消费者进出、上下,方便消费者参观、浏览、挑选,方便消费者付款结算等。

4. 沟通

"Communication"(沟通)用以取代 4P 营销理论中对应的"Promotion"(促销)。4C 营销理论认为,企业应通过同顾客进行积极有效的双向沟通,建立基于共同利益的新型企业—顾客关系。这不再是企业单向地促销和劝导顾客,而是在双方的沟通中同时找到各自目标。

零售企业为了保持竞争优势,必须不断地与顾客沟通。与顾客沟通包括向顾客提供有关商店地点、商品、服务、价格等方面的信息;影响顾客的态度与偏好,说服顾客光顾商店、购买商品;在顾客的心目中树立良好的企业形象。在当今竞争激烈的零售市场环境中,零售企业的管理者应该认识到:与顾客沟通比选择适当的商品、价格、地点、促销更为重要,更有利于企业的长期发展。

(三) 4C 营销理论的不足

4C 营销理论注重以顾客需求为导向,与市场导向的 4P 相比,4C 有了很大的进步和发展。但从企业的营销实践和市场发展的趋势看,4C 依然存在以下不足:

(1) 4C 营销理论是顾客导向,而市场经济要求的是竞争导向,中国的企业营销也已经转向了市场竞争导向阶段。顾客导向与市场竞争导向的本质区别是:顾客导向看到的是新的顾客需求;而市场竞争导向不仅看到了需求,还更多地注意到了竞争对手,冷静分析自身在竞争中的优、劣势并采取相应的策略,在竞争中求发展。

(2) 随着 4C 营销理论逐渐融入企业的营销策略和行为中,经过一个时期的运作与发展,虽然会推动社会营销的发展和进步,但企业营销又会在新的层次上被同化。企业不能形成营销个性或营销特色,不能形成营销优势,因而难以保证企业顾客份额的稳定性、积累性和发展性。

(3) 4C 营销理论以顾客需求为导向,但顾客需求存在合理性问题。顾客总是希望质量好、价格低,特别是在价格上的要求是无界限的。只看到满足顾客需求的一面,企业必然会付出更大的成本,久而久之影响企业的长期发展。所以从长远看,企业经营要遵循"双赢"的原则,这是 4C 营销理论需要进一步解决的问题。

(4) 4C 营销理论仍然没有体现既赢得客户、又长期地拥有客户关系的营销思想,没有解决满足顾客需求的操作性问题,如提供集成解决方案、快速反应等。

(5) 4C 营销理论总体上虽是 4P 的转化和发展,但被动适应顾客需求的色彩较浓。根据市场的发展,需要从更高层次以更有效的方式在企业与顾客之间建立起有别于传统的新型的主动性关系,如互动关系、双赢关系、关联关系等。

案例分析

如何用新传播推动新营销转换

一、如何认识营销的三要素

认知、关系、交易是营销的三大核心要素。

在这三者关系当中,认知是基础,交易是目的,关系是核心。认知的目标是要帮助企业建立起一种良好的用户关系,建立在良好用户关系基础上的交易才会是最有价值、可持续的交易。

著名营销专家西奥多·莱维特指出,企业衰退的原因在于他们重视的是"产品",而不是"顾客"。而产品,只是满足顾客持久需求的一个现有手段。一旦有更好的产品出现,便会取代现有的产品。因此,生产"现有产品"的行业衰落了。

这有可能是导致营销失败的原因之一。一般来讲,企业的营销投入都是巨大的,但是在重金砸下去的同时,却连基本的用户关系都没有有效构建起来。

所以,企业在营销转换的过程中,需要高度看清:企业的营销转换不只是手段的转换,更重要的是理念的转换。核心是要把营销由以往推动用户认知向构建新的用户关系一端转移,构建起更加稳定的用户关系,以较强的用户关系推动企业产生稳定、持久、可持续的用户交易。

二、营销的终极目标是建立用户信任

营销的终极目标是建立用户信任,所以企业必须要意识到:如果没有用户贡献,企业就没有构建起品牌信任,由此分析目前的企业营销在做一种错误的方式,所做出的营销投入就是一种浪费。

三、如何认识新传播

企业转换新的营销传播方式不能只是解决手段的问题,重点是要转变到如何构建新的用户关系,较好地解决用户信任问题。

移动化传播环境和消费者的认知要求,也在推动企业转变新的营销传播理念。当前的很多移动传播手段完全可以帮助企业实现与消费者构建新的关系。社群化的社会环境使消费者对企业的认知也在倾向于企业构建一种新的关系。

企业在由以往的大众传播方式逐步转型到小众传播方式的过程中,需要其由借助其他媒体传播,逐步转型自建媒体传播。自建媒体传播就是企业站在自己的角度,用这种新的传播方式与用户建立新的关系。所以企业不能一提到转换新的传播手段,还是以往的思维,只想去找别人帮助传播,而自身没有任何的动作。

当然,在这个转换过程中,企业需要借助他人的传播影响,但是这个目标依然是要瞄向与用户建立新的关系这一新营销终极目标。譬如,借助各种KOL(关键意见领袖)的力量,扩大其在行业及社会层面的影响。

总之,新营销转换的核心是要换新理念。

资料来源:鲍跃忠.如何用新传播推动新营销转换[EB/OL].(2018-12-24)[2023-01-03].http://www.ebrun.com/20181224/313517.shtml.

思考题: 1. 结合材料谈谈你对营销三大核心要素的理解。

2. 新传播是如何推动新营销转换的?

第三节 网络广告概述

一、网络广告的相关概念

1996年美国广告学会议上,有学者将网络广告定义为"网络上从旗帜广告链接到特定站点的商业付费广告"。水清木华研究中心的《2005年中国网络广告产业竞争与发展趋势研究报告》认为,网络广告是指利用国际互联网,通过图文或多媒体方式,发布的盈利性商业广告,是在网络上进行的有偿信息传播。网络广告产业链由广告主、代理商、网络媒介、网络广告技术提供商和网络广告平台运营商构成。

网络广告就是在网络上做的广告,是指在网络广告投放平台上利用广告横幅、文本链接、多媒体等方式,在互联网刊登或发布广告,并通过网络传递到互联网用户的一种高科技广告运作方式。与传统的四大传播媒体(报纸、杂志、电视、广播)广告及近年来备受垂青的户外广告相比,网络广告具有得天独厚的优势,是实施现代营销媒体战略的重要组成部分。网络广告是主要的网络营销方法之一,在网络营销方法体系中具有举足轻重的作用。事实上多种网络营销方法也都可以理解为网络广告的具体表现形式,并不仅仅限于放置在网页上的各种规格的横幅广告,如电子邮件广告、搜索引擎关键词广告、搜索固定排名等都可以理解为网络广告的表现形式。

网络广告的本质是向互联网用户传递营销信息的一种手段,是对用户注意力资源的合理利用。互联网是一个全新的广告媒体,速度快且效果理想,是中小企业扩展壮大的很好途径,对于广泛开展国际业务的企业更是如此。网络广告是广告主为了推销自己的产品或服务在互联网上向目标群体进行有偿的信息传达,从而引起群体和广告主之间信息交流的活动。简言之,网络广告是指利用国际互联网这种载体,通过图文或多媒体方式,发布的盈利性商业广告,是在网络上发布的有偿信息传播。

网络广告的市场正在以惊人的速度增长,网络广告发挥的效用越来越显著。以致广告界甚至认为互联网络将成为传统四大媒体(电视、广播、报纸、杂志)之后的第五大媒体。因而众多国际级的广告公司都成立了专门的"网络媒体分部",以开拓网络广告的巨大市场。

网络的组成是复杂的,但业务的要求是简单的。从市场、业务角度考虑,哪种网络处理更好就应该采用哪种网络,甚至综合采用各种网络技术。随着"三网合一"("三网"是指电信网、计算机网和有线电视网)进程的加快,特别是信息家电概念的普及,人们意识到网络已经泛指传输、存储和处理各种信息的设备及其技术的集成。因此,网络广告应是基于计算机、通信等多种网络技术和多媒体技术的广告形式。其具体操作方式包括注册独立域名,建立公司主页;在热门站点上做横幅广告及链接,并登录各大搜索引擎;在知名电子公告板上发布广告信息,或开设专门论坛;通过电子邮件给目标消费者发送信息等。

二、网络广告的形式

(一)网幅广告

网幅广告是最早的网络广告形式,是以GIF、JPG、Flash等格式建立的图像文件,定位在网页中用来展现广告内容。网幅广告有通栏、旗帜、按钮、对联、浮动等表现形式。

(二) 文本链接广告

文本链接广告是以一排文字作为一个广告,单击可以进入相应的广告页面。这是一种对浏览者干扰较少,但却较为有效的网络广告形式。

(三) 富媒体广告

在互联网发展初期,因为带宽的原因,网络广告形式主要以文本和低质量的 GIF、JPG 格式图片为主。随着互联网的普及技术的进步,出现了具备声音、图像、文字等多媒体组合的媒介形式,人们普遍把这些媒介形式的组合叫作富媒体(rich media),以此技术设计的广告叫作富媒体广告。富媒体广告的表现形式多样、内容丰富、冲击力强,但是费用通常比较高。

(四) 插播式广告

插播式广告又称弹出式广告,是指用户在浏览网页时,强制插入一个广告页面或弹出个广告窗口。最典型的插播式广告就是网页弹窗。插播式广告有各种尺寸,有全屏的也有小窗口的,互动的程度也不同,静态的、动态的均有。

插播式广告的出现没有任何征兆,肯定会被浏览者看到。其实它有点类似于电视广告,都是打断正常播放的节目强迫用户观看。不同的是,浏览者可以通过关闭窗口不看广告。

(五) 视频广告

视频广告是随着网络视频的发展而新兴的一种广告形式。其表现手法与传统电视广告类似,都是在正常的视频节目中播入广告片段。例如,在节目开始前或节目结束后播放广告视频。同插播式广告一样,它也是一种强迫用户观看的广告形式,但是相对于插播式广告要友好得多。

(六) 搜索引擎竞价广告

竞价排名是搜索引擎广告的主要形式。它是按照"付费最高者排名靠前"的原则,对购买了同一关键词的网站进行排名的一种方式。竞价排名的最大特点是按单击付费,如果没有被用户单击,则不收取广告费。在同一关键词的广告中,单次单击出价最高的广告排列在第一位,其他位置按照广告主出价不同,从高到低来依次排列。

总之,网络广告形式非常多,企业应结合实际情况进行选择,前期多做测试,找到最适合的网络广告形式。

三、网络广告的创意与设计

网络广告的普遍应用以及广告媒体已经成为当下主流媒体和强势媒体要求人们对网络广告的发展有更清晰的认识,并能根据广告业自身的发展情况,加强对网络广告的设计模式开发和创意研究。网络广告设计的创意需要传统创意人的灵感,也需要技术支持。这是因为创意的优势不仅仅是视觉听觉这些元素,还有广告形式上通过整合而制造的新互动。

(一) 网络广告创意的立足根本

在传统的广告活动中,广告主、广告内容、广告受众、广告表现等基本要素都在一定的区域里反映着各个时期的文明程度。所有的这些广告元素,都在不同程度上体现出社会、经济的时代痕迹。

当今社会已经进入了高度发达的信息时代,企业竞争形态也已经由过去主要以产品功能质量为主的单一竞争形态转变为以企业形象、商品、品牌等作为重要手段和主要倾向的复合竞争形态。这种企业竞争形态的转变与现代广告事业的迅速发展是不可分割的。而网络广告则凭借其传播范围广、速度快、运转成本低等优于传统广告的特点,以迅雷不及掩耳之势在当前竞争同样激烈的广告活动中占据了一席之地,并且拥有广阔的发展前景。

网络广告的兴起与发展似乎给中国广告界带来了新的希望,但是目前网络广告在中国的发展仍然不如人意。面对如此窘境,作为一个设计工作者应该更多地站在视觉的角度来剖析当前的网络广告,以求通过视觉设计的力量来促进网络广告的发展。美国哈佛大学的丹尼斯·贝尔教授在《资本主义文化的矛盾》一书中说道:"我坚信,当代文化正逐渐成为视觉文化,而不是印刷文化,这是千真万确的事实。"他还说:"声音和影像,尤其是后者,约定审美,主宰公众,在消费社会中,这几乎是不可避免。"视觉类的传统广告本来就是视觉文化的一部分,而以电子媒介为载体的网络广告,更是集中展现了视觉文化成为这个时代文化主因的缘由。能否将最好的视觉"大餐"呈现给网络广告的接受者、如何准确解析基于网络媒体的广告受众的特性,则是进行网络广告创意的根本。

(二) 网络广告设计创意的关键——互动性

网络广告的创意要强调互联网本身的媒介特性,即交互性和实时互动性。人类是地球上最具互动性的动物。只要醒着,我们的生活就是一连串与周围的人和世界进行互动的过程。人们用视觉的、听觉的、嗅觉的、触觉的等各种方式面对周围的一切,接受不同的信息,然后经过消化,再反馈出去。简单来说,就是双向的沟通。互动性会使交谈的双方或多方都能表达自己的兴趣,并且能对共同关心的话题进行沟通。

好的网络广告收获的不仅是一个用户的良好的体验,更应唤起该用户发动身边好友去共同感受。只要受众对该广告感兴趣,仅需轻按鼠标就能进一步了解更多、更为详细、生动的信息。受众在信息获取方面有了更多自主权的同时,媒介交互功能也大大增强。既是"反馈"的渠道,又是"评说"的平台。这正是现代网络广告的优势。网民在浏览网络广告的时候,不仅可以快乐地欣赏,同时还可以积极地参与。网络广告使广告主、网民、目标顾客以及生产者之间都有很好的沟通和交流。

在互动广告逐渐活跃的今天,如何做到在尊重受众心理的前提下,保证广告导向与受众导向的一致性;在尊重受众的前提下追求利益的最大化,通过广告设计的创意,让受众在自发的心理驱动下去参与广告过程以及把互动广告的附加功能转化为广告的直接功能与目的,是摆在互动广告设计创意人员面前的重要课题,也是互动广告成功与否的关键。当然网络广告创意仅仅有互动性还不够,还必须更单纯、直接,而且吸引眼球。创意不新鲜,用户不爱点。网民的阅读习惯,是非常跳跃而且没有耐性的,网络广告稍微无聊一点,就会被鼠标"消灭"掉。

(三) 对用户行为的挖掘是最大的创意

网络广告与传统广告的一大区别,就是要更多地去考虑用户的体验与感受。网络广告的创意已从广告本身转移到广告与用户的互动,甚至是用户对广告内容的创造上来。随着网络广告的发展,只有把主动权交给用户,才能充分利用网络的优势与潜能,把网络广告的价值发挥到最大。这种创意是分层次的。第一层创意是吸引用户来互动。第二层创意是通过互动把想要传递的信息传递给用户。第三层创意是利用用户的特性与行为,把品牌放到用户与用户之间进行对话。

银发经济兴起引发用户行为分析

伴随老龄人口触网提速,银发经济兴起。互联网在老龄人口各消费场景的普及程度逐渐加深,银发经济市场持续扩大。Quest Mobile 数据显示,2021 年,近七成的银发群体通过线上进行支付,千元以上消费能力的银发人群占比 54.3%。

银发群体强劲的消费能力,吸引互联网企业纷纷涉足。例如,洞察到老年人对短视频、直播等新事物兴趣浓厚,映客推出老柚直播;凭借老年人对广场舞的热爱,糖豆依靠"学舞工具"首先获得核心 KOL 广场舞领队的青睐,随后扩散到众多中老年用户中。数据显示,使用糖豆服务的中老年用户超 2 亿。

与此同时,根据老龄人口的使用习惯,各类型 APP 相继推出"适老化"措施。2021 年 1 月 22 日,滴滴出行宣布在全国上线滴滴老年人打车小程序;2021 年 1 月,高德推出助老打车功能;2021 年 3 月,抖音官方招募 10 位老年用户代表作为产品智囊团,参与抖音适老化升级的视频特效、模板研发等事项;2021 年 10 月,淘宝正式推出字体更大、页面更简单,且操作更清晰的长辈模式……

发展至今,银发群体 APP 更加丰富多样,许多平台在产品设计、场景选择上深受老年用户喜爱,平台用户总量和日活稳定增长,但变现途径受限。经过一轮又一轮的市场洗牌,大多数 APP 都因未能找到清晰的盈利模式而停摆或转型。广告、直播打赏、付费课程、会员增值服务等诸多变现模式在老龄用户群体中屡屡受挫,这是因为他们不容易被套路式的广告打动。而满足娱乐需求、产生情感共鸣是老龄用户群体建立品牌忠诚度的关键,也是企业获利的"入口"。

资料来源:咸宁新闻网.泛娱乐场景下的银发经济——老龄用户画像及触网行为分析[EB/OL].(2022-05-09)[2023-03-27]. http://www.jjckb.cn/2022-05/09/c_1310588220.htm.

思考题:如何利用引发群体的行为分析进行营销?

四、网络广告效果的测定

网络广告效果通常指的是网络广告作品通过网络媒体刊登后所产生的作用和影响。目前网络广告效果的测定方向与传统媒体效果的测定方向大体一致,其评价体系都建立在传播效果和销售效果的两个主方向之上。罗宾·杰夫和布瑞德·阿隆森把网络广告可达到的目标概略归纳为四项:提高知名度;认知产品;名单收集;达成交易。前三项目标即通常所说的传播效果的测定,后一项目标即所谓的销售效果的测定。网络媒体即时交互性的特点,使得网络广告效果的测定呈现出新的技术方法和操作导向,特别是在销售效果的测定方法上较之传统媒体有独到的优势。测定网络广告效果的方法大致包含以下三种技术层次。

(一) 点击率和转化率

1. 点击率

点击率是网络广告最基本的评价指标,也是反映网络广告最直接、最有说服力的量化指标。这种方法主要是通过消费者对网络广告的点击率或者回应率,测定消费者对广告的接触效果。点击率的测定有利于广告主计算网络广告成本,如 CPM(千印象费用值,指网络广告产生每 1 000 个广告印象)显示数的费用。但是随着网络广告数量的增多,以及人们对网络广告了解的深入,网民不会盲目点击广告;也有可能网民浏览广告后已经形成一定的印象而无需点击广告。

2. 转化率

转化率是指观看而没有点击网络广告所产生的效果。"转化率"这一概念最早由美国的网络广告调查公司 AdKnowledge 在《2000 年第三季度网络广告调查报告》中提出。AdKnowledge 公司将"转化"定义为受网络广告影响而形成的购买、注册或者信息需求。该公司高级副总裁认为,浏览而没有点击广告同样具有巨大的意义,营销人员更应该关注那些占浏览者总数 99% 而没有点击广告的浏览者。

在 AdKnowledge 公司的调查中发现,虽然部分浏览者没有点击广告,但是全部转化率中的 32% 是在观看广告之后形成的。该调查还发现了一个有趣的现象,随着时间的推移,由点击广告形成的转化率在降低,而观看网络广告形成的转化率却在上升。点击广告的转化率从 30 分钟内的 61% 下降到 30 天内的 8%,而观看广告的转化率则由 11% 上升到 38%。但是,对转化率的监测在操作中还有一定的难度,仍然要参照其他的方法才能得以执行。

(二) 对比分析法

对比分析法主要是指运用传统媒体的效果测定方法,结合网络广告目标测定广告效果。例如,可以通过把收到信息的顾客的态度与没有收到信息的顾客的态度进行比较;也可以通过测量用户对不同类型信息的心理反应来测定网络广告产生的传播效果。对比分析法也可用于测量投放在不同站点的广告效果,具体操作方法有以下几种:

(1) 看同样数量的 CPM(每千次展示成本)在哪个站点先完成。

(2) 在编写指向链接的 URL 标签时,稍微增加一点东西。例如,站点网址为 www.xgcd.com,那么在 A 站点的广告链接可以写成 http//www.xgcd.com@a,在 B 站点的广告链接可以写成 http://www.xyz.com@b,以此类推;或者设定特别的标签,如讨论组等;最后,在各网页设定一个单独的 IP 地址,用安装在相关网页上的网络计数器测量来自 A、B、C 各站的访问数量。

(3) 在编写电子邮件的指向链接时,在自动弹出的新回邮件窗口自动填好"主题"一栏。在 A 站点的回邮件主题栏中加上"a 汽车广告",在 B 站点的回邮件主题栏中加上"b 汽车广告",依次类推。在统计总体回函时,就可以从 A 站点和 B 站点的回函数量中清晰地判断哪个站点的汽车广告接触率高。

(三) 加权计算法

加权计算法是对投放网络广告后的一定时间内,网络广告产生效果的不同层面赋予权重,以判别不同广告产生效果之间的差异。这种方法实际上是对不同广告形式、不同投放媒体,或者不同投放周期等情况下的广告效果的比较,而不仅仅反映某次广告投放所产生的效果。加权计算法要建立在对广告效果有基本监测统计手段的基础之上。

第四节 常用的网络营销方式

一、搜索引擎营销

（一）搜索引擎营销的概念

搜索引擎营销（search engine marketing，SEM）是指基于搜索引擎平台的网络营销。它利用人们对搜索引擎的依赖和使用习惯，在人们检索信息的时候将信息传递给目标用户。搜索引擎营销的基本思想是让用户发现信息，并通过点击进入网页，进一步了解所需要的信息。企业通过搜索引擎营销开展付费推广活动，让用户可以直接与企业客服进行交流，完成交易。

一般认为，搜索引擎优化设计的主要目标有两个层次：被搜索引擎收录、在搜索结果中排名靠前。简单来说，搜索引擎营销就是以最小的投入在搜索引擎中获得最大的访问量并产生商业价值。多数网络营销人员和专业服务商对搜索引擎的目标设定也基本处于这个水平。但从实际情况来看，仅仅做到被搜索引擎收录并且在搜索结果中排名靠前还很不够。这是因为取得这样的效果实际上并不一定能增加用户的点击率，更不能保证将访问者转化为顾客或者潜在顾客。因此，上述两个层次的目标只能说是搜索引擎营销策略中两个最基本的目标。

（二）搜索引擎营销的基本方法

1. 搜索引擎竞价推广

搜索引擎竞价推广是指通过对关键词出价，付费越高者获得越前的排名，以便实现快速提升网站知名度及影响力的目标的一种搜索引擎营销方法。特别是对有一定知名度的企业，迅速提升网站排名有利于企业营销的转化。想要通过搜索引擎竞价推广实现转化，必须做好以下工作：

（1）做好关键词的筛选。关键词决定着竞价排名的费用，也影响着转化率。所以，需要从网站的主题及用户的搜索习惯入手，这样能确保竞价的费用低，且流量有保障。

（2）做好内容的编辑。关键词需要通过内容来阐释，所以必须围绕着用户在意的要点撰写相关内容，吸引用户的点击与访问。

2. 搜索引擎优化

搜索引擎优化（search engine optimization，SEO）也是一种搜索引擎营销方法，通过对关键词进行优化来提升网站排名。但是在这种搜索引擎营销方法下，企业如果遇不到专业的优化公司，见效较慢就会失去竞争力。所以，想要搜索引擎营销见效好，企业应找到专业的纵横SEO。这样一来，无论网站的新旧，还是关键词的竞争指数高低，关键词都可以在七天内被优化到首页的位置。想要通过搜索引擎优化，必须做好以下工作：

（1）做好内容的填充。内容的填充在搜索引擎营销中是最不可或缺的，特别是对优质的、原创的内容，搜索引擎来者不拒。因此，在搜索引擎营销的过程中，应始终围绕着主题撰写相关内容，吸引用户及搜索引擎的关注，做到投其所好，学会抓住搜索引擎的关注点，实现网站权重及排名的快速提升。

(2) 做好友链交换工作。优质的友链可以提升网站权重,还可以增加网站的流量。因此,企业需要与同行定期交换链接,并定期检查外链的质量问题,以免影响到自己的网站权重。

二、微博营销

(一) 微博营销的概念

微博营销是指通过微博平台为商家、个人等创造价值而执行的一种营销方式,也是指商家或个人通过微博平台发现并满足用户的各类需求的商业行为方式。微博营销以微博作为营销平台,每一个粉丝都是潜在的营销对象,企业利用更新自己的微型博客向网友传播企业信息、产品信息,树立良好的企业形象和产品形象。每天更新内容就可以跟大家交流互动,或者发布大家感兴趣的话题,来达到营销的目的。这样的方式就是互联网新推出的微博营销。

微博营销注重价值的传递、内容的互动、系统的布局、准确的定位。微博的火热发展也使得其营销效果尤为显著。微博营销涉及的范围包括认证、有效粉丝、朋友、话题、名博、开放平台、整体运营等。自2012年12月后,新浪微博推出的企业服务商平台能够为企业在微博上进行营销提供一定帮助。

(二) 微博营销的特点

(1) 发布门槛低,成本远小于广告,效果却不差。140个字发布信息,远比博客发布容易,对于同样效果的广告则更加经济。与传统的大众媒体(报纸、流媒体、电视等)相比受众同样广泛,前期一次投入,后期维护成本低廉。

(2) 传播效果好,速度快,覆盖广。微博信息支持各种平台,包括手机,电脑与其他传统媒体。同时传播的方式有多样性,转发非常方便。利用名人效应能够使事件的传播量呈几何级放大。

(3) 针对性强,充分利用后期维护及反馈。微博营销是投资少、见效快的一种新型的网络营销模式,可以在短期内获得较大的收益。

(4) 手段多样化,人性化。从技术角度上,微博营销可以同时利用文字,图片,视频等多种展现形式。从人性化角度上,企业品牌的微博本身就可以将自己拟人化,更具亲和力。

(5) 开放性强。微博上可以讨论的话题非常丰富,约束少。

(6) 拉近距离。在微博上面,政府可以和民众一起探讨话题,明星可以和粉丝们互动,拉近了距离。

(三) 微博营销的分类

1. 个人微博营销

很多个人的微博营销是由个人本身的知名度来得到别人的关注和了解的。以明星、成功商人或者是社会成功人士为例,他们往往通过微博这样一个媒介来让粉丝更进一步地了解和喜欢自己。微博对于他们来说也就是平时抒发感情的平台,功利性并不是很明显,他们的宣传工作一般是由粉丝们跟踪转帖来达到营销效果的。

2. 企业微博营销

企业一般以盈利为目的。企业往往是想通过微博来增加自己的知名度,最后达到能够将自己的产品卖出去的目的。一般来说,企业微博营销相对较难。因为知名度有限,短短的微博不能使消费者直观地理解商品;而且微博更新速度快、信息量大,企业在开展微博营销时,应当建立起自己固定的消费群体,与粉丝多交流、多互动,多做企业宣传工作。

3. 行业资讯微博营销

以发布行业资讯为主要内容的微博,往往可以吸引众多用户关注。微博内容成为营销的载体,订阅用户数量决定了行业资讯微博的网络营销价值。因此,运营行业资讯微博与运营一个行业资讯网站在很多方面是很类似的,需要在内容策划及传播方面下很大功夫。

(四) 微博营销的原则

1. 真诚原则

真诚不仅是微博营销的基本原则,其实也是做任何事,做任何互动交流的基本原则。微博营销绝对是一个以年计算的长期活动。在微博上交朋友和在现实中交朋友一样,好的声誉就是财富。积累良好的声誉需要时间,而没有真诚的互动就不可能良好的声誉。

2. 乐观开朗原则

在现实中人们更愿意和乐观开朗的人交朋友。微博上的互动交往也不例外。人们都倾向于与乐观开朗、具有幽默感、喜欢与他分享快乐的人交往。

3. 宽容原则

宽容意味着大气和绅士风度,而苛刻意味着小气和"独裁"。当然,宽容不意味着没有价值观,不意味着凡事做"和事佬""和稀泥"。相反地,应该有鲜明的价值观,并且坚持这种价值观,不随波逐流、左右摇摆。例如,谷歌在"不作恶"价值观上的坚持为其赢得了巨大的声誉。摇摆、随波逐流与真诚原则相抵触,势必对品牌形象带来严重的损害。

4. 个性魅力原则

在微博推广上做推广的企业和个人很多,微博营销因此也竞争激烈。千篇一律的营销手段将使得受众容易产生审美疲劳,只有那些具有个性魅力的微博账号才能脱颖而出。如同现实生活中一样,个人"品牌"最有价值的核心部分是个性魅力。微博营销者作为企业的网络形象大使显得至关重要,其个性魅力代表了企业的个性魅力。

5. 利益原则

在开展微博营销活动时还应遵循利益原则。例如,戴尔公司经常通过微博发布一些打折信息和秒杀信息。

6. 趣味原则

具有趣味性的内容总是能够获得大众的青睐。一般情况下,含有广告内容的营销消息,更需要以有趣的方法引起围观、号召大家参与。

7. 互动原则

微博有奖转发活动,一直都是微博互动的主要方式。但实质上更多的人是在关注奖品,而对企业的实际宣传内容并不关心。相较于赠送奖品,微博经营者认真回复留言、用心感受粉丝的思想,也能唤起粉丝的情感认同。这就像是朋友之间的交流一样,时间久了会产生一种微妙的情感连接,而非利益连接,这种联系持久而坚固。当然,适时结合一些利益作为回馈,粉丝会更加忠诚。

8. 创新原则

微博这一新生事物在全球范围内刚刚商业化应用不久,加之自身具有非常高的扩展性,使得微博营销的模式具有很大的探索空间。企业如果能抓住机会、有效创新,就可以从中轻松获益。

9. 保持热度的原则

为了保持微博信息的热度,可以设置一些问题让别人来解答,使该微博信息及其回复不断地引起波澜、产生震动。

10. 连续发布的原则

在确保微博质量的前提下,要定时、定量、定向地发布内容,让用户能不断获得该产品品牌的最新资讯,不要让微博被快速淹没。

(五)微博营销的技巧

1. 注重价值的传递

企业微博经营者首先要改变观念。企业微博应是一个"给予"平台。只有那些能对浏览者创造价值的微博自身才有价值,此时企业微博才可能达到期望的商业目的。企业只有认清了这个因果关系,才可能从企业微博中受益。

2. 注重微博的个性化

微博的特点是"关系""互动"。因此,虽然是企业微博,但也应切忌仅作为一个官方发布消息的窗口的那种冷冰冰的模式。企业微博应有感情、有思考、有回应、有自己的特点与个性。

如果一个浏览者觉得企业发布的微博和其他微博差不多,或是别的微博可以替代企业发布的微博,那么这样的微博都是不成功的。这和品牌与商品的定位一样,必须塑造其个性,使微博具有很高的黏性,能够持续积累粉丝的关注。

3. 注重发布的连续性

微博就像一本随时更新的电子杂志,企业应注重定时、定量、定向发布内容,让浏览者养成观看习惯。因此,企业在开展微博营销活动时应注重发布的连续性。

4. 注重互动性的加强

微博的魅力在于互动。拥有一群不说话的粉丝是很危险的,因为他们会慢慢开始不再关注企业发布的微博,最后可能是取消对企业微博的关注。因此,互动性是使微博营销持续发挥作用的关键。需要注意的是,企业的宣传信息不应超过其微博信息的10%,最佳比例是3%~5%。宣传信息应尽可能地融入粉丝感兴趣的内容之中。

5. 注重系统性的布局

任何一个营销活动,想要取得持续而巨大的成功,都不能脱离了系统性。微博营销对大多企业来说效果有限,因而被很多企业当作是可有可无的网络营销模式。而事实上,微博这种全新形态的互动形式,其潜力巨大,发挥出的作用很小的原因是企业投入的精力与重视程度本不高。企业想要微博发挥更大的效果,就要将其纳入整体营销规划中来,使其有机会发挥更多作用。

6. 注重准确的定位

对于企业微博来说,粉丝的质量比数量更重要。因为企业微博最终的商业价值的实现,或许就需要这些有价值的粉丝。很多企业微博的关注人数过万,可转载、留言的人很少,宣传效果不明显。其中一个很重要的原因就是定位不准确。假设企业处于玩具行业,那么就需要围绕目标顾客关注的相关信息来发布微博,吸引目标顾客的关注,而非只是考虑吸引眼球,导致吸引来的都不是潜在消费群体。在进行微博营销的起步阶段,企业很容易陷入这个误区,完全以吸引大量粉丝为目的,却忽视了粉丝是否为目标消费群体这个重要问题。

7. 注重企业微博的专业化

在同场竞技时,只有专业才可能超越对手、持续吸引关注。因此,专业是一个企业微博重要的竞争力指标。如果微博不能做到专业而只是流于平庸,倒不如不去建设企业微博。这是因为微博作为一个"零距离"接触的交流平台,负面的信息与不良的用户体验很容易迅速传播开,并给企业带来不利的影响。

8. 注重控制的有效性

微博具有惊人的传播速度。当极高的传播速度结合传递规模,所创造出的力量有可能是正面的,也可能是负面的。因此,企业必须有效控制微博这把双刃剑。

9. 注重方法与技巧

对于企业微博来说,应该以创造企业价值为目的。想把企业微博变得有声有色、持续发展,单纯在内容上传递价值还不够,必须讲求一些技巧与方法。例如,微博话题的设定及表达方法就很重要。如果博文是提问性的,或是带有悬念的,能够引导粉丝思考与参与,那么浏览和回复的人自然就多,也容易给人留下深刻的印象。反之,新闻稿一样的博文,会让粉丝想参与都无从下手。

三、微信营销

(一) 微信营销的概念

微信营销是网络经济时代企业或个人营销模式的一种,是伴随着微信的发展而兴起的一种网络营销方式。微信不存在距离的限制,用户在注册微信账号后,可与周围同样注册的"朋友"形成一种联系,订阅自己所需的信息。商家则通过提供用户需要的信息,推广自己的产品,从而实现点对点的营销。

微信营销主要体现在以安卓系统、ios系统的手机或者平板电脑中的移动客户端进行的区域定位营销。商家通过微信公众平台,结合转介率微信会员管理系统展示商家微官网、微会员、微推送、微支付、微活动,已经形成了一种主流的线上线下微信互动营销方式。

(二) 微信营销的特点

1. 点对点精准营销

微信拥有庞大的用户群,借助移动终端、天然的社交和位置定位等优势,每个信息都是可以推送的,能够让每个个体都有机会接收到这个信息,继而帮助商家实现点对点精准营销。

2. 形式灵活多样

用户可以发布语音或者文字然后投入"大海"中,如果有其他用户"捞"到则可以展开对话。招商银行的"爱心漂流瓶"用户互动活动就是个典型案例。

3. 强关系的机遇

微信的点对点产品形态注定了其能够通过互动的形式将普通关系发展成强关系,从而产生更大的价值。通过互动的形式与用户建立联系,如聊天、解答疑惑、讲故事等,使得企业能够与消费者形成"朋友"的关系。人们不会相信陌生人,但是会信任"朋友"。

(三) 微信营销的优点

1. 高到达率

营销效果很大程度上取决于信息的到达率,这也是所有营销工具最关注的地方。与手机短信群发和邮件群发被大量过滤不同,微信公众账号所群发的每一条信息都能完整无误地发送到终端手机,到达率高达100%。

2. 高曝光率

曝光率是衡量信息发布效果的另外一个指标。信息曝光率和到达率完全是两码事,与微博相比,微信信息拥有更高的曝光率。在微博营销过程中,除了少数一些技巧性非常强的文案和关注度比较高的事件被大量转发后获得较高曝光率,直接发布的广告很快就会淹没在微博滚动的动态中。

而微信是由移动即时通信工具衍生而来,天生具有很强的提醒力度,如铃声、通知中心消息停驻、角标等,随时提醒用户收到未阅读的信息,曝光率高达100%。

3. 高接受率

微信的广泛使用和普及性成为企业利用其开展营销活动的基础。除此之外,公众账号的粉丝都是主动订阅而来,信息也是他们主动获取的,因此完全不存在垃圾信息招致抵触的情况。

4. 高精准度

在现实中,那些拥有粉丝数量庞大且用户群体高度集中的垂直行业微信账号,才是真正炙手可热的营销资源和推广渠道。例如,酒类行业知名媒体佳酿网旗下的酒水招商公众账号,拥有近万名由酒厂、酒类营销机构和酒类经销商构成的粉丝,这些精准用户粉丝相当于一个盛大的在线糖酒会,每一个粉丝都是其潜在客户。

5. 高便利性

移动终端的便利性再次增加了微信营销的高效性。智能手机不仅能够拥有电脑拥有的几乎所有功能,而且携带方便,用户可以随时随地获取信息,而这会给商家的营销活动带来极大的便利性。

(四) 微信营销的缺点

微信营销所基于的强关系网络如果不顾用户的感受,强行推送各种不吸引人的广告信息,会引来用户的反感。凡事应理性而为,善用微信这一时下流行的互动工具,让商家与客户回归最真诚的人际沟通,才是微信营销真正的王道。

四、直播营销

(一) 直播营销的概念

直播营销是指在现场随着事件的发生、发展进程同时制作和播出节目的营销方式。直播营销活动以直播平台为载体,以企业获得品牌价值的提升或是产品销量的增长为目的。

（二）直播营销的优势

直播营销是一种营销形式上的重要创新，也是非常能体现出互联网视频特色的板块。对于广告主而言，直播营销有着以下优势：

（1）直播营销在某种意义上是一场事件营销。除了本身的广告效应，直播内容的新闻效应往往更明显，引爆性也更强。一个事件或者一个话题，相对而言，可以更轻松地进行传播和引起关注。

（2）直播营销能体现出用户群的精准性。在观看直播视频时，用户需要在一个特定的时间共同进入播放页面，但这其实是与互联网视频所倡扬的"随时随地性"是背道而驰。但是，这种播出时间上的限制，也能够真正识别出并抓住这批具有忠诚度的精准目标人群。

（3）直播营销能够实现与用户的实时互动。相较于传统电视，互联网视频的一大优势就是能够满足用户更为多元的需求。不仅仅是单向的观看，用户还能一起发弹幕吐槽，喜欢谁就直接献花打赏，甚至还能动用民意的力量改变节目进程。这种互动的真实性和立体性，也只有在直播的时候能够完全展现。

（4）直播营销能够做到与用户深入沟通，情感共鸣。在这个碎片化的时代里，人们在日常生活中的交集越来越少，尤其是情感层面的交流越来越浅。直播这种带有仪式感的内容播出形式，能让一批具有相同志趣的人聚集在一起，聚焦在共同的爱好上，并且情绪相互感染，从而达成情感气氛上的高位时刻。如果品牌能在这种氛围下做到恰到好处地推波助澜，其营销效果一定也是"四两拨千斤"的。

（三）直播营销快速发展的原因

（1）移动网络提速和智能设备的普及各类视频直播 APP 开始涌现，并受到资本市场的关注。移动网络的速度的提升导致流量资费的降低，视频直播能够比以往更加地流畅；智能手机的普及，让人们逐渐完全摆脱无线网络和电脑而可以直接通过智能手机进行视频拍摄上传，这就使得视频直播能够有更多的场景，从而让企业有了全新的营销机会，可以随时随地、更加立体地展示企业的文化，发出企业的声音，而不再仅仅依靠微博和微信。

（2）企业需要更立体的营销平台。在过去几年，很多企业、政府机构已经将在微博、微信开通账号作为其品牌营销和文化传播的标配。不过，这些方式主要还是基本以图文为主的。但这是远远不够的。图文不够立体，用户看到的还都是静止的，并且在如今这个信息泛滥的时代，单纯的文字传播很可能被忽略。而视频直播正在兴起，正好弥补了以前企业进行营销传播时的缺憾，在微博、微信之外，多了一个更为立体生动的营销阵地。

（3）用户看视频的习惯养成。无论是移动互联网时代的机遇，还是企业营销的需求驱动，直播营销得以快速发展最重要的基础是用户愿意在直播平台上"玩耍"。越来越多的人愿意在直播平台上花费时间浏览内容得益于用户习惯的养成。

（四）直播营销的流程

无论是大品牌还是个人，在利用直播进行营销时往往离不开以下几个流程。

1. 精确的市场调研

直播是向大众推销产品。推销的前提是企业能够深刻地了解到用户需要什么，以及企业能够提供什么，同时还要避免同质化的竞争。因此，只有精确地做好市场调研，才能做出真正让大众喜欢的营销方案。

2. 项目自身优缺点分析

精确分析自身的优缺点。做直播,如果营销经费充足、人脉资源丰富,便可以有效地实施几乎任何想法。但对大多数企业来说,没有足够充足的资金和人脉储备,这时就需要其充分地发挥项目自身的优点。一个好的项目不仅仅依靠人脉、财力的堆积就可以达到预期的效果。只有充分地发挥项目自身的优点,才能取得意想不到的效果。

3. 市场受众定位的选择

营销能够产生结果才是一个有价值的营销。关于受众是谁、他们能够接受什么等,都需要依据恰当的市场调研才能得出结论。只有找到合适的受众才是做好整个营销的关键。

4. 直播平台的选择

直播平台种类多样,根据其属性可以划分为不同的几个领域。如果做电子类的辅助产品,直播推销衣服、化妆品将会带来意想不到的流量。所以,选择合适的直播平台也是关键。

5. 良好的直播方案设计

做完上述工作之后,直播营销成功的关键就在于最后呈现给受众的方案。整个方案设计的过程需要销售策划及广告策划的共同参与,让产品在营销和视觉效果之间恰到好处。在直播过程中,过分的营销往往会引起用户的反感,所以在设计直播方案时,如何把握视觉效果和营销方式,还需要不断的商酌。

6. 后期的有效反馈

营销最终是要落实在转化率上。因此,企业应跟进实时及后期的反馈。同时通过数据反馈,企业可以不断地修正方案,不断提高营销方案的可实施性。

五、社群营销

社群营销是在网络社区营销及社会化媒体营销基础上发展起来的,用户连接及交流更为紧密的网络营销方式。社群营销主要通过连接、沟通等方式实现用户价值,具备人性化的优点,其建立条件包括人力和资金、内容和服务、时间和耐心、产品及营销模式等。

网络社群的概念是由于WEB2.0的发展以及社交网络的应用才逐步流行起来的。从社交网络服务发展的时间上推测,网络社群的概念出现在2006年前后,社群经济、分享经济等概念也是在同样的背景下逐渐产生的,可见社群是以社交化为基础的。

建立和运营网络社群的条件包括:人力和资金、内容和服务、时间和耐心、产品及营销模式等。其运营模式和流程,与一般的社交网络服务营销并无原则性差别,但对沟通和服务方面有更高的要求,而不是简单地通过社交网络实现"内容营销"。

案例分析

蜜雪冰城的"魔性"营销

2021年6月3日,蜜雪冰城官方账号在B站发布了中文主题曲MV。随后,凭借"略显土味"的画风、直白的歌词和简单轻快的旋律,火速席卷全网,让网友直呼"上头"。蜜雪冰城官方继续"趁热打铁",陆续在B站、抖音、微博等平台发布多语种版本,使得蜜雪冰城成为名副其实的"六月当红炸子鸡"。线上线下融合的双向营销、"社交网络"形成的裂变传播以及音乐与短视频的有效结合,使得蜜雪冰城的此次"病毒式营销"大获全胜。

在此之前,源于河南郑州的蜜雪冰城在一众茶饮品牌中长期处于"小透明"状态,主打三、四线市场,凭借薄利多销的模式得以迅速发展。相比其他茶饮品牌,蜜雪冰城在一线城市并不出众,处于人们的视线边缘。但此次利用主题曲MV营销的方式让其在短时间内成为了"茶饮圈顶流",一时间风头无两。

蜜雪冰城发布的中文主题曲MV只有短短的25秒,基于美国乡村民谣《哦!苏珊娜》为基础曲调进行创作。画面中可爱的"雪王"与其女朋友"雪妹"(蜜雪冰城品牌形象)以不同的造型出现在充斥着卡通元素的屏幕中伴随魔性重复的BGM跳舞。看似平平无奇,却让B站网友刷了一遍又一遍,起到了让网友直呼"再也忘不掉"的宣传效果,称得上是新一代网络神曲。这场"意外"走红,得益于品牌方"病毒式传播"的洗脑营销。

首先,在内容上,基础曲调《哦,苏珊娜》本身就是一首非常经典的乡村民谣,受众对于旋律本身有一定的接受度,加上单一直白的歌词使得蜜雪冰城主题曲易于上口,在传播过程中进一步加深了受众的印象。歌词创作利用"你爱我,我爱你,蜜雪冰城甜蜜蜜。"在有限时长中的循环重复对关键词进行强化,受众能通过视频非常直观地感受到品牌想要表达的主题,并在脑海中形成反复记忆。

其次,在传播渠道上,蜜雪冰城官方账号将MV短视频投放到B站、微博、抖音等平台,"略显土味"的画风刚好契合当下年轻人认为"土到极致就是潮"的猎奇心理,吸引了受众的注意力。单就其中文版MV,截至2021年6月27日,播放量已突破420万,更不用说还有其他语种的MV以及衍生视频,足见其受众范围之广。

资料来源:红星新闻.蜜雪冰城神曲火出圈!幕后推手竟是……[EB/OL].(2021-06-25)[2023-02-17].https://m.thepaper.cn/baijiahao_13303009.

思考题:结合本章网络营销的有关知识,分析上述案例中体现出的营销方式给我们带来哪些思考和启示?

课 堂 测 试

班级_____ 姓名_____ 学号_____ 成绩_____

一、单项选择题(本大题共 10 小题,每题 4 分,共 40 分)

1. 追本溯源,网络广告产生于( )。
   A. 美国　　　　B. 英国　　　　C. 法国　　　　D. 中国
2. 下列各项中,不属于网络营销的职能的是( )。
   A. 网站推广　　B. 信息发布　　C. 网络广告　　D. 促进销售
3. 网络广告中的每千人印象成本是指( )。
   A. CPA　　　　B. CPC　　　　C. CPM　　　　D. CPP
4. 互联网可以展示商品目录,提供有关商品信息的查询,可以和顾客做互动双向沟通,这指的是网络营销的( )特点。
   A. 跨时空　　　B. 个性化　　　C. 交互性　　　D. 经济型
5. ( )是指企业向目标市场提供各种适合消费需求的有形和无形产品的方式来实现其营销目标。
   A. 定价策略　　B. 产品策略　　C. 分销策略　　D. 促销策略
6. 下列描述中,不能体现网络营销职能的是( )。
   A. 服装公司参加展会宣传产品
   B. 利用阿里云大数据服务分析行业现状
   C. 天猫"双 11"购物狂欢节,优惠力度巨大
   D. 利用达摩盘分析客户案例,细分客户
7. 下列营销方法中,强调尊重消费者的感受和体验,让消费者感到舒服并主动接受的企业营销活动是( )。
   A. 整合营销　　　　　　　　　　B. 关系营销
   C. 直复营销　　　　　　　　　　D. 软营销
8. 下列关于网络服务营销方法的说法中,错误的是( )。
   A. 邮件列表营销是许可 E-mail 营销的一种具体表现形式
   B. IM 营销是企业通过即时工具 IM 帮助企业推广产品和品牌的一种手段
   C. 数据库营销的基础是企业所收集和积累的会员信息
   D. 会员制营销就是消费者与企业直接进行沟通的营销
9. 粉丝艾特(@)奥利奥官方微博,奥利奥官方微博热情回应粉丝要求体现的是( )。
   A. "病毒式"营销　　　　　　　B. 网络事件营销
   C. 网络社区营销　　　　　　　　D. 微博营销

10. 某品牌有一定的知名度,表达的网络营销产品的特性是( )。
   A. 目标市场　　　　　　　　　　B. 产品质量
   C. 产品品牌　　　　　　　　　　D. 产品性质

二、多项选择题(本大题共 5 小题,每题 6 分,共 30 分)

1. 网络营销作为未来主流的营销模式,下列说法中正确的有( )。
   A. 网络营销是一种有局限性的营销手段
   B. 网络营销将影响传统营销所涉及的各个方面
   C. 网络营销与传统营销是互相影响、互相促进的,未来的方向是实现两者的融合统一
   D. 传统营销具有网络营销不可比拟的优势,将一直存在

2. 下列各项中,属于网络广告推广形式的有( )。
   A. 网易首页图片广告　　　　　　B. 爱奇艺视频网站贴片广告
   C. 百度搜索推广　　　　　　　　D. 春晚赞助广告

3. 网络营销能够达到的效果包括( )。
   A. 品牌推广　　　　　　　　　　B. 促进销售
   C. 产品信息发布　　　　　　　　D. 研发新产品

4. 下列各项中,属于网络营方法的有( )。
   A. 微博营销　　　　　　　　　　B. 微信营销
   C. 社群营销　　　　　　　　　　D. 搜索引擎营销

5. 网络营销的特点包括( )。
   A. 全球性　　　B. 成长性　　　C. 高效化　　　D. 技术性

三、判断题(本大题共 5 小题,每题 6 分,共 30 分)

1. IBM 公司是美国一家专门从事计算机直销的企业。　　　　　　　　( )
2. 机器人搜索引擎以某种策略手动地在互联网中搜集和发现信息。　　( )
3. 网络营销将完全取消中间商。　　　　　　　　　　　　　　　　　( )
4. 网上销售更有利于厂商进行差别定价。　　　　　　　　　　　　　( )
5. 市场营销最重要的部分就是销售产品。　　　　　　　　　　　　　( )

第六章　电子商务安全

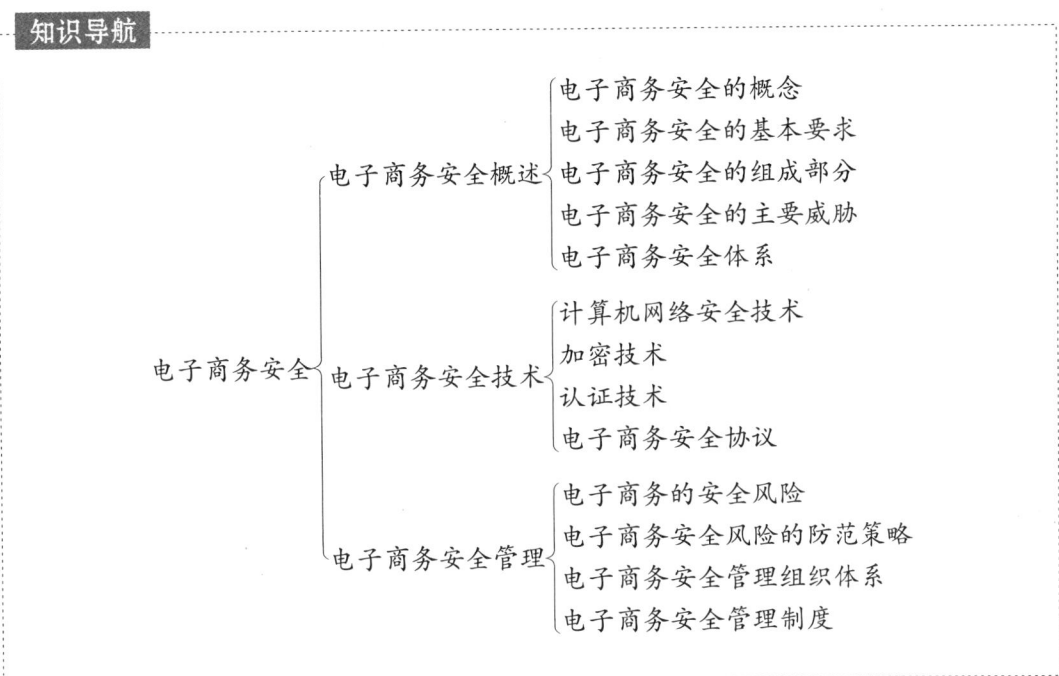

学习目标

1. 了解电子商务安全的概念。
2. 了解电子商务安全的主要威胁。
3. 掌握各类电子商务安全技术。
4. 了解电子商务安全管理的相关措施。

【思政课堂】

警惕网络购物诈骗陷阱

近几年网络购物快速全方位地冲击着人们的生活。网络购物凭借便捷、高效以及低成本优势,已经成为都市人群越来越青睐的生活方式。但一些网络欺诈行为、网络陷阱也随之而来。

与传统的实物购买模式相比,网络购物具有其优越性。在时间上不再受到限制,消费者通过互联网,能随时对自己喜爱的商品进行搜索,从而进行选择,而且选择的面更广。在价格上也具有了可比性。同时,消费者在完成了网上的资金结算后,卖方通过第三方物流配送便可以直接地将商品配送到消费者手中。

而与此同时,网购中的欺诈事件也频繁发生。在欺诈的手段、方式上与传统欺诈不尽相同,且发生的比例呈逐渐上升趋势,严重损害了消费者的权益。

俗话说"一分钱一分货",如果卖家商品远远低于市场价格,消费者就要加倍小心。应坚持使用正规的第三方支付平台支付货款或选择货到付款方式,切勿给指定账户直接汇款或转账;若发现对方行为可疑,需要果断终止交易。

无论诈骗手法如何翻新,骗术的最后都要落到一个点上,就是犯罪分子都会索要受害人的银行卡、密码和账号,因为犯罪分子要的就是钱。建议广大市民在网购的同时,树立牢固的防骗意识,莫贪小便宜,涉及钱财或个人账户、密码的问题,无论事情说得多么紧急都要细加识别,认清诈骗的真面目,避免上当受骗。

资料来源:徐州网警.千千万万警惕坠入这些网络购物诈骗陷阱![EB/OL].(2020-03-25)[2023-04-13]. https://baijiahao.baidu.com/s?id=16621372003292942 85&wfr=spider&for=pc.

思考题:电子商务的方便、快捷、高效给人们带来了便利的同时也因为其虚拟性而带来了潜在的风险。你知道电子商务所面临的安全威胁有哪些吗?我们应该如何对其加强防范?

第一节 电子商务安全概述

由于互联网的开放性,以互联网为基础的电子商务所产生的安全问题远比传统商务安全问题复杂得多。随着信息化进程的加快,信息窃取、信息篡改、身份假冒、交易抵赖、交易欺诈等电子商务安全问题也日益严重起来。在重视电子商务安全需求时,除了要考虑计算机系统与网络通信系统的安全,还要顾及电子商务系统所特有的交易安全需求。

一、电子商务安全的概念

计算机安全是指保护计算机系统的硬件、软件和数据不受意外和恶意原因的损坏、更改和暴露,维持系统持续正常运行。网络安全应当保障两个实体之间信息交换、通信的安全性和可靠性,并符合计算机网络对信息的可用性、完整性、真实性、保密性和占有性的要求。信息安全是指系统资源和信息资源不受自然和人为有害因素的威胁和侵犯,以防止盗窃、操纵和不法行为,同时在信息的收集、存储、处理、广播和应用过程中保护信息的机密性、完整性和可用性。计算机安全、网络安全和信息安全是电子商务安全的基础。它们使用的安全技术是电子商务安全技术的重要组成部分。因此,计算机安全、网络安全是电子商务安全的基础和保障,信息安全是安全技术的目标,而电子商务安全则是这一目标下的具体应用和体现。

电子商务安全是指在安全策略的指导下,建立一个全面的安全体系,规避信息传递风险、信息风险、管理风险和法律风险,从而保证网上交易的顺利进行,满足电子商务的安全要求。

总体而言,电子商务安全可以分为两个部分:计算机网络安全和商务交易安全。计算机网络安全包括计算机网络系统安全、计算机网络传输设施安全、计算机网络设备安全、应用软件安全、数据库安全等。其特点是针对计算机网络本身可能存在的安全问题,实施一个系统来提高网络安全性,进而确保计算机网络本身的安全性。商务交易安全则紧紧围绕传统商务在互联网上应用时产生的各种安全问题,在计算机网络安全的基础上,保障电子商务各过程的顺利进行,即商务交易安全实现电子商务的机密性、完整性、真实性、可控性、可用性、不可否认性等安全性需求。计算机网络安全与商务交易安全实际上是密不可分的。两者关系相辅相成,缺一不可。

二、电子商务安全的基本要求

电子商务安全是一个系统的概念,其中主要部分就是电子商务的信息安全。要保证交易安全、可靠地进行,电子商务安全需要具备以下五个方面的特性。

(一) 机密性

机密性是指信息在网络的传输或存储过程中,经过加密、伪装后,使剽窃者们难以识别其真实内容,从而不被他人窃取或传输给未经授权的人或组织。机密性要求确保存储在系统中的信息不会传递给未经授权的个人或团体。

电子商务作为一种贸易手段,其信息直接代表个人、企业或国家的商业秘密,如信用卡号及密码、订单、内部报价等。传统的纸面贸易通过发送封闭信件或通过可靠的通信渠道发送商业信息来达到保密的目的。而电子商务建立在开放的网络环境之上。为了确保托运人和收货人之间交换的信息的机密性,必须采取必要的技术手段,从而防止信息在传输过程中被非法获取,确保合法用户准确地接收和理解数据,此外,该技术手段还应防止攻击者使用互联网、搭线和电磁波拦截器等非法手段,在数据包通过的网关和路由器上截获数据,以获取用户的账号、密码、商业秘密等信息。

机密性可以通过加密技术来实现,这样在信息交换时加密信息的内容就不能被解释。此外,机密性还要求保护通信流,如通信的来源和目的、通信量、频率等,以防止有价值的商业情报丢失。

(二) 完整性

完整性是指保护数据的一致性,并防止未经授权的人员对数据进行更改、创建、嵌入、删除、传输或修改等非法行为。完整性要求确保数据在发送和接受时的一致性,并防止数据因未经授权的访问而被更改和破坏。

电子商务在促进贸易、减少人为干预的同时也带来了维护商业信息完整性和统一性的问题。虽然加密后的信息可以确保其在传输过程中的机密性,但不能保证不被篡改。数据输入时的意外错误可能导致贸易伙伴之间的信息差异。此外,信息的丢失和重复或数据传输过程中信息传输顺序的不同,也会导致交易双方的信息不对称。

电子商务系统应充分保证数据传输和存储的正确性、可靠性和完整性。为保障数据传输的正确性,网络传输的协议应具有检错和纠错功能,并应能够确认报文传输和通知信息,确保所传输信息的准确性,防止数据丢失和被篡改。电子商务信息存储必须正确,才能保证数据存储的完整性。容错磁盘及其热修复技术可被应用于存储介质磁盘。另外,应检查电子商务信息的完整性,拒收不完整的电子商务文件。对于扫描收到的电子商务内容,应根据电子商务的语法检查上下文,删除与语法不匹配的非法符号。所有交易方信息的完整性将影响到所有交易方的贸易和经营策略。维护交易各方信息的完整性是电子商务应用的基础。因此,必须防止信息的任意生成、修改和删除,以及数据传输过程中信息的丢失和重复,确保信息传输系统的完整性和一致性。

(三)认证性

认证性是指网络两端的用户在相互通信前确认对方的身份,以确保交易方是存在的而不是伪造或假冒的。认证性要求身份可被验证,保证交易双方身份的合法性和交易信息的真实性。

由于在线电子商务交易系统的特殊性,企业或个人的交易是在虚拟的网络环境中进行的。交易双方很可能素不相识,甚至相隔千里,所以交易双方在相互不见面的情况下,应在网络上向与交易有关的交易员、客户、银行、信用卡公司等证明其身份。认证性解决了被交易方是否为贸易方所期望的交易对象的问题。在传统的纸面交易中,交易双方通过手写签名或在合同等书面文件上盖章来确认双方身份。而在无纸化电子商务模式下,为了保证交易双方身份的准确性和真实性,必须使参与主体能够得到可靠的识别。当一个人或实体声称拥有某个特定的身份时,通常需要第三方通过身份验证服务来验证其声明的准确性。一般来说,身份验证可以通过数字证书、数字签名、问题答案、密码、生物识别等方法进行。

(四)不可否认性

不可否认性是指网络环境下信息交换双方不能否认在交换框架内发送或接收的信息。不可否认性要求建立有效的责任机制,防止个体否认自己的行为。

由于电子商业形势是不断变化的,一旦达成交易就不能否认,否则将会损害当事人的利益。因此,电子交易通信过程中的任何一个环节都必须是不可否认的。在传统的纸面交易中,交易双方通过在交易合同或商务文件上签名或盖章来确定交易对象,以确保合同和商务文件的可靠性,防止否认情况的发生。而在无纸化电子商务模式下,不可能像传统的交易模式一般,通过手写签名或盖章来识别交易双方。一般采用电子记录和电子合同的方式。因此,在传输交易信息的过程中,有必要确定参与交易的个人、企业或国家的身份和行为。即数据发送者在发送数据后不能否认数据,数据接收方在收到数据时也不能否认数据。

许多关于互联网交易的条例明确规定,要约可以通过电子记录和电子合同的方式来表示。网上交易完成后,形成交易信息文档。除非当事人另有约定,否则交易各方不得在未经授权的情况下拒绝和修改交易信息文件,也不得因是电子记录而否认合同的有效性和可执行性。不可否认性可以通过数字签名、数字证书和时间戳来实现。

(五)访问控制性

访问控制性是指对信息和信息系统实施安全监控和管理,防止非法使用信息和信息系统。访问控制性要求只有授权用户才能访问资源,控制个人或组织对资源的合理使用,并确保合法人员对系统、数据和服务的访问。

访问控制性规定了主体访问客体时的操作权力限制,以及限制进入物理区域(出入控制)和限制使用计算机系统、计算机存储数据的过程(存取控制),存取控制包括人员限制、数据标识、权限控制、控制类型和风险分析等。这里主要指能够控制使用资源的人或实体的使用方式,主要包括在网络上限制和控制通信信道对主机系统和应用的访问,保护计算机系统的资源不被未经授权的人或以未授权方式接入、使用、修改、破坏、发出指令或植入程序等。非法程序入侵即防止授权的数据暴露。访问控制性可用防火墙、口令、生物测定法等技术方法及相关制度措施来实现。

总的来说,电子商务安全的需求主要包括机密性、完整性、认证性、不可否认性和访问控制性。它们是电子商务系统的中心内容,是理解整个电子商务安全的基础,而所有的安全威胁都是针对安全需求中的这五项内容而言的,所有的安全技术也都是为了保证这五项内容的实现。可见电子商务安全需求在整体安全问题中占据的位置。

三、电子商务安全的组成部分

电子商务安全一直是电子商务研究的核心领域。作为一个安全的电子商务系统,首先,要保证计算机设备的安全。其次,要保证系统正常运行,并提供一些安全措施来保障信息处理过程的安全。最后,要保证交易信息的安全,在快速传递的过程中,防止商业信息的泄露、操纵和商业欺诈。电子商务安全系统的框架必须是一个技术、管理和法律相结合的完整框架。电子商务的组成部分包括实体安全、运行安全和信息安全。

1. 实体安全

实体安全是指保护计算机设备、设施和其他介质免受自然灾害和其他环境灾害(如电磁污染)的措施和程序。电子商务的实体安全由环境安全、设备安全和媒体安全三部分组成。

(1) 环境安全。环境安全是指对电子商务系统所在的环境加以安全保护,主要包括灾害保护和区域保护。为了保证电子交易能顺利进行,电子交易所用的基础设施必须安全可靠,否则一切技术、措施将变得毫无意义。环境安全是电子商务的根本,主要包括机房环境安全、电磁环境安全、社会环境安全和行政管理安全。

(2) 设备安全。设备安全是指对电子商务系统(包括网络)的防护,特别是防止盗窃设备、破坏设备、获取线路、泄露电磁信息、电磁干扰和保护网络电源。

(3) 媒体安全。实体安全中的媒体安全是指对媒体数据和媒体本身实施安全保护。

2. 运行安全

运行安全是指为保证系统功能的正常运行而提供的一系列安全措施,以保护信息处理过程中的安全。电子商务系统的运行安全包括风险分析、审计跟踪、应急措施、备份与恢复四个方面。

(1) 风险分析。风险分析是指对电子商务系统进行人工或自动的风险分析。

(2) 审计跟踪。审计跟踪是利用电子商务系统的人工或自动的审计跟踪,保存审计记录,维护审计的详细日志。

(3) 应急措施。运营安全领域的应急措施是指要确保电子商务在发生突发事件或者安全事件时能够持续运行或者紧急恢复。

(4) 备份与恢复。备份与恢复的目的是为保护和恢复系统设备和数据的能力提供保障。

3. 信息安全

信息安全是指防止信息财产被恶意或偶然地非授权泄露、更改、破坏或使信息被非法系统辨识、控制。信息安全要确保信息的机密性、完整性、认证性、不可否认性和访问控制性等电子商务安全需求。信息安全由以下几个部分组成:

(1) 操作系统安全。安全操作系统是指在系统设计、构造和使用的所有阶段都遵循完整的安全策略。操作系统安全部件的目的是提高现有操作系统的安全性。

(2) 数据库安全。安全数据库系统是指在系统规划、编写、使用和过程中都遵循一套完整系统的安全策略的数据库系统。数据库系统安全组件是基于现有数据库系统提供的功能,创建一个安全模块,提高现有数据库系统的安全性。

(3) 网络安全。网络安全管理是指为网络的使用提供安全管理的措施。网络安全应保证信息系统资源的完整性、准确性及有限的传播范围,能向所有的合法用户有选择地随时提供相应的网络服务。网络系统应稳定可靠、运行正常。任何系统的差错,如硬件或软件错误、网络故障、错误操作、病毒攻击等问题,都可能导致电子商务系统不能正常工作,从而使交易数据在确定时间和地点的有效性、机密性得不到保证。网络安全包括以下内容:端系统安全、接入系统安全、传输系统安全、网络系统安全。

(4) 计算机病毒防护。计算机病毒防护包括单机系统病毒防护、网络系统病毒防护、网络系统安全部件等。

(5) 访问控制。访问控制也称出入控制,是指主体访问客体时的存取控制。例如,当授权用户访问系统的敏感信息时会存在访问权限,对该用户信息执行安全检查;访问控制还可防止未经授权的用户进入机构或组织。

(6) 加密。加密是将明文数据转换成不可理解形式的过程。为了对传输的数据或信息进行加密以防止信息泄露,算法和密钥是其两大要素。

(7) 鉴别。鉴别包括身份验证和信息验证。身份验证是指应当对信息发送者和接收者(包括用户、设备和进程)的身份进行识别,以确保用户身份的合法性,防止非法访问和用户身份的冒用。信息验证是为了确定信息的正确性、完整性和不可否认性。

四、电子商务安全的主要威胁

(一)交易双方的信任危机

信任危机主要来自三个方面:一是当买卖双方达成交易并支付货款之后,卖家不能如质如量按时派送买家购买的货物;或者出现产品纠纷后,卖家不能完全按照原有协议进行认定和解决而造成买家的风险。二是竞争对手通过不正当手段,获取客户资料、影响买家实施直销方案,或提交订单后不进行支付,以及恶意退货等造成损害卖家利益的行为。三是买卖双方均有欺骗对方的情况。

(二)交易信息的传输危险

交易信息的传输危险是指在进行网上交易时,因信息失真或被非法窃取、篡改和丢失,导致电子商务交易的不必要损失,主要包括以下几个方面:一是冒名窃取。竞争对手或者"黑客"为了获取商业机密、资源和信息,采取源 IP 地址进行的欺骗攻击行为。二是篡改数据。攻击者掌握信息的格式和规律后,通过各种方式,将交易信息进行删除、修改或重发,破坏了信息的完整性和真实性,干扰了对方的决策,进而损害了他人的经济利益。三是信息丢失。因线路问题、安全防护措施不当或不同操作平台信息转换不当导致的信息丢失。四是信息传递过程中的破坏。病毒防范、加密、防火墙技术使用不当导致病毒入侵,非法侵入线路窃听,使重要交易数据在传输过程中泄密。

信息窃密案

日本某杂志社发行代理公司将耗资 5 亿日元收集到的订户名单等公司商业绝密信息委

托给太平洋计算机中心处理,在转手处理过程中,其信息磁带被人转录,并以82万日元出手。

近些年来,国外已发生多起信息窃密案件。据报道,俄罗斯一家贸易公司的计算机人员通过互联网络把纽约华尔街花旗银行计算机系统中的三家银行账户,转到他们在加州和以色列银行的账户中,非法转账资金高达1 000万美元,后来虽被客户银行发现并对其提出指控,警方将作案罪犯逮捕,追回了960万美元的赃款,但此案已使人们警觉到因特网上的信息并非都是安全的,信息窃密者随时都可以侵入计算机网络。不仅商业和银行信息有被窃可能,甚至某些重要的国家机密信息也会被窃取。

资料来源:宋文官.电子商务概论[M].北京:高等教育出版社,2004.

思考题:1. 案例中的信息窃密事件造成了哪些后果?
　　　　2. 信息泄密可能是哪些原因造成的?

(三) 电子合同欺诈

电子合同欺诈是一方当事人利用虚假情况,或故意隐瞒真实情况,诱使另一方做出错误的判断和行为。利用电子合同进行商务欺诈已经成为一种新型的犯罪活动,具体实践表现有以下几个方面:一是泄露个人信息。电子合同以网络为载体,涉及双方当事人的大量个人信息,在合同实践中,出现了许多侵犯个人信息的情况,突出表现在垃圾邮件泛滥、商业广告乘虚而入。二是电子合同的签署,双方当事人并不进行直接的接触,而在电子网络在线交易情形下,双方当事人对彼此的实际履行能力并不清楚,不可避免地存在行为人本身并不具备实际履行能力,利用电子商务交易骗取受害人财物后不履行电子合同或不按规定履行义务等情况的发生。三是个人合同主体资格欠缺。因电子商务交易环境的特殊性,在网上难以辨别交易对方身份的真实性,即使要求输入身份证号码等相关信息,也难免有资料伪造或者不真实的情况发生。特别是当下未成年人参与网络交易的情况越来越多,发生的纠纷必将陡增。在法律尚未明确责任的情况下,对于一个无行为能力的人来说,商家很难判断其实际年龄,若一概否定合同无效或效力待定,对商家未免有失公正。

(四) 网络缺陷造成双方交易信息失真

发生在交易过程中的买卖双方,因网络自身缺陷和网络交流信息的安全性导致的交易双方无法沟通或计算机无法识别交易信息造成的信息谬误。究其根本,最大的危险来自网络自身的缺陷。虽然网络功能十分广泛,但在遇到外界入侵的情况下,对交易信息的破坏导致的信息失真问题范围广、危害大,会给交易双方带来严重的经济损失。

五、电子商务安全体系

电子商务的核心是通过网络技术来传递商业信息并开展交易,所以解决电子商务系统的硬件安全、软件安全和系统运行安全等实体安全问题成为实现电子商务安全的基础。

电子商务系统硬件(物理)安全是指保护计算机系统硬件的安全,包括计算机的电器特性、防电防磁以及计算机网络设备的安全,受到物理保护而免于破坏、丢失等,保证其自身的可靠性并为系统提供基本安全机制。

电子商务系统软件安全是指保护软件和数据不被篡改、破坏和非法复制。系统软件安全的目标是使计算机系统逻辑上安全,主要是使系统中信息的存取、处理和传输过程中满足系统安全策略的要求。

电子商务系统运行安全是指保护系统能连续正常地运行。为了保证电子商务中计算机与网络实体自身的安全,一般选择并综合各类实体安全技术形成一个综合安全体系,这些技术包括数据备份、系统(或者数据库、服务)用户权限管理、服务器配置、VPN、防火墙、入侵检测系统(IDS)、病毒防范等。

实现了实体安全,电子商务系统的可靠性就得到了较好的保证,但交易的真实性、机密性、完整性与不可否认性并未能实现,这就需要使用加密技术、电子签名技术和数字认证技术等电子商务安全技术来构建一个科学、合理的电子商务安全体系。

第二节 电子商务安全技术

电子商务是以信息技术和计算机网络为基础的。与传统商务相比,电子商务不可避免地面临着一系列的安全问题。电子商务安全问题备受国内外的高度关注,并且随着电子商务的发展,相应的各种解决方法也随之出现。本节将介绍主要的电子商务安全技术。

一、计算机网络安全技术

(一) 防火墙技术

防火墙技术是将本地网络与外部网络隔离的一种防御措施。它可以限制他人干预内部网络,过滤不安全服务和非法用户,防止非法用户入侵。防火墙技术旨在限制外部用户对内部网络的访问,并管理内部用户对外部网络的访问。构建电子商务环境最安全的方法是使用双防火墙和双服务器。

1. 防火墙的形态

防火墙可分为软件防火墙和硬件防火墙。软件防火墙是在特定计算机上运行。它可以通过在操作系统的底层工作来优化网络管理和防御功能,具有结构简单、价格低廉的优点。此外,安装在个人计算机上的常见防火墙是防火墙软件,用于保护个人计算机的安全,如Windows防火墙、Rising防火墙等。硬件防火墙是通过专用网络芯片处理数据包和特殊操作系统平台的企业级防火墙,具有吞吐量大、安全性高、速度快等优点。

2. 防火墙的安全策略

防火墙有两个基本的安全策略。一是禁止任何未经授权的服务。基于这个标准,防火墙应该封锁所有的信息流,然后对其想提供的服务相应地开放。这种策略的优点是安全性高,但方便性低,限制了用户可以自由使用的网络服务类型。二是允许所有非禁止访问的服务。基于这个标准,防火墙应该传输所有的信息流并屏蔽潜在的有害服务。这种策略的优点是舒适和灵活,但安全风险大于第一种策略。特别是随着受保护的网络规模越来越大时,很难提供可靠的安全服务。

3. 防火墙的功能

防火墙的功能包括过滤不安全的访问服务、控制对特殊站点的访问、集中化的安全管理、对网络访问进行日志记录和统计。随着现代通信技术与信息安全技术的不断发展,如今的防火墙越来越成熟,功能越来越丰富,主要包括以下三方面:

（1）模式的变化。传统防火墙一般设置在网络的边界位置,以数据流进行分隔,从而形成了针对外部网络的防御方式。但内部网络同样会遭受恶意攻击,因此现在的防火墙产品开始采用分布式结构,通过网络节点最大限度地覆盖需要保护的对象,大大提高了防火墙的防护强度。

（2）功能多样化。防火墙不仅完善了自身的功能,如信息记录功能,还进行了功能扩展,如虚拟专用网、认证、授权、记账、公钥基础设施、互联网协议安全性等功能也被集成到防火墙中,有些甚至还添加了防病毒和入侵检测等功能。未来,防火墙的功能将更加多元化,且朝着防御系统的方向发展。但在扩展防火墙功能的同时,注意不要忽略防火墙本身的性能与安全问题。

（3）性能的提高。防火墙模式与功能的改变必然会引起性能的提高,因为只有更强的性能处理能力才能保证这些功能的正常运作。一些经济、实用且经过验证的技术手段,如并行处理技术,将被应用到防火墙中,以提升防火墙的性能,然而这一技术将影响防火墙的过滤能力。同时,规则处理的方式和算法等软件性能也将得到提升,进而衍生出更多的专用平台技术。

（二）入侵检测技术

入侵检测技术是动态安全技术的核心技术之一。传统的操作系统加固技术和防火墙隔离技术都是静态安全技术,缺乏对网络环境中不断变化的攻击手段的主动响应。将防火墙与把守网络大门的网守相类比时,入侵检测技术就可比作巡警,主动监控内部网络安全。入侵检测技术利用入侵行为的过程和特性,使安全系统能够对入侵事件和入侵过程作出实时的反应。入侵检测系统具有分析所有事件的类型并确定违反安全策略行为的功能。入侵检测系统利用模式匹配或异常检测技术,从计算机系统中移动信息的关键点检测是否存在违反安全准则的行为和攻击迹象。

1. 入侵检测系统的功能

入侵检测系统被认为是继防火墙后的第二道"安全门",是一种动态的安全检测技术。一个合格的入侵检测系统应该具备以下功能:监控用户和系统的运行,搜索非法用户和合法用户的未授权操作;监测系统配置的正确性和安全漏洞,并提示管理员修补漏洞。对用户的异常行为进行统计分析,找出入侵行为的规律;确保系统程序和数据的一致性和正确性;识别攻击的活动模式并联系网络管理员;异常活动统计分析,操作系统审计跟踪管理,识别违反策略的用户活动等。

2. 入侵检测系统的模式

入侵检测系统一般采用以下三种模式:模式识别、异常检测和完整性分析。

（1）模式识别。模式识别是一种基于知识的检测技术,它将所有的入侵行为和手段(及其变化)表示为一种模式或特征,然后通过匹配找到所有已知的入侵方法。模式识别的实现就是将收集到的信息与已知的网络入侵系统误用模型数据库进行比较,找出违反安全策略的行为。

（2）异常检测。异常检测是一种基于行为的检测技术,它假设所有入侵行为都不同于正常行为。如果确定了系统正常行为的轨迹,理论上可以认为系统所有不同于正常轨迹的状态都是可疑的。异常检测根据用户的行为或资源的使用情况来判断是否被入侵,而不取决于是否识别出具体的行为,因此又称为基于行为的检测。

(3) 完整性分析。完整性分析关注的重点是文件或对象是否发生了更改,通常还包含文件和目录的内容和属性。它在发现被修改和被木马攻击的应用程序时特别有效。其优点是无论模式匹配方法和统计分析方法是否能够检测到入侵,完整性分析都能检测到对文件或其他对象的任何修改。其缺点是通常会在批处理模式下实现的,不用于实时响应。

(三) 虚拟专用网技术

虚拟专用网不是真正的专用网络。它利用不可靠的公共网络作为信息媒介,通过附加的安全隧道、用户认证和访问控制等技术,实现与专用网络相似的安全功能,以确保重要信息的安全传输。利用虚拟专用网技术,可以创建一个相对安全的网络环境。虚拟专用网的基本用途包括用户通过互联网进行远程访问和通过互联网进行网络互联。

(四) 病毒防治技术

计算机病毒是一组计算机指令或程序代码,它们被编译或插入计算机程序,进而破坏计算机功能或数据,影响计算机的使用,并自我复制。电子商务中的计算机网络常常受到病毒攻击和破坏,使用病毒防治技术可以将计算机病毒的危害降到最低。

1. 计算机病毒的类型

常见的计算机病毒主要有两种:蠕虫病毒和特洛伊木马病毒。蠕虫病毒具有连续高速复制的特点。虽然其代码的破坏性不强,但长期以来需要大量的系统资源,而且负载过重会导致系统瘫痪。木马病毒本质上是一种可以与外界通信的小型服务器程序。它不会破坏软件和硬件系统,而是悄悄地记录系统的私有信息并发送给程序制造者或传播者。

2. 计算机病毒的防治

为了防治计算机病毒,要正确安装和使用防病毒软件;改变系统配置,提高系统安全性。高度警惕网络案件,尽量不要打开未知网站和邮件附件;及时修补系统漏洞,及时进行数据备份。

二、加密技术

加密技术是实现电子商务信息保密性、真实性和完整性的前提。它是一种主动的安全防御策略,通过基于数学方法的程序和保密的密钥对信息进行编码,将计算机数据变成一堆杂乱无章、难以理解的字符,即将明文变为密文,从而阻止非法用户对信息的窃取。

加密技术与密码学息息相关,涉及信息(明文、密文)、密钥(加密密钥、解密密钥)和算法(加密算法、解密算法)三种基本术语。明文是指传输的原始信息,对信息进行加密后,明文则变为密文。密钥和算法都是加密的技术。密钥是进行明文与密文转换时算法中的一组参数,可以是数字、字母或词语。算法是明文与密钥的结合,明文通过加密算法运算则成为密文,密文通过解密算法运算则变为明文。

(一) 对称加密技术

对称加密是指发送方和接收方仅用一个密钥对信息进行加密和解密。在对称密钥加密的情况下,密钥安全交换是提高对称加密有效性的重要环节。目前常用的对称加密算法有DES、AES、IDEA 和 3DES 等。对称加密具有加密速度快(通常比非对称加密快 2 倍以上)和效率高等特点,在大量信息加密中得到广泛应用。然而,这种方法的缺点是密钥的传输和交换面临安全威胁,密钥容易被截获。而且,如果与大量用户通信,很难安全地管理大量密钥,因此在大规模应用中存在一些安全问题。

(二) 非对称加密技术

与对称加密不同,非对称加密密钥分为公开密钥和私有密钥。公开密钥和私有密钥形成一对密钥。在生成密钥对之后,公开密钥以非保密方式对外公开,而私有密钥则由密钥发布者持有。由公钥加密的信息只能用相应的私钥解密,不能由其自身解密。类似地,由私钥加密的信息只能用相应的公钥加密。

此外,不能用公钥计算相应的私钥,也不能用私钥计算相应的公钥。目前,RSA 和 ECC 是最常使用的非对称加密算法。非对称加密可以解决对称加密中密钥过多造成的管理困难和成本高的问题,并且在传输过程中不必担心私钥的泄露,其安全性能优于对称加密技术。然而,由于非对称加密算法的复杂性,加密速度很难达到理想状态。

(三) 混合加密技术

混合加密技术可以弥补对称加密技术和非对称加密技术的不足,实现优势互补,从而达到方便用户使用的目的。混合加密将通信过程分为两个步骤:一是传输对称密钥并使用非对称加密技术。二是传输加密文件并使用对称加密技术。首先,采用对称加密方法对文件进行加密,生成加密密钥;其次,采用非对称加密方法对密钥进行加密。这两个文件在不同的通道中传输,以确保加密密钥的安全性,从而确保文件传送的安全性。

根据用途的不同,混合加密技术有两种基本模型:加密模型和认证模型。在加密模型中,对接收方的公钥进行加密,对接收方的私钥进行解密。在认证模型中,对发送方的私钥进行加密,对发送方的公钥进行解密。

三、认证技术

仅靠加密不足以确保电子商务交易的安全。认证技术是保障电子商务安全的又一重要技术手段。认证技术包括数字摘要技术、数字信封技术、数字签名技术、数字证书技术、数字时间戳和认证中心等。

(一) 数字摘要技术

数字摘要技术以哈希函数作为核心,保证了电子商务中信息的完整性。通过使用单向哈希函数将需要加密的明文摘要成一个固定长度(如 128 字节)的密文。不同的明文被加密成不同的密文,对明文的细微改动将导致完全不同的报文摘要。相同明文的消息摘要必须相同。因此,利用报文摘要就可以验证通过网络传输收到的明文是否为初始的、未被篡改过的,从而保证数据的完整性和准确性。

(二) 数字信封技术

利用数字信封技术能够保证电子商务中信息传输的机密性。信息发送方采用对称密钥来加密信息,然后将此对称密钥用接收方的公开密钥再加密(称为数字信封)之后,将它和信息一起发送给接收方。接收方先用自己的私有密钥打开数字信封,得到对称密钥,然后使用对称密钥解开信息,从而保证只有规定的收信人才能阅读信息的内容。

(三) 数字签名技术

数字签名技术是非对称加密技术的一种特定应用。利用数字签名技术能够保证电子商务中通信的不可抵赖及不可否认性,从而保证信息的有效性。具体的方式如下:报文发送方从报文文本中生成一个报文摘要,并用自己的私有密钥对这个报文摘要进行加密,进而形成发送方的数字签名。然后,这个数字签名将作为报文的附件和报文一起发送给报文的接收方。报文的接收方先从接收的原始报文中计算出报文摘要,接着用发送方的公开密钥对报文附加的数字签名进行解密得到报文摘要。如果这两个报文摘要相同,接收方就能确认该数字签名是发送方的。利用数字签名技术,接收方可以确定发送方的身份的真实性,同时发送方不能否认发送的消息,接收方也不能篡改接收的消息。

(四) 数字证书技术

数字证书技术是指用电子手段来证实一个用户的真实身份及对网络资源的访问权限。在电子交易中,如果双方出示了各自的数字凭证,并用它来进行交易操作,那么双方都可不必为对方身份的真伪担心。数字凭证可用于电子邮件、电子商务、群件、电子资金转移等各种用途。数字凭证的内部格式是由 CCITT X.509 国际标准所规定的,它包含以下内容:凭证拥有者的姓名;凭证拥有者的公共密钥;公共密钥的有效期;颁发数字凭证的单位;数字凭证的序列号。目前,数字证书有个人证书、企业证书和软件证书三类。其中,前两类较为常用。个人证书仅仅为某个用户身份提供凭证,用以帮助其个人在网上进行安全交易操作。企业证书通常为网上的某个 Web 服务器提供凭证,拥有 Web 服务器的企业就可以用具有凭证的互联网站点来进行安全电子交易。

(五) 数字时间戳

对于保证文件的真实性和有效性,签署时间也是非常重要的。在电子商务活动中,同样需要对商务活动所涉及文件的时间采取保护措施,而数字时间戳服务(digital time-stamp service,DTS)就是为电子商务活动中交易文件的签署时间信息提供安全保护服务的。数字时间戳服务是由网上专门的机构提供的一种安全服务项目。时间戳是一个经加密形成的凭证文档,它包括需加时间戳的文件摘要、DTS 机构收到文件的日期和时间,以及 DTS 机构的数字签名等内容。

数字时间戳产生的基本过程如下:用户首先将需要加时间戳的文件利用报文摘要技术生成摘要信息,然后将该摘要信息发送到 DTS 机构;当 DTS 机构收到文件摘要后,在其中加入收到的日期和时间信息,并对该文件进行加密(即数字签名)之后送回用户。到此为止,用户在其文件中就加入了由 DTS 机构提供的数字时间戳,使电子商务活动中信息的真实性和有效性进一步得到了保障。

(六) 认证中心

在电子商务系统中,数字证书必须由相关第三方认证机构颁发。因此,认证机构(CA)是可信的第三方。认证机构有一个开放的标准,允许身份验证设备相互连接和进行身份验证。建立公钥基础设施(PKI),为用户颁发数字证书和提供身份证明是整个系统的核心。

四、电子商务安全协议

电子商务安全协议是以密码学为基础的消息交换协议,用于保障计算机网络系统信息的安全传递与处理。常见的电子商务安全协议有:安全套接层协议(secure sockets layer,SSL)、安全电子交易协议(secure electronic transaction,SET)和公钥基础设施(public key infrastructure,PKI）。

（一）安全套接层协议

安全套接层协议（SSL）是基于 Web 应用的安全协议，主要用于解决 Web 上信息传输的安全顾虑。它指定了一种在应用程序协议（如 HTTP、Telnet、NNTP 和 FTP 等）和 TCP/IP 之间提供数据安全性分层的机制，为 TCP/IP 连接提供数据加密、服务器认证、消息完整性及可选的客户机认证。

SSL 是一个层次化的协议，包括 SSL 记录协议和 SSL 握手协议。SSL 记录协议建立在可靠的传输协议上，用于为上层协议提供数据封装、压缩和加密等服务。SSL 握手协议建立在 SSL 记录协议上，用于完成服务器和客户机之间的相互认证、协商加密算法和加密密钥等。这一系列发生在应用协议层传输数据之前的事务。

SSL 的具体实现过程包括两个方面：一是将传输的信息分成可以控制的数据段，并对这些数据段进行压缩、"文摘"和加密等操作，然后对操作结果进行传送。二是对接收的数据进行解密、检验和解压操作，并将数据传送给上层协议。

（二）安全电子交易协议

安全电子交易协议（SET）是电子商务中安全电子交易的一个国际标准。SET 是以信用卡为基础的安全电子交易协议，用于实现电子商务交易过程中的加密、认证和密钥管理等功能，以保证在线支付的安全。

SET 在保留对消费者信用卡认证的前提下，增加了对商家身份的认证，保证了消费者、商家、银行之间在信用卡交易过程中的数据完整性和不可抵赖性。SET 支付系统包括六个组成部分，分别是持卡人、商家、发卡行、收单行、支付网关和认证中心。与之对应，基于 SET 的网上购物系统至少包括电子钱包软件、商家软件、支付网关软件和签发证书软件四个组成部分。

（三）公钥基础设施

为解决互联网环境的一系列安全问题，实现密码技术的变革，一套完整的互联网安全解决方案——公钥基础设施技术（PKI）必不可少。公钥基础设施是一组安全服务的集合，采用证书管理公钥的方法，通过第三方的可信任机构——认证中心（CA），将用户的公钥和其他标志信息（如身份证号码、姓名和 E-mail 等）捆绑在一起，用以验证用户在互联网中的身份。

公钥基础设施是利用公钥理论和技术所建立的提供安全服务的基础设施，其系统组成部分包括权威认证中心、数字证书库、密钥备份及恢复系统、证书作废系统和应用接口等。

第三节 电子商务安全管理

随着相关技术和设施的逐步成熟，电子商务日益突出的安全问题不再局限于技术领域，而是扩展到了企业管理、经济体制、政府参与、公众意识更新等更加广泛复杂的层面。因此，实现电子商务的关键因素不只是技术，还包括电子商务制度建设、人员管理、诚信体系建设、法律法规保证等诸多社会因素。逐步建立起协调发展的电子商务社会环境已经成为电子商务健康发展所面临的严峻挑战。建立健全电子商务安全管理制度和法律法规，对促进电子商务的发展具有重要的现实意义。

一、电子商务的安全风险

随着互联网的发展，电子商务已经成为人们从事商务活动的一种新方式。与传统的贸易方式相比，电子商务具有明显的优势。然而，互联网上信息交换的开放性导致网络安全存在风险。网络信息本身具有虚拟性和不稳定性，容易被修改、破坏和丢失。此外，由于电子商务参与者的信用问题和网络技术发展的限制，电子商务的安全问题日益突出，成为制约其进一步发展的重要瓶颈。总之，电子商务不仅带来了巨大的机遇，也带来了风险。电子商务的安全风险主要包括信息风险、交易风险、网络风险、管理风险和法律风险。

（一）信息风险

1. 假冒身份

假冒身份是指冒充主机以欺骗合法主机和合法用户的行为，主要体现为模拟网络控制程序获取或修改权限、密码、密钥等信息，接管合法用户并占用他们的资源。

2. 篡改信息

攻击者可以从以下三个方面破坏信息的完整性：一是篡改。即改变信息流的顺序、信息的内容，如购买商品的送货地址等。二是删除。即删除全部消息或部分消息。三是插入。即在消息中插入一些信息，使接收者无法理解或收到错误的信息。

3. 窃取信息

窃取信息是指攻击者可以通过截获互联网、公共电话网、电磁辐射范围内连接或安装监听设备传输的机密信息或消费者账号、密码等有用信息，导出信息流和方向、通信频率和长度等参数，如消费者的银行账号、密码等。

4. 拒绝服务

拒绝服务是指攻击者故意破坏或切断网络中其他人的通信。

5. 抵赖信息

抵赖信息是指发信者事后否认曾经发送过某条消息或内容、收信者事后否认曾经收到过某条消息或内容、购买者确认了订货单而不承认，或因商家卖出的商品价格差而不承认原有的交易。

（二）交易风险

网络的虚拟性和匿名性使得交易各方都面临不同形式和不同程度的安全威胁。交易风险主要涉及交易各方的身份真实性、诚信度、商业数据、隐私、货款支付等方面。具体来说，交易风险包括信用风险、隐私风险，以及支付与结算风险。

1. 信用风险

信用风险是指商品交易主体不能按照事先达成的协议履行义务的潜在可能性。信用风险会使商品交易主体因无法获得商品交易的预期收益而承担财务损失。信用风险主要分为卖方信用风险、买方信用风险和拒绝交易风险。交易双方缺乏信任会导致交易障碍，这种障碍主要发生在不确定和有风险的交易环境中。由于网络交易环境的虚拟性，人们更难评估交易双方的真实性，使得信任在网络交易过程中的作用比在传统的交易活动中更为重要。

就卖方而言，如果其提供不准确和不完整的产品信息，那么买方就很可能会采取错误的购买行为，如购买假冒伪劣产品；也很可能出现卖方单方违约不履行交易的情况。对于买方来说,当他们在使用信用卡进行网上支付时,可能会产生使用假信用卡欺骗卖方或恶意透支的行为。还有可能存在买卖双方都否认交易的情况。

2. 隐私风险

客户的个人隐私或身份资料在传输过程中可能被窃听,进而被卖方泄露。例如,使用cookie的初衷就是引入cookie来实现网站的一些高级功能(如实现电子商务认证,记录客户的个人数据、访问偏好等信息)。然而,一些网站和组织在未经访问者许可的情况下滥用cookie收集到的个人数据,创建用户数据库并发送广告谋利。由此看来,隐私保护问题与广大网民息息相关。

3. 支付与结算风险

随着网络购物用户规模的快速扩大,网络购物也面临着诸多支付安全问题。目前最主要的支付方式有支付宝、微信转账、网上银行等。在金融实现电子化后,人们短时间内可以大规模筹措资金,给电子商务金融业务环境带来了地域开放性和支付结算系统国际化的便利的同时,也大幅提高了支付与结算风险。金融机构和客户群体需要一个安全的系统,以确保订单、支付、银行结算和其他金融交易的在线安全,来保护各方的利益。

(三) 网络风险

1. 黑客

在电子商务领域,金钱、财产、商业秘密被转换成存储在计算机中或在计算机网络中流通的数据。这无疑对犯罪分子来说是巨大的诱惑,他们把电子商务领域变成了遭受黑客攻击的重灾区。黑客的攻击手段主要有:利用漏洞植入木马,利用木马程序操纵文件、窃取数据;隐蔽的网页篡改行为,如黑客通过网页秘密传播僵尸网络、间谍软件或控制僵尸网络的活动,被控制的服务器甚至可能在国外;设置陷阱,网站管理员可能不小心点击网上的一些链接,这个链接实际上是黑客设计的陷阱,它往往会在电脑中加载病毒代码,并隐藏在网站的某个文件中,这些病毒大多会对网站的文件系统造成很大危害;破解密码,黑客可以通过这种方式获取网站合法管理员的用户名和密码,使其以合法身份篡改网站。

2. 计算机病毒

计算机病毒是指在计算机程序中编译或插入的一组指令或程序代码。这些指令或程序代码能够破坏计算机的功能或数据并可进行自我复制,从而影响计算机的使用。

计算机病毒可以通过网络连接传播,并渗透进其他程序。当这些程序运行时,病毒进入系统并大面积传播。如果一台计算机感染了病毒,它将导致系统效率降低和一些文件丢失,或者系统崩溃和计算机硬件损毁。目前已有数千种活跃的计算机病毒。传统的计算机病毒依靠软盘传播,而在网络状态下,大多数计算机病毒是通过网络或电子邮件传播的。计算机病毒侵入网络,破坏网络资源,使网络不能正常运行,甚至会造成网络瘫痪。

计算机病毒可分为两类:良性病毒和恶性病毒。良性病毒是指不会破坏计算机数据,但会导致计算机程序工作异常的病毒,通常更容易被评估。虽然影响了程序的正常运行,但程序重启后还可以继续工作。而恶性病毒会破坏计算机数据,甚至会破坏计算机硬件,使整个计算机瘫痪。一般来说,计算机在感染恶性病毒后没有异常表现,这是因为病毒会尽量隐藏得更深。一旦恶性病毒爆发,当人们发现它时,恶性病毒已经对计算机数据或硬件造成破坏,并且损失将很难挽回。

3. 安全漏洞

安全漏洞是由软件开发人员的疏忽或编程语言的限制造成的。一些不法分子常常通过寻找软件漏洞牟取非法利益。特洛伊木马(简称木马)是指寄宿在计算机里的一种非授权的远程控制程序(如那些窃取网上银行账户、证券账户和在线游戏账户的程序,以及那些监控屏幕、控制摄像头和麦克风的程序)。木马想要在用户的电脑上运行,最重要的手段就是利用安全漏洞。有安全漏洞的软件如同没有锁门的房子,而木马就像小偷。如果房子的门没有锁上,小偷很容易进入。近年来,计算机系统的安全漏洞逐渐增多,使得电子商务的安全形势日益严峻。

(四) 管理风险

电子商务的管理风险主要是指交易流程管理和人员管理不完善导致的安全风险。

1. 交易流程管理风险

在网上商品交易过程中,客户进入交易中心,买卖双方签订合同。交易中心不仅会监督买方按时付款,而且还会监督卖方按时提供符合合同要求的货物。在上述过程中存在许多管理问题,管理不善必然会带来巨大的潜在风险。电子商务系统如果不监督买卖双方的行为,可能会导致损害交易主体利益的事件的发生,如刷单等。

2. 人员管理风险

人员管理是网络交易安全管理中最薄弱的环节。近年来,我国大多数计算机犯罪都呈现出向内部犯罪发展的趋势。其主要原因是员工职业道德素养不高,安全教育管理不严。存在利用招收新员工的方式潜入竞争对手公司内部,或者用不正当的方式贿赂竞争对手公司员工,以窃取竞争对手公司用户 ID、密码和相关机密文件;出售用户个人资料的情况。

(五) 法律风险

一些独特的交易方法和手段(如数字电子签名活动)必须得到法律的支持和认可。与传统的商业活动一样,开展电子商务活动也会导致诸如不完全履行电子商务交易合同、制造和传播计算机病毒、网络欺诈、网络赌博、网络传销等违法犯罪行为的发生。这一系列不法行为需要通过法律手段加以约束和打击。

电子商务交易安全的法律保护包括两个基本方面:一是电子商务交易是一种商品交易,其安全应当受到民商法的保护。二是电子商务交易是通过计算机及其网络进行的,其安全性取决于计算机及其网络的安全性。目前,我国在上述两方面的法律制度尚不完善,现行法律对电子商务交易保护的规定较少。在线交易可能会有法律延迟带来的安全风险。

 案例分析

蠕虫程序

罗伯特·莫瑞斯是美国康奈尔大学的学生。1988 年 11 月 2 日,他在自己的计算机上,用远程命令将自己编写的蠕虫(Worm)程序送进互联网。他原本希望这个"无害"的蠕虫程序可以慢慢地渗透到政府与研究机构的网络中,并且悄悄地待在那里,不为人知。然而,莫瑞斯在他的程序编制中犯了一个小错误,使得这个蠕虫程序不断疯狂地复制自己,并向整个互联网迅速蔓延。等到莫瑞斯发现情况不妙时,他已经无能为力了,他无法终止这个进程。

于是,小小的蠕虫程序,在 1988 年 11 月 2 日至 3 日的一夜之间,攻击了互联网上约

6 200 台 VAX 系列小型机和 Sun 工作站。蠕虫不仅攻击了 ARPAnet 系统,而且攻击了军用的 MILnet 网中的几台主机,造成经济损失约 9 600 万美元。

而在 20 世纪 70 年代,美国太平洋安全银行雇用的计算机技术顾问通过银行内部计算机系统,将 1 000 多万美元转到瑞士苏黎世银行,构成美国当时最大的盗窃案。

资料来源:宋文官.电子商务概论[M].北京:高等教育出版社,2004.

思考题: 1. 该案例体现了电子商务安全的哪些问题?

2. 试分析案例中的电子商务问题应如何解决。

二、电子商务安全风险的防范策略

(一) 控制风险

1. 加强技术保证,确保电子商务的信息安全

电子商务网络开放性的特点给企业信息和数据安全带来了极大的安全隐患。保障企业的信息数据和重大商业机密不被泄露,是确保开展电子商务的重要技术保障和前提条件。只有高度重视电子商务的信息安全,才能保证其运行安全,这就需要有强大的技术安全保障措施。不但要制定完善的技术保障措施,更要严格执行,才能确保电子商务信息的安全。例如,在企业内部网和互联网之间要加一道防火墙,防止黑客或计算机病毒的袭击,保护企业内部网中的机密商业信息数据安全;利用现有的信息新技术,将数字签名技术应用于电子商务的身份认证,以防止非法用户假冒身份,从而保证电子支付的安全。

2. 健全内部控制制度

开展电子商务活动的企业应健全其内部控制制度。例如,制定规范和约束员工行为的制度,根据其工作的重要程度,确定该系统的安全等级;制订相应的机房出入管理制度,对于安全等级要求较高的系统,要实行分区控制,限制员工出入与自己无关的区域;在操作规程方面,根据职责分离和多人负责的原则,要求员工各负其责,不能超越自己的管辖范围;制订完备的系统维护制度,对系统进行维护时应采取数据保护措施(如数据备份等)。另外,制定人员激励机制也至关重要。企业应完善人员雇用和解聘制度,及时对员工进行评价,并制定奖惩制度,以加强员工的工作责任感。

3. 加强复合型人才的培养

电子商务的复合型人才是指要求电子商务管理人员既要有计算机知识,还要有管理理论、商务、金融、法律等知识。企业应对其电子商务管理人员进行相关技术的培训,通过学习现代电子网络技术,将经济、金融和法律、网络有机地结合,使相关人员对商务交易、金融活动的网络化、数字化能够有比较深刻的认识,从而加深其对电子商务环境下风险的认识和防范。

(二) 安全防范

要做好电子商务的安全防范工作,不仅要从技术层面制定策略,更重要的是要从管理层面制定策略。只有从以上两个层面同时制定防范策略,才能有效保障电子商务活动的安全性。

电子商务安全防范是电子商务平台上的一种安全策略,是保护网络以及信息传输安全性的方法。安全防范策略是一种总分策略。总分策略是指要有总体设计思想,从整个网络考虑,以大局为重地制定相应的战略性指导方针,并为实现这个方针分配必需的人力资源、提供必需的资金支持。总分策略详细说明了哪些人应做什么、资金应如何按需分配的问题,以及哪些规则是被允许制定的、哪些规则是禁止执行的。电子商务安全防范策略的具体细则包括:

(1) 建立健全电子商务信息安全管理机构和管理制度。没有规矩不成方圆,任何交易活动都必须有相关的法律法规的约束才能顺利完成。电子商务活动也不例外,国家应制定相关法律法规,严厉打击不法管理机构和部门,对有意破坏电子商务信息安全的行为进行严肃处理。此外,保护信息安全还应借助相应的入侵检测系统,过滤诸如欺诈等的不良信息;逐步完善网络监控的质量和力度,加强网警队伍的建设,加大打击网络犯罪的力度。

(2) 完善信息安全基础设施,大力扶持信息安全产业发展。近几年,由于信息泄露事件不断发生,国家也及时建立与完善了相关的信息安全基础设施,建立了包括安全产品认证中心、病毒检测与防治中心、系统攻击和反攻击中心、关键网络系统灾难恢复中心、网络安全紧急处置中心等重要安全机构。但随着在线交易额的不断递增,不法分子也将目光转移到了线上交易的活动中,并不断制造越来越棘手的网络安全问题。这就要求对上述机构及其相关技术进行不断完善。当然,为避免技术受限于其他国家,国家应给予政策和财政支持来组建自己的研究团队,研究自己的信息技术产品。否则,国家电子商务信息,甚至国家安全利益都会受到极大的威胁。

(3) 规范电子商务软件市场,提高电子商务软件强制性认证标准。电子商务活动必须在电子商务软件的支持下才能完成,而软件盗版和侵权行为会对电子商务软件开发者的积极性造成严重打击,不利于新的电子商务软件开发研究。因此,必须用法律手段来保障电子商务软件的版权。只有保证了电子商务软件的版权,才能保证电子商务各种信息活动的安全。电子商务软件自身也存在安全漏洞,再加上盗版软件横行市场,这将严重影响着电子商务信息的安全。因此,相关机构应尽快出台相关法律规范来约束电子商务软件市场,严厉打击盗版和非法软件,避免因行业垄断等原因造成的重复开发等不良社会行为。相关部门应要求电子商务软件开发商不断修改软件使用中出现的安全漏洞,解决安全问题,督促软件开发商不断升级软件的功能,还要根据市场要求不断提升软件认证标准。

(4) 制定电子商务法律和法规,加强网络执法力度。造成电子商务安全风险的主要原因包括以下几个方面:一是互联网上部分行为无法可依、或处在法律边缘而无法用法律来对其进行约束。二是网络执法力度不够,网站被篡改或个人信息被盗等问题基本得不到解决。由于电子商务软件类型多样,大部分都需要网上交易,正因其复杂性,使得与电子商务相关的法律法规的制定也相对落后。总之,要确保电子商务过程中的规范化和安全性,不仅要出台与电子商务活动相关的法律法规,同时也要加强网络执法力度。

(5) 预防计算机病毒和黑客入侵,合理选择和配置安全手段和措施。计算机病毒对计算机系统的安全性造成了极大的危害,危害对象不仅包括计算机软件系统、计算机数据甚至是硬件系统。现从以下八个方面预防计算机病毒和黑客入侵:

第一,计算机和相关设备必须使用正版系统和软件,拒绝盗版和来历不明的系统和软件,并随时升级系统程序。

第二,安装必要杀毒软件,定期升级杀毒软件核心程序,随时升级杀毒软件数据库。

第三,使用任何软件或文件前必须用防病毒软件检查后方可使用。

第四,定期对计算机全盘进行安全检测,及时发现并清理计算机病毒隐患。

第五,专机专用,不能在专门的服务器上安装其他工具、软件等。

第六,来路不明的移动设备不能随便使用,且在使用前必须检查。

第七,安装防火墙,由于大部分病毒是通过网络传播的,安装防火墙能够将病毒及非法入侵者阻隔在内网之外。

第八,对重要的服务器应建立多层认证。

(6) 加强电子商务的身份认证功能,强化信息安全意识。电子商务工作者应认识到电子商务正常且高效运转的基础是保证电子商务信息安全,从而强化自身的信息安全意识。通过不断的自我学习,做到面对随时可能发生的安全威胁时能够不惧怕并积极应对。

三、电子商务安全管理组织体系

电子商务企业应该建立并完善自身的电子商务安全管理组织体系,明确各职能部门的职责,并做好电子商务的风险控制。电子商务安全管理组织体系的日常工作主要包括以下内容:

(1) 组织相关人员学习并参加电子商务安全会议,讨论信息安全问题。

(2) 对电子商务信息进行审查与分配,保证信息来源的准确性与真实性。

(3) 识别与评估电子商务信息系统的安全漏洞,保证电子商务系统的正常运行。

(4) 提供电子商务安全的实施方案,并检测信息安全措施的实施及安全事故的处理情况。

电子商务安全管理组织体系包含信息安全与技术安全等多方面的内容,要求相关人员各司其职、相互帮助,以营造一个安全的电子商务环境,为电子商务信息安全提供指导与支持。

四、电子商务安全管理制度

建立科学合理的电子商务安全管理制度,可以帮助企业更好地进行安全管理,提高企业的电子商务安全防范意识。这些电子商务安全管理制度主要包括人员管理制度、保密制度、跟踪审计制度、网络系统的日常维护制度、病毒防范制度、数据备份与恢复制度等。

(一) 人员管理制度

人员管理制度主要包括人员的选拔、工作责任的落实和安全运作所必须遵循的基本原则等相应的工作制度。

(二) 保密制度

保密制度主要包括电子商务系统所涉及企业的市场、生产、财务和供应链等多方面的机密。建议对这些信息进行安全级别划分,并加大对重点防范对象的监督力度,制定不同的保密措施。

(三) 跟踪审计制度

跟踪审计制度即网络交易日志机制,用来记录网络交易过程。通过检查、审查网络交易日志,发现隐藏的安全隐患,监控各种安全事故,进而维护和管理系统安全。

(四) 网络系统的日常维护制度

网络系统的日常维护制度主要包括硬件和软件的日常维护。硬件维护主要是指定期巡查、检修相关的网络设备服务器、客户机和通信线路。软件维护主要是指定期清理、整理、监测软件,并对过期软件进行卸载,升级软件性能等。

(五) 病毒防范制度

病毒防范制度主要包括建立完善防病毒系统的整体安全规划和安全策略,做好防病毒系统的安装、调试、检测、监控、维护、版本升级和病毒代码库更新等相关内容。

(六) 数据备份与恢复制度

为了避免电子商务系统受到意外自然灾害或黑客攻击而遭受重大破坏,需要建立相应的数据备份与恢复制度。数据备份一般包括对信息系统数据的存储,定期为重要信息备份、系统设备备份,同时要定期对这些备份进行更新。数据恢复可在数据遭受破坏时最大限度地保证数据资源的完整性,以降低活动风险。

企业应根据自身的特点和人员配置的要求来建立相应的电子商务安全管理制度,并明确其具体实施方法与执行力度。同时,做好制度的维护与更新,保证制度能够适用于不断发展变化的电子商务环境。

 案例分析

"11·24"跨国网络诈骗案成功告破

上海警方成功侦破公安部挂牌督办的"11·24"跨国网络诈骗案,摧毁两个外国籍诈骗犯罪团伙,抓获奥姆托绍、卡泽姆等9名外国籍犯罪嫌疑人。据《法治日报》记者报道,该网络诈骗团伙通过植入木马病毒的方式盗取外贸企业电子邮箱账户密码,以此发送虚假邮件信息诈骗货款,涉案金额折合人民币240余万元。

公安部在上海召开跨国网络诈骗案件通报会,向与会的各国驻华警务联络官、驻沪领馆领事、安全官及部分企业代表通报了案情,并提出防范建议。

为有效预防此类犯罪,公安机关建议各国驻华警务联络官、驻沪领馆领事、安全官及在华商会等机构,向本国外贸企业发出风险提示,通报此类案件作案手法、特点,介绍防范方法和技巧,提升外贸企业的安全防范意识与能力。

警方建议外贸企业在开展日常贸易往来时提高警惕,不要随意点击陌生或可疑的电子邮件,不要随意从陌生人处接收或从可疑网站上下载文件,防止遭到木马病毒侵入;特别是遇到对方要求支付货款,或电子邮箱地址、银行账号等重要信息突然发生变化时,务必通过电话等方式进行核实确认。同时,建议各银行金融机构进一步加强对开户人身份信息的审核,一旦发现其身份信息存有疑问即采取相应措施,并及时通报公安机关。

公安部有关负责人表示,"11·24"案件在公安机关刑事侦查、网络安全、国际合作等部门的密切配合下成功侦破,有力保护了国内外受害人的合法利益,维护了社会稳定,是公安机关各警种合成作战的重要成果,为今后深入打击此类犯罪积累了有益经验。公安机关高度重视国际执法合作工作,将继续与各国执法部门开展深入合作,不断提高打击跨国犯罪的能力和水平。

资料来源:北方网. "11·24"跨国网络诈骗案成功告破[EB/OL]. (2012-12-01)[2022-11-23]. http://news.enorth.com.cn/system/2012/12/01/010347363.shtml.

思考题:当代大学生应该如何防范网络诈骗?

课 堂 测 试

班级_____ 姓名_____ 学号_____ 成绩_____

一、单项选择题(本大题共 10 小题,每题 4 分,共 40 分)

1. 下列各项中,不属于计算机病毒特点的是( )。
   A. 传播性　　　　B. 隐蔽性　　　　C. 感染性　　　　D. 可激发性

2. 下列对电子商务安全的说法中,正确的是( )。
   A. 电子商务安全就是指电子商务信息的安全,即信息的存储和传输安全
   B. 木马程序是一种特殊的病毒,具有病毒的所有特征,并能远程操控用户的计算机
   C. 网络钓鱼是电子商务面临的一种常见安全威胁,常通过假冒网站、手机银行和运营商向用户发送诈骗信息
   D. 应用程序和系统漏洞对用户使用的影响不大,因此可以暂不更新

3. 数字摘要主要采用( )方法来进行消息的验证,以证实消息来源的有效性,防止数据被伪造、篡改。
   A. Hash　　　　B. DES　　　　C. PKI　　　　D. RSA

4. 数字证书中不包括( )。
   A. 公开密钥　　　　　　　　　　B. 数字签名
   C. 证书发行机构的名称　　　　　D. 证书的使用次数信息

5. 用户身份认证可以采用的方法是( )。
   A. 年龄　　　　B. 姓名　　　　C. 信用卡　　　　D. 指纹

6. 下列有关防火墙安全策略的说法中,正确的是( )。
   A. "一切未被禁止的都是允许的"安全性高
   B. "一切未被允许的都是禁止的"安全性低
   C. "一切未被禁止的都是允许的"灵活性高
   D. "一切未被允许的都是禁止的"便捷性高

7. 下列有关对称密钥加密技术的说法中,错误的是( )。
   A. 对称加密的密钥管理简单
   B. 对称加密技术无法解决数字签名验证的问题
   C. 已知加密密钥可推导出解密密钥
   D. 对称加密的速度快、效率高

8. 下列有关数字签名的说法中,错误的是( )。
   A. 数字签名是个解密的过程,数字签名验证是个加密的过程
   B. 数字签名可以保证信息传输的完整性

C. 数字签名可以验证发送者的身份认证
D. 数字签名可以防止交易中的抵赖发生

9. 颁发数字证书的机构是（   ）。
   A. Windows Server   B. CA
   C. RA   D. PKI

10. 数字证书的分类不包括（   ）。
    A. 个人数字证书   B. 软件数字证书
    C. 软件著作权证书   D. 企业数字证书

二、多项选择题（本大题共5小题，每题6分，共30分）

1. 电子商务安全要满足的基本原则有（   ）。
   A. 机密性   B. 完整性   C. 认证性   D. 不可否认性
2. 加密技术主要包括（   ）。
   A. 对称加密技术   B. 非对称加密技术
   C. 数据保密技术   D. 数字签名技术
3. 电子商务安全协议主要包括（   ）。
   A. SSL   B. SET   C. HTML   D. PKI
4. 进行用户身份认证时，可以通过（   ）生物特征进行验证。
   A. 声音   B. 指纹   C. 虹膜   D. 签名
5. 数字时间戳是一个权威的第三方，用于对交易日期和时间进行验证。它需要经过加密后形成凭证文档，主要包括（   ）。
   A. 数字时间戳的标志机构
   B. 需加时间戳的文件的摘要
   C. 数字时间戳发送和接收文件的日期和时间
   D. 数字时间戳的数字签名

三、判断题（本大题共5小题，每题6分，共30分）

1. 认证中心（CA）的主要功能之一是发出产品质量证书。   （   ）
2. 因为Word文档不是执行文件，所以收到别人的电子邮件中有Word文档附件的时候，可以放心地打开，不可能传染病毒。   （   ）
3. 木马病毒的主要危害是损害引导扇区。   （   ）
4. 数字签名可用于解决未经授权访问主机资源的问题。   （   ）
5. 多数所谓的黑客只是使用几个黑客软件而已。   （   ）

第七章　电子商务支付方式

知识导航

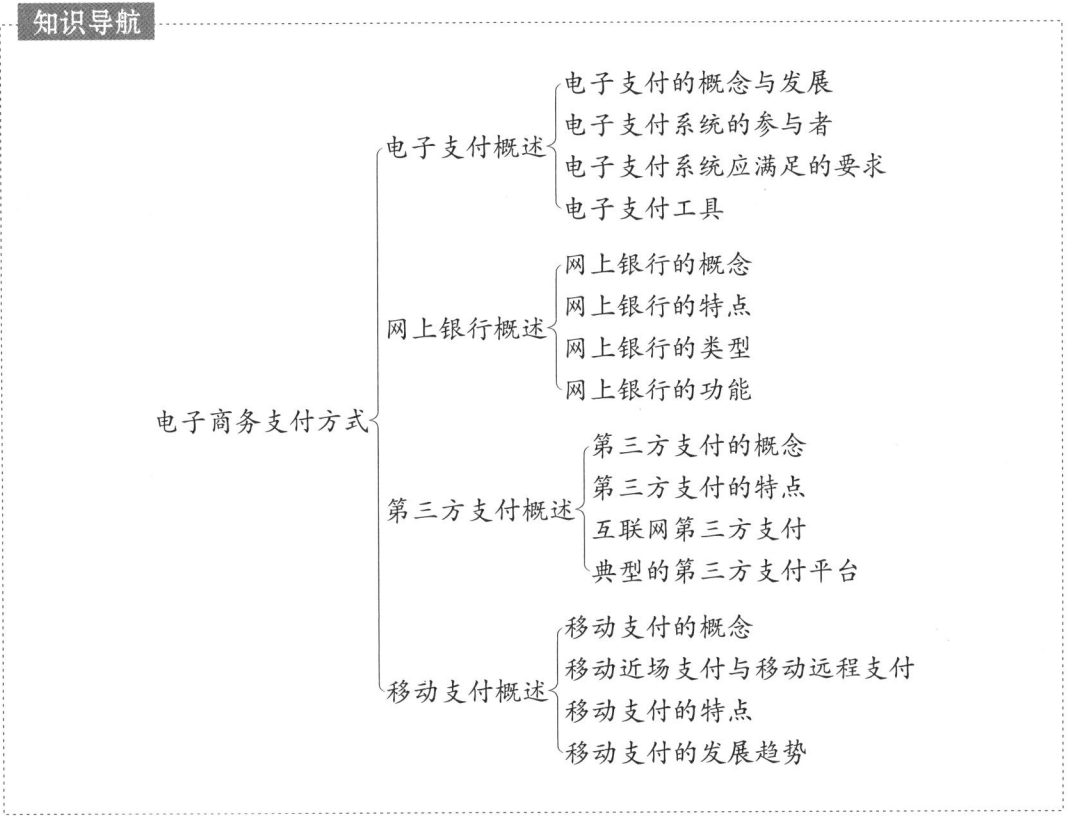

学习目标

1. 了解电子支付的相关知识。
2. 掌握网上银行的特点及功能。
3. 熟悉第三方支付的业务流程。
4. 了解移动支付的发展趋势。

【思政课堂】

全球支付现状及发展趋势

2021年由于全球经济复苏(特别是旅游业),全球电子商务同比增长14%,交易额超过53万亿美元。2021年移动端商务的份额超过了桌面端电子商务,移动设备交易额占所有电子商务消费额的52%。全球电子商务预计到2025年年均增长率将达到12%,届时总额将超过8.3万亿美元。

2021年数字钱包占全球电子商务交易额的49%,略高于2.6万亿美元。预计到2025年,数字钱包占交易额的比例将上升到53%。2021年银行转账占全球电子商务交易的7%,到2025年,全球份额预计将下降到6%。先买后付在全球范围内激增,2021年占全球电子商务交易额的3%,预计到2025年将占到5%。

2020年因为疫情导致企业关闭,现金使用量大幅下降。虽然在2021年这一趋势仍在持续下降,但下降速度已然放缓。在西班牙、哥伦比亚和印度市场,现金的使用占比甚至有所增加,但仍远低于新型冠状病毒肺炎疫情前的水平。现金仍然是销售点支付市场的重要组成部分,占2021年销售点交易的18%(超过83万亿美元)。随着全球经济发展的持续快速数字化趋势,到2025年,实体现金的使用份额将降至10%。

资料来源:腾讯新闻.2021年全球支付现状及发展趋势分析——亚太电子商务数字支付将超过3.1万亿美元[EB/OL].(2022-05-02)[2022-12-28]. https://view.inews.qq.com/k/20220525A07E3V00?Web_channel=wap&openApp=false.html.

思考题:你怎么看待全球支付现状?电子商务支付方式应该如何发展?

第一节 电子支付概述

电子商务市场的兴起,使得电子支付也发展起来,并成为电子商务系统的重要组成部分,维持电子商务活动的正常开展。电子支付包括网上支付、移动支付、网上银行转账、电话支付等。与传统支付方式相比,其方便、快捷、高效、经济的特征大大方便了电子商务活动的开展,并成为电子商务企业、消费者和银行等金融机构之间的纽带,促进了交易的完成。随着网络技术的不断发展,电子支付的方式也将更加多元化。

一、电子支付的概念与发展

(一) 电子支付的概念

电子支付(electronic payment,E-payment)是指电子交易的当事人,包括消费者、厂商和金融机构,使用安全电子支付手段,通过网络进行的货币支付或资金流转。在普通的电子商务中可以将其理解为:消费者、商家、企业、中间机构和银行等通过互联网进行的资金流转。电子支付的实现方式有很多,包括信用卡、电子支票和电子钱包等。

(二) 电子支付的发展

电子支付最早产生于银行间开展的业务结算,经过不断发展和演变,形成了如今的电子支付。电子支付的发展经过了以下五个阶段。

第一阶段的电子支付主要是银行和银行之间通过计算机办理结算。

第二阶段的电子支付是银行与其他机构之间通过计算机进行资金的结算,常见业务包括工资代发、水电气费代缴等。

第三阶段的电子支付是网络终端向用户提供的各项银行服务,最典型的就是用户通过自动柜员机(automated teller machine，ATM)进行资金的存、取操作。

第四阶段的电子支付是银行销售终端(point of sale，POS)向用户提供的自动扣款业务,如超市、商场中的POS支付系统。

第五阶段的电子支付可以简单地用网上支付来表示。网上支付是指在互联网环境下,通过各种电子化工具来实现资金的流通和支付。

电子支付的应用需要功能完善的电子支付系统,以保证参与者之间的金融活动可以正常进行,如验证消息、银行转账对账、电子证券和交易处理等全方位的金融服务和金融管理信息系统。

案例分析

全国推出新一代海关税费电子支付系统

据不少卖家反映称,接到关税处的通知:"2018年9月底上海海关将从现在的东方支付系统切换至新一代财关库银电子支付系统,东方支付系统不久将会停用!"

据悉,为进一步提升进出口货物收发货人支付海关税款的便捷性,提高税款入库效率,海关总署已经于2018年6月27日发布关于"在全国推广新一代海关税费电子支付系统"的2018第74号令。东方支付系统切换至新一代财关库银电子支付系统,不仅仅是面向上海海关,而是面对全国海关的统一行动。

业内人士建议,各报关公司务必通知所代理的进出口企业尽快找银行完成新一代财关库银支付系统签约,确保切换后顺利支付税款,以免影响通关时效。

资料来源：电商报.东方支付系统9月底将停用,全国推新一代海关税费电子支付系统[EB/OL].(2018-09-07)[2023-04-05].http://www.dsb.cn/85850.html.

思考题：1. 根据案例思考,更换税费电子支付系统对相关公司的影响。
2. 目前普遍使用的电子支付系统是什么?

二、电子支付系统的参与者

电子支付系统的参与者主要包括直接参与者、间接参与者和特许参与者三种。

(一) 直接参与者

电子支付系统的直接参与者是指中国人民银行地市以上中心支行(库)、开清算账户的银行和非银行金融机构,与城市处理中心直接连接。

(二) 间接参与者

电子支付系统的间接参与者是中国人民银行县(市)支行(库)、未在中国人民银行开设清算账户,而委托直接参与者办理资金清算的银行和经中国人民银行批准经营支付结算业务的非银行金融机构,不与城市处理中心直接连接,其支付业务提交给其清算资金的直接参与者,由该直接参与者提交支付系统处理。

(三) 特许参与者

电子支付系统的特许参与者是经中国人民银行批准,通过支付系统办理特定业务的机构,在中国人民银行当地分支行开设特许账户,与当地城市处理中心连接。

三、电子支付系统应满足的要求

电子支付系统为参与电子商务活动的各方提供电子支付服务,不同的参与者对电子支付系统的要求不同。

(一) 个人消费者

个人消费者的消费具有支付频繁、金额不大等特点,因此对电子支付系统的要求比较低,只需其满足方便、有效和使用简便的要求即可。

(二) 零售商

零售商常常进行支付货款的接收,因此要求支付工具方便、灵活且具有信用担保等特点。

(三) 工商企业

工商企业具有支付金额大、时间紧迫等特点,因此要求电子支付系统快速、安全,能最大限度地减少流动资金的占用额和占用时间。

(四) 金融机构

金融机构具有支付金额大、交易笔数少和时效性高的特点,因此要求电子支付系统能保证资金的安全,避免不必要的风险和流动资金的占用。

对于不同的参与对象,电子支付都需要满足其基本、关键的要求,即确保电子支付的安全。电子支付主要依靠互联网进行。由于计算机安全、网络安全等问题的存在,电子支付存在着安全隐患。因此,电子支付系统应至少满足参与者在安全方面的要求。

四、电子支付工具

现金支付是主要的传统支付方式,具有支付金额小和交易笔数多等特点。而随着电子支付的广泛应用,用户可以通过越来越多的电子支付工具来完成交易的支付。主要的电子支付工具包括电子现金、电子钱包、银行卡和电子支票等。

(一) 电子现金

电子现金是现实货币发布的电子化或数字模拟,以数字信息的形式在互联网中流通。它将现金的数值转换为一系列加密序列数,然后用这些序列数来表示各种金额的币值,以实现电子支付。

电子现金兼有纸币和数字化的优势,具有安全、方便和经济等特点,在使用过程中涉及商家、用户和银行三个主体,需要经过提取、支付和存款三个过程。电子现金的基本流通模式包括用户与银行执行取款协议从银行提取电子现金;用户与商家执行支付协议支付电子现金;商家与银行执行存款协议将交易所得的电子现金存入银行。

1. 取款协议

通过执行取款协议,用户可以从自己的银行账户中提取电子现金,以便进行商务活动。取款协议需要保证用户在匿名的前提下,获得带有银行签名的合法电子现金。同时用户还将与银行交互执行盲签名协议,银行必须确保电子现金上包含必要的用户身份信息。

2. 支付协议

支付协议用于实现用户使用电子现金从商店中购物的活动。在这个过程中,银行需要验证电子现金的签名,以确保电子现金的合法性,同时还需要通过签署知识泄露协议来防止商家滥用电子现金。

3. 存款协议

用户和商家将电子现金存入自己银行账户。这个过程中,银行将检查存入的电子现金是否被合法使用,如果使用不合法,银行将使用检测协议跟踪非法用户的身份,并依法对其进行惩罚。

(二)电子钱包

电子钱包是一种支付结算的工具,可以看作一款由持有人在线进行电子交易和储存交易记录的软件,是一种网上购物的新型"钱包"。电子钱包不仅具有普通钱包的功能,能够存放电子现金、信用卡等,还能进行电子安全证书的申请、存储和删除等管理操作。同时,电子钱包还能够存储电子商务网站中收款台上所需的其他信息、存放地址簿,以及保存用户交易的信息记录,方便日后查询。在电子商务活动中,用户使用电子钱包时需要基于电子钱包服务系统。既可以使用与自己银行账号连接的电子商务系统服务器上的电子钱包软件,也可以使用互联网上的其他电子钱包软件。这些软件一般都是免费的。

(三)银行卡

银行卡支付是电子商务发展过程中使用频率较高的一种支付方式。在 B2C、C2C 和小额的 B2B 电子商务活动中,银行卡使用很广泛。银行卡是由银行发行的金融交易卡,如贷记卡、借记卡和复合卡等。

1. 银行卡的应用领域

银行卡的广泛使用不仅推动了电子资金转账(electronic funds transfer,EFT)系统和电子银行的建立与发展,也推动了社会信息化和经济全球化的进程。银行卡主要应用于以下情形:

(1)使用银行卡,人们不用携带大量现金就能购物,直接通过 EFT 系统或 POS 系统即可进行资金的转移。

(2)银行卡持卡人可以通过 ATM 系统进行存取款、转账和查询等操作,也可使用信用卡预支现金。

(3)不同对象可以与银行的主机系统联机。例如,企事业单位可以与银行的主机系统联机,联机后即可使用单位内部的终端系统与银行进行电子商务交易活动;个人可以通过个人计算机与银行的主机系统进行联机,以实现查询、转账和投资理财等电子商务活动。

2. 银行卡的类型

随着电子支付的发展,银行卡的种类逐渐丰富起来,但不同类型的银行卡,其结算方式、使用权限和使用范围等有所不同。按照结算方式的不同,银行卡可分为贷记卡、借记卡和复合卡三种。

(1)贷记卡是最早出现的一种银行卡,也叫信用卡。它是银行等金融机构发放给持卡人,为其提供自我借款权的一种银行信用方式。信用卡由银行或专门的信用卡公司签发,持卡人凭卡可以在银行规定的信用额度内消费或支取现金。信用卡根据持卡人的资信等级,设有不同的信用额度。一般资信等级越高,信用额度越高。信用卡要求持卡人在规定的期限内结清余额,否则将支付多余的利息。

(2) 借记卡是在信用卡的基础上推出的。它要求持卡人必须在发卡行内有存款。借记卡主要用于消费和存取,是目前使用较多的一种银行卡。

(3) 复合卡是一种兼具贷记卡功能和借记卡功能的银行卡。它要求持卡人必须事先在发卡行暂存一定金额的备用金,当备用金不足时,可以透支复合卡内一定信用额度的资金。

(四)电子支票

电子支票是纸质支票的电子替代物。电子支票将纸质支票改变为带有数字签名的电子报文,或利用其他数字报文代替纸质支票的全部信息。电子支票与纸质支票一样是用于支付的一种合法方式,它使用数字签名验证技术来确定其合法性。电子支票上除必须填写收款人姓名、账号、金额和日期外,还隐含了加密信息。电子支票通过电子函件直接发送给收款方,收款人从电子邮箱中取出电子支票,并用电子签名签署收到的证实信息,再通过电子函件将电子支票送到银行,把款项存入自己的账户。

案例分析

周小川:数字货币和电子支付或多方案并行

在2018年第九届财新峰会上,前任中国人民银行行长周小川表示,数字货币和电子支付的发展或有多种方案在竞争中发展中并行。这对中央银行和监管部门提出挑战,即未来可能是不确定的。

周小川表示,数字货币和电子支付不需要对立起来,其目的都是为达到支付体系的高效率、低成本和安全可靠,因此要鼓励多渠道研发和竞争。此外,还必须考虑当今世界共同要求的反洗钱和反恐融资,在技术开发方面需要有一定的公共性觉悟。

他认为,新型电子支付和数字货币已经对支付行业产生重大影响,也可能对跨境支付带来重大影响,但跨境支付和境内支付有不同的要求:首先,当前全球跨境支付有很多不便之处且效率不高,同时也要注意到跨境支付涉及货币政策主权;其次,要看跨境支付是否会影响金融稳定。应成立一个全球性的协调机构处理跨境支付方面的事宜。

他表示,在金融科技发展过程中,技术开发商以及商业性金融机构可能出现一些扭曲行为,出现一些对社会不利的现象,可能过度偏重短期投机,因此都需要监管,而且监管应当动态演进。未来监管的负担可能越来越重,会更加依靠科技和IT技术。

"在金融科技的发展中,监管要防止出现过分压制新兴科技涌现的现象。同时,也不能等出现了负面后果再管,这样全社会付出的代价会比较高。真正做到最佳的平衡也不容易,监管需要大幅度更新知识结构并进行一定程度的人才更新。"周小川说。

资料来源:金融界.周小川——数字货币和电子支付或多方案并行[EB/OL].(2018-11-19)[2023-01-22]. https://baijiahao.baidu.com/s?id=1617498434905933856&wfr=spider&for=pc.

思考题:1. 当前电子支付的方式有哪些?

2. 数字货币和电子支付多方案并行的优势有哪些?

第二节 网上银行概述

一、网上银行的概念

网上银行又称网络银行、虚拟银行或在线银行,是指金融机构利用网络技术在互联网上开设的银行。网上银行实质上是传统银行业在网络中的延伸,是利用互联网数字通信技术,以互联网作为基础而形成的交易平台和服务渠道,为用户提供开户、销户、查询、对账、转账、信贷、网上证券和投资理财等全方位的服务。

网上银行也可以理解为传统银行柜台的网络化。它不用像传统银行柜台那样需要设置众多的分支机构,只要建立一个统一的网上银行网站,就能使用户通过互联网在任何地点、任何时间获得银行提供的个性化全方位服务。网上银行的快速发展和推广应用,大大地降低了银行的经营成本,提高了资金的周转速度。

二、网上银行的特点

网上银行的特点是客户不需要出门,就可以办理存贷款、信用卡、投资理财等业务。与传统银行柜台相比,网上银行具有以下四个特点。

(一)个性化

网上银行是银行根据自身市场定位和用户需求,为用户量身打造的具有自身特色的银行,以增强网上银行在各大商业银行中的竞争力,提高银行效益。

(二)智能化

首先,网上银行借助互联网和数字技术,使用户无须银行工作人员的帮助就能在短时间内完成各项金融业务,如资金转账、账户查询等。其次,网上银行还提供了和用户的交互沟通渠道,使用户可以在访问网上银行时根据需要提出具体的服务要求,网上银行将给出对应的解决方案。整个过程可以完全通过互联网完成,充分实现了银行业务开展的智能化。

(三)多样化

网上银行在传统柜台业务的基础上延伸和创新,不断设计出新的业务品种和新的业务方式,以满足用户多元化的需求。同时,网上银行不断扩大银行的业务范围,增强了银行的竞争力。

(四)简单化

网上银行的使用十分简单,用户只要在互联网环境下,根据网上银行网页的提示即可选择自己需要的各项业务。网上银行的操作界面一般都十分简单、清晰,方便用户查看和操作。任何具有互联网基础知识的用户都能够快速掌握网上银行的操作方法。

随着互联网的快速普及,网上银行的使用范围更加广泛,越来越多的银行业务被整合到网上银行中,以便为用户提供更加快捷、高效和可靠的全方位服务,同时也促进了银行在服务质量、用户满意度等方面的提高,增强了银行的核心竞争力,最终使银行发展向综合化、国际化和高科技化的方向发展。

三、网上银行的类型

(一) 按服务对象分类

按照服务对象的不同,网上银行可以分为个人网上银行和企业网上银行。

1. 个人网上银行

个人网上银行主要用于为个人提供网上银行服务,如账户查询、投资理财和在线支付等。个人用户足不出户就能安全、便捷地完成各项金融服务的操作。个人网上银行一般可以满足B2C、C2C网上支付的需求。个人使用网上银行需要持卡人本人身份证、银行卡到开卡银行申请开通个人网上银行,获得电子证书并安装成功后即可通过互联网进行访问。

2. 企业网上银行

企业网上银行主要用于为企业、政府部门等企事业单位服务。企事业单位通过企业网上银行可以了解自己的财务运作情况,进行内部资金调配、账户管理、收付款,贷款和投资理财等金融服务。企业网上银行一般可以满足B2B网上支付的需求。

(二) 按经营组织形式分类

按照经营组织形式的不同,网上银行可以分为分支型网上银行和纯网上银行。

1. 分支型网上银行

分支型网上银行是指现有的传统银行利用互联网作为新的服务手段,建立银行站点,提供在线服务而设立的网上银行。这种类型的网上银行可以看作传统银行的一个特殊分支机构或营业点,又称为网上分行、网上柜台或网上分理处等。

分支型网上银行不仅可以独立开展金融业务(主要包括财务查询、转账和在线支付等),还能为其他非网上机构提供辅助服务。随着互联网技术和电子商务的快速发展,网上银行和电子支付工具逐渐被人们所熟知并熟练使用,分支型网上银行的业务也随之更加丰富。除不能进行现金的存取外,其他的业务基本都能实现,如网上开户、网上贷款、电子支付或资产、证券交易等。分支型网上银行已经成为一种十分常见的网上银行。

2. 纯网上银行

纯网上银行又称虚拟银行,是指仅以互联网为依托提供服务的网络银行。除后台处理中心外,纯网上银行一般只有一个具体的办公场所,没有具体的分支机构、营业柜台和营业人员,所有的业务都通过网络来完成。美国第一安全网络银行(SFNB)就是完全依赖互联网发展起来的纯网上银行,用户进入该网站后即可选择所需服务的业务。腾讯的微众银行是中国第一家正式获准开业的网上银行,主要为用户提供金融消费、财富管理和平台交易三大服务。

四、网上银行的功能

(一) 提供银行业务服务

网上银行提供的银行业务主要包括家庭银行(储蓄业务)、企业银行(对公业务)、信用卡业务、国际业务、各种支付业务、信贷及特色服务等传统的银行业务。

1. 家庭银行

家庭银行为用户提供方便的个人理财渠道,包括网上开户、清户、账户余额账户的查询、交易历史查询、个人账户挂失、电子转账等。例如,美国银行网上业务就主要集中在家庭银行方面。通过其 Home Banking 网页,用户可以在一天中的任何时间里进行银行业务,包括开展储蓄、外汇及货币交易,当前账户余额查询,资金划拨,下载所需的理财软件等;还可以使用"pay bill"功能来支付小笔开支。Home Banking 的理财软件还可帮助用户规划各种金融事务,包括跟踪和分析消费处境。

2. 企业银行

企业银行能够为企业或同业机构提供自助金融服务,适用于需要实时掌握账户及财务信息、不涉及资金转入和转出的广大中小企业客户。例如,客户在工行网点开通企业电话银行或办理企业普通卡证书后,就可在柜面或在线自助注册企业网上银行普及版。客户凭普通卡证书卡号和密码即可登录企业网上银行普及版,获得基本的网上银行服务。

3. 信用卡业务

信用卡业务包括网上信用卡的申办、信用卡账户查询、收付清算等。与传统的信用卡系统相比,网上信用卡更便捷。例如,用户可通过因特网在线办理信用卡申请手续;持卡人可通过网络查询用卡明细;银行可定期通过电子邮件向用户发送账单,进行信用卡业务授权、清算、传送黑名单、紧急支付名单等。

4. 国际业务

国际业务包括国际收支的网上申报服务、资金汇入、汇出等。目前国内的企业可向中国银行总行申请办理此项业务国际收支申报。

5. 各种支付业务

各种支付业务是指提供数字现金、电子支票、智能卡、代付或代收费等网上支付方式,以及各种企业间转账或个人转账,包括活期转定期、活期转信用卡、信用卡转定期、银行账户与证券资金账户之间的资金互转等。

6. 信贷

网上银行的信贷功能包括信贷利率的查询、企业信贷或个人小额抵押贷款的申请等。银行可根据用户的信用记录选择是否借贷。

7. 特色服务

特色服务主要是指通过因特网向客户提供的各种金融服务,如网上证券、期货、外汇交易、电子现金、电子钱包以及各种金融管理软件的下载等。

(二) 提供商务服务

商务服务是指网上银行提供资本市场、投资理财和网上购物等子功能。在资本市场方面,除人员直接参与的现金交易之外,任何交易均可通过网上银行完成。投资理财服务可通过客户主动进入银行网站进行,如查询金融、账户等信息以及处理自己的财务账目;也可由网上银行系统对用户实施全程跟踪服务,即根据用户的储蓄、信贷处境进行理财分析,适时地向用户提供符合其经济状况的理财建议或筹划。在网上购物方面,网上银行以网上商店的形式为供求双方提供交易平台:商户在此可建立资金的订购系统,向网上客户展示商品并采纳订单;客户可进入银行的网上商店,选购自己所需的商品,并通过银行直接进行网上支付;商户在收到来自银行的客户已付费的通知后即可向客户发货。这种供求双方均通过网上银行这一中介机构建立联系和实现收支的方式,降低了交易的风险程度。

(三) 提供其他业务服务

1. 基本网银服务

商业银行提供的基本网银服务包括在线查询账户余额、交易记录、下载数据、转账和网上支付等。

2. 网上投资服务

由于金融服务市场发达，可以投资的金融产品种类众多，国外的网上银行提供包括股票、期权、共同基金投资和买卖多种金融产品服务。

3. 网上购物服务

商业银行的网上银行设立的网上购物协助服务大大方便了客户网上购物。在相同的服务品种上，为客户提供了优质的金融服务或相关的信息服务，加强了商业银行在传统领域的竞争优势。

4. 其他金融服务

除银行服务外，大型商业银行的网上银行也通过自身或与其他金融服务网站联合的方式，为客户提供多种金融服务产品，如保险、抵押和按揭等，扩大网上银行的服务范围。

第三节 第三方支付概述

一、第三方支付的概念

非金融支付机构，俗称第三方支付机构。"第三方支付"是具备一定实力和信誉保障的独立机构，采用与各大银行签约的方式，提供与银行支付结算系统接口的交易支持平台的网络支付模式。在第三方支付模式下，买方选购商品后，使用第三方机构提供的账户进行货款支付（支付给第三方），并由第三方通知卖家货款到账、要求发货；买方收到货物、检验货物，并且进行确认后，再通知第三方付款；第三方再将款项转至卖家账户。随着支付服务市场参与主体的日益丰富，我国涌现出一大批新兴的第三方支付机构。中国人民银行 2010 年出台的《非金融机构支付服务管理办法》将第三方支付业务定义为：在收款人和付款人之间作为中介机构提供货币资金转移等金融服务，包括网络支付、预付卡、银行卡收单等业务。

(一) 网络支付

网络支付是指利用公共网络或专用网络在收款人和付款人之间转移货币资金的行为，包括货币汇兑、互联网支付、移动电话支付、固定电话支付、数字电视支付等。网络支付以第三方支付机构为支付服务提供主体，以互联网等开放网络为支付渠道，通过第三方支付机构与各商业银行之间的支付接口，在商户、消费者与银行之间形成一个完整的支付服务流程。提供网络支付服务的第三方支付机构主要包括支付网关模式和虚拟账户模式。

(二) 预付卡

预付卡是一种以盈利为目的而发行的，可提前预付价值进行购买商品或服务，顾名思义是一种先付费后消费的支付模式，包括磁条、芯片等卡片形式。预付卡与银行卡相比，它不与持卡人的银行账户直接关联。目前市场上流通的一种多用途预付卡，便是由这里所提出的第二种第三方支付机构发行，该机构与众多商家签订协议，在各商家布放 POS 终端机，消费者可以凭该卡到众多的联盟商户刷卡进行跨行业消费,典型的多用途卡有斯玛特卡、得仕卡等。由于受所签约商户数量及硬件等因素制约,进行预付卡发行与受理的第三方支付平台一直未能很好地发展。

(三) 银行卡收单

银行卡收单业务是指收单机构通过银行卡受理终端为银行卡特约商户提供代收货币资金的金融服务。其中,受理终端是指通过银行卡信息读入装置生成银行卡交易指令要素的各类支付终端,包括销售终端(POS)、转账POS、电话POS、多用途金融IC卡支付终端、非接触式接受银行卡信息终端、有线电视刷卡终端、自助终端等类型;收单机构是指与特约商户签订银行卡受理协议并向该商户承诺付款以及承担核心业务主体责任的银行业金融机构和非金融机构。当这里所指的银行卡收单机构为第三方支付机构时,这个第三方支付机构便是第三种提供银行卡收单服务的第三方支付机构。

中国人民银行于2005年10月颁发了《支付清算组织管理办法(征求意见稿)》,对第三方支付企业的准入门槛进行了明确的规定,对第三方支付企业进行了规范。2010年,中国人民银行出台了《非金融机构支付服务管理办法》,确立了第三方支付相关的配套管理办法和细则,通过审核发放第三方支付牌照的方式把第三方支付机构开始纳入国家金融监管的领域。截至2021年5月27日,已获支付牌照的机构有228家,已注销牌照的机构有39家,牌照未能持续存在但仍未注销的机构有4家。

案例分析

备付金100%交存倒计时,第三方支付行业分化加剧

第三方支付机构备付金100%集中交存已开启倒计时模式。中国人民银行支付结算司日前下发《关于支付机构撤销人民币客户备付金账户有关工作的通知》特急文件,要求所有的第三方支付机构应于2019年1月14日前撤销人民币客户备付金账户,备付金将由中国人民银行接管。

多家支付机构表示,目前已完成交易"断直连"(即切断支付机构直连银行模式)、备付金100%集中交存、撤销在商业银行开立的客户备付金账户等重要工作。

一、"躺着挣钱"的时代结束

此前中国人民银行就已宣布要直接接管备付金统一管理权限。2017年1月,中国人民银行要求支付机构将一定比例的客户备付金交存至指定机构专用存款账户;2018年6月,中国人民银行发布《关于支付机构客户备付金全部集中交存有关事宜的通知》,明确规定,从2018年7月起,按月逐步提高支付机构客户备付金集中交存比例,2019年1月14日实现100%集中交存。

中国人民银行文件要求,支付机构能够依托银联和网联清算平台实现收、付款等相关业务的,应于2019年1月14日前撤销开立在备付金银行的客户备付金账户,规定可以保留的账户除外。"断直连"与备付金交存相辅相成。"备付金集中交存至中国人民银行,也可解决直连的问题,备付金银行账户销户后,支付机构走直连的可能性就不存在了。"通道费议价能力消失可以预见,备付金集中交存与"断直连"后,市场将现重新博弈的过程。"中小城商行没有用卡量与活跃度,显然是希望接口费低,带来更多交易。但也有一些商业银行,客户基数大、服务好,接口费就可以要得高一些。"这也是监管需要协调解决的问题,以避免交易成本过高。

二、第三方支付机构面临巨大转型压力

随着备付金红利的逐渐消失,第三方支付机构面临巨大转型压力。多位业内人士认为,破局还需结合场景,只做通道远远不够。备付金交存后对预付卡企业影响最大。此前某新三板挂牌机构(主营预付卡)有50%~60%的收入来自备付金的利息,40%左右是受理商户手续费,10%左右是预付卡内的残值。而其年报显示,企业整体收入增加,但利息下降严重,其中增加的就是技术服务费。

资料来源:第一财经.备付金100%交存倒计时,第三方支付行业分化加剧[EB/OL].(2019-01-09)[2022-12-13]. http://www.dsb.cn/92967.html.

思考题: 1. 为何要完成交易"断直连",实现备付金100%集中交存?
2. 新政策下第三方支付机构的机遇与挑战有哪些?

二、第三方支付的特点

第三方支付机构是指具有一定实力和信誉保障的企业,采用与各大银行签约的方式,提供与银行支付系统对接的交易支持平台。在互联网交易中,买卖双方无法实现面对面交易,且货物从卖方转移至买方需要一定的时间和成本,从而导致买卖双方的利益不能被同时保证,所以需要第三方支付机构作为信用中介来保障交易的顺利进行。因此,以支付宝为代表的第三方支付平台应运而生。消费者支付的资金会暂存于该平台,待消费者验证货物后,平台才会将支付款项转至商家账户。第三方支付的出现有效规避了交易风险,促进了电子商务的发展。它具有以下四个显著特点。

(一)简单化

以往的支付手段流程繁琐、速度不够快,第三方支付的出现简化了支付的流程。第三方支付平台使商家和消费者之间的交易由第三方来完成,让交易变得更加简单。

(二)便利化

第三方支付将多种银行卡支付方式整合到一个界面,消费者和商家不再需要在多个银行开设不同的账户。第三方支付平台负责交易结算和与银行对接,给消费者带来更加便利的支付体验。

(三)安全性

一方面,第三方支付平台具有较高的信用,值得消费者信赖。另一方面,通过第三方支付平台实现的交易,货款暂存于第三方支付平台,保证了资金的安全。从理论上讲,第三方支付平台的出现减少了电子交易中的欺诈行为。

(四)开放性

第三方支付平台是一个开放系统。几乎所有的第三方支付平台都支持全国大多数银行的各类银行卡及全球范围内的国际信用卡在线支付,可以为用户提供广泛的支付服务。

目前,第三方支付已不局限于互联网支付,而是发展为线上线下全面覆盖、应用场景更为丰富的综合支付工具。智研咨询的报告显示,截至2020年年底,中国第三方移动支付交易规模为249.2万亿元,较上年增加23.1万亿元,同比增长10.2%。艾瑞咨询《2021年中国第三方支付季度数据发布》指出，2021年第一季度，我国第三方互联网支付(通过PC端完成支付)交易规模约为5.9万亿元，相比2020年第四季度增长4.9%；我国第三方移动支付(通过移动端完成支付)交易规模增长至74.0万亿元，同比增长39.1%。总体呈现第三方支付规模持续增长的态势，移动支付将逐渐成为主流。

三、互联网第三方支付

互联网第三方支付也称为第三方互联网支付，是指客户为购买特定商品或服务，通过计算机、手机等设备，通过互联网发起支付指令，实现货币资金转移的金融服务。第三方互联网支付可以分为以下模式。

（一）独立支付网关模式

独立支付网关模式是指第三方支付机构为用户提供进行订单处理和支付服务的平台。第三方支付平台本身不会开设独立的商业网站，它分别通过消费者、商户和银行签订合同并提供服务。该平台通常仅涉及支付和支付结算解决方案。独立支付网关模式提供一种纯粹的中介服务，是最早的第三方互联网支付服务模式。由于只提供支付服务，这种支付方式的建立相对容易，往往只需要相应的技术支持，不需要强大的财务保障。但缺点是不能单独操作，必须附加到相应的在线支付平台才能操作。

（二）信用中介模式

为了提高买卖双方对网上交易的信任度、确保资金和货物畅通，第三方互联网支付机构作为信用中介出现，主要提供"信用担保"和"收付"服务。买卖双方达成交易意向后，买方应通过第三方支付平台将支付的资金存入其提供的注册账户，确认收货后通知第三方支付平台支付，最后第三方支付平台将买方支付的资金转移到第三方支付平台上的卖方账户。信用中介模式的第三方互联网支付机构通常会建立一个特殊的电子商务网站。目前，大多数第三方互联网支付平台都采用信用中介模式。其优点是在促进创新的基础上，依靠电子商务网站为用户提供服务，同时通过提供全额预付款来提高信誉和知名度。然而，其缺点是在交易期间易发生欺诈行为。此类支付模式的典型代表有支付宝、财付通，在第三方支付市场中占有较大份额。

（三）附加到电子商务网站模式(电子商务网站内生模式)

随着提供特定产品的购物网站数量的增加，为了满足自身发展的需要，许多独立运营的电子商务平台都专门建立了第三方支付平台。这种支付模式可以看作是电子商务网站提供的附加服务。电子商务网站通常资金充足，可以提供强有力的技术支持。但是，与上述两种第三方互联网支付模式相比，其缺点是缺乏独立性。这种支付模式主要存在于B2B、B2C电子商务模式中，服务于较为特殊的电子商务平台。

四、典型的第三方支付平台

随着移动互联网的快速发展，人们也愈发倾向于使用手机完成购物、打车、旅游等的支付，而在这个过程中也出现了微信支付等众多支付方式，其也被称为第三方支付。目前，较大规模的第三方支付平台有支付宝和微信支付。这两种平台已经成为国内的主流。除此之外还有像财付通、快钱、贝宝和易付宝等其他第三方支付平台。

（一）支付宝

支付宝是阿里巴巴旗下的第三方支付平台。2003年10月,淘宝首次推出支付宝服务,其只是作为淘宝网的支付工具。2004年12月,支付宝率先推出了"担保交易"的服务模式,从淘宝网的第三方担保平台向独立的第三方支付平台发展。后又推出"全额赔付",提出"你敢用,我敢赔"的承诺,这使得网上支付安全得到了有力的保障。支付宝最大的特点是"消费者收货满意后,商家才能拿到钱"从而保障了交易过程的安全和可靠。支付宝之所以有如此的成绩,除了它"出道早",还与其"可以办到的事情多"分不开。支付宝主要提供支付及理财服务,涉及网购担保交易、网络支付、转账信用卡还款、手机充值、水电气缴费和个人理财等多个领域。凭借着支付宝不断丰富的移动支付场景和服务,全国众多门户小商家靠二维码贴纸实现了收银数字化。市民在支付宝的"城市服务"中可以办理包括社保、交通等多种业务。在金融理财领域,支付宝还推出了余额宝、招财宝和股票等理财产品。

案例分析

支付宝获得卢森堡电子货币许可证

从外媒了解到,阿里巴巴旗下的金融科技公司支付宝(Alipay)已经在卢森堡获得了电子货币牌照。有了这个牌照,支付宝就可以服务于欧洲市场。此前,支付宝已经在伦敦设立了一家持牌实体,如今,它可以为欧洲各地的客户提供服务了。

卢森堡新成立的支付宝(欧洲)有限公司由卢森堡财政部部长Pierre Gramegna在中国香港正式宣布,电子货币机构许可证允许该公司在欧盟范围内提供金融服务。

有了新的PSD2(修订后的支付服务指令)许可证,支付宝不仅可以服务欧洲各地的客户,还可以将中国用户与欧盟国家的线上线下零售商联系起来。"支付宝是卢森堡金融生态系统中一个受欢迎的新成员,将进一步巩固其作为欧洲领先金融科技和电子商务中心的地位,"卢森堡财政部部长表示,"这将大大有助于加强欧洲和中国之间的关系。"

在在线支付平台业务上,支付宝是中国市场的领导者。许多线上线下零售商都在使用阿里巴巴旗下的金融服务。消费者将这项服务作为数字钱包使用,用来预订酒店、打车、购买电影票、支付物业费用、预约医生等。

资料来源:电商报.支付宝获得卢森堡电子货币许可证[EB/OL].(2019-01-21)[2023-03-04].http://www.dsb.cn/93584.html.

思考题:1. 相较于传统的支付方式,使用电子货币支付的优势有哪些?
2. 支付宝是怎样进入欧洲市场的?

（二）财付通与微信支付

财付通是腾讯公司于2005年9月推出的在线支付平台。财付通依靠腾讯公司利用微信和QQ超过10亿用户的优势,同时借助微信支付、QQ钱包两种新支付入口的快速发展,市场份额进一步扩大。

微信支付以"微信支付,不止支付"为核心理念,为个人用户创造了多种便民服务和应用场景。微信支付为各类企业以及小微商户提供了专业的收款能力、运营能力、资金结算解决方案,以及安全保障。用户可以使用微信支付来购物、吃饭、旅游、就医、交水电费等。企业、商品、门店、用户已经通过微信连在了一起,让智慧生活变成了现实。微信支付已实现刷卡支付、扫码支付、公众号支付、APP 支付等,并提供企业红包、代金券、立减优惠等营销新工具,满足用户及商户的不同支付场景。

(三) 快钱

快钱公司(快钱)是国内领先的独立第三方支付企业,旨在为各类企业及个人提供安全、便捷和保密的综合电子支付服务。快钱的支付产品丰富,覆盖人群广泛,其推出的支付产品包括但不限于人民币支付、线下 POS 收单、跨境支付、聚合收单、代收代付、数字人民币支付等。

快钱公司是国内第一家提供基于电子邮件和手机号码的网上收付款服务的互联网企业,以提供在线收付款服务为核心内容,同时不断更新及拓展新服务领域,本着安全、便捷的宗旨,为用户提供更好的服务。用户可以通过银行卡、银行账户、网银转账或线下充值等方式为快钱账户充值,充值完成后即可用账户内的资金安全轻松地进行在线支付。

(四) 贝宝(PayPal)

PayPal 公司成立于 1998 年 12 月,是美国 eBay 公司的全资子公司。PayPal 公司利用现有的银行系统和信用卡系统,通过先进的网络技术和网络安全防范技术,在全球 190 多个国家为超过 2.2 亿个人以及网上商户提供安全便利的网上支付服务。

贝宝是由上海网付易信息技术有限公司与 PayPal 公司通力合作,为中国市场量身定做的网络支付服务。利用 PayPal 公司在电子商务支付领域先进的技术、风险管理与控制以及客户服务等方面的能力,贝宝公司已同国内多家主要银行以及中国银联支付服务公司(China Union Pay)等结成战略合作,为网上交易的个人与企业提供支付服务。

贝宝和 PayPal 是独立运作的两个网站。由于中国现行的外汇管制等因素,贝宝仅在中国地区受理人民币业务。对于从事跨国交易的卖家,建议使用 PayPal 账户。

(五) 易付宝

易付宝是苏宁易购旗下的一家独立的第三方支付公司。在苏宁易购的注册会员同步拥有易付宝账户,可以在苏宁易购上直接给易付宝账户充值,用易付宝直接支付。易付宝注册会员数超过 3 000 万,年交易量近 200 亿元,已和全国 20 多家主流银行建立了深入的战略合作关系,线上支付覆盖全国 100 多张银行卡。

第四节 移动支付概述

一、移动支付的概念

移动支付是指移动客户端利用手机等电子产品来进行电子货币支付。移动支付将互联网、终端设备、金融机构有效地联合起来,形成了一个新型的支付体系。移动支付开创了新的支付方式,使电子货币开始普及。

移动支付是互联网时代一种新型的支付方式,其以移动终端为中心,通过移动终端对所购买的产品进行结算支付。移动支付的主要表现形式为手机支付。移动支付是第三方支付的衍生品。第三方支付实质上作为信用中介,为交易的支付活动提供一定的信用保障,从而消除由于买卖双方信息不对称而产生的信用风险。

二、移动近场支付与移动远程支付

根据传输方式的不同,移动支付可以分为移动近场支付与移动远程支付。

(一)移动近场支付

移动近场支付是指消费者在购买商品或服务时,即时通过手机完成支付。其支付的处理方式在现场进行,使用手机射频(near field communication,NFC)、红外、蓝牙等通道,实现与自动售货机以及POS机的本地通信。NFC近距离无线通信是目前移动近场支付的主流技术。它是一种短距离的高频无线通信技术,允许电子设备之间进行非接触式点对点数据传输交换数据。

移动近场支付是国际上比较主流的模式。它的优点包括:一是操作快捷、交易时间短。二是灵敏度高,在读卡机上差不多放准就可以了。三是安全性高。此外,移动近场支付和普通智能卡技术完全是兼容的。移动近场支付一般覆盖区域包括电信运营商、区域电子商务、交通、金融、社保、电子消费、身份识别等领域;支付服务涉及运营商与区域银行的合作,但三方(支付方、运营商和区域银行)在信号频率、数据安全标准等方面还有很多工作细节需要规范。

(二)移动远程支付

移动远程支付是指通过发送支付指令(如网银、电话银行、手机支付等)或借助支付工具(如通过邮寄、汇款)进行的支付方式。例如,支付宝推出的支付宝钱包、亲密付、手机充值等都属于远程支付。

移动远程支付一般也指线上支付,是指利用移动终端通过移动通信网络接入移动支付后台系统,完成支付行为的支付方式。根据交易对象的不同,移动远程支付也分为远程转账(个人对个人)和远程在线支付(个人对企业)。一个典型的移动远程支付流程是:用户通过移动终端在电子商务网站购买产品后,按照商家提供的付款界面,跳转至手机银行或第三方移动支付页面完成支付。此外,通过短消息服务、互动式语音应答等方式进行的移动支付也属于移动远程支付。

根据使用的技术类型的不同,远程支付技术方案主要包括短信支付、客户端(无卡)支付、智能卡支付和移动终端外设支付四种。

(1)短信支付。是指用户通过编辑、发送短信完成的支付业务。

(2)客户端(无卡)支付。是指用户通过移动互联网浏览器或客户端,经互联网与支付平台交互完成支付的业务。

(3)智能卡支付。是指用户通过存储支付数据的智能卡进行安全认证的远程支付业务。(第七章中的智能卡是指集成了安全运算单元和安全存储的集成电路卡片,包括SIM或UIM卡、SD卡、手机内置SE等形态)。

(4)移动终端外设支付。是指通过移动终端的外接设备完成刷卡支付的业务。

 知识拓展

第三方支付与移动支付的区别

第三方支付和移动支付有着紧密的联系,但同时两者也有一定的区别。从定义上看,第

三方支付是支付结算的方式,主要指的是运营机制;而移动支付是一种支付方式,借助移动终端来完成支付。从流程上看,移动支付只在商家和消费者之间进行,主要是消费者通过移动支付,将消费金额转到商家账户上;而第三方支付的流程则更复杂,即消费者选购商品后,货款被存放在第三方支付平台的账户上,待消费者确认收货后,第三方支付平台才将其账户上的货款划入商家账户,完成交易。

移动支付与普通支付最大的不同在于,交易资格审查的处理过程需涉及移动网络运营商以及所使用的浏览协议。移动支付的具体交易流程如下:

(1) 消费者通过互联网在商家提供的消费平台上选择商品,然后将购买指令发送到商家运营系统。

(2) 商家管理系统将购买指令发送到无线运营商综合管理系统,再通过支付系统将信息发送至消费者手机上请求确认。

(3) 消费者通过手机或消费平台将确认购买指令发送到商家管理系统。

(4) 商家管理系统将消费者确认购买指令转交给无线运营商综合管理系统,请求缴费操作。

(5) 无线运营商综合管理系统在消费者缴费后将信息发送至商家管理系统,告知商家可以交付商品或服务,并保留记录。

(6) 商家管理系统交付商品或服务给消费者,并保留交易记录。

三、移动支付的特点

(1) 时空限制小。互联网时代下的移动支付打破了传统支付对于时空的限制,用户可以随时随地进行支付活动。传统支付以现金支付为主,需要用户与商户之间面对面支付,因此,对支付时间和地点都有很大的限制。移动支付以手机支付为主,不受时间和空间的限制,如用户可以随时随地在淘宝等网上商城进行购物和支付活动。

(2) 方便管理。用户可以随时随地通过手机进行各种支付活动,并对个人账户进行查询、转账、缴费、充值等。用户也可随时了解自己的消费信息。这给用户的生活提供了极大的便利,也更方便用户对个人账户进行管理。

(3) 隐私度较高。用户将银行卡与手机绑定,在进行支付活动时,需要输入支付密码或指纹,且支付密码不同于银行卡密码。这使得移动支付较好地保护了用户的隐私,其隐私度较高。

(4) 综合度较高。移动支付有较高的综合度,为用户提供了多种不同类型服务。例如,用户可以通过手机缴纳家里的水、电、气费,进行个人账户管理,以及进行网上购物等各类支付活动。

移动支付消费金额持续增长

移动支付现在已经越来越多地深入到人们的生活当中。中国银联发布报告,通过对全国16万人进行的调查,2019年移动支付在个人消费金额中的占比首次突破一半,已成为最常用的支付方式。

中国银联的调查报告显示,2019年移动支付在个人消费金额中的占比达到64%,而2018年这一比例还不到四成。从消费金额看,2019年人均移动支付消费金额每月已超过2 900余元,比2018年上涨11%,月均消费5 000元以上的受访者达到20%。移动支付已经深入到人们生活的方方面面。

调查报告还显示,去年平均每人每天使用移动支付的次数已超过3次,"90后"和"00后"人群更喜欢使用移动支付方式,移动支付在他们总消费支出中的占比分别为83%和75%。此外,二维码支付是人们使用得最多的移动支付方式。

资料来源:央视网.移动支付占比超六成,移动支付消费金额持续增长[EB/OL].(2020-04-03)[2023-03-14]. http://news.cctv.com/2020/04/03/ARTITW4jDksUjEB45QfS3 Kdl 200403.shtml.

思考题: 为什么移动支付消费金额会持续增长?

四、移动支付的发展趋势

(一)移动支付将引领"无现金"时代

移动支付的不断普及,支付宝、微信支付等第三方支付平台的不断发展,越来越多的用户开始使用手机进行移动支付。现如今,人们已经很少会带现金出门,毕竟随处都可以使用移动支付方式付款,例如,人们乘车、吃饭、玩乐、购物均可以扫码付款。移动支付已全面渗入人们的生活当中,有时人们外出游玩仅靠一部手机就足够了。由此看来,移动支付将引领人们进入到"无现金"时代。

(二)移动支付将更重视信息安全

随着移动支付不断地深入生活,人们将会越来越重视其信息安全的问题。移动支付平台与人们的银行卡相关联,保存了个人的隐私信息。一旦这些信息被泄露,将给人们的生活带来很多的麻烦。例如,个人财产可能会被窃取,财产安全得不到保障,可能会被骚扰,从而影响正常生活等。这也体现了移动支付信息安全的重要性。随着未来移动支付技术的不断完善和发展,移动支付的信息安全系数将会逐渐提高。

(三)移动支付覆盖范围会扩大

移动支付的应用,除在国内快速发展外,其热潮也早已蔓延到了国外。支付宝、微信支付等移动支付平台开始逐渐在国外兴起。随着跨境电子商务的兴起和发展,国内消费者可以随时随地通过跨境电子商务平台购买国外的各类产品;在出境旅游方面,国内消费者也可以通过携程、同程等旅游电子商务平台预订国外酒店、机票等,这都需要通过移动支付平台进行结算付款。由此得知,移动支付的覆盖范围正在逐步扩大。

课 堂 测 试

班级_____ 姓名_____ 学号_____ 成绩_____

一、单项选择题(本大题共 10 小题,每题 4 分,共 40 分)

1. 目前电子商务支付的几种方式中,使用频率较高的是(　　)。
   A. 电子现金　　　B. 电子钱包　　　C. 银行卡　　　D. 电子支票
2. 电子支付的关键要求是(　　)。
   A. 技术　　　　　B. 安全　　　　　C. 成本　　　　D. 交互
3. 基于移动终端,通过接入通信网络使用近距离通信技术完成电子支付的方式是(　　)。
   A. 网上支付　　　B. 手机支付　　　C. 移动支付　　D. 智能卡
4. 电子商务的快速发展促进了网上银行的产生,世界上第一家纯网上银行是(　　)。
   A. SFNB　　　　　B. 微众银行　　　C. 花旗银行　　D. 中国银行
5. 下列各项中,属于第三方支付平台的是(　　)。
   A. 淘宝　　　　　B. 京东　　　　　C. 微信　　　　D. 支付宝
6. 下列各项中,不属于安全电子交易协议(SET)的运行目标的是(　　)。
   A. 防止数据被窃取
   B. 保证电子商务参与者信息的相互隔离
   C. 解决消费者、在线商店的认证问题,但不能对银行认证
   D. 保证网上交易的实时性
7. 电子支付的主体不包括(　　)。
   A. 银行　　　　　B. 客户　　　　　C. 商家　　　　D. 支付网关
8. 银联闪付属于(　　)。
   A. 信用卡付款　　　　　　　　　　B. 电子现金付款
   C. 电子支票付款　　　　　　　　　D. 银行转账付款
9. 用于开放网络进行信用卡电子支付的安全协议是(　　)。
   A. SSL　　　　　B. TCP/IP　　　　C. SET　　　　　D. HTTPS
10. 第三方支付平台"支付宝"属于(　　)。
    A. 虚拟账户支付模式　　　　　　　B. 行业支付模式
    C. 银联电子支付模式　　　　　　　D. 以上都不是

二、多项选择题(本大题共 5 小题,每题 6 分,共 30 分)

1. 与传统支付方式相比,电子支付的特点有(　　)。
   A. 电子支付通过数字化方式来完成,其技术手段更加先进

B. 电子支付的环境是一种封闭的环境,更加安全
C. 电子支付对软、硬件设施的要求更高
D. 电子支付的使用条件比较简单,并且支付费用低廉
2. 网上银行的特点有(　　)。
   A. 个性化　　　　B. 智能化　　　　C. 多样化　　　　D. 简单化
3. 按照经营组织的形式,可以将网上银行分为(　　)。
   A. 分支型网上银行　　　　　　B. 个人网上银行
   C. 企业网上银行　　　　　　　D. 纯网上银行
4. 按照银行卡的结算方式,可以将银行卡分为(　　)。
   A. 信用卡　　　　B. 借记卡　　　　C. 复合卡　　　　D. 储蓄卡
5. 下列对于第三方支付和移动支付的说法中,错误的有(　　)。
   A. 第三方支付就是移动支付
   B. 第三方支付和移动支付的交易流程相同
   C. 第三方支付是一种结算方式,移动支付是一种支付方式
   D. 第三方支付与移动支付毫不相干

三、判断题(本大题共5小题,每题6分,共30分)

1. 支付网关的主要作用是保障电子支付过程的安全。　　　　　　　　(　　)
2. 电子钱包是一种电子货币。　　　　　　　　　　　　　　　　　　(　　)
3. 电子支付是指电子交易的当事人,使用安全电子支付手段,通过银行进行的货币支付或资金流转。　　　　　　　　　　　　　　　　　　　　(　　)
4. SET协议又称为安全电子交易协议。　　　　　　　　　　　　　　(　　)
5. 使用电子现金前,银行和商家之间应有协议和授权的关系。　　　　(　　)

第八章　电子商务物流管理

知识导航

```
                              ┌─ 电子商务物流的概念与功能
                              ├─ 电子商务物流的作用
         ┌─ 电子商务物流概述 ─┤
         │                    ├─ 电子商务物流的特点
         │                    └─ 电子商务物流的效益
         │
         │                    ┌─ 自营物流
         │                    ├─ 第三方物流
         ├─ 电子商务物流管理模式 ─┤
         │                    ├─ 第四方物流
         │                    └─ 物流联盟
         │
         │                    ┌─ 电子商务物流配送中心的概念
         │                    ├─ 电子商务物流配送订单履行的基本内容
电子商务物流管理 ─┤ 电子商务物流配送管理 ─┤ 电子商务物流配送的作业流程
         │                    ├─ 电子商务物流配送中心管理
         │                    └─ 电子商务物流配送质量的评价指标
         │
         │                              ┌─ 电子商务物流包装
         ├─ 电子商务物流包装、仓储与冷链保鲜 ─┤ 电子商务物流仓储
         │                              └─ 电子商务物流冷链保鲜
         │
         │                    ┌─ 智慧物流的概念
         └─ 智慧物流概述 ─────┤ 智慧物流的产生与发展趋势
                              └─ 智慧物流的技术
```

学习目标

1. 掌握电子商务物流的概念与功能。
2. 了解电子商务物流管理模式。
3. 掌握电子商务环境物流配送管理的相关概念。
4. 了解智慧物流的发展趋势。

【思政课堂】

电子商务云仓托管为店家抢占"C位"

开一家网店,跻身于线上营销行列,已经是营销领域的必经之路。在各大网购平台搭建展位,做好产品展示,将宝贝打造得光鲜亮丽,是每家店铺必须具备的基本技能。店家是否能够博得买家眼球,让买家驻足浏览、果断下单,这不仅要有很好的展示效果,亲民的价位,店铺销量与店铺口碑也是非常重要。

电子商务运营得风生水起,销量爆棚,是店家的经营策略与管理才能所致。而仓储物流管理是否到位、订单配发是否及时、服务是否全面,直接关乎店铺的声誉与销量。为此,店家要大费周折,在人力、物力、财力、精力等方面的投入不亚于对店铺管理的投入,这给店家带来很多困扰,内耗严重,费时费力。如果店家只关注产品展示和店铺浏览量,而忽略了仓储物流的重要性,顾此失彼,很容易将自己带入误区,逐渐被行业所排挤,销量不断下滑。

对于电子商务云仓托管,可能很多店家都不太了解,即便有所耳闻也不想涉足,对电子商务云仓托管的实际功效也抱有怀疑。电子商务云仓托管之所以不能被店家认同与接受,主要原因是店家没有对这种运营模式进行深入了解,没有聚焦在仓储物流智能化的成果。电子商务云仓托管企业,无论从企业规模,还是企业智能化程度,都是传统仓储企业无法比拟的。相比之下,两种运营模式的产能与收益状况有天壤之别。对电子商务店家而言,仓储物流应起到承上启下的作用,既要能够管理好库存商品、实现订单精准配发,又要能够保证将商品安全、快速、廉价地送到买家手中,只有这样才能让自己在营销平台立于"不败之地"。

资料来源:有朋仓储.电子商务云仓托管能大幅减少仓储物流资源内耗[EB/OL].(2023-02-08)[2023-03-11]. https://baijiahao.baidu.com/s?id=1757238740043229125&wfr=spider&for=pc.html.

思考题:电子商务与物流有什么关系?为什么说做好电子商务的同时要不断改进物流效率?

第一节 电子商务物流概述

我国电子商务物流企业不断发展壮大,经营模式不断创新,服务能力不断提升。作为现代物流业的重要组成部分,电子商务物流通过发挥供应链条长、突破时空限制、联系生产生活等优势,已广泛深入地渗透到生产、流通、消费等各个领域,成为推动我国国民经济发展的新动力、新引擎。

一、电子商务物流的概念与功能

(一)电子商务物流的概念

现代物流以系统理论为出发点,考虑各因素的互动影响,通过"物流八最原则"(最合适的运输工具、最便利的联合运输、最短的运输距离、最合理的包装、最少的仓储、最短的时间、最快的信息、最佳的服务)的策划,实现商品较低成本及较好效果并举的唯一结果。

物品从供应地向接收地的实体流动过程,根据实际需要,将运输、储存、装卸、搬运、包装、流通加工、配送、信息处理等基本功能实现有机结合;将物流管理定义为:为以合适的物流成本达到用户满意的服务水平,对正向及反向的物流过程及相关信息进行的计划、组织、协调与控制。

电子商务物流是一种全新的现代化物流服务,凭借其自身准确、迅速的响应给电子商务活动的各方参与者提供相应的服务,在提高物流运行效率的同时降低了企业的运营成本,并且有效地刺激了社会需求,提高了整个经济社会的福利,促进社会经济的不断发展。由于电子商务物流服务的快速响应能力和其自身所具有的与传统物流服务的差异,电子商务物流通常被人称为电子商务快递服务。

电子商务物流是主要服务于电子商务的各类物流活动,包括为电子商务提供运输存储、装卸、搬运包装、流通加工配送代收货款、信息处理退换货等服务,是物流业在电子商务新时期演变成长的全新物流业态,具有时效性强、服务空间广、供应链条长等特点。加快电子商务物流发展,对于提升电子商务水平、降低物流成本、提高流通效率、引导生产、满足消费需求、促进供给侧结构性改革等都具有重要意义。

以快递业为代表的电子商务物流在快速发展过程中与互联网结合紧密,在服务网络零售的同时,也建立了密集的干线和末端网络,为新消费提供了强有力的物流服务能力。市场电子商务、直播电子商务、社区零售等新模式成为电子商务物流新的增量空间。数字化进程加快,智能化、无人化等技术的不断创新,使得电子商务物流行业正由规模驱动向技术驱动转变。在"碳达峰、碳中和"的战略目标下,建设全链路绿色物流管理体系成为电子商务物流新课题。

(二) 电子商务物流的功能

电子商务物流的功能主要包括运输、储存、搬运、装卸、包装、配送、流通加工、信息处理等。

(1) 运输。运输功能是物流的主要功能之一。运输是用设备和工具,将物品从一地点向另一地点运送的物流活动。其中包括集货、分配、搬运、中转、装入、卸下、分散等一系列操作。它是"第三利润源"的主要源泉。运输的形式主要有铁路运输、公路运输、水上运输、航空运输和管道运输等。

(2) 储存。储存功能是物流的基本功能之一。储存是指保护、管理、储藏物品,具有时间调整和价格调整的功能。它的重要设施是仓库,在商品入库信息的基础上进行入库管理。

(3) 搬运。搬运功能是指在同一场所内,对物品进行水平方向移动为主的物流作业。

(4) 装卸。装卸功能是指在指定地点以人力或机械装入运输设备或从运输设备卸下。它是一种将垂直方向移动作为主流的物流作业。

(5) 包装。包装功能是指在流通过程中,为保护产品、方便储运、促进销售,通过一定技术方法采用容器、材料及辅助物等的总体名称。

(6) 配送。配送功能是指对物品进行挑选、加工、分割、组配等工作,再将物品送到指定的目的地方。

(7) 流通加工。流通加工功能是指根据需要对商品进行包装分割、刷标志、组装等作业活动。

(8) 信息处理。信息处理功能是指预测诸如采购、生产、市场、成本等方面的信息，方便企业对物流活动产生的成本进行核算，并对今后的物流活动进行优化。

二、电子商务物流的作用

（一）提高物流业的地位

电子商务把商务、广告、订货、购买、支付、认证等实物和事务处理虚拟化、信息化，使它们变成脱离实体进而能在网络上处理的信息，又将信息处理电子化，从而强化了信息处理、弱化了实体处理。这将导致产业重组，使原有的一些行业、企业逐渐压缩乃至消亡，可能只剩下两类行业：一类是实业，包括制造业和物流业；一类是信息业，包括服务、信息处理业务等。在实业中，物流企业会逐渐强化，是因为其在电子商务里必须承担更重要的任务：既要把虚拟商店的货物送到用户手中，还要从生产企业及时进货入库。物流公司既是生产企业的仓库，又是用户的实物供应者。物流企业成了代表所有生产企业及供应商对用户的唯一最集中、最广泛的实物供应者。物流业成为社会生产链条的领导者和协调者，为社会提供全方位的物流服务。电子商务把物流业推向前所未有的高度，为物流提供了空前发展的机遇。

（二）整合供应链

1. 供应链短路化

在传统的供应链渠道中，产品从生产企业流到消费者手里要经过多层分销商，流程很长。而电子商务缩短了生产厂家与最终用户之间在供应链上的距离，改变了传统的结构。企业可以通过自己的网站绕过传统的经销商与客户直接沟通，降低了流通，缩短了流通时间，使物流路径缩短。

2. 供应链中货物流动方式由"推动式"变成"拉动式"

传统的供应链中，由于供销之间的脱节，供应商难以得到及时而准确的销售信息，货物的流动是"推动式"的。而在电子商务环境下，供应链实现了一体化，供应商与零售商、消费者通过因特网连在了一起，通过 POS（销售终端系统）、EOS（电子订货系统）等方式供应商可以及时准确地掌握产品销售信息与客户信息，使货物的流动变成"拉动式"，实现了销售方面的"零库存"。

知识拓展

现代物流迎来首份国家级五年规划

现代物流是经济的"经脉"，一头连着生产、一头连着消费，是延伸产业链、提升价值链、打造供应链的重要支撑，在构建现代流通体系、促进形成强大国内市场、推动高质量发展、建设现代化经济体系中发挥着先导性、基础性、战略性作用。国务院办公厅发布了《"十四五"现代物流发展规划》（以下简称规划）。这是我国现代物流领域第一份国家级五年规划，是"十四五"时期推动现代物流发展的纲领性文件，对加快构建现代物流体系、促进经济高质量发展具有重要意义。

规划明确，按照"市场主导、政府引导，系统观念、统筹推进，创新驱动、联动融合，绿色低碳、安全韧性"原则，到2025年，基本建成供需适配、内外联通、安全高效、智慧绿色的现代物流体系，物流创新发展能力和企业竞争力显著增强，物流服务质量效率明显提升，"通道＋枢纽+网络"运行体系基本形成,安全绿色发展水平大幅提高,现代物流发展制度环境更加完善。展望2035年,现代物流体系更加完善,具有国际竞争力的一流物流企业成长壮大,通达全球的物流服务网络更加健全,对区域协调发展和实体经济高质量发展的支撑引领更加有力。

结合我国经济产业布局、现代物流发展空间格局,规划提出构建国内国际紧密衔接、物流要素高效集聚、运作服务规模化的"四横五纵、两沿十廊"物流大通道。重点依托国家综合立体交通网和主要城市群、沿海沿边口岸城市,促进国家物流枢纽协同建设和高效联动,对内建设串接东中西部、连接南北方的"四横五纵"9条国内物流大通道,提升相关城市群、口岸城市物流综合服务能力和规模化运行效率;对外建设"两沿十廊"国际物流大通道,包括沿海、沿边物流走廊以及10条国际物流通道,对接区域全面经济伙伴关系协定(RCEP)等,强化服务共建"一带一路"的多元化国际物流通道辐射能力,为构建新发展格局奠定坚实基础。

经过多年发展,我国已成为名副其实的物流大国。但同时,现代物流"大而不强"问题突出,规模经济效益释放不足,组织化、集约化、网络化、社会化程度不高,缺乏具有全球竞争力的现代物流企业,存量物流基础设施网络"东强西弱""城强乡弱""内强外弱",与世界物流强国相比仍存在差距。对此,规划综合采取措施,提升物流企业竞争力,提高物流服务质量效率,加快发展多式联运,补齐相关细分领域短板,健全"通道+枢纽+网络"运行体系,完善现代物流发展制度环境,通过上述措施协同发力,积极推动现代物流实现"由大到强"的转变。

此外,规划综合近年来各地发展实践和物流基础理论研究成果,提出"培育发展物流经济",促进现代物流与区域经济互促发展、良性互动。

资料来源:中国商报.现代物流迎来首份国家级五年规划[EB/OL].(2023-01-05)[2023-02-23].https://baijiahao.baidu.com/s?id=1754153987986755522&wfr=spider&for=pc.

(三)优化物流的流程

电子商务的优势之一就是能优化业务流程,降低电子商务企业整个供应链的运作成本。这是电子商务企业在竞争激烈市场中取胜的关键所在。在传统物流流程中,物流作业流程与围绕企业的价值链,以实现价值增值的目的,信息流、商流、资金流的作业流程综合在一起,安排每一个商品配送环节。电子商务物流是借助电子商务信息平台中的会员管理系统、订单管理系统、产品信息系统和网站管理系统进行运作的,这样的物流体系有利于电子商务企业提高采购效率,合理地规划配送路线,从而实现电子商务物流流程和配送体系的优化。

 案例分析

智能自提柜

扫描二维码,即可打开外卖智能取餐柜,真正做到零接触配送;蔬菜放上智能秤,无需手动输入便自动识别种类价格,实现"秒称重";买完菜,扫描购物单上二维码,可方便查询摊贩、批发商信息以及农残检测结果……

2021年8月23日,在2021中国国际智能产业博览会(以下简称智博会)上,饿了么携数

字经济三公里生活圈亮相智博会。通过"无接触配送"智能自提柜、网订店送医保支付演示体验设备和客如云智慧菜场一体化智能秤等,展示数字商业发展。

"这个'无接触配送'智能自提柜,让你的外卖配送更安全便捷。在'智慧菜场',你买的蔬菜、水果和肉类都可通过手机查询溯源、农残检测是否合格。"阿里巴巴本地生活公共事务部渝贵省域总经理刘洋在智博会接受采访时表示,聚焦"身边经济",打造以消费者为中心的三公里幸福生活圈,为本地生活市场带来数字化"新服务",助推数字商业发展,需要从重庆百姓的身边开始。

重庆作为"无接触配送"智能自提柜首批试点城市,已在人流密集的商务楼宇铺设了50个点位的智能自提柜。下一步,将根据对无接触配送需求,将"无接触配送"智能自提柜铺设到医院、高校和居民小区。

展厅的一角,番茄、黄瓜、茄子等蔬菜被放上智能秤,无需手动输入,设备便自动识别种类价格,实现"秒称重"。买完菜,消费者扫描购物单上二维码,可方便查询摊贩、批发商信息以及农残检测结果。另一边,可视化数据大屏,综合展示各类菜品实时价格、最新消费信息及各档口的销售情况。

截至2021年8月,阿里巴巴本地生活已在重庆市南岸区商委的指导下,试点开展了阳光农贸市场、古楼智慧生鲜市场等14个菜场的智慧化建设,全市首批试点实现了30个菜场的饿了么线上化接入。下一步将继续依托饿了么聚焦中小商家,将实体农贸市场延伸至线上,通过客如云收银设备与饿了么、口碑、淘宝实现对接,将商家生意延展到5米以外的3公里生活圈,方便消费者购物,也让摊贩增加收入、提效降本。

资料来源:人民网.饿了么提供数字化"新服务"打造3公里生活圈.[EB/OL].(2021-8-23)[2023-01-21]. http://cq.people.com.cn/n2/2021/0823/c367889-34880182.html.

思考题:随着科学技术的发展,电子商务物流相较传统物流还有哪些新发展?

三、电子商务物流的特点

(一)物流信息化

电子商务时代,物流信息化是电子商务的必然要求。物流信息化表现为物流信息的商品化、物流信息收集的数据库化和代码化、物流信息处理的电子化和计算机化、物流信息传递的标准化和实时化、物流信息存储的数字化等。因此,条码技术、数据库技术、电子订货系统(EOS)、电子数据交换(EDI)、快速反应(QR)、有效客户反映(ECR)、企业资源计划(ERP)等技术和观念,将在我国物流业中得到普遍的应用。信息化是一切的基础,没有物流的信息化,任何先进的技术装备都不可能应用于物流领域,信息技术及计算机技术的应用将彻底改变我国物流业的面貌。

(二)物流自动化

自动化的基础是信息化,自动化的核心是机电一体化,自动化的外在表现是无人化,自动化的效果是省力化。物流自动化可以扩大物流作业能力、提高劳动生产率、减少物流作业的差错等。物流自动化的设施非常多,如条码、射频自动识别系统,货物自动分拣与自动存取系统,自动导向车,以及货物自动跟踪系统等。

案例分析

物流自动化之争,顺丰再投5亿建自动分拣中心

2018年11月15日,北京市发改委公布批复书表示,同意北京顺丰在顺义建设全自动仓储分拣中心及配套设施项目。

据悉,该项目总建设用地面积73 186.44平方米,建筑规模57 146.46平方米(不含地下),主要建设内容为全自动分拣中心及配套设施。其中,项目总投资51 489万元,将全部由项目建设单位即北京华宝陆通汽车投资有限公司自筹解决。项目建成后,快递智能分拣日均处理量则将高达150万票。

如今,我国的快递市场规模越来越大,各企业之间的业务量也日益繁重。在商务件方面,顺丰日均件量已经达到700万件。在电子商务方面,中通快递和圆通速递的日均件量也都超过了1 200万件,这就对物流公司的物流处理能力提出了更高的要求,而这种能力单靠人工操作则是不可能实现的。

并且,分拣中心的主要工作大多数都是简单的重复性劳动。不仅用工需求大,而且人员流动也大,因而常常会出现人员短缺现象。此外,当今社会人力成本也在不断的上升,种种问题直接影响了分拣中心的管理运营和成本控制。

因此,从各方面看来,对于各快递企业来说,加强自身的基础设施建设、探索并且大力推广使用自动分拣设备都是一种必然的趋势。自动化设备越先进,企业整体运营效率越高,节省成本也就越多。物流之争就是自动化之争。据了解,我国自动化物流仓储系统市场保持年均28%以上的速度快速增长,市场规模已将近千亿元。几大物流公司也都闻风而动,先后在自动化领域进行了精心布局。

2018年10月,圆通速递在宣布启用其位于上海大虹桥板块的新总部大楼的同时,还推出集团目前最大的自动化分拣中心,并在其中安装了6套自动化分拣设备。2018年以来,该公司累计共投入了近40套自动化分拣设备,对近半转运中心进行改造。

与此同时,申通快递在"双11"业务高峰期到来之际,成功地将超过14个新建及改扩建转运中心陆续完工并投入使用。为提高分拣速度,提升快件的中转效率,2018年7月,北京申通也投资1 000余万安装了近万平方米的自动化分拣设备。

而中通快递方面,共在24个转运中心上线了的双层自动分拣系统。其中,株洲中通快递方面也表示,为了迎战"双11",该公司先后投入一千多万元,进行场地升级改造,并引进了一套包裹自动分拣设备。另外,百世快递南京转运中心负责人此前也曾介绍称,集团的自动化分拣线将在2018年"双11"期间上线运行,整个分拣线只需要20个人,剩下的分拣工作则全部实现"自动化"。

不过,目前我国在自动分拣方面还是处于一个相对落后的状态,总体应用仍呈现出了集约化程度低、自动化系统和设备应用范围不广泛等难点。自动分拣设备和系统的价格是阻碍它发展的一个现实原因。前期巨额的投资和长久的回收周期,让很多小企业都无力承担。

资料来源:电商报. 物流自动化之争,顺丰再投5亿建自动分拣中心[EB/OL]. (2018-11-14)[2022-12-27]. http://www.dsb.cn/90035.html.

思考题: 1. 顺丰通过哪些方法促进物流自动化?
    2. 物流的自动化技术,从哪些方面促进了电子商务物流的发展?

(三)物流网络化

物流网络化的基础也是信息化。这里指的网络化有两层含义：一是物流配送系统的计算机通信网络，包括物流配送中心与供应商或制造商的联系要通过计算机网络，另外与下游顾客之间的联系也要通过计算机网络通信。例如，配送中心向供应商提出订单，就可以使用计算机通信方式，借助于增值网（VAN）上的电子订货系统（EOS）和电子数据交换技术（EDI）自动实现。二是组织的网络化，即建立物流组织内部网络内联网。物流的网络化是物流信息化的必然，是电子商务下物流活动的主要特征之一。当今全球网络资源的可用性及网络技术的普及，为物流的网络化提供了良好的外部环境。

(四)物流智能化

物流智能化是对物流自动化、物流信息化的一种高层次应用。物流作业过程需大量的运筹和决策，如库存水平的确定、运输(搬运)路径的选择、自动导向车的运行轨迹及作业控制、自动分拣机的运行、物流配送中心经营管理的决策支持等问题都需要借助于大量的知识才能解决。在物流自动化的进程中，物流智能化是不可回避的技术难题。物流的智能化已成为电子商务环境下物流业发展的一个新趋势。

(五)物流柔性化

物流柔性化是指根据消费者需求的变化来灵活调节生产工艺。20世纪90年代，国际生产领域纷纷推出柔性制造系统(FMS)、计算机集成制造系统(CIMS)、制造资源系统(MRP-Ⅱ)、企业资源计划(ERP)以及供应链管理的概念和技术。这些概念和技术的实质是将生产、流通进行集成，根据需求组织生产，安排物流活动。因此，柔性化的物流正是根据生产、流通与消费的需求而发展起来的一种新型物流模式，它要求物流配送中心根据"多品种、小批量、多批次、短周期"的消费特色，灵活组织和实施物流作业。近年来，随着市场经济的快速增长，特别是连锁商业的发展，我国物流配送业的建设日益受到重视，各种形式的物流配送中心如雨后春笋般发展起来。全国各种类型的物流配送中心数量不断增加，其中上海和广东数量最多，但整体规模和水平较低。因此，认真研究电子商务环境下物流配送的特性，逐步掌握一系列物流配送技术，对于我国物流企业无疑是当务之急。

四、电子商务物流的效益

一个企业的物流是其综合能力的一种体现，目的是帮助企业以最低的总成本创造出价值。长期以来，人们将创造利润的环节集中关注在生产领域，因此把在生产过程中节约物质消耗而增加的利润称作"第一利润源泉"，把因降低劳动消耗而增加的利润称作"第二利润源泉"。由于前两个利润源潜力越来越小，对其进行利润开拓越来越困难，所以物流领域的潜力被人所重视，被称为"第三利润源泉"。

(一)降低社会物流总费用与GDP的比率

2021年，我国物流运行稳中有进，社会物流总额保持良好增势，社会物流总费用与GDP的比率稳中有降，"十四五"实现良好开局。2021年社会物流总费用16.7万亿元，同比增长12.5%；社会物流总费用与GDP的比率为14.6%，比2020年下降0.1个百分点。

(二)降低存货周转天数

发展现代物流最直接的效益就是有效降低存货周转天数，提高经济运行效率和质量。

2021年年末,我国规模以上工业企业产成品存货周转天数为16.8天,较2020年年末减少0.9天。

(三)加快应收账款周转

现代物流通过选择合理的配送模式,减少了商品在装卸、包装、运输等环节的耗费,提高了商品流转速度。2021年年末,我国规模以上工业企业应收账款平均回收期为49.5天,比2020年减少2.0天,应收账款周转加快,资金压力减轻。

案例分析

科技型物流企业——跨越速运

在物流行业竞争白热化阶段,跨越速运在成立之初就瞄准了快运物流"时效"服务,与大多数主营电子商务的民营快递企业不同,选择了限时达这一高端产品为切入点,并将市场定位在以B2B为主的企业客户。

以产品"限时达"为例,为了服务质量有保证,跨越速运选择了强管控、重投入的全网直营模式,在运营打法上融合,第三方物流与网络型快递企业的优点,通过接送货机制和高时效的空运干线运输网络快速反应,来保证运营时效和稳定。

跨越速运以销售、客服、运营组成的"铁三角",是其体系高效、稳定运转的基础。其实,真正的核心除以上提到的因素之外,其"永葆活力"的原因是跨越速运强大的后台技术支撑系统。跨越速运不遗余力地投入技术研发,坚持不断创新,是资本对其作出高估值和集体力挺的重要原因之一。

在"狼多肉少"的物流市场竞争中,跨越速运找到了属于自己的"一片天"。丰富多元的业务形态,主营的速运业务从空运进军到陆运,既有时效业务也有普运业务,皆支持零担或整车运输。跨越速运的每一次"提速",都是为了更好地服务于客户。以极致的时效和服务品质是其未来的方向,与时间赛跑,做到行业内最快送达。

资料来源:壹日报.科技型物流企业跨越速运,利用快运物流的优势提高时效[EB/OL].(2022-12-12)[2023-05-20]. https://baijiahao.baidu.com/s?id=1751991429883410145&wfr=spider&for=pc.

思考题:1. 现代的物流有什么特点?
2. 为什么物流公司要向科技型企业转型?

第二节 电子商务物流管理模式

电子商务物流管理模式是指根据现实的需要,构建相应的电子商务物流管理系统,形成有目的、有方向的电子商务物流网络,最终提出具体的电子商务物流解决方案。电子商务物流管理模式一般有自营物流、第三方物流、第四方物流以及物流联盟等。

一、自营物流

电子商务企业自身经营物流,称为自营物流。一般来说,电子商务企业自身组织物流,

可以说是自己掌握了经营的重要环节,有利于其控制交易时间,更好地在市场中竞争,更全面地了解其所属市场的情况与特点,从而保证电子商务企业自身的运作质量。

自营物流系统的核心是建立一个集物流、商流、信息流于一体的现代化新型物流配送中心。而电子商务企业在自建物流配送中心时,应该广泛地利用条码技术、数据库技术、电子订货系统、电子数据交换、快速反应以及有效的客户反应等信息技术和先进的自动化设施,使自营的物流配送中心能够满足电子商务对物流配送提出的各种新要求。

电子商务企业自营物流系统通常有两种情况:一是传统的大型制造业企业或批发企业经营的 B2B 电子商务网站,由于其自身在长期的经营中已经建立了较为完善的营销网络和物流配送体系,在开展电子商务时只需将物流系统加以改进,就可以满足新环境下对物流配送的要求。二是技术构建自身的适应业务需要的畅通、高效物流系统进行物流配送服务,与此同时也可以向其他电子商务公司提供第三方综合物流服务,以便充分利用物流系统的资源,实现规模效益。

(一)自营物流的优势

自营物流可以使电子商务企业对供应链有较强的控制能力,容易与其他业务环节密切配合,即自营物流可以使电子商务企业的供应链更好地保持协调、简洁与稳定。

1. 保持供应链协调

供应链的协调包括利益协调和管理协调。利益协调必须在供应链组织构建时将链中各企业之间的利益分配加以明确。管理协调则要求适应供应链组织结构要求的计划和控制管理以及信息技术的支持,协调物流、信息流的有效流动,降低整个供应链的运行成本,提高供应链对市场的响应速度。

2. 简化供应链

供应链中每一个环节都必须是价值增值的过程。非价值增值过程不仅会增加供应链管理的难度,以及产品或服务的成本,而且会降低供应链的柔性,影响供应链中企业的竞争实力。由于一个企业的物流流程相对比较简单,因此自营物流在设计供应链的组织结构时,可以根据企业的具体情况,简化供应链。

3. 保持供应链组织结构稳定

供应链是一种相对稳定的组织结构形式。从供应链的组织结构来看,供应链的环节过多,信息传导中就会存在扭曲信息,从而造成整个供应链的波动,稳定性就差。

自营物流使企业对供应链有更多的监控与管理能力,可以更容易地保持供应链的稳定。在信息安全方面,很多企业有不少内部的秘密,自营物流可以使企业保证自己的信息安全,避免内部物流与外部物流交叉过多而造成企业机密的流失。

(二)自营物流的劣势

1. 投入大

企业自营物流所需的投入非常大,建成后对规模的要求很高。大规模才能降低成本,否则企业将会长期处于不盈利的境地。

2. 缺乏物流管理能力

对于一个庞大的物流体系,建成之后需要管理人员具有专业化的物流管理能力,否则仅靠硬件是无法经营的。目前,企业内部从事物流管理的人员的综合素质还不够高,面对复杂多样的物流问题,经常是凭借经验或者说是主观的考虑来解决问题,成为了企业自营物流一大亟待解决的问题。

二、第三方物流

第三方物流(third party logistics,3PL)是指由物流的实际需求方(第一方)和物流的实际供给方(第二方)之外的第三方部分或全部利用第二方的资源通过合约向第一方提供的物流服务,也称合同物流、契约物流。它是物流专业化的一种形式。

第三方物流由于其技术先进,配送体系较为完整,已经成为电子商务物流配送的理想方案之一。除有实力的大企业自建物流系统外,更多的中小企业倾向于采取第三方物流的方式。根据调查资料表明,欧洲的第三方物流占其整个物流的比例为40%左右,美国的这一比例为50%,日本的这一比例为80%。

(一) 第三方物流的优势

第三方物流企业所追求的最高境界应该体现为物流企业对于其所面对的可控制资源与可利用资源进行最大限度上的合理化开发与利用。这种合理化表现为物流企业对于自身物流能力的客观评估与正确定位,对外部环境与市场需求的深刻了解与合理预期,对企业自身发展方向与发展时机准确把握,使物流企业能够将可控制资源与可利用资源进行有机融合。并在市场运作中以各类有效方法与措施使上述两种资源始终处于相互协调、相互支持的动态平衡状态,使之成为推动和促进物流企业实现其总体发展战略目标的重要原动力。

1. 节约成本

对于电子商务企业来说,自营物流会有很多隐性成本。例如,企业自行承担物流功能需要车辆、仓库、办公用房等固定资产,要负担相应的维修及折旧费用,要负担有关人员的工资奖金费用。而将物流业务外包给第三方物流公司,就可以享受全套物流服务。如果把外包物流与自营物流的总成本加以对比的话,外包物流的成本一般来说是相对低廉的。外包物流可以使电子商务企业把大批资金投入到产生高效益的主营业务上,避免在物流的基础设施建设上产生过多的浪费。

2. 应用现代电子信息技术,提高物流服务质量

第三方物流企业在获得信息技术基础设施的支持下,实现了数据的快速准确传递,提高了采购、订单处理、仓储管理、装卸运输、配货的自动化水平。

第三方物流企业投资建立的信息网络,其信息资源与客户企业共享,通过与客户的信息系统对接,形成以供应链为基础的高效、便捷的信息平台,提高了整个供应链的竞争力。

这种快速、高质量的服务,有助于塑造电子商务企业的良好形象,提高电子商务企业的信誉,提高消费者的满意程度,从而提高产品的市场占有率。

3. 提高经济效益,促进社会经济可持续发展

通过第三方物流企业科学合理地规划物流方案,电子商务企业可以提高运输效率、减少车流量,从而减少运输能源的消耗、减轻环境污染,促进社会经济可持续发展。

(二) 第三方物流的劣势

在我国的具体情况下,企业把物流外包给第三方物流公司,有以下两点需要注意。

1. 第三方物流企业是否成熟

我国第三方物流尚未成熟，没有达到一定的规模化与专业化，而且常常会造成外包物流的失败。外包物流失败的原因包括：①第三方物流企业缺乏合格的专业人员。②第三方物流企业一旦获得客户，保质保量完成合同的动力就消失了，这导致外包物流项目实施到后期，服务质量越来越差。③合同不规范或双方都不知道如何规定合同条款中的服务要求。缺少明确服务要求的合同已经成为导致物流外包失败的关键因素。

2. 容易受制于人

如果合作的第三方物流企业不成熟，电子商务企业过分依赖供应链伙伴，容易受制于人。例如，第三方物流企业送货不及时、送错货物、损坏货物，则会使委托的电子商务企业在供应链关系中处于被动地位。

 案例分析

德邦物流在大件配送领域"精耕细作"

德邦物流，风雨兼程二十六年，2018年在上海证券交易所挂牌上市。历经市场日新月异变化，德邦物流与无数商业伙伴并肩作战，共同成长。今天德邦物流已成为一家联动快递、物流、跨境、仓储与供应链的综合性物流供应商。

由于快递类型的不同，德邦物流针对性地推出小件快递和大件快递两种快递产品。小件快递细分为标准快递和特快专递，其采用标准定价与标准操作流程，为客户提供安全可靠、服务专业、高性价比的快递体验。而大件快递业务是其核心业务，"大件快递发德邦"已深深融入消费者脑海，成为消费者发件的首要选择。德邦物流长期在大件配送领域"精耕细作"，专注于揽件、中转、运输、交付等，每一个服务环节带给消费者高品质交付感。德邦物流还推出了"大件快递3.60"业务，即快递3千克至60千克免费送货上楼，让大件快递变得更便捷、更省心、更稳定、更可靠。

大件快递虽是德邦物流的核心业务，但它本身并不好做。随着电子商务的兴起，大件快递逐渐成为快递市场刚需，但是国内不少的快递企业还存在对大件快递的"歧视"和"偏见"。德邦物流作为快递行业的领先者，率先担负起引路人的角色，以推进国内快递行业的可持续发展为己任，面对新困难新挑战永不退缩迎难而上，肩负起引领行业向更高阶、更优质方向发展的使命。德邦物流在德邦战略发布会上正式推出大件快递360千克业务，其核心服务是"上至60千克免费上楼"，为所有消费者提供一体化的大件快递解决方案，让大件难题成为过去时。

大件快递已经是德邦物流承诺力的象征。德邦物流能提供用户所需要的附属服务，这也是消费者愿意主动选择德邦物流的原因。目前，"大件快递3.60"业务更新升级，其产品优势有以下几点：

（1）上楼无忧：上至60千克免费上楼，免除大件上楼之忧。

（2）包接包送：大小件齐发——接送全程包揽，2小时上门收货，大小件齐发。

（3）件数不限：一次下单，不限件数、不限总重，便捷省心。

（4）计价简单：全部采用首次收重报价，清晰明了，现场计费，方便对账。

（5）旺季不限收：专业做大件，无论淡旺季，都持续提供稳定的大件服务。

资料来源：中国财富网.德邦物流怎么样——大件配送领域精耕细作[EB/OL].(2022-12-12)[2023-01-27].https://baijiahao.baidu.com/s?id=1752010778618034969&wfr=spider&for=pc.

思考题：德邦物流在大件配送领域的"精耕细作"，说明第三方物流的发展有哪些特点？

三、第四方物流

第三方物流仅仅实现了物流一体化的基本目标，只能在局部范围内提高物流效率，无法综合利用社会所有的物流资源。第三方物流企业缺乏综合技能、集成技术、战略和全球扩展能力，为了克服这些局限性，安德森咨询公司提出了第四方物流(fourth party logistics, 4PL)的模式，安德森公司把第四方物流定义为"一个供应链集成商，他调集和管理组织自身的以及具有互补性的服务提供商的资源、能力和技术，以提供一个综合的供应链解决方案"。第四方物流可以通过整个供应链的影响力，提供综合的供应链解决方案，也为其顾客带来比第三方物流更大的价值。

全国首家能够提供供应链管理、物流咨询等高端增值服务的第四方物流公司——广州安得供应链技术有限公司将自己的业务范围定位于供应链和物流管理咨询、系统实施及物流培训等三大块，包括物流管理的战略性咨询，涉及战略采购、供应链重组、物流网络规划等，并向第三方物流企业提供一整套完善的供应链解决方案。

(一) 第四方物流的功能

(1) 供应链管理功能。即管理从货主到用户的整个供应链的全过程。

(2) 运输一体化功能。即负责管理运输公司、物流公司之间在业务操作上的衔接与协调问题。

(3) 供应链再造功能。即根据货主在供应链战略上的要求，及时改变或调整战略战术，使其保持高效率地运作。

(二) 第四方物流的特点

1. 提供综合性供应链解决方案

第四方物流是向客户提供综合性供应链解决方案，通过供应链的参与者将供应链规划与实施同步进行，或利用独立的供应链参与者之间的合作提高规模和总量；通过业务流程再造，将客户与供应商信息和技术系统一体化，把人的因素和业务规范有机结合起来，使整个供应链规划和业务流程能够有效地贯彻实施，使物流的集成化上升为供应链的一体化。

2. 整体功能转化

第四方物流通过战略调整、流程再造、整体性改变管理和技术，使客户间的供应链运作一体化。通过改善销售和运作规划、配送管理、物资采购、客户响应以及供应链技术等，有效地适应物流需求方多样化和复杂的需求，提高了客户的满意度和忠诚度。

3. 降低物流成本

第四方物流利用运作效率提高、流程增加和采购成本降低实现物流企业的低成本策略。流程一体化、供应链规划的改善和实施将使运营成本和产品销售成本降低。采用现代信息技术、科学的管理流程和标准化管理方法，能够减少存货而降低成本，使物流企业的综合经济效益得到大幅度提高。

四、物流联盟

物流联盟是介于独立的企业与市场交易关系之间的一种组织形态,是物流需求方即各种生产制造企业、商贸流通企业和物流企业间由于自身某些方面发展的需要而形成的相对稳定的、长期的契约关系。

物流联盟是以物流为合作基础的企业战略联盟。它是指两个或多个企业之间,为了实现自己生产发展目标、物流战略目标等物流相关战略目标,通过各种协议、契约而结成的优势互补、风险共担、信息共享、利益共享的组织。

利益是物流联盟产生的最根本原因。企业之间有共享的利益是物流联盟形成的基础。物流市场及其利润空间是巨大的,物流成本在西方发达国家占GDP的10%左右,而在我国占15%~20%之间。我国的市场规模与我国物流产业的效率低下形成鲜明的对比,生产运输企业通过物流或供应链的方式形成联盟有利于提高企业的物流效率,实现物流效益的最大化。

(一) 物流联盟的作用

从建立物流联盟安排的角度看,物流联盟的建立最明显的效果就是在物流合作伙伴之间减少了相关交易费用。由于物流合作伙伴之间经常沟通与合作,使得搜寻交易对象信息方面的费用大为降低。提供个性化的物流服务建立起来的相互信任与承诺,可减少各种履约的风险。物流契约一般签约时间较长,可通过协商来减少在服务过程中产生的冲突。

从建立物流联盟的过程看,联盟企业可以寻找合适的合作伙伴,能够有效地维持物流联盟的稳定性。双方出于自身的利益选择有效的长期合作是最优策略,进而双方可以充分依靠建立联盟机制协调形成的内部环境,减少交易的不确定性和交易频率,降低交易费用,实现共同利益最大化。

从建立物流联盟的绩效看,一个稳定、长期的合作会激励双方把共同的利润做大,获得稳定的利润率。从物流发展的角度看,物流联盟是企业与专业物流服务商建立的一种现代物流合作形式。在物流联盟中,随着物流组织的发展,供应链中的联系会进一步加深,同时,也会通过协作加深用户的物流需求,双方开展持续、诚信的合作,可以相互学到对方的优点如技术优势、丰富的经验等。

(二) 物流联盟的组建方式

1. 纵向一体化物流联盟

纵向一体化物流联盟是指上游企业和下游企业发挥各自的核心能力,发展良好的合作关系,从原材料采购到产品销售的全过程实施一体化合作,形成物流战略联盟。

2. 横向一体化物流联盟

横向一体化物流联盟是指由处于平行位置的几个物流企业结成联盟。它能够弥补现有物流市场条块分割的现状。

3. 混合模式

混合模式是指以一家物流企业为核心,联合一家或几家处于平行位置的物流企业和处于上下游位置的中小物流企业加盟组成物流联盟。这些物流企业通过签订联盟契约,共同采购、共同配送,构筑物流市场,形成相互信任、共担风险、共享收益的集约化物流伙伴关系。

尽管国内外的物流联盟在组织构成上存在着显著的不同,但却都显示出了强大的生命力。从国内外物流联盟形成特点及其运作方式来看,它是物流企业间为实现运作效率的提高而在职能分工的基础上进行优势互补的一种融合,是一种基于各自不同的核心竞争力的物流资源整合。

4. 以项目为管理联盟模式

以项目为管理联盟模式是指利用项目为中心,由各个物流企业进行合作,形成一个联盟的模式。这种联盟方式只限于一个具体的项目,因此联盟成员之间合作的范围不广泛,优势不太明显。

5. 基于供应链的动态联盟

在需求的不确定性大大增加的电子商务环境下,供应链必须具有足够的柔性,能够随时支持用新的平台和新的方式来获取原材料、生产产品、取悦顾客并完成最后的配送工作。而建立基于供应链的动态联盟可以极大地提高供应链的柔性。供应链从面向职能到面向过程的转变,使得企业抛弃传统的管理思想,把企业内部以及节点企业之间的各种业务看作一个整体功能过程,形成集成化供应链管理体系。通过对集成化供应链的有效管理,整条供应链将达到全局动态最优目标。供应链集成的最高层次是企业间的战略协作问题,当企业以动态联盟的形式加入供应链时,即展开了合作对策的过程,企业之间通过一种协商机制,谋求一种双赢或多赢的目标。

第三节　电子商务物流配送管理

一、电子商务物流配送中心的概念

配送中心是连接消费者与商家、商家与厂家之间的纽带。商家是指向消费者提供服务的经销商,厂家是指向商家提供商品的经销商,既可以是经营单位,也可以是生产单位或原材料提供商。消费者在商家的站点选购物品后,其所选购的物品将由配送中心送到消费者手中。

电子商务环境下具有完善功能的配送中心,既能选取最佳送货路线,也能使送货人和收货人实时了解货物运输情况,以便及时取货或进行相应的其他处理。为使商品能尽快地送到指定地点,配送中心应拥有相应的仓库或租用第三方的仓库,在其中存放合作者的各种商品或原材料以便在需要时能就近取货并迅速递交到用户手中。同其他独立运作的实体一样,配送中心内部也需要进行基于因特网的信息管理,其功能包括网上采购、储运货物信息管理、供应链管理、客户关系管理等。配送中心是电子商务物品流通领域中不可缺少的环节,需要吸引尽可能多的商家、厂家成为其合作伙伴,并与其经过合理授权分享各种资源信息,最终向客户提供方便、迅速、经济、高效的配送服务。

二、电子商务物流配送订单履行的基本内容

订单履行是指客户订单的接收、处理优化、物品拣选、订单整合和包装的过程,包括了对物品的物理操作和相应的信息处理。订单履行是实现配送中心功能的关键环节,决定了订

单执行的效率、准确性并负责反馈库存可得性,最终决定了客户的满意度。因此,订单履行是电子商务企业的核心竞争力所在。

B2C 电子商务是传统企业切入电子商务最直接的方式。B2C 电子商务的主要特点体现在订单数量较多,特别是其具有"一对多"的业务特征。B2C 电子商务的基本支撑主要是网络和物流。因此,建设现代配送中心成为 B2C 电子商务订单履行的关键内容。电子商务订单履行可分为订单接收及处理、订单拣选、订单配送和订单跟踪等主要环节。

1. 订单接收及处理

订单接收过程一般通过电子商务网站(如京东商城网站)完成。接收后的订单应经过系统审核,然后形成正式订单。企业 ERP 系统对所有订单进行管理,包括接收时间、订单明细、处理情况、执行过程等。通过审核的订单将进入配送中心进行预处理,包括将订单分类(按照区域、路线、品类等)并组建波次。波次计划是对批量订单进行合并、分类,是一种提高拣货作业效率的方法。波次计划将不同的订单按照某种标准合并为一个波次,指导一次拣货。因此,订单预处理中的波次处理是订单履行的一个关键环节,是订单调度及拣选优化的基础。

2. 订单拣选

经过预处理的订单,在配送中心内部的仓库管理系统中完成拣选任务生成、拆零并包运算、订单合并运算等一系列复杂的工作,并将拣选任务以"打包"的形式发送到拣选工具上,如手持终端、电子标签拣选系统等,再排队进入拣选程序。拣选过程比较简单,一般通过手持终端完成,可配合输送系统和自动存取系统进行。操作人员只要按照系统的要求和提示完成相应操作即可。拣选完成后,需要经过拆单(按照并单操作要求进行)、并包(按照订单要求)、复核、打印、包装、分拣、集货等一系列过程,最终完成拣选的库内作业,等待发运。

3. 订单配送

配送过程管理是订单履行管理的重要环节。完成拣选的订单将按照区域进行配送,当委托第三方配送时,拣选完成的订单还需要进入第三方物流公司的仓库等待拼车配送。很多大型 B2C 企业一般采用直接配送的方式,这样不仅会赢得宝贵的时间,而且成本还会进一步降低。

4. 订单跟踪

订单履行还要求将订单的实时状态在网上发布,让客户能实时了解订单的执行情况。因此,订单跟踪管理系统的职能覆盖了订单履行的全部过程,并分别在不同的系统中完成,主要包括平台网站、企业资源计划、仓库管理系统、运输管理系统等。各系统间通过接口连接,构成整个订单跟踪信息管理系统。

三、电子商务物流配送的作业流程

配送是指在经济合理区域范围内,根据客户要求,对物品进行拣选、加工、包装、分割、组配等作业,并按时送达指定地点的物流活动。电子商务配送是指电子商务物流企业采用网络化的计算机技术和现代化的硬件设备、软件系统及先进的管理手段,针对客户的需求,根据用户的订货要求,进行一系列分类、编码、整理配货等理货工作,按照约定的时间和地点将确定数量和规格要求的商品传递到用户的活动及过程。作为物流中一种特殊的、综合的活动形式,电子商务配送是商流与物流的紧密结合,不仅包含了商流活动和物流活动,还包含了物流中若干功能要素。电子商务物流配送的作业流程包括以下环节。

(一)预分拣流程

国内电子商务企业一般采用二级配送网络,即将生产好的包裹首先送到配送站,然后由配送站发给配送员,再由配送员送到客户手中。所以,在订单生产前需要按配送地址确定该订单由哪个配送站进行配送,以便在订单生产完成后,包裹能够直接分拨。该生产流程称为预分拣流程,一般包括以下三种作业模式:

(1)邮政编码法。通过邮政编码进行分区并设立配送站,再通过订单中的客户地址,查找邮政编码,按照邮政编码和配送站的对应关系,系统自动地将客户地址对应于该配送站。

(2)记忆法。电子商务企业通常采用会员制销售,只要客户购买过一次,其配送地址均会有记录。因此,只要第一次用人工方法确认相应的配送站,以后沿用该记录即可。该方法相对比较简单且实用,目前国内绝大部分电子商务基本都采用该方法。但记忆法的主要缺点是新开一个配送站后,需要更新原来的数据库,工作量巨大。尤其是最近几年,电子商务企业的销售增幅较高,配送站每年也是成倍增加,地址数据库更新的数据量巨大,需要建立一支专业队伍来实时进行数据库调整。

(3)自定义法。邮政编码更新不及时、地域划分不合理,而记忆法需要更新的数据量巨大。因此,有些电子商务企业根据自己的作业特点,将一个城市分成若干个配送块,再根据订单量将一个配送站对应于若干个配送块。预分拣时,通过历史记录将订单中的地址所对应的配送块找出来,然后通过系统中配送块和配送站的对应关系,获得所需的预分拣站点。一旦新开配送站,只要调整配送块和配送站的对应关系即可,配送地址会自动和新的配送站进行关联,这样就解决了记忆法中的数据库需要更新的海量数据问题。但是自定义法前期的工作量极大,通常需要将一个城市分解成100多个配送块,并确定每块之间的地址边界等,一般需要十几个员工连续工作几个月才能够完成。

(二)批次拣货单生成作业流程

由于电子商务订单的订单行数往往较少,需要将多个订单合在一起拣货,这样才能提高拣货效率。一般3C产品(即计算机类、通信类和消费类电子产品)、百货和服装的批次订单量在20单左右,图书在50单左右,大家电装满一车也在20单左右。在生成批次拣货单时,可以按照某种目的,对订单集合优化,从而提高作业效率。一般来说,可采取的策略包括以下几种:

(1)提高拣货效率。将单一订单行的订单和多个订单行的订单生成不同的批次单进行拣货作业,如卓越亚马逊、京东。

(2)提高分货效率。按照自营配送、第三方配送、货到付款、款到发货等不同配送方式,生成不同的批次单,如当当、凡客。

(3)提高服务品质。将有不同出货时间需求的订单,如"211"限时达(当日上午11:00前提交的现货订单,当日送达;夜里11:00前提交的现货订单,次日15:00前送达)和次日达,生成不同的批次单,以满足不同的服务时间要求。

(4)按车拣货。大件商品通常采用仓配一体化作业,即订单生产完成后,直接装车配送给客户,不再经配送站进行二次分拨,所以在预分拣完成后,需要进行派车作业,也就是按照一个配送方向,按照一辆车的配送容量,生产批次拣货单,俗称"按车拣货",如苏宁易购、京东大件综合仓。

(三) 预生产流程

拣货作业的预生产主要是打印批次拣货单、快递面单、普通发票和增值税发票、第三方配送的发票。然后按照订单,将这些票据装订在一起,这样可以大幅缩短后续拣货作业和复核打包作业的时间,如卓越亚马逊、京东、凡客和当当都已引入预生产流程。

(四) 拣货作业流程

一般来说,拣货作业流程包括以下几种作业模式:

(1) 批次拣选。由于电子商务的订单数量巨大,而每一个订单的订单行又极少,需要将多个订单合在一起拣货,才能够提高拣货效率。所以,电子商务物流中心一般将多个订单合在一起拣货,然后在人工对货品进行扫描复核时还原成原有的订单。其优点是作业简单、投资较少,只要增加人力,就可以大幅提高产能;缺点是拣货效率较低,一个批次处理的订单量较少,人工拣货小车的容量决定了批次拣货量。

(2) 分区接力拣选。将批次的订单量扩大到1 000单以上,然后由不同的人员在不同的区域分别拣货,再通过输送线传送货物进行接力订单合流。此模式的优点是大幅提升了拣货效率;缺点是投资较大,对设备有一定的依赖性,容易产生瓶颈点、产能不容易大幅提高。

(3) 分区拣选、自动合流。针对接力拣选容易产生瓶颈点的不足,在分区拣选的基础上,不再接力拣选,而是采用自动化设备进行批次订单拆分,还原成原有的订单。其优点是拣货的效率极高;缺点是投资巨大。

(4) "物到人"拣货。前三种方法都需要操作人员在很大的库区内行走拣货,所以其作业模式可归纳为"Man to Good",即"人到物"拣货模式。而目前国际上尤其是欧美国家已经普遍采用自动化设备,实现"物到人"拣货模式,即人站在原地不动,借助自动存储和输送设备或者移动式机器人,将需要拣选的商品直接送到拣选工位的操作人员面前,从而大幅提高拣货效率。"物到人"拣货模式适用于欧美国家人力成本高的特点,可以最大幅度地精简人员;其缺点是投资较大,对系统和流程的设计提出了极高的要求,且作业的柔性不足。

(五) 分货作业流程

一般来说,分货作业流程包括以下几种作业模式:

(1) 系统提示,人工分解。即扫描商品,系统会自动提示,将该商品放进哪个分拨墙。其优点是投资少,作业简单;缺点是正确率较低,一般还需扫描复核来弥补,如卓越亚马逊、凡客、当当均采用该方法。

(2) 采用电子标签拣货系统进行分货作业。即在分货墙上安装分货的电子标签,扫描商品时,需要分货的隔口的灯会亮,放进商品再拍灭灯,分货作业即完成。其优点是正确率高,且后面不再需要扫描复核流程,人员可以大幅减少;缺点是需要一定的投资,该方法在韩国和日本已经被普遍使用。

(3) 采用分货窗系统完成分货作业。即在分货墙上,每一个分货的隔口上安装一个窗子,扫描商品时需要分货的隔口窗会自动打开,放进商品后窗子会自动关闭。该方法的优点是正确率极高,已在韩国和日本被普遍使用。

(六) 扫描复核流程

由于电子商务物流对于订单生产的正确率要求很高,否则货物送到客户手中很容易造成退货,影响销售。所以,一般在分货完成后,增加了一道扫描复核流程,以保证订单生产的正确性,即依次扫描订单号和商品,系统自动比对是否存在差异。

(七) 打包流程

打包流程是指将一个订单中的商品生产成一个包裹,以便于配送。打包作业主要考虑包装的不同形式。例如,易碎商品、液体类商品都需要气泡膜进行包装;外地配送一般均采用纸箱包装和装填部分气泡袋进行填实;本地配送一般考虑节省成本,采用塑料袋包装;奢侈品和礼品一般采用礼品盒包装等。此外,在打包的过程中,一般还会增加称重流程,其目的一是增加复核功能,二是为了和第三方进行结算。同时,还要打印和粘贴发货标签,便于和配送中心的交接和完成分货作业。

(八) 退货流程

由于客户可能因某种原因而会请求退货,企业应制订相应的退货处理。很多企业都认为货物配送出去、货款收回,电子商务过程就可终结。但面对竞争激烈的市场环境,售后服务已成为企业竞争策略的重要内容,越来越多的企业开展了售后服务业务。因此,必须对物流的后续处理给予应有的重视。退货可集中由配送企业送回原仓储地点,由专人清理、登记、查明原因。如果退货的原因是产品质量问题,应进行抽样检验,超出相应标准则及时通知采购作业流程停止订货,并通知网站管理部门将网页上有关货物的信息及时删除,尚未超标则作为验收不合格物品进行退货处理;若退货还可继续使用,则可进入库存,重新开始新的仓储管理配送过程。

(九) 客户满意度调查和投诉反馈流程

电子商务企业将配送业务外包给专业物流配送企业,如果缺少必要的监督和约束手段,物流配送往往会成为电子商务顺利运行的障碍。因此,电子商务企业应建立客户满意度调查和投诉反馈系统,对配送系统进行监督和考核。其中,客户满意度调查一般包括客户请求的响应速度、满足时间和质量等。通过对配送时效、状态考核、投诉建议处理、运输费用核实、配送绩效评估、客户满意度调查等各项作业内容制定业务总结报告,采纳有利建议,改进不合理行为,进一步提高顾客的满意度甚至是忠诚度。

无人机即时配送将迎来巨大市场

无人机投包裹快递、无人机运防疫物资、无人机送奶茶外卖……随着新一代互联网技术的创新应用,一些旨在解决物流配送"最后一公里"的智能"配送员"轮番上阵,在地形复杂山区以及城市末端配送等场景架起了空中物流通道,备受关注。

数据显示,截至2021年年底,在无人机新兴业态领域,各类无人机日均飞行4.57万小时,持续在航拍、巡查、物流配送、城市空中交通领域发力。

以无人机为代表的无人配送是物流配送的一个大趋势。随着我国物流配送网络的完善,公众对即时配送效率有更高的期待,这也意味着无人机配送服务将迎来巨大的市场需求。对消费者而言,无人机即时配送不仅可以让消费者享受到收取快递、外卖的便捷服务,还可以最大程度减少人员接触;对一般商户来说,可以扩大商品服务的覆盖范围,提高门店销售额;对配送员来说,能提高配送效率,为更多消费者提供配送服务。

在物资运输压力剧增、无接触配送需求爆发的背景下，无人机展现出的便捷、安全、高效等配送价值令人瞩目。先是中国邮政速递物流水陆两栖无人机取得试飞成功，后是京东发布物流货运大型无人机，再有美团无人机在深圳常态化运营，为7个区域、8 000多户居民提供即时配送服务……这些尝试推动了无人机配送服务领域的发展。

科技的本质是为人服务，无人机也一样是为广大消费者提供配送服务。以美团外卖在深圳落地的航线为例，外卖骑手实际上是取餐员的角色，骑手去店里取餐、装箱，到附近的起飞场地装载好外卖后，无人机通过后台调度的航线，自己飞过去，降落在社区机场。社区机场卸载完餐箱，再把餐箱流转到用户手里，用户扫码打开取走。整个流程里，无人机就是空中的快递员，云端的调度系统是调度员，社区的机场是社区服务员，这三个部分就像一套城市低空物流网络系统，为用户提供服务。

值得关注的是，无人机配送除了"快"，更需要"稳"。从目前的无人机应用技术来看，在无人机故障或意外情况发生时，会触发自动返航操作，缓慢降落地面。即使无人机的自动返航系统发生故障，还可以通过备份的安全系统——弹出无人机降落伞来避免坠落对地面上人或物造成损害。此外，为了避免无人机在配送过程中与城市障碍物或其他无人机发生碰撞，可以通过完备的探测和防撞系统来实现探测和避免碰撞。

资料来源：经济日报. 无人机即时配送悄然而至[EB/OL]. (2022-03-15)[2023-01-08]. https://baijiahao.baidu.com/s?id=1727314869980587387&wfr=spider&for=pc.

思考题：1. 结合案例思考，物流配送在电子商务发展中的地位和作用。
2. 案例中提升物流配送速度的方法和策略有哪些？

四、电子商务物流配送中心管理

电子商务物流配送中心是接受并处理末端用户的订货信息，对上游运来的多品种货物进行分拣，根据用户订货要求进行拣选、加工、组配等作业，并进行送货的机构。《中华人民共和国：物流术语》配送中心的规定为：从事配送业务且具有完善信息网络的场所或组织，主要为特定客户或末端客户提供服务，配送功能健全，辐射范围小，多品种、小批量、多批次、短周期。

（一）电子商务物流配送中心的总体布局

配送中心虽然是从流通型仓库演变和发展起来的，但它的内部结构和布局与一般的仓库有明显的不同。通常，配送中心的内部工作区域结构配置由以下七个部分组成。

1. 接货区

完成接货及入库前的工作，如接货卸货、验货及分类入库的准备等，主要设施包括进货铁路或公路、卸货站台和暂存区。

2. 储存区

在储存区里储存或分类储存进入的货物，由于其是静态区域，进货要在该区域存放一定时间，与接货区相比，该区域的面积较大，往往占总面积的一半以上。

3. 拣货区

进行分货、拣货、配货作业，该区域的面积随配送中心的定位而有较大差异，如对多用户的多品种、少批量、多批次配送的配送中心，需要进行复杂的拣货作业，该区域则占配送中心的很大一部分面积。

4. 理货区

按客户需要将配好的货物暂时存放等待外运,或根据每个用户要货多少,决定配车方式、配装方式,然后直接搬运到发货站台装车。该作业区域是对货物的暂时保管,时间短、周转快,相对需要的面积不大。

5. 发货待运区

根据客户需求把配好的货物装入外运车辆准备发货,拥有站台、停车道路等设施。

6. 流通加工区

对货物进行分装包装、贴标签等各种类型的增值加工活动。

7. 管理指挥区

可集中在配送中心的某一位置,主要包括营业事务处理场所、内部指挥管理场所和信息处理场所。

(二)电子商务物流配送中心的管理

1. 接单管理

配送中心的交易始于客户的询价、业务部门的报价。业务部门需查询出货日的库存状况、装卸货能力、流通加工负荷、包装能力、配送负荷等来满足客户需求,而当订单无法按客户要求交货时,业务部门需进行协调。业务部门需制定报价计算方式,做报价历史管理,制定客户订购最小批量、订货方式或订购结账截止日。

2. 采购管理

接受订单后,配送中心需向供货厂商或制造厂商订购商品,采购作业包括商品数量需求统计、对供货厂商查询交易条件,然后根据所需数量及供货厂商提供的经济订购批量提出采购单,采购单发出后则进行入库进货的跟催动作。

3. 入库管理

开出采购单后,入库进货管理员即可根据采购单上预定入库日期进行入库作业调度、入库月台调度。在商品入库当日进行入库资料查核、入库质检,当质量或数量不符时立即进行适当修正或处理,并输入入库数据。对于退回商品的入库还需经过质检、分类处理,然后登记入库。

4. 库存管理

库存管理作业包括仓库区管理与库存控制。

仓库区管理包括商品在仓库区域内摆放方式、区域大小、区域分布等规划;商品进出仓库的控制,如先进先出或后进先出;进出货方式的制定,如商品所需搬运工具、搬运方式;仓储区货位的调整及变动。此外,仓库区管理还包括包装容器使用与包装容器保管维修。

库存控制则需按照商品出库数量、入库所需时间等来制定采购数量及采购时间;制定库存盘点方法,定期负责打印盘点清单并根据盘点清单内容清查库存数、修正库存账目并制作盘盈盘亏报表。

5. 补拣货管理

在出库日,当库存数量满足出货需求量时,即可根据需求数量打印出库拣货单及各项拣货指示,并进行拣货区域的规划布置、工具选用及人员调派。当然,出货拣取不只包括拣取作业,还需补充货架上的商品,使拣货作业后不至于缺货,主要包括补货量及补货时点的制定、补货作业调度、补货作业人员调派。

6. 流通加工

在配送中心的各项作业中,流通加工最易提高商品的附加价值。流通加工作业包括商品的分类、过磅、拆箱重包装、贴标签及商品组合包装,需要进行包装材料及包装容器的管理、组合包装规划的制定、流通加工包装工具的选用、流通加工作业的调度、作业人员的调派。

7. 出货管理

出货作业包括根据客户订单为客户打印出货单据,制定出货调度,打印出货批次报表、出货商品上所需的地址标签及出货核对表;然后由调度人员决定集货方式、选用集货工具、调派集货作业人员,并决定运输车辆大小与数量;由仓库管理人员或出货管理人员决定出货区域的规划布置及出货商品的摆放方式。

8. 配送管理

配送商品作业包括商品装车并实际配送,完成这些作业则须事先规划配送区域的划分或配送路线安排,由配送路线选用的先后次序来决定商品装车顺序,并在商品配送途中进行商品跟踪、控制及配送途中意外状况的处理。

9. 会计管理

商品出库后销售部门可根据出货数据制作应收账单,并将账单转入会计部门作为收款凭据。此外,商品入库后,则由收货部门制作入库商品统计表以作为供货厂商催款稽核之用,并由会计部门制作各项财务报表以供经营管理及政策制订参考之用。

10. 绩效管理

需要通过各种考核评估来实现配送中心的绩效管理,并制订相应的经营决策及方针,可由各个工作人员或中层管理人员提供各种信息与报表,包括出货销售统计数据、客户对配送服务的反应报告、配送商品次数及所需时间报告、配送商品的失误率、仓库缺货率分析、库存损失率报告、机具设备损坏及维修报告、燃料耗材等使用量分析、外雇人员、机具、设备成本分析、退货商品统计报表、人力使用率分析等。

五、电子商务物流配送质量的评价指标

传统的电子商务物流配送质量评价是根据美国密歇根大学斯麦基教授所倡导的以时间、地点效用为基础的"物流 7R 理论",即将恰当的质量(right quality),恰当的数量(right quantity),恰当的价格(right price),恰当的商品(right commodity),在恰当的时间(right time)和恰当的场所(right place),送到恰当的顾客(right customers)手中。

随着第三方物流市场的快速发展,传统的以产品运作为基础的电子商务物流配送质量内涵正不断发生变化,从过去只关注时间和地点拓展到关注新效用、新价值的增加,从而将电子商务物流配送质量评价从以满足顾客需要、保证顾客满意度及赢取企业赞誉为目的的供应商角度转变为以感知服务质量的顾客角度。

1. 方便性

电子商务物流配送企业设置的服务场所、服务程序应为客户带来便利,主要包括网点覆

盖率、配送方式选择、寄收件流程和查询信息方式。

(1) 网点覆盖率。网点覆盖率反映了电子商务物流配送企业各个营业点的分布是否合理,不仅包括在一线城市设置众多网点,还包括在二三线城市的网点覆盖,较高的网点覆盖率可以方便客户寄收快件,甚至处理退换货。

(2) 配送方式选择。提供多种配送方式以供客户选择,如普通快递(3~5 天到)、加急快递(次日到)、平邮等方式,客户可以根据自己的需要选择相应的服务。

(3) 寄收件流程。寄件或者收件的程序设置,能够提供网上下单方式和上门取货服务,以节省客户的时间,为客户提供便利。

(4) 信息查询方式。提供电话、短信、网络等多种信息查询方式。电子商务物流配送企业可以将实时跟踪信息通过各种方式主动传递给客户,比如向客户告知已经发货,现在到达什么地方等信息。

2. 时间性

时间性是指电子商务物流配送企业提供配送服务所需要的时间不应该超出双方约定的时限,不拖延、不积压,主要指标包括订单响应时间、特殊节日延迟信息更新速度、订货收货时间、收寄等待时间。

(1) 订单响应时间。订单响应时间是指从订单确认到发货的时间。电子商务物流配送订单大多在网上产生,客户可以网上下订单,电子商务物流配送企业上门取货。通过压缩订单响应时间可以提高电子商务物流配送的整体响应时间。

(2) 特殊节日延迟。特殊节日延迟是指在"双 11"、春节等特殊节假日时电子商务物流配送企业对客户购买的商品延迟送货的时间。近年来,在特殊节假日大搞活动是电子商务平台采取的网络营销手段,但同时也带来了无法及时配送的问题,有些客户购买的商品可能在网购高峰期被推迟了一个月才送到手中。在特殊节假日购物也能如平时一样正常收到包裹,可以增加消费者的购物体验。

(3) 信息更新速度。电子商务物流配送信息的更新速度是指线上显示的配送信息能否及时反映包裹所在地方处于什么状态,使得客户对包裹状态心中有数。这项指标可以反映出电子商务物流配送企业的信息化建设水平以及与电子商务平台的信息合作对接程度。

(4) 订货-收货时间。订货-收货时间是指从商家发货到客户收到包裹的时间,这是影响消费者购物体验的重要指标。电子商务物流配送企业的投递应有规定时间,不应该超出承诺的服务时限,并且应该尽可能地缩短传递过程时间。一般情况下,以同城服务时限不超过 24 小时,国内异地服务时限不超过 72 小时为佳。

(5) 收寄等待时间。主要指客户寄包裹、收包裹服务的等待时长。例如,在处理校园快递时,在下课高峰期取包裹的客户会很多,是否安排了足够多的服务人员迅速办理取包裹的手续,让客户快速拿到自己的包裹,也是一项重要的评价指标。

3. 可靠性

可靠性是指电子商务物流配送企业应以正确的方式将正确的物品(快件不损坏、不丢失)投递至正确的地点。

(1) 外包装及货物完好是指商家发货时的包裹经过电子商务物流配送企业配送后,客户收到的包裹仍然是完好无破损的,特别是易碎品、贵重物品,在递送途中不能被错误搬运,也不能被拆开,以保障客户的权益。

(2) 准确投递是指电子商务物流配送企业按照服务承诺将客户需要的商品投递至客户指定的地方。这项指标反映了电子商务物流配送企业的处理订单能力。投递准确无误,也是电子商务物流配送服务的最基本要求。

(3) 线上准确显示信息是指网上显示的货物状态信息是准确的,无遗漏、无错误,这项指标反映了电子商务物流配送企业的信息管理水平以及订单处理水平。

4. 经济性

经济性反映了电子商务物流配送企业提供服务所需的费用,主要指标包括服务性价比、价格是否合理、运费与计价方式是否具有弹性。

(1) 服务性价比是指电子商务物流配送企业提供的配送服务与客户支付的费用是否成正比。价格敏感性是电子商务交易的特点,这项指标会影响消费者的选择。

(2) 价格是否合理是指电子商务物流配送企业制定的价格收费方案能否既满足客户的要求,又不损害自身的利益。通常越优质的配送服务,所耗费的成本也越高,因此,价格方案必须是双赢的。

(3) 运费与计价方式是否具有弹性是指电子商务物流配送企业对客户所寄包裹按其重量实施弹性收费,即收费之前要告知客户收费方式起重和续重的价格。如寄的包裹越多,收费标准可适当降低,给予客户适度的优惠。

5. 移情性

移情性是指电子商务物流配送企业及其人员能够设身处地为客户着想,替客户解决问题,提供个性化服务,主要指标包括个性化服务、投递落实、员工着装、员工服务态度、员工操作熟练度。

(1) 个性化服务是指电子商务物流配送企业提供的增值服务,如代收货款、限时快递等服务。代收货款是指接受寄件人委托,电子商务物流配送企业在投递快件的同时,向收件人收取货款的服务,限时快递是指在约定时间前将快件送达收件人的快递服务。

(2) 投递落实是指电子商务物流配送企业应对快件提供至少2次免费投递。出现首次无法投递时,电子商务物流配送企业应主动联系收件人,通知再次投递的时间及联系方式。再次仍无法投递,可通知收件人采用自取的方式,并告知收件人自取的地点和企业工作时间。若实在联系不到收件人,电子商务物流配送企业应在彻底延误时限到达之前联系寄件人,与寄件人协商处理办法和费用。

(3) 员工着装是指电子商务物流配送企业的揽收或者投递人员应该穿着专用的工作服,佩戴工作号,有专用的运载车,具有企业标识,这些是可以通过客户视觉感知的,体现了电子商务物流配送企业服务的专业化。

(4) 员工服务态度主要指客户在接受服务的过程中,提供服务的人员要态度礼貌,耐心帮客户解决问题,使用礼貌用语。

(5) 员工操作熟练度主要指揽收或者投递的服务人员的业务素质,能否专业地帮助客户解决问题,反映的是电子商务物流配送企业员工的素质。

6. 反应性

反应性是指电子商务企业对客户要求能否及时响应,主要指标包括客服应答的及时性、对遗失或者损毁货物的处理速度和对突发事件的处理速度。

（1）客服应答的及时性是指客户线上或者电话呼叫电子商务物流配送企业的客服,客服能够在线应答,不能出现无人接听或者有人在线无人应答的情况。

（2）对遗失或者损毁货物的处理速度。是指如果包裹出现了损坏或者遗失,客户联系电子商务物流配送企业时,应当及时地帮助客户解决问题,甚至给客户提供赔偿方案。这项指标反映了电子商务物流配送企业的服务补救能力的高低。

（3）对突发事件的处理速度是指电子商务物流配送企业应对突发情况的速度及能力。电子商务物流配送企业应及时帮助客户解决突发问题,开通多种可供客户联系的渠道,并及时对客户提出的问题制订合适的处理方案。

 案例分析

国家邮政局已连续七年推进更贴近民生七件实事

2023年,国家邮政局将以更好满足人民群众日益增长的美好生活用邮需要为根本目的,突出问题导向,顺应群众期盼,推进深化农村寄递物流体系建设、巩固提升农村地区邮政服务水平等七件实事,着力提高邮政快递服务质量,不断增强人民群众在寄递领域的获得感、幸福感、安全感。

2023年邮政快递业更贴近民生七件实事具体为：

一是深化农村寄递物流体系建设。要加快贯通县乡村快递物流配送体系;巩固"快递进村"三年行动成果;进一步加强县级寄递公共配送中心和村级寄递物流综合服务站建设;鼓励发展共同配送模式,深化农村"客货邮"融合发展;开展农村电子商务快递协同示范创建。

二是巩固提升农村地区邮政服务水平。要持续巩固提升西部地区建制村投递服务水平,进一步推动抵边自然村通邮工作。

三是持续做好邮政快递业保通保畅工作。加强创新驱动,加快复工复产,扩大自动化智能化设备设施推广应用,推动行业运行尽快恢复到高位水平,有效满足人民群众寄递需求。

四是强化快递员群体合法权益保障。继续推广快递企业末端派费核算指引,开展快递员劳动定额试点。督促企业完善机制,建立快递员投诉申辩受理、心理疏导专线。加强从业人员培训,组织职业技能竞赛。持续开展关爱快递员"暖蜂行动""快递从业青年服务月"等活动,进一步推动解决快递员在住房、子女教育、医疗体检等方面的实际困难。加强先进典型选树引领,继续组织开展寻找"最美快递员"活动。

五是深入开展寄递安全"三项制度"专项整治。加强寄递渠道安全风险预警和防控,提高实名收寄、收寄验视、过机安检三项制度的安全防控效能,深化寄递安全综合治理,严防各类违禁物品流入寄递渠道,持续打造安全放心用邮环境。

六是实施绿色发展"9218"工程。加快推进快递包装绿色低碳转型,到年底实现电子商务快件不再二次包装比例达到90%,深入推进过度包装和塑料污染两项治理,使用可循环快递包装的邮件快件达到10亿件,回收复用质量完好的瓦楞纸箱8亿个。

七是着力提高从业人员素质。持续开展邮政快递业从业人员职业技能提升行动,完成职业技能培训25万人次,举办第四届全国邮政行业职业技能竞赛。

据了解,从2017年开始,国家邮政局已连续7年推进邮政快递业更贴近民生七件实事,聚焦人民群众在邮政快递领域的"急难愁盼"问题,在社会各界的大力支持下,每年都取得了新的突破、新的进展、新的成效,较好地满足了人民群众的美好生活用邮需要。

从 2022 年七件实事完成情况来看,累计建成 990 个县级寄递公共配送中心、27.8 万个村级快递服务站点,全国 95% 的建制村实现快递服务覆盖,培育业务量超千万件的快递服务现代农业金牌项目 117 个,"快递进村"工程取得了显著成效。不断加快农村邮路汽车化,基本实现每个乡镇至少 1 辆投递汽车,建制村通邮成果持续巩固,94.8% 抵边自然村已实现通邮。

资料来源:人民网.畅通"微循环",着力提高邮政快递服务质量[EB/OL].(2023-02-23)[2023-03-07]. http://www.chinawuliu.com.cn/zixun/202302/23/599412.shtml.

思考题:国家邮政局为什么连续七年推进邮政快递业更贴近民生七件实事,提高邮政快递服务质量,增强民众获得感、幸福感?

第四节 电子商务物流包装、仓储与冷链保鲜

一、电子商务物流包装

包装是指为了在流通过程中保护产品、方便储运、促进销售,按一定技术方法而采用的容器、材料及辅助物等的总体名称;也指为了达到上述目的而采用容器、材料和辅助物的过程中施加一定技术方法等的操作活动。

(一)电子商务物流包装常见材料

电子商务物流包装常见材料主要包括:气泡信封、气泡膜、瓦楞纸箱、胶纸、包装袋、快递袋、珍珠棉、泡沫箱、气柱袋、木架等。其中,气泡信封和胶纸是最常用且必不可少的电子商务物流包装材料。

(二)电子商务物流包装常用物料

在配单、打包过程中,除常见的包装材料以外,所经常使用到的还有一些如挂号条码、报关标签、航空标签、EMS 面单和快递面单据等的常用物料。

1. 挂号条码

挂号条码是指邮政小包所使用的跟踪号,通常有十三位。其中,第一和第二位是字母(如第一位通常是"R"),从第三位到第十一位是数字,最后两位是发件邮局所在国家或地区的缩写。例如,RC123456789CN 表示中国邮政的挂号小包;RC123456789HK 表示中国香港邮政的挂号小包;RQ123456789SG 表示新加坡邮政的挂号小包。

2. 报关签条

报关签条又叫报关单,是给发件国和目的国海关关于包裹内件物品详情的申报。目前,通用的报关签条采用 CN22 格式。该格式规定了报关签条的主要项目包括:内件物品类型、物品详情(物品名)、物品数量、物品价值、签名等。在填写报关签条(报关单)品名时必须使用具体品名,如手机壳(phone case)、项链(necklace)、LED 灯(LED lamp)、杯子(cup)等。报关签条(报关单)不能填写:礼品(gift)、玩具(toy)、装饰品(adornment)等非具体品名的名称,否则安检部门会将该件作为退件处理。

3. 航空标签

航空标签用于指示包裹是航空件,是一个航空包裹不可少的一部分,也可印刷在气泡信封上。航空货运是现代航空物流航空货运业务中的重要组成部分,航空货运是国际贸易中贵重物品、鲜活货物和精密仪器运输所不可缺少的方式。航空货运单是由托运人或以托运人的名义填制,是托运人和承运人之间在承运人的航线上运输货物所订立运输契约凭证。

4. EMS 面单

EMS 面单集成了发件人、收件人、报关信息、跟踪号等信息于一体。其中,左边是发件人信息、右边是收件人信息、左下是申报详情、右上是跟踪号。

5. 快递面单

快递面单又叫快递底单,在运送货物的过程中用以记录发件人、收件人以及产品重量、价格等相关信息的单据。和 EMS 面单类似,也有发件人、收件人、报关信息等内容,但快递面单上的条码不叫跟踪号,而叫参考单号或原单号,不能直接用来查询跟踪信息。

(三)电子商务物流包装注意事项

(1)避免使用太大或表面有印刷物的箱子。

(2)避免使用坏的或容易变形不牢固的箱子。

(3)避免使用劣质的填充物。

(4)避免在箱子和物品间留下任何空隙。

(5)避免使用任何形状奇怪的包装。

(6)避免使用信封寄送物品。

(7)地址应当书写清晰、详细、准确。

(8)应对特殊物品进行特殊包装。

二、电子商务物流仓储

仓储是利用仓库及相关设施设备进行物品的入库、存贮、出库的作业。它是现代物流的一个重要组成部分,在物流系统中占据着重要地位,是厂商研究和规划的重点。仓储的发展经历了不同的历史时期和阶段,从原始的人工仓储到智能仓储,通过各种高新技术对仓储的支持,仓储的效率得到了大幅提高。随着我国制造业的崛起,电子商务物流仓储得到了迅猛的发展。

(一)电子商务物流仓储的主要功能

1. 整合装运

整合装运的主要利益是把货物小批量装运的物流流程结合起来联系到一个特定的市场地区。整合仓库可以由单独一家厂商使用,也可以由几家厂商联合起来共同使用出租方式的整合服务。

2. 分类或交叉

分类作业接收来自制造商的顾客组合订货,并把它们装运到个别的顾客处。零售连锁店广泛地采用交叉站台补充快速转移的商店存货。在这种情况下,交叉站台先从多个制造商处运来整车的货物,然后,产品就像"交叉"一词的意思那样穿过"站台"装上去指定顾客处的拖车。一旦该拖车装满了来自多个制造商的组合产品后,它就被放行运往零售店。

3. 加工或延期

仓库还可以通过承担加工或参与少量的制造活动,它被用来延期或延迟生产。具有包装能力或加标签能力的仓库,可以把产品的最后一道生产一直推迟到知道该产品的需求时为止。例如,蔬菜就可以在制造商处加工,制成罐头"上光"。"上光"是指还没有贴上标签的罐头产品,但它可以利用上光贴上私人标签。一旦接到具体的顾客订单,仓库就能够给产品加上标签,完成最后一道加工。

4. 仓库堆存

对于所选择的业务来说储存是至关重要的。例如,草坪家具和玩具是全年生产的,但主要是在非常短的一段市场营销期内销售的。农产品是在特定的时间内收获的,但消费则是在全年进行的。这两种情况都需要仓库的堆存来支持市场营销活动。堆存提供了存货缓冲,使生产活动在受到材料来源和顾客需求的限制条件下提高效率。

(二) 电子商务物流海外仓

海外仓是指建立在海外的仓储设施。在跨境贸易电子商务中,海外仓是指国内企业将商品通过大宗运输的形式运往目标市场国家,在当地建立仓库、储存商品,然后再根据当地的销售订单,第一时间作出响应,及时从当地仓库直接进行分拣、包装和配送。

卖家只要把货物大批量运到海外仓库,就有专门的海外仓工作人员代替商家处理后续各项琐事,在线处理发货订单,一旦有人下单就立即完成配货、打包、贴单、发货等一系列物流程序,这可以给商家腾出时间和精力进行新产品开发,从而获取更大的利润。在海外市场,当地发货更容易取得买家的信任,大多数传统买家更相信快捷的本土服务,在价格相差不大的情况下,他们更愿意选择设置海外仓的商品,境内配送速度更快、安全性更高。

1. 海外仓的优点

能得到跨境电子商务巨头们的青睐,海外仓必定有其自身特有的优势,它的优势具体体现在以下方面:

(1) 降低物流成本。从海外仓发货,特别是从当地发货,物流成本远远低于从中国境内发货。例如,从中国发 DHL 快递到美国,一千克的货物要 124 元人民币,而从美国发货只需 5.05 美元。

(2) 加快物流时效。从海外仓发货,可以节省报关清关所用的时间。从当地发货,客户就可以在 1~3 天收到货,大大缩短了运输时间,提高了物流的时效性。

(3) 提高产品曝光率。如果平台或者店铺在海外有自己的仓库,那么当地的客户在购物时,一般会优先选择当地发货的店铺,因为这样对买家而言可以大大缩短收货的时间,从而提升店铺的销量。

(4) 提升客户满意度。并不是所有收到的产品,都能让客户满意,这中间可能会出现货物破损、短装、发错货物等情况,这时客户可能会要求退货、换货、重发等,这些情况在海外仓内便可调整,大大提高了物流的时效性,也能为卖家节省运输成本,减少损失。

(5) 有利于开拓市场。海外仓更能得到国外买家的认可。此外,如果卖家注意口碑营销,自己的商品在当地不仅能够获得买家的认可,也有利于卖家积累更多的资源去拓展市场,扩大产品销售领域与销售范围。

2. 海外仓的缺点

（1）必须支付海外仓储费。海外仓的仓储成本费用，不同的国家费用也不同，卖家在选择海外仓的时候一定要计算好成本的费用，与自己目前发货方式所需要的成本，两者对比选择，进行选择。

（2）海外仓储要求卖家要有一定的库存量，所以对买家特别订制的这类产品，就不适合选择海外仓储销售。

案例分析

推动海外仓成为跨境电子商务发展重要支点

近年来，以跨境电子商务、市场采购贸易等方式为代表的外贸新业态新模式进出口规模快速增长，对促进外贸发展方式转变、切实稳外资稳外贸、优化并稳定全球供应链、推动中国制造产品和中国品牌"走出去"具有十分重要的意义。

中国跨境电子商务正处于创新发展的重要窗口期。2021年跨境电子商务进出口总额1.98万亿元，同比增长15%，需求快速增长与相关配套服务支撑不足的矛盾凸显。实现跨境电子商务高质量发展，应尽快出台支持相关政策措施，加快海外仓发展，推动海外仓成为跨境电子商务发展重要支点。

鼓励多元主体建设海外仓应成为发展重点。目前，跨境电子商务海外仓需求快速增加，但有效供给能力亟待提升。需要加快实施海外仓高质量发展专项行动，推广优秀海外仓创新做法和有益经验，强化主体培育，推进标准建设，加强人才培训，鼓励引导外贸企业、物流企业、跨境电子商务平台和大型跨境电子商务卖家等多元化主体参与海外仓建设，培育一批在信息化建设、智能化发展、多元化服务、本地化经营方面特色鲜明的代表性海外仓。

海外仓数字化智能化升级亟待推进。海外仓是对传统跨境物流方式的一次系统性再造，部分空港实施72小时过境免签和24小时通关服务机制，确保跨境电子商务货物"即到、即验、即放"，对于破解跨境物流在成本、时效和清关等方面的瓶颈作用明显。要继续提升海外仓数字化智能化水平，支持海外仓对接跨境电子商务综试区线上综合服务平台和国内外电子商务平台，打造集专业化国际物流、国内物流、仓储管理、保税、报关、报检等于一体的信息化管理系统，探索建立完善海外智慧供应链平台和"海外仓＋境内保税仓"等线上线下联动网络，强化快速反应能力和应急保障能力，带动整个跨境产业链供应链数字化升级。

海外仓资源整合能力要进一步提升。海外仓不仅仅是一个仓库，在优化供应链管理服务、促进终端销售等方面的作用也十分明显。据统计，90%以上的跨境电子商务货物为消费品，其中，出口占91.8%，主要为服饰鞋包、家居家纺及电子产品等，这些都是中国制造具有国际竞争力的产品，通过海外仓等跨境电子商务渠道快速销往海外，有助于推动相关产品和品牌"走出去"，提升中国制造美誉度。要进一步增强海外仓功能，鼓励海外仓企业整合国内外资源，向供应链上下游延伸服务。深化与境外上下游企业互利合作，加快重点市场海外仓布局，补足货运航空等跨境物流短板，依托海外仓建立完善覆盖全球、布局合理、协同发展的仓储、物流、支付、数据等全球跨境电子商务基础设施网络，完善新型外贸物流网络体系，打造优化国际供应链布局的智慧载体，形成基于海外仓的整体物流解决方案，促进中小微企业"借船出海"，带动中国制造品牌拓展国际市场空间，助力跨境电子商务平台企业全球化经营。

海外仓监管服务要持续创新。加强跨境电子商务行业组织建设,完善相关标准,强化应对贸易摩擦能力,为跨境电子商务企业出海提供保障和支撑措施。优化跨境电子商务零售进口监管,丰富商品品类及来源,提升跨境电子商务消费者保障水平。加快推进海外仓标准建设,推出一批具有国际影响力的国家或行业标准。积极参与外贸新业态新模式的国际规则和标准制定,加强知识产权保护、跨国物流等领域的国际合作,支持跨境电子商务等贸易新业态使用人民币结算。

资料来源:人民日报海外版.推动海外仓成为跨境电子商务发展重要支点[EB/OL].(2022-9-27)[2023-01-28].https://www.yidaiyilu.gov.cn/xwzx/gnnw/280107.htm.

思考题:为什么海外仓成为了跨境电子商务发展重要支点?

三、电子商务物流冷链保鲜

(一)电子商务物流冷链保鲜的概念

冷链是指为保持新鲜食品及冷冻食品等的品质,使其在从生产到消费的过程中,始终处于低温状态的配有专门设备设施的物流网络。

保鲜意为保持新鲜,包括贮藏、运输、和销售等保鲜,通常意义的保鲜指的是蔬菜和水果的贮藏保鲜。随着生鲜电子商务产业的兴起,冷链物流业得到了高速发展。越来越多的冷链物流企业开始尝试在物流保鲜领域布局,包括了自建物流企业以及第三方物流企业。生产者通过冷链物流快捷、安全的方式将产品传递给下游的消费者,提高用户体验感。

(二)电子商务物流冷链保鲜应用范围

随着物流和供应链管理概念的普及和发展,电子商务物流冷链的应用范围也在不断扩大,大致可以分为三类:一是生鲜农产品,如蔬菜、水果、水产品、肉类和蛋类等。二是经过加工的食品,如加工好的熟食、奶制品、速冻食品以及餐饮原料。三是具有特殊性质的商品,如生物供体、药品、人体血液和花卉产品等。其中,果蔬的自身内在品性是其新鲜水平的固有本质,品种的这种固有本质即是内因。采取各种方式抑制衰老,保持新鲜的措施即是外因。果蔬自身质量、无伤病是搞好保鲜的基础。贮藏技术是外因,只能对保鲜产品的某些生物学特性作些补充和修饰,对于某一特定品种,无论采取何种先进保鲜技术,其贮藏寿命都是有限的,只有采前生产栽培与采后保鲜技术相辅相成才能获得最佳贮藏效果。

(三)电子商务物流冷链保鲜的优缺点

我国电子商务物流冷链保鲜技术迅速发展,冷链物流发展环境和条件不断改善,冷链物流得到较快发展。我国每年约有4亿吨生鲜农产品进入流通领域,冷链物流比例逐步提高。随着冷链市场不断扩大,冷链物流企业不断涌现,并呈现出网络化、标准化、规模化、集团化发展态势。

1. 电子商务物流冷链保鲜的优点

第一,冷链物流提高了食品的保鲜能力,不会影响到食物的营养和味道,同时大大延长了食物的存储期限。第二,冷链物流具有非常高的效率,不同地域之间的食物输送非常的方便,食物在运送到目的地时仍然很新鲜。第三,冷链物流为食品的安全输送提供了保证,冷藏和冷冻食品需要一个完整的冷链物流对货物进行全程的温度控制,以确保食品的安全,而冷链物流可以实现装卸货物时的封闭环境、储存和运输等。

2. 电子商务物流冷链保鲜的缺点

我国电子商务物流冷链保鲜行业的标准落实不到位,很多企业没有按照国家标准执行,自律性差;设备落后、技术水平低,导致无法为易腐食品流通系统地提供低温保障;冷链物流的要求比较高,相应的管理和资金方面的投入也比普通的常温物流要大,价格也相对偏高。

(四) 电子商务物流冷链保鲜的运营成本

目前冷链物流的成本相对比较昂贵,相较于普通物流,冷链物流的成本要高出40%～60%。产业链条可以划分为上游的冷链设备制造商和冷链技术供应商,农产品、医药等生产企业以及中下游的仓储环节和流通环节。其中仓储和运输的要求较高,大大增加了冷链物流的成本,同时也降低了产品的损耗率。昂贵的冷链物流成本主要由运输成本、仓储成本、库存成本和管理成本组成。其中运输成本与仓储成本所占比例较大,而库存成本的比例相对较小。

降低成本的关键在于形成合理、高效的冷藏链。运输过程中,企业应针对当前冷链物流的发展,积极发展多品种小批量的小编组机冷车,满足市场对多品种小批量货源运送的需求。

成熟的冷链物流涵盖从生产到销售全过程,具体来看可以划分为四个不同的技术阶段:一是源头采用真空预冷技术和冰温预冷技术。二是在贮藏阶段采用自动冷库技术。三是冷藏运输采用冷藏车、铁路冷藏车和冷藏集装箱配套使用的物流模式。四是运用信息技术建立电子虚拟果蔬冷链物流供应链管理系统,对农产品供应链全过程进行动态监控。

(五) 常见的几种冷链物流企业

1. 冷链仓储型企业

冷链仓储型企业是指专门从事提供冷库租赁服务的企业。

2. 冷链运输企业

冷链运输企业主要是指从事货物低温运输业务为主的企业,需要配备冷藏车辆,服务范围包括干线运输、区域配送以及城市配送。

3. 配送型企业

配送型企业主要服务于超市供应商、超市配送中心、连锁餐饮配送中心、生鲜电子商务等四类客户。

4. 综合型企业

综合型企业是指以从事低温仓储、干线运输以及城市配送等综合业务,其业务比较广泛,涉及仓储、运输和配送等各个方面。

第五节 智慧物流概述

一、智慧物流的概念

智慧物流是指通过智能软硬件、物联网、大数据等智慧化技术手段,实现物流各环节精细化、动态化、可视化管理,提高物流系统智能化分析精确和自动化操作执行能力,提升物流运作效率的现代化物流模式。在流通过程中获取信息从而分析信息做出决策,使商品从源头开始被实施跟踪与管理,实现信息流快于实物流。

智慧物流是利用集成智能化技术,使物流系统能模仿人的智能,具有思维、感知、学习、推理判断和自行解决物流中某些问题的能力。智慧物流可通过 RFID、传感器、移动通信技术等让配送货物自动化、信息化和网络化。

二、智慧物流的产生与发展趋势

物流业是一个综合性非常强产业,它涉及运输、存储、配送、信息等各个领域。我国经济社会快速发展,物流市场规模也呈现出持续增长的态势,传统物流产业也逐渐显现出不能满足其发展的情况。通过研究发现,现有资源承受度也难以支撑越来越大的物流规模。因此,物流产业要找准突破口,在不断扩大规模同时,需要注重挖潜,加速转型升级,在工业4.0、大数据时代背景下,大力从智慧建设角度入手,发展智慧物流。

(一)智慧物流的产生

智慧物流是在科学技术不断推进更新和工业科技革命再次到来的大背景下产生的,它集成了智能化自动化、信息等相关技术并应用于物流领域内。现代物流发展的趋势之一就是智慧物流,这也是传统物流转型和发展的一个重要方向。当然,智慧物流发展也是经历了很多阶段,最初是信息化、到物联网、再到智能物流,到最后的智慧物流阶段,智慧物流这一概念最初提出是在2008年提出的智慧地球概念中不断演进过来的。智慧物流概念指的是通过物联网、智能硬件、大数据等先进手段和技术,来不断提升物流系统智能分析、决策和执行的能力,进而提升整个物流体系智能化水平。智慧物流框架分为基础层、感知层、数据分析层和决策应用层。比如,感知层包含了 RFID、GPS、传感器等技术;决策应用层包含了可视化管理、实时跟踪、路径优化、配送调度数据分析层包括了数据交换和挖掘、云计算人工智能等。

(二)智慧物流的发展趋势

1. 物流平台化

智慧物流是由原来资源、技术为主导转换为平台主导,传统物流主要是靠掌握运力和线路等来实现调控,源头企业是整个供应链上的核心。随着科技进步和物流发展新理念,供应链源头转向技术更先进,效率更高的企业,平台化发展达到了一个前所未有的新高度。通过平台,智慧物流体系可以实现供需双方精确匹配,进而提高效率。

2. 物流短链化

物流供应链越长,影响其效率因素也越多,不可控风险也越大。从本质上讲,从生产者到最终消费者或者使用者,其他过程都属于中间环节。随着需求侧呈现出即时化、碎片化产业端需要适应这种变化,建立起相对灵活和环节较少的供应链体系。传统的多层分销渠道模式需要改变,向短链化方向发展,这样一方面可以精确把握消费者需求,另一方面物流体系可以灵活调整、快速反应。

3. 物流无界化

未来的智慧物流除本身体系外,其要素会渗透到生产、流通、消费等各个环节。比如运行过程,有些消费者或者使用者可能会亲自参与到产品设计和生产过程,在多元、即时、分散等情况下进行购买活动,其中小批量、定制化等物流体系将成为一个重要部分。超级机器人仓储、智慧物流小镇、万物互联将会越来越多地呈现在人们的面前,物流已经融入到经济社会发展各个方面。

4. 物流升级化

新技术(如大数据、云技术、物联网等)的应用,导致数据会呈现指数级增长,并且会实现全面收集、记录、分析、传输、应用,信息孤岛和不对称现象将会逐渐减少,形成全面覆盖并广泛连接的物联网络。在精确实现物流效率同时,会使个性化需求都能在最大化条件下得以满足,让物流体验感受指数大幅提高,智慧物流价值将逐步显现。

5. 物流智能化

智慧物流将会利用独特优势,推动物流产业链上下游大发展,深化产业链各个环节与各类需求融合。同时可以充分利用物流资源,提高使用效益,实现降低能效、智能包装、存储、配送等绿色、可持续发展目标。

三、智慧物流的技术

智慧物流是基于物联网技术在物流业中的应用而提出的。根据物联网技术架构,智慧物流也有三层技术架构:感知层、网络层和应用层。

感知层是智慧物流系统实现对货物感知的基础,也是智慧物流的起点。物流系统的感知层通过多种感知技术实现对物品的感知,常用的感知技术有:条码自动识别技术、RFID感知技术、GPS移动感知技术、传感器感知技术、红外感知技术、语音感知技术、机器视觉感知技术、无线传感网技术等等。所有能够用于物品感知的各类技术都可以在物流系统中得到应用,具体应用中需要平衡系统需求与技术成本等因素。

网络层是智慧物流的神经网络与虚拟空间。物流系统借助感知技术获得的数据进入网络层,利用大数据、云计算、人工智能等技术分析处理,产生决策指令,再通过感知通信技术向执行系统下达指令。

应用层是智慧物流的应用系统,借助物联网感知技术,感知到网络层的决策指令,在应用层实时执行操作。

根据智慧物流技术架构,可以构建智慧物流的技术体系如下。

(一) 感知技术与产品体系

感知技术是物联网核心技术,是实现物品自动感知与联网的基础,主要包括以下几种。

1. 编码技术

在国家商贸物流标准化试点示范中要求采用 GS1 编码体系,奠定物联网基础的 EPC(电子产品代码)也属于 GS1 体系。编码形式主要有条形码、二维码等。

2. 识别技术

识别技术包括条码识别技术、RFID 技术、各类光电扫描设备与产品、RFID 识别装置等。

3. 传感技术

传感技术包括位置、距离、温度、湿度等各类传感设备与技术。

4. 追踪定位技术

追踪定位技术主要包括 GPS 导航技术、北斗导航技术、各类室内导航与定位技术、视觉导航与定位技术、地理信息系统 GIS 技术、导航地图技术等。

5. 其他感知技术

其他感知技术包括红外、激光、NFC、M2M、机器视觉等各类感知技术等。

 案例分析

义乌市政府携手菜鸟共建智能物流骨干网

义乌市政府与菜鸟日前签署合作意向,双方将共建智能物流骨干网,在义乌保税区落地菜鸟义乌跨境保税园,加快中国(义乌)跨境电子商务综合试验区建设。

随着2019年1月1日跨境电子商务新政的落地,义乌等22个地区正式新增为跨境电子商务综试区。其中义乌跨境电子商务保税进口落地首日,业务量就位列第三批综试区前列。

金华市委书记陈龙日前与阿里巴巴集团董事局主席马云洽谈,希望联手阿里巴巴推动义乌电子商务、智慧物流、云计算、大数据、互联网金融等再上新台阶。马云也表示,金华要着力建设现代物流。

义乌是中国最大的货源地之一,长期位居全国电子商务发货区县第一名。随着跨境电子商务综试区落地,将与菜鸟一起打造"全球买全球卖"的新格局。同日,菜鸟也宣布全面升级进口物流:未来3年内计划将保税网络扩展至全国16个保税区,并新增百万平方米以上的保税仓,这将使菜鸟保税仓峰值面积超过300万平方米,遥遥领先于行业,从而保障阿里巴巴未来五年从全球进口2 000亿美元商品的大进口计划。

目前,菜鸟已经在上海、杭州、宁波、深圳、天津、重庆、郑州等10个保税区运营着全国最大的保税仓网络,总面积超过100万平方米。

除义乌外,菜鸟还将在华中、华南、华东等地区启动保税仓建设计划,这些区域的中心城市有望入选,继续提升区域当次日达比例。

借助"秒级通关"技术的连接,菜鸟已经打造了一张从原产地直达消费者的全球供应链网络。跨境电子商务新政出台后,消费者能从保税仓买到的进口商品大类也多了63个。未来几年,预计有超过100万种原产进口商品通过菜鸟智能物流骨干网送入中国,如原产英国的戴森家电、精密的天文望远镜等,这些商品从菜鸟保税仓出发,最快当日就能送到消费者手中。

资料来源:36氪. 义乌与菜鸟共建智能物流骨干网[EB/OL]. (2019-01-07)[2023-04-08]. https://baijiahao.baidu.com/s?id=1622001640404099088&wfr=spider&for=pc.

思考题:1. 结合案例思考,应怎样推进智能物流建设?

2. 智能物流与传统物流相比有哪些优势?

(二)网络层技术体系

网络层是智慧物流的智慧中心,主要由网络技术、数据处理技术、智能决策技术组成。

1. 网络技术

网络技术主要包括无线局域网技术、以太网技术、智能物联网技术、互联网技术。

2. 数据处理技术

数据处理技术主要包括大数据存储技术(数据记录、数据存储、数据清洗、数据验证、数据共享等)、大数据处理技术[数据统计(SPSS)、概率分析、数据可视化、数据挖掘等]、云计算技术(云计算、雾计算、边缘计算等)。

3. 智能决策技术

(1)人工智能技术。物流领域应用的人工智能技术包括:语言处理、智能预测、智能搜索、推理规划、机器学习、知识获取、组合调度问题、感知问题、模式识别、逻辑程序设计软计算、不精确和不确定的管理、神经网络、复杂系统、遗传算法等。

(2)仿真模拟技术。主要包括数字孪生技术、数字仿真技术、远程诊断技术。

(3)物流软件技术。主要包括智能优化分析系统、统计预测分析系统、智能决策系统、智能管理系统、智能调度分析系统、仓储控制与管理系统、各类运输软件系统等。

(三)执行层技术体系

物流单元化技术与设备包括:托盘(箱、笼)、物流周转箱、集装箱、集装袋等。

自动化分拣技术与设备包括:机器人分拣、自动输送分拣、语音拣选、电子标签拣选、货到人拣选等。其中,自动输送分拣技术种类众多,有交叉带分拣机、滑块分拣机、摆臂分拣机、模组带分拣系统、万向摆轮分拣机、麦克纳姆轮分拣机、翻盘分拣机等。分拣系统结构形式上也多种多样,有直线式、环绕式、矩阵式、多层结构式等。

智能搬运技术与设备包括:通过自主控制技术,进行智能搬运及自主导航,使整个物流作业系统具有高度的柔性和扩展性。例如,搬运机器人、AGV、无人叉车、自动输送线、伸缩机、堆码垛机器人等。

自动存储技术与设备包括:通过货架系统、控制系统、自动分拣系统、自动传输系统等技术装备集成的自动存储系统,实现货物自动存取、拣选、搬运、分拣等环节的机械化与自动化。

奥迪用智能技术来简化物流作业

当货架上零件的名称、编号或排列方式发生变化时,物流人员现在不再需要手工更新标签。也可以在短时间内快速显示信息,例如,如果某个零件缺货并将被另一个零件替换。

奥迪(Audi)工厂的数字货架标签意味着物流人员现在不再需要手动更新标签。

现在,该技术的目标之一是实现全自动更新。随着数字货架标签,奥迪正朝着无纸化订单挑选迈出另一步。

像这样的数字助手只是汽车制造商物流部门使用智能技术的一个案例。供应链主管迪特尔·布劳恩表示:"我们正有针对性地利用数字化在全球生产场所的优势"。

奥迪工厂多年来一直使用的AGV系统是日益数字化的另一个例子。该无人搬运系统将零件自动传送到工作站,如在没有装配线的回转窑电机生产中。该系统利用激光扫描器在生产大厅进行定位,寻找最佳路径。

这种高度灵活的程序可以通过算法和机器学习实现,由控制站的智能IT系统控制。这使得它能够跟踪所有系统、所有无人驾驶运输车辆和产品,即使没有固定的装配线序列。

Audi的无人驾驶运输系统使用激光扫描仪将零件自动运输到工作站。

另一个将奥迪全球员工聚集在一起的智能解决方案是,使用虚拟现实(virtual reality,

VR)在全集团范围内以及虚拟空间中的各个位置协同工作。例如,在包装物流领域,员工已经接受了数年的虚拟现实培训。

智慧物流的实现能大大地降低各相关行业运输的成本,提高运输效率,增强企业利润。亿欧智库根据当前行业的发展,总结了物联网应用于与物流行业的三个方面,即货物仓储、运输监测以及智能快递终端。

一、货物仓储

在传统的仓储中,往往需要人工进行货物扫描以及数据录取,工作效率低下,同时仓储货位有时候划分不清晰,堆放混乱,缺乏流程跟踪。将物联网技术应用于传统仓储中,形成智能仓储管理系统,能提高货物进出效率、扩大存储的容量、减少人工的劳动力强度以及人工的成本,且能实时显示、监控货物进出情况,提高交货准确率,完成收货入库、盘点调拨、拣货出库以及整个系统地数据查询、备份、统计、报表生产及报表管理等任务。

二、运输监测

通过物流车辆管理系统对运输的货车以及货物进行实时监控,可完成车辆及货物的实时、定位跟踪,监测货物的状态及温湿度情况,同时监测运输车辆的速度、胎温胎压、油量油耗、车速等车辆行驶行为以及刹车次数等驾驶行为,在货物运输过程中,将货物、司机以及车辆驾驶情况等信息高效的结合起来,提高运输效率、降低运输成本,降低货物损耗,清楚地了解运输过程中的一切情况。

三、智能快递柜

智能快递柜是基于物联网技术,能够对物体进行识别、存储、监控和管理等功能,与PC服务器一起构成了智能快递投递系统。PC服务端能够将智能快递终端采集到的信息数据进行处理,并实时在数据后台去更新,方便使用人员进行查询快递,调配快递以及快递终端维护等操作。

快递员将快件送达到指定的地点后,将其存入到快递终端后,智能系统就可以自动为用户发送一条短信,包括取件地址以及验证码等信息,用户能在24小时内随时去智能终端取货物,简单快捷地完成取件服务。

除了运用到物联网技术,智慧物流还包括云计算以及人工智能等相关技术,将采集后的数据传输到云平台,利用云计算、人工智能技术将数据进行分析处理,能够提高运输效率以及节省人力资本,而物联网技术是传统行业数据获取的重要途径,发展物联网产业至关重要。

资料来源:CSDN. 奥迪智慧物流的应用与开发[EB/OL]. (2020-12-19)[2022-11-27]. https://blog.csdn.net/weixin_39548490/article/details/111613013.

思考题:奥迪是如何用智能技术来简化物流作业的?

课 堂 测 试

班级_____ 姓名_____ 学号_____ 成绩_____

一、单项选择题(本大题共 10 小题,每题 4 分,共 40 分)

1. 物流配送流程从( )开始。
   A. 备货　　　　B. 仓储　　　　C. 包装　　　　D. 运输

2. 物流系统的主要功能要素不包括( )。
   A. 仓储　　　　B. 包装　　　　C. 运费　　　　D. 配送

3. 下列各项中,属于物流的基本功能的是( )。
   A. 网上咨询　　B. 包装　　　　C. 合同签订　　D. 货到付款

4. 第三方物流的运作模式不包括( )。
   A. 自营物流运作模式　　　　　　B. 传统外包型物流运作模式
   C. 战略联盟型物流运作模式　　　D. 综合物流运作模式

5. 电子商务环境下的物流管理不具备以下哪个特点( )。
   A. 信息化　　　B. 智能化　　　C. 自动化　　　D. 网络化

6. 下列各项中,体现电子商务对物流影响的是( )。
   A. 物流是实施电子商务的关键
   B. 物流信息化是电子商务发展的基础
   C. 物流是保证电子商务客户服务的重要途径
   D. 物料采购成本降低

7. 下列各项中,不属于电子商务物流特点的是( )。
   A. 信息化　　　B. 自动化　　　C. 批量化　　　D. 网络化

8. 电子商务物流的正确流程是( )。
   A. 供应商→采购管理→生产管理→出货管理→用户管理→客户
   B. 供应商→生产管理→采购管理→出货管理→用户管理→客户
   C. 供应商→生产管理→出货管理→采购管理→用户管理→客户
   D. 供应商→用户管理→采购管理→生产管理→出货管理→客户

9. 下列各项中,不能体现电子商务物流服务优势的是( )。
   A. 可以减少库存,降低储存成本
   B. 采用批量包装,方便快捷
   C. 大量应用互联网、EDI 技术等
   D. 综合性的物流服务,可同时提供更广的业务

10. 条码自动识别系统、货物自动跟踪系统等,体现出电子商务物流配送的( )特点。

A. 流程整体化 B. 运作自动化
C. 管理信息化 D. 成本可控化

二、多项选择题(本大题共5小题,每题共6分,共30分)

1. 信息流包括(   )。
   A. 商品信息的提供、促销行销、技术支持、售后服务
   B. 询价单、报价单、付款通知单、转账通知单等商业贸易单证
   C. 交易方的支付能力、支付信誉
   D. 信用证、汇票、现金通过银行在各层次的买方与卖方及其代理人之间的流动

2. 按照物流系统的作用、属性及作用的空间范围,可从不同角度对物流进行分类,按照物流活动的空间范围分类,可分为(   )。
   A. 地区物流 B. 供应物流
   C. 销售物流 D. 国内物流国际物流

3. 按照物流系统的作用、属性及作用的空间范围,可从不同角度对物流进行分类,按照物流活动的作用分类,可分为(   )。
   A. 地区物流 B. 供应物流
   C. 销售物流 D. 国内物流

4. 物流运输在物流过程中物化劳动与活劳动的投入,增加了物品的效用,具体表现为增加了物品的空间、时间效应以及(   )。
   A. 品种效用 B. 批量效用
   C. 信息效用 D. 风险效用

5. 配送作业一般包括(   )。
   A. 进货   B. 流通加工
   C. 储存   D. 装卸搬运

三、判断题(本大题共5小题,每题共6分,共30分)

1. 流通实际上就是物流。   (   )
2. 物流活动克服了供给方和需求方在空间和时间方面的距离。   (   )
3. 包装可能看成生产的终点,同时也是流通的起点。   (   )
4. 站在物流活动承担主体的角度看,产生于工商企业生产经营的物流需求,只能由工商企业自身采用自营运输、自营保管等自营物流的形式来完成。   (   )
5. 物流服务的供给是无限制的。   (   )

第九章　电子商务法律法规

> **知识导航**
>
> 电子商务法律法规
> - 电子商务法概述
>   - 电子商务法的概念
>   - 电子商务法的特点
>   - 电子商务法的调整对象与适用范围
>   - 电子商务立法的意义
> - 电子商务合同概述
>   - 电子商务合同的概念与特点
>   - 电子商务合同的订立
>   - 电子商务合同的法律效力
>   - 电子商务合同的履行
> - 知识产权保护概述
>   - 知识产权保护的相关概念
>   - 电子商务中著作权的保护
>   - 电子商务中商标权的保护
>   - 电子商务中专利权的保护
> - 网络隐私权与个人信息安全保护
>   - 网络隐私权保护
>   - 个人信息安全保护
> - 电子商务安全与网络犯罪
>   - 电子商务安全的相关概念
>   - 网络犯罪的相关概念

学习目标

1. 了解电子商务法的特点。
2. 熟悉电子商务法的调整对象与适用范围。
3. 掌握电子合同的订立及履行。
4. 掌握电子商务中常见的知识产权保护。
5. 了解网络隐私权及个人信息安全保护。

【思政课堂】

善用法规，推助电子商务健康成长

近年来，电子商务行业快速发展，在满足人民日益增长的美好生活需要、激发社会创新创业活力方面,发挥了重要作用。但电子商务在发展过程中也遇到不少问题,尤其是电子商务经营者、消费者的权利与义务亟待明确。在此背景下,《中华人民共和国电子商务法》(以下简称《电子商务法》)作为我国电子商务领域中综合性、基础性的法律应运而生,主要从规范管理和鼓励创新两个维度,较好地回应了社会关切和行业需求,助力解决新经济领域"成长的烦恼"。

在规范管理方面,《电子商务法》一方面通过确立规则,明确了经营者的相关义务,为规范行业发展提供了依据;另一方面专设"法律责任"一章,详细规定各种违法违规行为的处罚标准,为维护法律权威和市场秩序提供保障。比如针对社会关注的网约车安全等问题,《电子商务法》明确规定,对关系消费者生命健康的商品或者服务,"平台经营者对平台内经营者的资质资格未尽到审核义务,或者对消费者未尽到安全保障义务,造成消费者损害的,依法承担相应的责任";同时明确,违反该规定可责令其限期改正、停业整顿,并处以最高200万元罚款。《电子商务法》就像一本内容详细的操作说明书,为经营者提供规范标准,为消费者维护合法权益提供指南。

在鼓励创新方面,《电子商务法》专设"电子商务促进"一章,从促进线上线下产业融合、农村电子商务、跨境电子商务发展以及推进诚信体系建设等方面,规定了支持促进电子商务发展的相关政策措施。比如结合跨境电子商务的特点,建立健全海关、税收、进出境检验检疫、支付结算等多个部门的信息共享、监管互认、执法互助的进出口协同监管制度,承认进出口单证的电子化,提高对外贸易的便利化水平,支持小微企业参与跨境电子商务活动。再比如,给予个人销售自产农副产品,家庭手工业产品,个人利用自己的技能依法从事无须取得许可的便民劳务活动和零星小额交易活动等,相对宽松的制度环境。法律本身是约束,但条文之间也彰显价值。在规范与创新之间,能否找到最佳平衡点最为关键。

此外,强化对消费者权益的保护也是《电子商务法》的一大特点。平台经济蓬勃发展的今天,掌握海量数据和流量的平台就拥有了很强的议价能力,而消费者处于相对弱势地位。从平台销售商品必须有显著提示的规定,到保证押金顺利退还的要求;从进一步强化用户个人信息保护,到防止"大数据杀熟"的相应条款,这些法律规范既是对消费者权益的保护,也是在营造并维护更公平、更健康的电子商务市场环境。只有在制度层面形成硬约束,才能为整个产业的长远发展提供可持续动力。

当然,作为我国电子商务领域第一部综合性法律,《电子商务法》有不少规定仍然是原则性的,需要进一步明确和细化。面对日新月异的信息技术和商业模式,法律规范也需要为发展"留白",在探索中完善、于实践中成熟。从这个角度来讲,《电子商务法》的通过,不是问题的终结,而是继续前行的开始。

资料来源:人民日报.善用法规,推助电子商务健康成长[EB/OL].(2018-09-17)[2022-11-18].http://shengai.cctv.com/2018/09/17/ARTITD2Ghju64VUQjckpNXup180917.shtml.

思考题:《电子商务法》的确立为电子商务的发展起到了什么作用?

第一节 电子商务法概述

近年来,我国电子商务发展迅猛,取得了举世瞩目的成绩。电子商务在扩大内需、促进工艺品下乡和农产品进城、满足国内消费需求和跨境贸易等方面,呈现出快速繁荣的景象。同时,电子商务活动中的纠纷、消费者投诉也迅速增加。在电子商务发展中,及时立法,严格执法,加强对电子商务平台、网站和网店的管理,促进电子商务平台自律,保护消费者的合法权益,促进电子商务规范、健康发展,是电子商务相关法律急需解决的问题,也是近年来备受关注的热点领域。

一、电子商务法的概念

电子商务是一种在传统商务土壤中产生、成长并成熟起来,但又在很大程度上区别于传统商务的新经济形态。围绕电子商务所形成的虚拟社会与传统社会也存在显著差异,可以说,电子商务与虚拟社会的产生和发展是人类历史上颇具影响力的变革。这场深刻的社会变革也势必会对传统社会秩序、法律制度产生巨大的冲击与挑战。正是在电子商务这一新经济形态的推动下,一种全新的与之相适应的电子商务法应运而生。

电子商务法是政府、企业和个人以数据电文(数据电文指经由电子手段、光学手段或者类似手段生成、储存或者传递的信息,这些手段包括但不限于电子数据交换、电子邮件、电报、电传或者传真)为交易手段,通过信息网络所产生的,因交易形式所引起的各种商事交易关系,以及与其密切相关的社会关系、政府管理关系的法律规范的总称。与电子商务的概念类似,电子商务法也有广义和狭义之分。

广义的电子商务法又称网络经济法,是指调整以计算机网络为基础进行的商事活动的法律规范的总称。其调整对象是依托互联网在计算机网络上进行的所有商事活动所引起的法律关系及法律适用问题。广义的电子商务法是商法网络化的结果,因为它涉及商法的各个方面。它又可分为调整以电子信息为交易内容和调整以电子商务为交易形式的两大类规范。前者如美国颁布的《统一计算机信息交易法》和联合国国际贸易法委员会颁布的《电子资金传输法》。后者如联合国国际贸易法委员会颁布的《电子商务示范法》等。需要明确的是,以电子信息为内容的实体性规范和电子商务的形式性规范之间存在区别,其中的形式性规范可以由一部法律或者法典制定,但实体性规范涉及的范围较难以一部单行法律或者法典予以概括,只能分别以单行法律、法规、判例等形式出现,或者融于其他部门法律规范。值得注意的是,广义的电子商务法在具体的立法与司法过程中难以运用,其原因在于难以制定一部调整对象如此广泛的电子商务法,也无法将其适用于某一具体的案件。

狭义的电子商务法是指政府调整个人和企业通过信息网络所产生的,以数据通信为交易手段,由交易形式引起的商事交易关系的规范体系。联合国国际贸易法委员会颁布的《电子商务示范法》集中反映了上述观点。在狭义电子商务法的概念中,调整对象是运用各种电子化手段所进行的商事活动,其中以合同行为为主,所解决的问题集中于互联网通信记录、电子鉴别技术的选定、电子签名效力的确认、安全标准与认证机构的确立以及权利义务的确认等方面,其实质都是解决电子商务交易流程问题的规范。

二、电子商务法的特点

电子商务法是商事法律的一个新兴领域,相比其他商事法律法规,电子商务法表现出以下独有的特点。

(一) 全球性

电子商务的调整对象范围广泛,对电子商务进行人为的界限设置不具有现实意义。电子商务法的制定也必须考虑这一特性,必须以全球性的解决方案来规范电子商务,推动其平稳发展。电子商务法若仅局限于某一国家、某一地区,都只能称其为解决当地或本国电子商务活动的"局域法",而理想的电子商务法应该适用于全球电子商务发展,为全世界的电子商务发展提供一个统一、严格的法律法规体系,以使全球范围内的电子商务活动都在这一标准的法律体系下完成。联合国国际贸易法委员会所制定的《电子签名统一规则》和《电子商务示范法》,正是朝着这一方向努力的结果。

(二) 程式性

作为交易形式法,电子商务法是实体法中的程式性规范,主要用于解决电子商务交易形式方面的纠纷,而不会直接涉及电子商务交易的具体内容。电子交易形式是指交易当事人使用的电子通信手段,而交易内容则是指交易当事人所享有的利益,是一种权利义务。电子商务涉及较多以电子通信为交易内容的法律问题,需要通过不同的法律规范进行专门调整,而狭义上的电子商务法是无法胜任的。例如,在电子商务交易中电子讯息可以表示货币,也可以表示资讯信息,还可以表示享有著作权的作品。一条数据讯息应以《中华人民共和国民法典》(以下简称《民法典》)中合同标准对是否构成要约或承诺进行判断,以金融法对能否构成电子货币进行衡量,以侵权法对是否构成对名誉的损害进行界定。狭义上的电子商务法属于商事交易上的程式性,只调整当事人之间因使用电子交易形式而引起的纠纷,只关心电子讯息是否有效、是否归属于某人;电子签名是否有效、是否符合交易性质;认证机构是否有资质;在证书颁发与管理中应承担什么责任等问题。这些规范能够为电子商务交易形式方面提供法律指导,将现实商贸环境下的法律体系移植于虚拟的电子商务环境中。从民商法(民法与商法)角度而言,电子商务法所解决的权利义务关系都属于商事表达程式性的范畴,并没有对交易实体的权利义务进行直接界定。狭义上的电子商务法也不可能对电子商务交易内容进行全面规范,这方面应该由广义的电子商务法或其他专门的法律予以调整。

(三) 技术性

电子商务法所规定的许多法律规范,都是由技术规范直接或间接地演变而来的。例如,部分国家将安全的电子签名,规定为使用公开密钥体系所产生的数字签名。这一过程将公开密钥的技术规范转化为法律要求,深刻地影响着交易当事人之间的交易形式和权利义务。另外,如果当事人不遵守网络协议的技术标准,他们就无法在开放环境下进行正常的电子商务交易活动。所以,技术性是电子商务法的一个重要特点。从时代背景看,这也是 21 世纪知识经济在法律上的集中反映。技术规范的强制力来源于其客观规律性,也是现代自然法的主要渊源,理想的实证法不能任意违抗,只能对其进行准确反映。

(四) 开放性

从民商法原理上讲,电子商务法是一种对电子讯息进行内容表示的法律制度。然而,电子讯息具有多种多样的表现形式,并且不断发展。因此,电子商务法的建设,必须秉持开放的态度对待任何信息媒介与技术手段,从而让所有利于电子商务发展的技巧和设想都能被纳入法律体系。目前,各国及国际组织在电子商务立法过程中频繁地采用开放性条款和功能等价性条款,其目的是开拓电子商务多层次、创新性发展,以促进科学技术在电子商务中的广泛应用。开放性具体表现在三个方面:电子商务法基本定义的开放性、基本制度的开放性及法律结构的开放性。

(五)复合性

电子商务对于技术手段的依赖性和复杂性,造成电子商务交易关系的复合性,具体表现在交易当事人通常需要在第三方协助下才能完成电子商务交易活动。例如,在当事人签订合同时,需要有认证机构和网络服务商分别提供数字证书和接入服务等。即使在线下点到点的传统商务环境下,交易当事人也要通过电话、电报、传真等方式来完成交易。此外,电子合同的履行也需要第三方介入。例如,交易方在线支付货款,通常需要银行提供电子金融服务。这就使得电子商务交易形式具有复杂化的特点,电子商务的每一笔交易必须依赖多重法律关系提供支持,这就要求电子商务法中具有多方位的法律调整以及多学科知识的应用。

三、电子商务法的调整对象与适用范围

(一)电子商务法的调整对象

1. 以电子商务内涵划分的调整对象

《中华人民共和国电子商务法》(以下简称《电子商务法》)第二条将电子商务界定为"通过互联网等信息网络销售商品或者提供服务的经营活动。"具体从电子商务所依托的技术、电子商务交易行为和法律属性三个维度界定。

(1)互联网等信息网络。"互联网等信息网络"包括互联网、电信网、移动互联网、物联网等。将电子商务所依托的技术界定在信息网络而非仅限于互联网,是遵循技术中立原则的,既着眼于网络技术现状,也能在一定程度上涵盖未来网络技术和应用的发展。因此,通过互联网、移动客户端、移动社交圈、移动应用商店等进行的经营活动也属于电子商务法的调整范围。

(2)销售商品和提供服务。销售商品既包括销售有形产品,也包括销售数字音乐、电子书和计算机软件的复制件等无形产品。技术交易无论是技术转让还是技术许可,都属于销售商品(数字商品)的范畴。因此,技术交易也属于电子商务法的调整范围。提供服务是指在线提供服务,如网络游戏等;或者是网上订立服务合同,在线下履行,如滴滴打车、在线租房、在线旅游、家政服务等。此外,对销售商品和提供服务进行支撑的相关服务,如电子支付、物流快递、信用评价、网店装潢设计等,也应纳入电子商务法的调整范围。

(3)经营活动。经营活动是指以营利为目的的持续性业务活动,即商事行为。是否为"经营活动",主要考察行为的主观性,即目的是营利,而不论结果或者事实上能否营利。因此,即使电子商务经营者提供的基础服务是免费的,只要具有营利目的,就应该将其认定为电子商务。"经营"的法律属性是电子商务活动的重要特征,是区别是否构成电子商务活动的关键要素。自然人利用网络临时、偶尔出售二手物品、闲置物品,不具有经营属性,不属于电子商务法的范畴,可适用《民法典》等民商事法律相关规定。如果自然人以营利为目的,持

续销售商品或提供服务,应纳入电子商务法的调整范围。

2. 以电子商务外延划分的调整对象

电子商务的外延是指电子商务的范围。

(1) 判断标准。销售商品或者提供服务,只要有一个环节借助网络完成,即可纳入电子商务法的调整范围。具体来说,线上环节适用电子商务法,其他环节适用电子商务法以外的法律。鉴于服务种类繁多,且差异较大,电子商务法只调整具有普遍性地提供服务和相关支撑服务。对于特殊类型的服务,如金融类产品和服务,单纯的信息发布(如提供新闻信息服务、问答服务)、利用信息网络播放音视频节目、网络出版等涉及内容管理和意识形态安全的服务,考虑到监督管理的专业性和特殊性,不将其纳入电子商务法的调整范围。但金融类产品和服务中的电子支付,仍适用电子商务法;内容服务的交易环节,如电子书、数字音乐、数字电影的买卖或者在线播放,仍适用电子商务法。

(2) 电子商务新业态、新模式。近年来,移动互联网、物联网、大数据、云计算等数字技术为电子商务创造了丰富的应用场景,不断催生新型营销模式和商业业态,包括社交电子商务、直播电子商务、分享经济、智慧零售等。这些新业态、新模式并没有改变电子商务的本质特征。就社交电子商务而言,通过社交平台销售商品或者提供服务,符合"利用网络销售商品或者提供服务"的本质属性,应纳入电子商务法的调整范围。交易依托的社交平台是否为电子商务平台经营者,应当从主客观两个方面考虑:客观上,社交平台是否是独立于交易双方的"第三方",是否提供交易场所以及与交易相关的支撑服务;主观上,社交平台是否有积极主动管理平台内交易的意愿,如通过服务协议、交易规则等方式对平台内交易的当事人进行管理。只有同时满足上述两个标准,才能将社交平台界定为电子商务平台经营者。就直播电子商务而言,目前主流的模式是通过直播平台介绍、宣传商品或者服务,再通过其他电子商务平台、自建网站或者通过其他网络服务销售商品或者提供服务。对网络主播、直播平台经营者而言,如仅是单纯地宣介商品或者服务,其法律地位为广告发布者或者是广告经营者,其行为的法律规制更多地聚焦于广告法。

(二) 电子商务法的适用范围

理解电子商务法的效力,应紧扣第二条第一款的"境内"。具体而言,以下情形适用我国《电子商务法》。

(1) 在我国境内电子商务平台上发生的交易。除当事人另有约定外,在我国境内电子商务平台(电子商务平台经营者在我国境内依法注册登记)发生或者依托我国境内电子商务平台进行的交易,不论交易双方是否为我国境内的自然人、法人和非法人组织,即交易双方均为外国人,交易双方均为我国境内的自然人、法人或者非法人组织,或者交易一方为我国境内的自然人、法人或非法人组织,均适用我国《电子商务法》。

(2) 交易双方当事人均为我国自然人、法人和非法人组织,即使其利用境外电子商务平台进行交易也适用。

四、电子商务立法的意义

1. 创建电子商务法律环境

电子商务立法,是一个国家或地区法律建设的重要组成内容。从电子商务角度来看,电子商务法将电子商务这一行为置于法律的环境之中。电子商务是一种新的经济形式,其涉及的数据电文、电子交易、电子支付、电子认证、现代物流等新的形式和手段需要有新的法律规范,因此,需要在法律上适时作出明确的规定,电子商务才能有法可依。

2. 保障网络交易安全有序

网络交易是电子商务的主要形式和途径。保证网络交易安全有序的方法有多种,其中主要是技术和法律。电子商务的安全问题,是电子商务发展中的一个重要制约因素。电子商务可能存在的安全隐患,易使人们对电子商务产生怀疑,难以建立交易的信心,从而阻碍了电子商务的普及和发展。电子商务立法,就是在法律方面对电子商务起到可靠的保障作用。

3. 鼓励电子商务长远发展

通过电子商务立法,有利于规范电子商务行为,惩治电子商务欺诈行为,解决电子商务争端,从而鼓励电子商务健康、长远地发展。

4. 促进信息技术发展

信息技术是电子商务的基础和手段,同时也为电子商务交易提供技术支持。通过电子商务立法来规范信息技术的相关内容,采用科学的技术和法律手段解决信息技术方面出现的新问题,有利于电子商务的顺利进行,同时也促进了信息技术的进步和发展。

第二节 电子商务合同概述

一、电子商务合同的概念与特点

(一) 电子商务合同的概念

电子商务合同又称电子合同。《联合国国际贸易法委员会电子商务示范法》(以下简称《电子商务示范法》)第六条第一款规定,"如法律要求信息须采用书面形式,则假若一项数据电文所含信息能够调取以备日后查用,即满足了该项要求。"该法虽未对电子合同进行明确的定义,但从此条规定来看,《电子商务示范法》允许贸易双方通过电子手段传递信息、签订买卖合同和进行货物所有权的转让。

数据电文将和书面文件一样得到法律的承认,具备法律效力。《电子商务示范法》为实现国际贸易的"无纸操作"提供了法律保障,同时结合《中华人民共和国民法典》第四百六十四条的规定"合同是民事主体之间设立、变更、终止民事法律关系的协议",可以将电子合同界定为:电子合同是双方或多方当事人之间,通过电子信息网络以电子的形式达成的设立、变更、终止财产性民事权利义务关系的协议。从上述定义可以看出,电子合同是以电子的方式订立的合同,主要是指在网络条件下当事人为了实现一定的目的,通过数据电文、电子邮件等形式签订的,明确双方权利义务关系的一种电子协议。当事人可应用电子签名等电子核证技术签署合同,以增强电子合同的证据效力。

(二) 电子商务合同的特点

电子合同虽也是对合同当事人权利和义务作出约定的文件,但因为其载体和操作过程不同于传统书面合同,所以具有以下特点:

第一,订立合同的双方或多方在网络上运作,可以互不见面。合同内容等信息,记录在计算机或磁盘等中介载体中,其修改、流转、储存等过程均在计算机内进行。

第二,表示合同生效的传统签字、盖章方式被数字签名(电子签名)代替。

第三,传统合同的生效地点一般为合同订立的地点。而采用数据电文形式订立的合同,收件人的主营业地为合同订立的地点;没有主营业地的,经常居住地为合同订立的地点。

第四,电子合同所依赖的电子数据具有易消失性和易改动性。电子数据以磁性介质保存,是无形物,改动、伪造不易留痕迹。因此,其作为证据具有一定的局限性。

二、电子商务合同的订立

订立电子合同,首先要求实名认证。实名认证是对用户资料的真实性进行验证的审核,是电子合同生效的第一个条件。电子合同可以通过在线交易系统生成,通过第三方的电子合同签约、电子邮件等方式订立。需要注意的是,不同的电子合同形式具有完全不同的法律效力、举证程度和证明力。一般来说,系统生成的电子合同和电子邮件签署的电子合同证明力较低,且需花费时间和精力去证明其电子签名的真实性和完整性,举证复杂。

中华人民共和国商务部颁布的《电子合同在线订立流程规范》鼓励采用第三方的电子合同平台签订电子合同。使用电子签名技术能够保证合同签订、传输、存储的安全性、完整性和有效性,合同一旦签署,就不能再更改,签订后存储于安全的云存储系统中,可将证据固化,在发生纠纷时举证便捷。最为关键的是,第三方的电子合同平台提供的证据证明力较强,容易被采纳。

另外,电子商务经营者在网上发布的商品或服务信息符合要约条件的,消费者选择该商品或服务并提交订单后,合同成立。对于较大金额的电子交易,电子商务经营者应当提示当事人使用电子签名或其他可靠手段确保电子合同数据不被篡改。

三、电子商务合同的法律效力

在合同订立的过程中,双方当事人只有具有相应的民事行为能力才能与他人签订合同,经双方确认后电子合同具有法律效力。但在一方否认或需要出具证明给第三方的情况下,未经电子签名等技术予以核证的电子合同,其真实性及法律效力难以得到确认。因此,电子签名应用到电子合同中来保证其真实性是很有必要的。

(一) 使用可靠电子签名的法律效力

随着电子商务的发展,通过互联网在线订立合同的需求也在不断增长。《中华人民共和国电子签名法》(以下简称《电子签名法》)为电子合同的应用推广排除了法律障碍。《电子签名法》中有以下规定:

(1) 当事人约定使用电子签名的文书,不得仅因其采用电子签名而否定其法律效力。

(2) 可靠的电子签名与手写签名或者盖章,具有同等的法律效力。

(3) 当事人可以选择使用符合其约定的可靠条件的电子签名。

(4) 以目前国际上比较公认的成熟技术为基础,作为可靠的电子签名标准。

(二) 使用自动信息系统订立的电子合同的法律效力

《电子商务法》第四十八条规定,电子商务当事人使用自动信息系统订立或者履行合同的行为,对使用该系统的当事人具有法律效力,在电子商务中推定当事人具有相应的民事行为能力,但是,有相反证据足以推翻的除外。

该条规定明确了系统自动完成电子合同的法律效力。换句话说,电子商务经营者普遍采用平台自动生成订单、消费者单击确认,即代表签署的操作模式得到法律认可。但本条规定意味着法律推定对面是一个有相应民事行为能力的人。这样的立法实际上充分考虑到了互联网经济对于效率的看重,大大降低了交易成本,使不见面的双方所缔结的电子合同也可以充分获得法律保障。

四、电子商务合同的履行

合同的履行是指合同当事人按照合同的约定或者法律的规定,全面适当地完成各自应承担的合同义务,使债权人的权利得以实现的过程。

(一) 电子商务合同的履行原则

《合同法》虽然没有明确规定电子合同的履行原则,但是,通常认为合同的履行原则主要有适当履行原则和协作履行原则。这两个基本原则也适用于电子合同。

1. 适当履行原则

适当履行原则是指当事人按照合同的约定或法律的规定履行合同义务的原则,又称正确履行原则或全面履行原则。当事人应当按照法律规定或者合同约定的标准及其质量、数量,由适当的主体在适当的履行期限、履行地点,以适当的履行方式,全面完成债务的履行。《中华人民共和国民法通则》第八十八条第一款规定,合同的当事人应当按照合同的约定,全面履行自己的义务。

2. 协作履行原则

协作履行原则是指当事人既适当履行自己的合同义务,又应该协助对方当事人履行其合同义务的原则。履行合同不仅是一方当事人自己的事,也是另一方当事人的事。在合同的履行过程中,往往需要对方的协助,这是一种履行合同的特殊义务。只有双方当事人在合同履行过程中,相互配合、相互协作,合同才会得到全面履行。

一般认为,合同的协作履行原则包括的主要内容有:①债务人履行债务,债权人应适当受领给付。②债务人履行债务,要求债权人创造必要的条件,提供方便。③因故不能履行或不能完全履行时,应积极采取措施,减少或避免损失,否则还要就扩大的损失自负其责。④发生纠纷时,各自应主动承担责任,不得推诿。

(二) 电子商务合同履行的方式

1. 在线付款,在线交货

"在线付款,在线交货"是指在线支付结算,直接通过网络实现交货的方式。这种方式环节少、履行简单、成本费用低,但是标的物仅限于信息产品。例如,网上购买的计算机应用程序,如游戏、财务软件等,可以在出卖方的网站或指定网址上直接下载安装使用。

2. 在线付款,离线交货

"在线付款,离线交货"是指在线支付结算,通过物流配送环节实现交货的方式。目前的B2B、B2C电子商务平台,如淘宝网、京东商城等所进行的实体商品的交易,多数是在网上支付结算的,而商品则通过物流配送到消费者手中。

3. 离线付款,离线交货

"离线付款,离线交货"是指在线交易,离线支付结算,通过物流配送环节实现交货的方式。例如,目前一些同城的生鲜电子商务,消费者在网上订货下单后,商家进行线下配送,确认收货后,消费者支付现金或者用信用卡付款。

《电子商务法》第五十一条规定,合同标的为交付商品并采用快递物流方式交付的,以收货人的签收时间为交付时间。合同标明的内容是为提供服务的,以生成的电子凭证或者实物凭证中载明的时间为交付时间。前述凭证没有载明时间或者载明时间与实际提供的服务时间不一致的,以实际提供服务的时间为交付时间。合同标的采用在线传输方式交付的,以合同标的进入对方当事人指定的特定系统,并且能够检索识别时间为交付时间。合同当事人对交付方式、交付时间另有约定的,遵守其约定。

(三) 电子商务合同违约的法律法规

1. 电子商务合同违约的归责原则

(1) 严格责任原则,又称无过错责任原则。是指违约发生以后,确定违约当事人的责任,应主要考虑违约的结果是否因违约方的行为造成的,而不考虑违约方的故意或过失。

(2) 过错责任原则。是指当事人违约发生以后,确定违约当事人的责任,应主要考虑违约的过错或过失。

2. 电子商务合同违约的免责事由

(1) 不可抗力。因不可抗力不能履行合同的,根据不可抗力的影响,部分或者全部免除责任,但法律另有规定的除外。

(2) 未采取适当措施。当事人一方违约后,对方应当采取适当措施防止损失的扩大。没有采取适当措施致使损失扩大的,不得就扩大的损失要求赔偿。当事人因防止损失扩大而支出的合理费用,由违约方承担。

(3) 双方违约。当事人双方都违反合同的,应当各自承担相应的责任。

3. 承担电子商务违约责任的主要方式

(1) 提存。有下列情形之一,难以履行债务的,债务人可以将标的物提存:①债权人无正当理由拒绝受领。②债权人下落不明。③债权人死亡未确定继承人或者丧失民事行为能力未确定监护人。④法律规定的其他情形。标的物不适于提存或者提存费用过高的,债务人依法可以拍卖或者变卖标的物,提存所得的价款。

(2) 违约金。合同当事人既约定违约金,又约定定金的情形,一方当事人违约时,对方可以选择适合违约金或者定金条款。

当事人可以约定一方违约时,应当根据违约情况向对方支付一定数额的违约金,也可以约定因违约产生的损失赔偿额的计算方法。约定的违约金低于造成的损失时,当事人可以请求人民法院或者仲裁机构予以增加,约定的违约金过分高于造成的损失时,当事人可以请求人民法院或者仲裁机构予以适当减少。当事人就迟延履行约定违约金的,违约方支付违约金后,还应当履行债务。

(3) 定金。当事人可以依照《中华人民共和国担保法》的一方向对方给付定金作为债权的担保。债务人履行债务后,定金应当抵作价款或者收回。给付定金的一方不履行约定的债务时,无权要求返还定金;收受定金的一方不履行债务时,应当双倍返还定金。

(4) 继续履行。当事人一方未支付价款或者报酬的,对方可以要求其支付价款或者报酬。当事人一方不履行非金钱债务或者履行非金钱债务不符合约定的,对方可以要求履行,但有下列情形之一的除外:①法律上或者事实上不能履行。②债务的标的不适于强制履行或者履行费用过高。③债权人在合理期限内未要求履行。合同违约造成损失的,关于赔偿额的确定,是一项合同违约的重要内容。当事人一方不履行合同义务或者履行合同义务不符合约定,给对方造成损失的,损失赔偿额应当相当于因违约所造成的损失,包括合同履行后可以获得的利益,但不得超过违反合同一方订立合同时预见到或者应当预见到的因违反合同可能造成的损失。经营者对消费者提供商品或者服务有欺诈行为的,依照《中华人民共和国消费者权益保护法》的规定承担损失赔偿责任。

 案例分析

小孩子用大人账号在网络上购买物品的合同是否有效

一、案情介绍

许某喜欢通过网络订购商品。某日,某商家将一台价值近万元的电视机送到许某家中,但许某表示自己并未在网上订购过这种商品,后来才知是许某不在家时,其未成年的儿子在网上订购的。平时在许某网上购物时,其子常在旁边观看,因此知道许某的账号和密码,也了解一些网上购物的知识。其子在一次浏览网页时觉得这款电视机特别适合用来玩游戏,就在没有和家人商量的情况下擅作主张下了订单。

许某认为,儿子作为未满18周岁的限制民事行为能力人不具有完全的民事行为能力。商家认为,下单的客户是许某自己的账号,双方为此争执不下因此成诉。

二、争议焦点

第一种观点认为,关于未成年买家与商家之间的纠纷越发普遍,在认定网络环境下买卖双方合同关系时就应该适应现代观念,不区分合同主体的行为能力。在网购过程中,卖方并不能像现实交易一样清楚地认识到购买者的年龄,如果因为买方是未成年人就可以随意地认定合同无效,那么对于卖方来说无疑加重了风险,这不利于保护网络交易中卖方的利益。为了保护电子商务卖方的权益,促进网络购物的发展,认定未成年人通过网络购买物品的合同是有效的。

第二种观点则认为,网络购物中电子合同当事人缔约能力仍应适用《中华人民共和国合同法》的相关规定。无民事行为能力人与限制民事行为能力人本身认知的局限性,导致了他们缺乏进行民事行为所要求具备的意识能力,他们在民事交易中无法准确地预见到自己行为的性质与后果。案件中许某之子作为限制民事行为能力人,其订立的合同应当为效力待定,而后其作出的购买行为并未得到其监护人的事后追认,此时为了保护买方的合法民事权益,他们订立的合同因存在问题而应认定为无效。

资料来源:中国青年网.孩子网络消费,父母必须买单?[EB/OL].(2018-03-26)[2023-04-09].https://www.sohu.com/a/226402371_119038.

思考题:请根据以上案例资料,依据相关法律法规的规定,并结合网购的实际经历分析以下问题。

1. 对于上述两种观点,你赞成哪种观点?为什么?
2. 你认为通过网络订立的合同,要认定其有效应当具备什么条件?

第三节 知识产权保护概述

一、知识产权保护的相关概念

(一)知识产权的概念与特点

知识产权又称为知识所属权,是指权利人对其智力劳动所创作的成果和经营活动中标记、信誉所依法享有的专有权利。知识产权是一种无形财产,也是一种对于智力成果所享有的权利。它具有以下特点:

(1)非物质性。知识产权的客体不是有形物,而是一种智力成果,其内容是非物质化的作品、外观设计、发明创造、商标等抽象物。权利客体是一种无形财产。

(2)专有性。专有性又称为排他性,指知识产权所有人在特定时期对智力成果的排他性占有权,未经知识产权所有人或法律允许,他人不得实施知识产权控制行为。否则,视为侵权违法行为。

(3)地域性。知识产权的地域性是指按照一国法律获得承认和保护的知识产权,只能在授予或确认其权利的国家产生法律效力,受该国家知识产权法律保护,而不具有域外法律效力。知识产权域外效力的取得依赖国际公约或者双边协定即可。专利权、商标权则必须由他国行政主管机关确认后,才可产生法律效力。

(4)时间性。知识产权的时间性指权利具有一定的有效期限,无法永远存续。知识产权仅在法律规定的有效期限内受到保护。如果知识产权超过法律规定时限,相关的智力成果就不再是受保护客体,而成为社会的共同财富,可自由使用。

电子商务知识产权,又称为网络知识产权,是指电子商务活动中涉及的著作权和工业产权。为保护网络知识产权,2009年12月30日,中国互联网协会网络版权工作委员会在北京正式成立。

(二)知识产权法的概念

知识产权法是调整因创造、使用智力成果而产生的,以及在确认、保护与行使知识产权过程中所发生的各种社会关系的法律规范的总称。

知识产权作为一种私有权利在世界范围内得到普遍确认和保护。知识产权制度作为一种划分知识产品私人属性与公共属性界限,并调整知识创造、利用和传播中所形成的社会关系的工具已经在世界范围内普遍确立,并随着商品经济和科学技术的发展不断地丰富、拓展和完善。在知识经济时代,技术创新成为经济发展与社会进步的新引擎和新动力,知识产权成为市场垄断和提升市场核心竞争力的重要手段,知识产权制度也因此成为国家的基础性制度。从20世纪末开始,许多国家站在国家战略的高度来思考、制定和实施知识产权战略,甚至将国家经贸政策与知识产权战略结合起来,知识产权战略成为国家发展总体战略的重要组成部分,对实现国家总体目标具有重要意义。

(三) 知识产权的类别

各种智力创造所取得的成果及其所形成的财产权利,都属于知识产权。例如,发明、设计、文学、艺术、商标、产品或企业名称等,都属于知识产权的范围。各国法律赋予的知识产权的范围有所不同。知识产权一般分为两类,即著作权(版权)和工业产权(产业产权)。

1. 著作权

著作权,又称版权,是公民、法人或非法人单位按照法律享有的对自己文学、艺术、自然科学、工程技术等作品的专有权。不论公民、法人或者其他组织的作品是否发表,都依法享有著作权。通常人们说的知识产权主要是指计算机软件著作权和作品登记权。著作权是公民、法人依法享有的一种民事权利,属于无形财产权。

2. 工业产权

工业产权,又称产业产权,是指工业、商业、农业、林业和其他产业中具有实用经济意义的一种无形财产权。由此看来"产业产权"的名称更为贴切。它主要包括专利权与商标权。

(四) 电子商务对知识产权的挑战

1. 电子商务对传统知识产权概念的挑战

网络知识产权是一个整体性的多项内容的产权权利,而传统知识产权是单个知识产权权利问题。电子商务对传统知识产权的概念提出了挑战。例如,专利的"即发侵权"的制止问题,域名问题迫使人们将商标,厂商名称、商誉和不正当竞争结合起来考虑,甚至提出了"一体保护"的方法;而传统的知识产权保护认为,权利尚未形成,则无权利保护可言,权利的保护有一定的界限并遵循单个法律判断。

2. 电子商务对传统知识产权特点的挑战

知识产权具有与有形财产权不同的一些特点,如垄断性、地域性、时间性、无形性、政府确认性等。知识产权应当保证权利人的专有权利。如果地域性被彻底打破,权利就有可能成为世界通行的"全球权利"或者产生世界性统的制度。电子商务活动建立在互联网上,网络的传输表现出"公开"的开放性和"无国界"的全球性特点及状态。"公开"可能成为"公知""公用"。"无国界"又使得地域性的知识产权受到了严峻的挑战。

3. 电子商务对知识产权法院管辖的挑战

传统知识产权纠纷案件,多采用被告所在地或者侵权行为地法院管辖的方式。但是,互联网上的侵权行为,其行为主体难以确定、行为地点难以界定、行为的跨时空性、跨国性等特点,对传统的诉讼程序也造成了挑战。

4. 电子商务对证据及其保留的挑战

《中华人民共和国民事诉讼法》和《最高人民法院关于适用中华人民共和国民事诉讼法若干问题的意见》中规定,证据材料的"原件"是基本要求,在认定事实的根据时,非原件的复制品在没有其他证据的情形下不被认可。而数据电文存储在计算机内,其打印出来的"书面形式"是一种复制件,不能满足原件的要求。

5. 电子商务对具体知识产权的挑战

(1) 电子商务对商标权和域名的挑战。在传统商务中,商标具有识别商品的来源、品质、社会声誉等功能。而在电子商务环境中,商标除了具有其在传统商务中的功能外,还具有识别域名、网络声誉等功能。传统的商标是以平面的形式存在的,以相对固定不变的文字、图形、字母、数字等元素组成。而在电子商务中,商标可能是动态化的视频、音频等,这使网络上商标和域名的侵权行为更难以界定。

(2) 电子商务对著作权的挑战。传统的著作权客体包括认可的发明、设计、文学、艺术等作品。但是,在电子商务中,计算机软件、数据库、多媒体技术给著作权的客体带来了新的内容。在涉及电子商务的著作权侵权问题时,法律界限不清楚,判断难度大。

(3) 电子商务对专利权的挑战。电子商务对专利权也提出了大量新问题。例如,计算机软件能否成为专利制度保护的客体;互联网的广泛性和开放性对专利"三性(新颖性、创造性、实用性)"中"新颖性"特点提出了挑战;专利的电子申请方式中涉及的法律问题等。这些问题都需要在网络环境中得到解决的办法。

二、电子商务中著作权的保护

(一) 著作权和著作权法的概念

著作权是指法律赋予艺术作品的著作人对其所创作的作品享有的专有权利。著作权保障的是思想的表达形式,而不是思想本身。

著作权法是指调整因著作权而产生的各种社会关系的法律规范的总称。我国已制定《中华人民共和国著作权法》(以下简称《著作权法》)《中华人民共和国著作权法实施条例》等法律规范,用以保护文学、艺术和科学作品作者的著作权以及与著作权有关的权益。

(二) 著作权的内容

著作权的内容包括著作人身权和著作财产权。

1. 著作人身权

著作人身权是作者基于作品依法享有的以人身利益为内容的权利,是与著作财产权相对应的人身权。《著作权法》中规定的著作人身权包括:

(1) 发表权。即决定作品是否公之于众的权利。由于作品是作者人格的反映,是否向公众披露,应当由作者决断。任何人擅自发表他人作品的行为,都属于侵权。

(2) 署名权。即表明作者身份,在作品上署名的权利。

(3) 修改权。即修改或者授权他人修改作品的权利。

(4) 保护作品完整权。即保护作品不受歪曲、篡改的权利。

2. 著作财产权

著作财产权是著作权人基于对作品的利用给其带来的财产收益权。理论上,所有对作品的商业性利用都应当给著作权人带来财产收益。《著作权法》中规定的著作财产权包括:

(1) 复制权。即以印刷、复印、拓印、录音、录像、翻录、翻拍等方式将作品制作一份或者多份的权利。

(2) 发行权。即以出售或者赠与方式向公众提供作品的原件或者复制件的权利。

(3) 出租权。即有偿许可他人临时使用电影作品和以类似摄制电影的方法创作的作品、计算机软件的权利,计算机软件不是出租的主要标的的除外。

(4) 展览权。即公开陈列美术作品、摄影作品的原件或者复制件的权利。

(5) 表演权。即公开表演作品,以及用各种手段公开播送作品表演的权利。

(6) 放映权。即通过放映机、幻灯机等技术设备公开再现美术、摄影、电影和以类似摄制电影的方法创作的作品等的权利。

（7）广播权。即以无线方式公开广播或者传播作品、以有线传播或者转播的方式向公众传播广播的作品，以及通过扩音器或者其他传送符号、声音、图像的类似工具向公众传播广播的作品的权利。

（8）信息网络传播权。即以有线或者无线方式向公众提供作品，使公众可以在其个人选定的时间和地点获得作品的权利。

（9）摄制权。即以摄制电影或者以类似摄制电影的方法将作品固定在载体上的权利。

（10）改编权。即改编作品，创作出具有独创性的新作品的权利。

（11）翻译权。即将作品从一种语言文字转换成另一种语言文字的权利。

（12）汇编权。即将作品或者作品的片段通过选择或者编排，汇集成新作品的权利。

（三）网络著作权的保护

网络著作权是指著作权人对受著作权法保护的作品在网络环境下所享有的著作权权利。《著作权法》第十条第十二项明确规定了作者对其作品享有信息网络传播权，即以有线或者无线方式向公众提供作品，使公众可以在其个人选定的时间和地点获得作品的权利，承认了传统著作权在网络环境下所享有的法律保护。由国务院发布的《信息网络传播权保护条例》明确规定了信息网络传播权的具体表现形式和保护方式。在这一司法解释下，作品的数字化形式和新的数字化作品均受《著作权法》保护，任何人在未经著作权人许可情况下，擅自复制、转载、传播他人作品的，均属于侵犯著作权行为，应依法承担法律责任。

《信息网络传播权保护条例》包括合理使用、法定许可、避风港原则、版权管理技术等一系列内容，区分了著作权人、图书馆、网络服务商、读者各自可以享受的权益，网络传播和使用都有法可依，形成相互依存、相互作用、相互影响的对立统一关系，很好地体现了产业发展与权利人利益、公众利益的平衡，为产业加速发展做好了法律准备。

三、电子商务中商标权的保护

（一）商标、商标专用权和商标法的概念

商标是识别某商品、服务或与其相关的具体个人或企业的显著标志。商标的形式多样，包括但不限于图形、文字、声音、立体图等。

商标专用权是指商标所有人对其商标所享有的独占的、排他的权利。我国商标权的取得实行注册原则，因此商标权实际上是由商标所有人申请，并经过国家商标局确认的专有权利，即因商标注册而产生的专有权。另外，商标专用权还可以通过注册商标的转让、继承等方式取得。

商标法是指确认商标专用权，规定商标注册、使用、转让、保护和管理的法律规范总称。商标法的主要作用是加强商标管理，保护商标专用权，促使生产、经营者保证商品和服务质量，维护商标信誉，以保障消费者和生产经营者的利益，促进社会主义市场经济的发展。目前，我国已颁布《中华人民共和国商标法》（以下简称《商标法》）来规范商标专用权的使用。

（二）商标专用权的内容

根据《商标法》以及相关法律法规的规定，商标专用权包括以下内容。

1. 专有使用权

专有使用权是指商标权人对其注册商标享有排他性的独占使用权利,任何第三人不得在同类产品或服务上使用与商标权人所注册商标相同或类似的标志的权利。

2. 收益权

收益权也称使用许可权,是指商标权人以一定的方式或条件许可他人使用其注册的商标而获得收益的权利。

3. 处分权

处分权包括转让权、投资权、质押权和抛弃商标权。其中,转让权是指商标权人以有偿或无偿方式将商标权转让给第三人的权利。投资权是指商标权人可以依照法定程序将其注册商标作为无形资产进行投资的权利。质押权是指商标权人有权在经营活动中以其注册商标设立抵押的权利。抛弃商标权是指商标权人可以向商标局声明放弃商标的权利。

(三) 电子商务中的商标权保护

电子商务作为一种新型商业模式,与商标密切相关。具体表现在:①电子商务的活动主体需要自己的商品或者服务商标,即电子商务交易的商品或者服务在进入市场时应该具有识别性标志。②电子商务交易主体在从事商品流通、服务提供、广告宣传等商业活动时,可能会使用他人注册的商标。③由于电子商务主体在从事商业活动时可能涉及他人商标权的使用,因此带来了商标侵权风险。

电子商务是建立在全球性互联网的基础上的,加之电子商务活动与商标的密切关系,导致电子商务环境中的商标权保护问题更为突出。目前,我国电子商务中的商标权保护问题包括以下几个方面:

(1) 商标权的使用和保护环境更加复杂。由于互联网的全球化特性,电子商务活动使得商标使用范围扩大到全球,加之电子商务活动具有隐蔽性强、取证困难、流程烦琐等特征,使得商标权的使用和保护环境变得更为复杂。

(2) 电子商务使商标侵权出现新的形式。传统商标侵权的主要形式是对相同或相似商品使用相同或相似的商标,主要用于商品包装和广告宣传等方面。这种现实的商标侵权表现形式较容易通过证据被查处。然而,在电子商务环境下,商标侵权的形式变得更加复杂多样,甚至出现了一些新的商标侵权形式,如网页链接侵权、用商标图形作为网页装潢、将商标作为域名侵权等。

(3) 网络商标侵权行为简单易行。互联网的开放性为商标"公知"和"公用"提供了便利。网络行为人可以在任何时间、任何地点轻易地实施商标侵权行为。

(4) 网络商标争议的解决难度更大。一方面,互联网的虚拟性使得商标权人难以识别侵权者的真实身份。另一方面,由于网络商标使用信息是不断更新且可以随时删除的,因此商标权人难以对网络侵权行为及时取证。

(5) 网络商标侵权行为的损害后果更为严重。互联网的全球性使网络商标侵权行为可以超越国界,而由于不同国家所奉行的文化或理念的差异,商标侵权行为往往难以处理,导致产生周期更长和更为严重的不良影响,极大地损害商标权人的商业信誉。

要想解决电子商务中的商标权保护问题,必须做好以下几个方面的工作:一是建立健全相关的法律法规。二是加大执法力度,切实保护商标权。三是完善对电子商务中商标的行政保护措施。

商丘市睢县韩某销售商标侵权化妆品案

2017年8月,商丘市睢县工商局执法人员接到上海市长宁区市场监督管理局案件线索移送函,称睢县居民韩某在网上销售商标侵权化妆品。

经查,韩某于2017年3月在上海某信息技术有限公司运营的第三方交易平台"×××商城"以个人名义开办了一家名为"×××小屋"的网店,销售化妆品。2017年4—5月,韩某共销售"百雀羚"化妆品100套。经"百雀羚"商标持有人上海百凤投资有限公司鉴定,韩某销售的化妆品属侵犯了该公司注册商标专用权的商品。

商丘市睢县工商局认为:当事人上述销售假冒"百雀羚"注册商标专用权化妆品的行为,属于《中华人民共和国商标法》(以下简称《商标法》)第五十七条第一款第三项"销售侵犯注册商标专用权商品的"所指侵犯注册商标专用权行为。依照《商标法》第六十条第二款的规定,责令当事人停止侵权行为,并处罚款。

思考题:网上商标应怎样合法使用?

四、电子商务中专利权的保护

(一)专利权与专利法的概念

专利权简称专利,是发明创造人或其权利受让人对特定的发明创造在一定期限内依法享有的独占实施权。

专利法是指在因发明而产生的一定社会关系,促进技术进步和经济发展的法律规范的总和。就其性质而言,专利法既是国内法,又是涉外法;既是确立专利权人的各项权利和义务的实体法,又是规定专利申请、审查、批准一系列程序制度的程序法;既是调整在专利申请、审查、批准和专利实施管理中纵向关系的法律,又是调整专利所有、专利转让和使用许可的横向关系的法律;既是调整专利人身关系的法律,又是调整专利财产关系的法律。

(二)专利权的内容

1. 专利权主体

专利权主体,即专利权人,是指依法享有专利权并承担与此相应的义务的人,通常是直接完成发明创造的人或者对发明创造的实质性特点作出创造性贡献的人。专利权人可以是个人,也可以是单位或企业。

2. 专利权客体

专利权客体,即专利法保护的对象,是指能取得专利权,可以受专利法保护的发明创造,包括发明、实用新型、外观设计三种专利类型。

3. 专利权人的权利

专利权人的权利是指在一定时间和范围内,专利权人对其发明创造依法享有的权利,包括专利人身权和专利财产权。

(1)专利人身权。专利人身权主要是指专利设计人、发明人有权在专利文件中注明自己是该专利的设计或发明人,即署名权。此外,专利人身权还包括发表权、修改权和保护作品完整权。专利人身权是专利权人所特有的,不因专利财产权的转让而消失。

(2) 专利财产权。专利财产权主要是指专利作为一种财产,其专利权人所拥有的财产占有、支配、使用的权利,主要包含独占权、许可权、转让权。其中,独占权是指只有专利权人才有实施其发明创造的制造、使用、销售,对该专利获得享有独占的权利,任何自然人、法人以及其他组织均不得不经许可,不支付报酬,使用、制造和销售专利产品。许可权是指许可他人实施其专利的权利。转让权是指专利申请权和专利权可以转让的权利,但转让必须签订书面合同并登记,经公告后转让合同方可生效。

(三) 电子商务中的专利权保护

电子商务活动必须基于计算机网络技术,所以在电子商务活动的开展过程中涉及的网络技术以及新型的商业运作方法都可能涉及专利权,以及专利法对这些技术的确认和保护。因此,电子商务活动与专利也存在密切的关系,主要体现在以下方面:一是电子商务主体在从事各类经营活动和参与市场竞争的过程中,必然会涉及专利技术的开发和利用。二是电子商务主体为节约新技术或系统开发成本,可以通过专利受让和专利许可的方式对他人的专利技术进行使用。三是电子商务主体在使用他人的专利技术过程中,可能会侵犯他人的专利权。

我国目前发布了对电子商务技术进行专利保护的一系列举措。《中华人民共和国专利法实施细则》规定,授予专利权的发明必须是一种技术方案。因此,只要能够构成专利法意义上的"技术方案",无论是计算机程序还是商业方法,都具备被授予专利权的可能性。《专利审查指南》第九章对计算机程序的发明专利申请作出了规定。涉及计算机程序的发明专利申请还具有与其他领域的发明专利申请相同的一般性;对于第九章未提及的一般性审查事项,应当遵循该指南的其他相关规定,对涉及计算机程序的发明专利申请进行审查。

第四节 网络隐私权与个人信息安全保护

一、网络隐私权保护

(一) 网络隐私权的概念与内容

1. 网络隐私权的概念

网络隐私权通常是指公民在网络中享有的私人生活安宁与私人信息依法受到保护,不被他人非法侵犯、知悉、搜集、复制、公开和利用的一种人格权;也指禁止在网上泄露某些与个人有关的敏感信息,如事实、图像以及毁损的意见等。

网络中侵犯个人隐私权的事件屡有发生。个人信息在互联网上极易被搜索和传播,如果个人信息在本人不情愿的情况下与某些特定事件产生联系,极有可能对这些公民的社会评价产生不利影响,从而给这些公民带来精神损失。

2. 网络隐私权的内容

网络隐私权主要包括以下三个方面的内容:

(1) 涉及个人资料的隐私权。属隐私权范畴的消费者个人资料主要有:特定的个人信息(姓名、性别、出生日期、身份证号码、照片等);敏感性个人信息(宗教信仰、婚姻、家庭、职业、病历、收入、经历等);E-mail 地址、IP 地址、用户名与密码等。

(2) 涉及个人通信秘密与通信自由的隐私权。私人之间的电子邮件通信常常涉及个人隐秘生活内容或商业秘密,如果这些信息在网络上被泄露、扩散,将给个人造成极大伤害。因此,除法律另有规定外,任何个人和组织未经授权都无权截获或复制他人正在传递的电子信息。

(3) 个人生活安宁权。促销广告电子邮件因成本低廉且难以被监控而日益泛滥。这些"垃圾邮件"不但耗费了消费者大量的时间和金钱,而且占用其邮箱空间。既影响正常信件的传送,又侵害了消费者的个人生活安宁权。

(二)网络隐私权保护策略

从 20 世纪 90 年代开始,在国家的大力倡导和积极推动下,互联网在经济建设和各项事业中得到日益广泛的应用,使人们的生产、工作、学习和生活方式都发生深刻了的变化,对加快我国国民经济、科学技术的发展和社会服务信息化进程具有重要作用。同时,如何保障互联网的运行安全和信息安全问题已经引起全社会的普遍关注。为了维护国家安全和社会公共利益,保护个人、法人和其他组织的合法权益,我国颁布并通过了一系列的法律法规。

1. 网络隐私权保护存在的问题

(1) 个人自我保护意识薄弱。法律意识的薄弱指公民在网络隐私遭到泄露时,不知道如何利用法律手段解决,甚至无法注意到自身隐私被泄露的问题。公民的权利受到了侵害,也有很大可能来自其自身的原因。例如,随意在网站上注册个人信息;随意提供给他人个人资料;轻易地提供自己的 IP 地址;在注册社交工具账户时,直接使用真实的姓名等。这些行为都容易使得自身的隐私在无意识下遭到泄露。

(2) 网络隐私权尚未形成完整的体系。法律法规层面上,对网络隐私权的立法不完善。与欧洲的网络隐私权相比,我国网络隐私权尚未形成完整的体系,相关内容分散,零散,缺少衔接性、统一性,不利于法律实务中的界定和执行,缺乏从技术、行政法律等多个层面作出的明确、系统的规定。

(3) 政府监管力度不够,行业自律意识不强。在网络环境里,政府为了更好地给国民提供服务、管理国家的事务、谋求更大的发展,需要收集大量、涉及金融、医疗、保险、财产、家庭等方面的个人信息隐私资料,但之后却对收集到的公民隐私信息疏于管理。随着信息技术的发展以及人们对网络隐私权保护意识的觉醒,各个网站作为互联网行业的重要平台,也开始重视自己行业的自律,公布张贴了自己的隐私保护声明。

2. 网络隐私权保护措施

(1) 修改相关法律,扩展法律解释。我国在宪法中只是规定了公民依法享有私生活的权利,采取间接的方式规定了公民享有的隐私权,但并没有直接明确公民的隐私权。因此我国应通过宪法修正案,在宪法条款中明确规定保护公民的隐私权。在诸如民法、刑法和诉讼法中明确隐私权的保护,扩大一些法律的司法解释,以便更完善、更直接地保护公民的隐私权。

(2) 制定保护个人隐私的特别单行法。信息立法的目的在于规范主体资格和主体行为,确立在信息活动中不同的信息主体之间所形成的各种权利义务关系。鉴于其他国家的一些做法,我国制定的特别单行法内容应包括:一是个人对其信息资料所依法享有的权利。二是对信息收集使用者收集、持有、处理、使用个人信息行为的限制。对信息储存和信息传输的安全保证措施的要求等事项。三是要对当事人权利遭受侵害时的救济途径、信息收集使用者侵权所应当承担的法律责任等予以明确规定。

(3) 加强对网络信息的监管。可以通过对敏感信息采取过滤形式;对明显侵权的信息加以屏蔽并减少这类信息的发布;加大对网站的监管,规范各项信息发布的程序等方式来加强对网络信息的监管。

(4) 树立行业责任意识,加强行业自律。政府应推动一些行业协会的成立,授予其一定的权力,使其在规制该行业的行为上具有一定管制力和从业积极性。同时还应加强对这些行业协会的督导,加大对网络行业的责任意识宣传,强化从业人员的责任意识,从根本上杜绝网络从业人员的侵权行为。

(5) 加大宣传,提高个人防范意识。个人防范意识的提高能够有效防止网络侵权案件的发生。因此,政府相关部门应通过加大宣传等方式,提高网民的个人安全防范意识,从而避免类似事件的发生。

二、个人信息安全保护

(一) 个人信息安全保护相关法律法规

《中华人民共和国宪法》第四十条规定:"中华人民共和国公民的通信自由和通信秘密受法律的保护。除因国家安全或者追查刑事犯罪的需要,由公安机关或者检察机关依照法律规定的程序对通信进行检查外,任何组织或者个人不得以任何理由侵犯公民的通信自由和通信秘密。"

《中华人民共和国民法典》第一百一十一条规定:"自然人的个人信息受法律保护。任何组织或者个人需要获取他人个人信息的,应当依法取得他人允许并确保信息安全,不得非法收集、使用、加工、传输他人个人信息,不得非法买卖、提供或者公开他人个人信息"。

(二)《中华人民共和国个人信息保护法》的主要内容

《中华人民共和国个人信息保护法》(以下简称《个人信息保护法》)明确规定,自然人的个人信息受法律保护,任何组织、个人不得侵害自然人的个人信息权益。

1. 个人信息保护原则

《个人信息保护法》规定了个人信息处理中的基本原则,主要包括处理合法、正当、必要和诚信的原则,目的明确、合理原则,不得过度收集个人信息的原则,保证个人信息质量的原则,以及保护个人信息安全的原则,体现了个人信息法律保护原则中总的精神。

2. 个人信息的处理规则

根据《个人信息保护法》的规定,符合下列情形之一的,个人信息处理者方可处理个人信息:①取得个人的同意。②为订立、履行个人作为一方当事人的合同所必需,或者按照依法制定的劳动规章制度和依法签订的集体合同实施人力资源管理所必需。③为履行法定职责或者法定义务所必需。④为应对突发公共卫生事件,或者紧急情况下为保护自然人的生命健康和财产安全所必需。⑤为公共利益实施新闻报道、舆论监督等行为,在合理的范围内处理个人信息。⑥依照法律规定在合理的范围内处理个人自行公开或者其他已经合法公开的个人信息。⑦法律、行政法规规定的其他情形。

3. 个人在信息处理活动中的权利

根据《个人信息保护法》的规定,个人在信息处理活动中的权利包括:对其个人信息的处理享有知情权、决定权;向个人信息处理者查阅、复制其个人信息知情的权利;请求个人信息处理者更正、补充;按照规定要求处理者删除个人信息的权利。

第五节 电子商务安全与网络犯罪

随着电子商务的迅速发展,电子商务系统的安全已受到来自计算机病毒、电脑黑客、计算机网络系统自身脆弱性等各方面的严峻挑战。因此,如何建立一个安全、便捷的电子商务应用环境,对网络信息提供足够的保护,是商家和用户十分关心的重大问题。电子商务安全问题已经成为电子商务发展的瓶颈之一。

一、电子商务安全的相关概念

(一)电子商务安全的类型

在电子商务交易过程中,人们担心自己的隐私被泄露,担心信用卡信息被人盗用,从事电子商务的公司同样面临着巨大的交易风险。电子商务的重要技术特征是利用计算机网络技术来传输和处理商业信息。

因此,电子商务安全从整体上可分为计算机安全、网络安全和商务交易安全。计算机及网络安全包括计算机及网络设备安全、计算机及网络系统安全、数据库安全等。商务交易安全则紧紧围绕传统商务在互联网络上应用时产生的各种安全问题,在计算机网络安全的基础上,如何保障电子商务的顺利进行,即实现电子商务的保密性、完整性、可鉴别性、不可伪造性和不可抵赖性。计算机及网络安全与商务交易安全实际上是密不可分、相辅相成、缺一不可的。没有计算机及网络安全作为基础,商务交易安全就犹如"空中楼阁",无从谈起。没有商务交易安全保障,即使计算机及网络本身再安全,仍然无法达到电子商务所特需的安全要求。

电子盗窃

2017年至2020年9月期间,被告人谢某为牟利,从互联网非法购买了大量163邮箱账号,采取软件撞库的方式筛查出注册有某网络游戏的账号,通过伪造其中被害人冯某、陈某等游戏玩家的个人身份认证信息,向某游戏官方网站,上进行申诉认证,从而解除该游戏账号的保护盾。谢某在盗取他人的游戏账号数据后,又将游戏账号及账号内的游戏装备转移、出卖,非法获利1.3万元。公安机关接到报警后,对案件进行调查侦破,于2020年9月23日将被告人谢某抓获。案发后,公安机关依法从被告人谢某处提取、扣押了作案工具。兴业县检察院于2021年2月26日向兴业县法院提起公诉。兴业县法院审理认为,被告人谢某违反国家规定,采取技术手段,获取国家事务、国防建设、尖端科学技术领域以外计算机信息系统中存储的数据,情节严重,其行为已触犯刑律,构成非法获取计算机信息系统数据罪。被告人谢某归案后如实供述自己的罪行,并自愿认罪认罚。最终,兴业县法院判处被告人谢某犯非法获取计算机信息系统数据罪,有期徒刑一年四个月,并处罚金人民币两万元。

资料来源:玉林新闻网.盗取他人游戏装备捞金90后男子非法获取计算机信息系统数据获刑[EB/OL].(2021-09-15)[2022-12-05].https://www.gxylnews.com/html/news/2021/09/221963.html.

思考题:结合案例谈谈你对电子商务安全的重要性的理解。

(二) 电子商务安全保护

1. 交易主体身份的真实性

(1) 服务器的真实性。TCP/IP协议不能确认一个信息包是否确实来自用户指定的域名地址。当网络入侵者可以利用IP欺骗技术时,也可以改变其他使用者的链接,使其进入网络入侵者所指定的网站服务器,但使用者却无法察觉这一改变。

(2) 交易双方身份的真实性。网上交易双方没有面对面的接触,如果不进行身份真实性的识别,第三方就有可能假冒交易一方的身份,以破坏交易。

2. 交易信息质量

(1) 交易信息的完整性。在电子商务中,信息的内容可能在传输过程中被更改或删除,所以应当保证交易信息的完整性。交易信息的完整性是指信息在传输过程中受到保护,不会在未经授权或偶然的情况下被更改或破坏。

(2) 交易信息的保密性,包括交易信息的隐私问题和交易内容的保密性。交易信息的隐私问题。指用户在上网过程中所涉及的各种操作行为和事项,如日期、时间、浏览过的网页等。交易内容的保密性。信息在传输过程中,只有发送者和接收者知道,保证信息不被他人截取或者即使截取了也无法知道真实内容。因此,需要对网上传输的信息先加密再传输。

(3) 交易信息的不可抵赖性。是指在电子商务交易过程中,信息双方必须对他们发送的信息和接收到的信息进行认可。交易双方必须对自己的交易行为负责,信息发送者和接收者都不能予以否认。进行身份识别后,如果出现抵赖的情况,就有了反驳的依据。其关键在于,对所有的信息进行"数字签名",使他们难以抵赖。

(4) 交易信息的有效性。是指保证交易数据在确定价格、期限、数量以及确定时间、地点是有效的。在电子商务中,由于电子形式取代了纸张,保证电子形式的交易信息的有效性,对于顺利开展电子商务来说非常重要。

3. 网络安全的法律保护

在法治社会,所有社会事务均应在法律框架内运行,电子商务的安全问题也应纳入法治体系。为此,电子商务安全的法律建设应具有以下特点:

(1) 可操作性。电子商务是科技高速发展而带来的新生事物,许多新的概念、规则难以用传统的思维去理解,因此,电子商务安全法律应当对一些专业术语及容易引起争议的问题等做出合理解释,使其更具可操作性。

(2) 体系性。电子商务带给人们方便、快捷的同时,也带来了诸如病毒、黑客和网络犯罪等负面因素。传统的法律体系越来越难以适应电子商务发展的需要,在保障电子商务安全方面也显得力不从心。因此,构建一个有效、相对自成一体、结构严谨、内在和谐、新的法律体系来规范网络社会,就显得十分必要。

(3) 兼容性。电子商务虽然是网络虚拟的数字世界产物,但也并不是独立于现实社会而存在的,网络事件不过是现实社会和生活中的诸多问题在这个虚拟社会中的显现。因此,电子商务安全法律不能脱离传统的法律原则和法律规范,大多数传统的基本法律原则和规范对其仍然适用。从维护法律体系的统一性、完整性和相对稳定性来看,电子商务安全法律也应当与传统的法律体系保持良好的兼容性。

(4) 开放性。随着互联网时代的到来,网络为我们的生活带来了极大的便利,开放性是计算机网络的突出特征之一。但由于计算机网络的开放性,使得计算机网络暴露于黑客、病毒等恶意分子的视野之下,使许多潜在的网络安全威胁得以暴露。

二、网络犯罪的相关概念

(一) 网络犯罪的概念

"网络犯罪"一词并非法定概念,与"经济犯罪""青少年犯罪"一样都不是刑法中单独规定的罪名,而是犯罪学意义上对一种新型犯罪的统称。网络犯罪是伴随着计算机及网络技术的普及、发展而出现的一种高智商、高科技犯罪,是计算机与网络技术发展到高级阶段的产物。

网络犯罪简言之就是以互联网络为工具或者为对象而实施的犯罪行为,包括以网络为工具实施的刑法所规定的普通犯罪和以网络为对象的新型犯罪。

由此可见,网络犯罪可分为两类:一是以网络信息系统安全为侵害对象的犯罪,具体包括非法侵入计算机信息系统罪和破坏计算机信息系统罪,如传播病毒、木马、蠕虫、逻辑炸弹等。二是以网络为工具的犯罪,这类犯罪以网络为犯罪手段,被称为网络工具犯罪。

(二) 网络犯罪的构成

网络犯罪与其他犯罪一样,都具有严重的社会危害性、刑事违法性与应受刑罚惩罚性三个最基本特征。但作为一类新的刑法规范意义上的犯罪类型,它毫无疑问又具有不同于其他犯罪类型的独有特征。网络犯罪是一种比较特殊的犯罪形态,构成网络犯罪应具有以下四个特征。

1. 网络犯罪的犯罪主体

网络犯罪的犯罪主体是一般主体,既可以是自然人,也可以是法人。一般来说,只要是具有一定计算机网络专业知识水平的人,不论其年龄大小、从事何种职业,都可能成为网络犯罪的犯罪主体。

2. 网络犯罪的主观方面

网络犯罪的主观方面表现为故意。在这类犯罪中,犯罪行为人进入系统以前,需要通过一定方式输入指令或利用技术手段突破系统的安全屏障。利用网络实施危害社会的行为,具有极强的主观故意性。

3. 网络犯罪的犯罪客体

网络犯罪的犯罪客体是为刑法所保护的,而非网络犯罪行为所侵犯的一切社会关系。网络犯罪所侵犯的直接客体是多种多样的,并且侵犯的是复杂客体。有的侵犯计算机系统的管理秩序,有的危害计算机系统的安全保护制度,有的甚至还危害国家安全、国家和人民群众的人身和财产安全等。

4. 网络犯罪的客观方面

网络犯罪的客观方面表现为违反有关计算机网络管理法律法规,侵入国家事务、国防建设、尖端科学技术等国家网络系统和大众网络系统,对网络系统功能、数据和应用程序等进行删除、修改,或者破坏计算机系统软件、硬件设备等侵害计算机系统安全的行为,以及利用网络实施偷窥、复制、更改或者删除网络信息、诈骗、色情传播、侮辱、诽谤与恐吓等犯罪行为。网络犯罪行为的表现形式只能是积极的作为。即只有犯罪人积极地实施侵入、删除、增加或者干扰等网络犯罪行为,才构成网络犯罪。

(三) 网络犯罪的特点

网络犯罪是一种新兴的犯罪形态,与传统的犯罪相比有以下特点。

1. 技术依赖性

计算机网络的出现,不仅为犯罪提供了工具上的革新,而且还提供了新的实施环境和载体。在实施犯罪的过程中,犯罪分子一般采取高科技的犯罪手段,如利用计算机网络、微波通信、卫星等高智能系统来传输数据,进行犯罪活动,从而达到犯罪目的。犯罪分子主要是一些掌握计算机技术的专业研究人员或对计算机有特殊兴趣并熟练掌握网络技术的人员,他们大多具有较高的智力水平,既熟悉计算机及网络的功能与特性,又洞悉计算机及网络的缺陷与漏洞,能够借助自身技术优势对信息网络发动攻击,对网络信息进行侵犯,并达到预期的目的。因此,与传统犯罪一般不依赖于技术不同,网络犯罪是一种典型的高技术智能犯罪。因此,技术依赖性是网络犯罪的本质特点。

2. 犯罪范围跨区域性

科技发展总是具有两面性的。随着人们社会对计算机依赖程度的加大,网络为人们提供方便、提高效率、带来收益的同时,也使人们面临着网络犯罪所带来的负面效应。互联网是一个无国界的空间。它把世界变为"地球村",把距离界限淡化。网络犯罪也是如此,其作案范围一般不受地点的限制。因此,有人认为网络犯罪是一种无国界犯罪,与传统犯罪的重要区别在于其可在转瞬之间同时发生在多个国家甚至全球。

3. 犯罪成本低、隐蔽性高

(1) 网络犯罪的犯罪成本低、传播迅速、传播范围广,绝大多数犯罪分子只需接入互联网就能够进行远距离作案,而且这些犯罪活动操作起来极为方便。因此,网络犯罪使得犯罪成本急骤减少,犯罪的社会危害性却大大增加,并且还削弱了国家对犯罪的预防和控制能力,导致了犯罪率的上升。

(2) 网络犯罪的隐蔽性高。网络犯罪存在于一个虚拟的空间,相关的侦查取证十分困难,使得网络犯罪的侦破变得尤为不容易,从而使得多数犯罪分子侥幸能够逃避法律的惩罚。网络犯罪作案的快速性,使得犯罪更具有隐蔽性。犯罪分子利用网络实施犯罪的时间极短,常常在几分钟甚至几秒钟的时间内,就能完成犯罪行为的全部或大部分,比以往的传统犯罪(如抢劫银行、盗窃财物等)要迅速得多,并且也不易被立即察觉。网络犯罪基本上是通过程序对一些无形的信息和数据进行操作,这使破坏性程序能很好地隐藏在操作系统中,只有在特定的时刻和特定的条件下才被激活执行。

网络犯罪中窃取数据、信息一般不会对电脑、网络设备、软件和信息造成任何破坏,同时一般也不会留下任何作案痕迹。而且网络犯罪一般不受时间、地点及环境(如季节、天气、昼夜等)因素的影响。

(四)网络犯罪后果的严重性

1. 破坏性强

网络的普及程度越高,网络犯罪的危害也就越大。而且网络犯罪不仅会造成财产损失,而且可能危及公共安全和国家安全。随着计算机信息技术的不断发展,从国防、电力到银行和电话系统大多实现了数字化、网络化,一旦这些部门遭到侵入和破坏,后果将不堪设想。与传统犯罪相比,网络犯罪所产生的影响和后果要严重得多,尤其在信息技术日益发达的今天,犯罪分子有时只需在键盘上轻轻敲几下,就有可能窃取巨额的款项或造成重大损失。此外,网络犯罪对知识产权、个人隐私和国家安全也带来了巨大的威胁,尤其是涉及国家机密或战略决策的计算机系统,一旦遭到侵犯或破坏,就可能给国家主权与安全带来灾难性后果。

2. 扩散性强

网络犯罪的扩散性还表现为危害结果的扩散,这种扩散使全世界众多的国家都遭受到巨大的损失,甚至产生失控的后果。此类犯罪一旦实施,往往会导致社会的管理、控制系统陷入瘫痪状态,正常的社会生活被打乱,社会成员的公共安全感下降,甚至产生严重的社会危机,威胁国家的安全。

 案例分析

非法利用信息网络案

一、基本案情

2019年起,被告人薛某甲、薛某乙、林某甲、林某乙、章某某、姜某某受人招募成立引流团队,通过网络渠道为他人提供引流推广,吸引客户,推销高仿奢侈品,并通过成功引流的人数非法获利。薛某甲等人分工协作,或通过电脑端引流,即利用多开登录软件,同时登录各类自媒体平台账号,发布自行编辑的含有销售高仿奢侈品的推广文章、视频,在信息或评论中留下销售团队人员联系方式,吸引他人关注;或通过手机端引流,即利用云控设备控制千余台手机同时登录各类自媒体平台账号,通过采集软件随机获取平台用户ID,进而向上述用户ID群发送含有销售高仿奢侈品内容的信息进行推广。薛某甲等六人通过上述方式引流,非法获利人民币数十万元。

二、诉讼过程

2022年9月,上海市徐汇区人民检察院以涉嫌非法利用信息网络罪对薛某甲等六人提起公诉。2022年11月,上海市徐汇区人民法院以非法利用信息网络罪分别判处薛某甲等六人有期徒刑六个月至一年不等,并处罚金,适用缓刑。

三、典型意义

强化监督与办案融合,推进协作工作走深走实。本案中,检察机关充分发挥侦查监督与协作配合办公室职能,发现案件线索后,即开展立案监督。进入侦查环节后,检察机关依法提前介入,及时听取鉴定人、有专门知识人员意见,经过调查梳理,将打击范围从引流人员逐步扩大到销售、制假等人员,实现"制假—引流—销售"打击全覆盖。

精准打击非法引流,斩断网络犯罪产业链条。"非法引流"利用高流量网络平台,看似发布招聘广告、投资理财、商品推广等信息,实则为诈骗、销假、网络黄赌毒等违法犯罪提供"前端服务",且该"非法引流"具有扩散快、手段隐蔽、迷惑性强等特点,网络平台自我防控难度大,严重扰乱网络空间秩序。面对"非法引流"新型网络犯罪,检察机关强化对案件中信息流、资金流的细化审查,综合评判行为人主观明知危害的结果,准确甄别犯罪行为,精准打击"前端服务";同时坚持全环节、全要素审查要求,以点及面实现对犯罪全流程打击。

　　充分发挥网络检察专业团队优势,实现打击治理协同发力。检察机关充分利用专业化办案团队优势,专项研判网络线索,在新型网络犯罪萌芽时期即形成打击合力。同时对案件办理中所发现的网络治理风险盲区,会同相关部门共同展开综合治理。

　　资料来源:上观. 2022年网络犯罪检察白皮书十大典型案例[EB/OL]. (2023-03-01)[2023-03-19]. https://sghexport.shobserver.com/html/baijiahao/2023/03/01/972380.html.

　　思考题: 严厉打击网络犯罪对电子商务的发展有何意义?

课 堂 测 试

班级_____ 姓名_____ 学号_____ 成绩_____

一、单项选择题(本大题共 10 小题,每题 4 分,共 40 分)

1. 根据《中华人民共和国电子商务法》的规定,淘宝第三方卖家属于( )。
   A. 电子商务平台经营者　　　　B. 平台内经营者
   C. 其他电子商务经营者　　　　D. 不属于电子商务经营者

2. 下列各项中,不属于书面形式的是( )。
   A. 电子邮件　　　B. 口信　　　C. 电报　　　D. 信件

3. 与文本签名具有相同法律效力,但作用于电子商务法律的是( )。
   A.《中华人民共和国电子签名法》　　B.《中华人民共和国数据签名法》
   C.《中华人民共和国签名法》　　　　D.《中华人民共和国数据电文法》

4. 下列各项中,属于消费者与商家的纠纷的是( )。
   A. 平台违规　　　　　　　　B. 侵犯专利
   C. 售卖假货　　　　　　　　D. 以上都是

5. 电子商务平台经营者没有为消费者提供评价途径或擅自删除评价,最高可面临( )万元的罚款。
   A. 100　　　B. 200　　　C. 50　　　D. 10

6. 下列有关电子签名的说法中,错误的是( )。
   A.《中华人民共和国电子签名法》采用契约式立法模式
   B. 电子签名属于签名人专有
   C. 电子签名签署时仅由电子签名人控制
   D. 签署后对电子签名的任何改动能够被发现

7. 电子数据具有易改动性,导致电子合同具有( )的特点。
   A. 网上运作　　　　　　　　B. 电子合同生效
   C. 易受攻击　　　　　　　　D. 电子签名

8. 订机票时,有时会发现附带的宾馆消费选项被默认勾选,这属于( )的问题。
   A. 押金退还　　　　　　　　B. 捆绑搭售
   C. 消费者人身权益方面　　　D. 合同方面

9. 电子书刊、软件、游戏等属于( )。
   A. 实体商品　　　　　　　　B. 网上服务
   C. 数字化商品　　　　　　　D. 网上咨询

10. 电子商务涉及的法律问题有( )。

A. 电子签名的法律问题
B. 电子商务争议解决问题
C. 电子合同的法律问题
D. 以上问题全部涉及

二、多项选择题(本大题共 5 小题,每题 6 分,共 30 分)

1. 下列各项中,属于电子商务法的特点的有(　　)。
   A. 商法性　　　　　　　　　　B. 全球性
   C. 技术性　　　　　　　　　　D. 开放性和兼容性
2. 电子商务法律关系的主体包括(　　)。
   A. 买卖双方　　　　　　　　　B. 电子商务第三方平台
   C. 平台内经营者　　　　　　　D. 物流配送公司
3. 电子合同可以通过(　　)等方式订立。
   A. 在线交易系统生成　　　　　B. 第三方电子合同签约平台
   C. 电子邮件　　　　　　　　　D. QQ
4. 常见的纠纷处理方式主要有(　　)。
   A. 和解　　　　　　　　　　　B. 诉讼外调解
   C. 仲裁　　　　　　　　　　　D. 诉讼
5. 下列描述中,正确的有(　　)。
   A. 当事人可以约定使用电子签名的文书,但不具有法律效力
   B. 在任何情况下,电子签名都不具备与手写签名或者盖章同等的法律效力
   C. 当事人可以选择使用符合其约定的可靠条件的电子签名
   D. 可靠的电子签名与手写签名或者盖章具有同等的法律效力

三、判断题(本大题共 5 小题,每题 6 分,共 30 分)

1. 涉及电子代理人的法律问题可直接适用民商法中有关代理的法律规定。　　(　　)
2. "电子邮件"不属于法律规定的"书面形式"。　　(　　)
3. 我国目前对经营性和非经营性的互联网信息服务均实行许可制度。　　(　　)
4. 域名之间虽然不能完全相同,但可以极度相似。在这一点上,域名与商标不同。(　　)
5. 在网络上传播破坏性病毒或逻辑炸弹、蠕虫、特洛伊木马等其他破坏性程序的,属于网络对象犯罪。　　(　　)

第十章　创新电子商务的行业应用

知识导航

创新电子商务的行业应用
- 在线教育
  - 在线教育的概念及发展阶段
  - 在线教育适用的情况
  - 在线教育的优势
- 在线旅游
  - 在线旅游的概念
  - 移动互联网在 OTA 模式中的主要应用
  - 在线旅游的发展趋势
- 互联网医疗
  - 互联网医疗的模式分析
  - 互联网医疗的优势
  - 互联网医疗发展的不足
  - 互联网医疗的发展建议
- 互联网金融
  - 互联网金融的概念
  - 互联网金融的内容
- 智能制造
  - 智能制造的概念
  - 中国智能制造的现状与发展趋势
  - 中国智能制造发展的不足
- 电子政务
  - 电子政务的概念
  - 电子政务的模式
  - 电子政务的作用
  - 电子政务与传统政务的区别
  - 电子政务发展的不足
- AR 房地产交易
  - AR 技术的概念
  - AR 技术的特点
  - AR 技术在房地产行业的应用

学习目标

1. 了解在线教育的发展阶段及优势
2. 了解移动互联网在OTA模式中的主要应用。
3. 了解互联网医疗的模式及优势
4. 了解互联网金融的概念及内容。
5. 了解中国智能制造的发展趋势。
6. 了解电子政务的模式。
7. 了解AR技术在房地产行业的应用。

【思政课堂】

红杉投资美国"碳中和"电子商务项目

红杉全球执行合伙人沈南鹏提到，红杉在投资决策中增加了一个重要指标，即企业ESG（环境、社会、治理）和零碳管理。

根据普华永道的数据，2013年，全球只有4.18亿美元的风险资本流入解决脱碳问题的创业公司。但到了2019年，这个数字增长了40倍，达到160亿美元，而年增长率则达到84%。并且包括红杉资本和联合广场风投（USV）在内的美国顶级科技投资者宣布了对气候投资的新担忧。

红杉在"碳中和"领域，也选择了一个电商概念的创业公司Joro，实时分析人们购物时所产生的碳排放量。2019年9月，红杉等机构向Joro投资100万美元进行种子轮融资。2020年12月，红杉在Joro领投250万美元种子轮投资。

Joro不仅关注"碳抵消"，同时也关注碳排放量的减少，因为它使命的核心点就是培养消费者的"碳直觉"。也就是说，如果人们在一天之内买了三样东西，就会立刻知道买这三样东西分别产生了哪些碳排放，从而有意识地调整自己的购物行为。根据Joro对外公开的数据显示，自4个月前推出以来，其早期用户的碳足迹减少了约10%。我们来看看Joro的产品逻辑。

如果Joro想实时计算人们购物产生的碳排放，那么有两个数据至关重要。第一个数据是：人们的银行卡交易流水，所以Joro自用户注册起便需要其绑定银行卡。第二个数据是：人们的个人特征信息。

这里的逻辑是：仅仅有银行卡交易流水数据是不够的，因为银行卡信息只能揭示人们的购物时间、购物地点、商品种类和消费金额，但根据这些信息，Joro无法确切知道人们到底买了什么。例如，假设我在"全食"超市买了一堆红肉、白肉和蔬菜，银行卡里显示的数据只有我的消费金额、消费时间和"全食"超市字样。但是，一旦我把我的个人特征信息输入到Joro中，比如我不是素食主义者，那么Joro就可以认为：相对于不吃肉的人，我在"全食"超市购物时所产生的碳排放量要比素食主义者更高。

此外Joro要求的"个人特征信息"还包括：平时吃肉的频率、家的大小、每年飞行的频率等。

资料来源：硅发布.红杉在美国投资了一个"碳中和"电子商务项目[EB/OL].(2021-

09-15)[2023-03-14]. https://baijiahao.baidu.com/s?id=1710967675586518240&wfr=spider&for=pc.html.

思考题:

1. Joro 是如何根据用户的银行流水和个人特征信息来推算出其在购买不同东西时所产生的碳排放量的呢？

2. 红杉投资美国"碳中和"电子商务项目是一种创新电子商务行业，你还知道哪些创新的电子商务行业？这对我国电子商务的发展有哪些积极的作用？

第一节 在线教育

一、在线教育的概念及发展阶段

在线教育也称远程教育、在线学习，是指一种基于网络的学习行为，最初以远程教育、网校和线上推广模式为主。由于其市场巨大、竞争激烈、高度分散等特征，教育行业的线上推广一直备受机构重视，2012 年百度来自教育关键词投放的收入超过 40 亿元人民币，这种分散又巨大的线上流量为在线教育平台的创建提供了依据。与此同时，教育及名师资源的不均衡也带动了弘成、101 网校、黄冈网校等线上教育机构的出现。

案例分析

"津法云课堂"上线两年初见成效

天津市高级人民法院（以下简称天津高院）积极适应教育培训改革新形势，创新教育培训工作举措，于 2021 年打造"津法云课堂"法官教法官平台。平台成立两年多来，已完成 48 个精品课程教学视频，全市法院 7.3 万余人次在线浏览学习，建设成效初显。

据了解，"津法云课堂"法官教法官平台成立两年多来，坚持以法官教法官，结合"网络培训、在职自学"的形式，突出问题导向、需求导向、实践导向，聚焦政治建设和司法能力提升，聚焦审判实务和热点难点问题，推进审判体系和审判能力现代化新形势新任务新要求，每月拍摄并上线精品课程，天津法院教育培训精品课程库已实现优质课程资源办共享，有效满足不同专业、不同层次、不同角度的法官的实际需求。

此外，天津高院还推出年度"天津法官最喜欢的'津法云课堂'精品专题讲座课"，强化激励机制，进一步提高视频讲座的质量，努力打造特色品牌。据悉，近期天津高院对获评"津法云课堂"年度精品的 5 个视频讲座课程及主讲人予以通报表扬。

资料来源：北方网.7.3 万"法院人"在线学习"津法云课堂"上线两年初见成效[EB/OL].(2023-02-22)[2023-03-26]. http://news.enorth.com.cn/system/2023/02/22/053678757.shtml.

思考题： 在线教育有哪些优势？

中国在线教育大致经历了以下四个阶段：一是 1998—2005 年，在线教育的萌芽期，各方面还未完善,整体体验较差,国家以68所高校作为在线教育试点,开始试验远程教育的可行性与操作性,在线教育开始起步。二是2006—2012年,视频课程是在线教育的主流,在当时网络宽带技术提升的前提下,新东方与沪江网站开启了新模式的探索,也通过试运营对商业模式进行不断的打磨。三是2013—2017年,随着直播行业的兴起,依托于移动互联网技术的不断提升加之互联网行业的蓬勃发展,直播课的形式成为在线教育行业的主流模式,而直播也打通了新的商业模式,在线教育行业得以快速发展。四是2018年至今,随着互联网行业的进一步发展,企业各种资源的整合、运营方式的创新、技术的提升,都推动了在线教育行业不断迭代发展,在线教育的产业体系不断成熟,随之而来就是愈发激烈的竞争与国家政策逐渐收紧。未来5G技术、VR、AR和全息投影技术会进一步提高在线教育课程的教学效果,加速在线教育行业的发展。

二、在线教育适用的情况

在线教育可以打破时间与空间的限制,满足移动互联网时代消费者利用碎片化时间获得教育的需求,克服传统教育学习时间、地点不灵活的问题,还可以有效弥补教育资源不均衡的缺陷。人工智能、大数据等技术在互联网教育行业的应用可使教育者实时、精准掌握用户的学习情况,在资源共享的前提下,用户对教育品牌、教学风格的选择拥有较高自由度。在线教育根据用户年龄及其不同需求,以不同角度覆盖学习教育领域的各方面,满足用户多方需求。具体来说,在线培训学习系统可适合于以下情况。

(一) 政府

现今我们的政府也提倡学习型组织的创建。不断变化的政策环境、不断出现的新事物对政府公务员提出了更高的要求。而政府机构拥有较好的网络资源,"在线培训系统"对公务员学习新知识和提高素质有很大帮助。更关键的是政府机构是垂直管理体制,只要在一个领域中创建并维护一套知识库,就可以让整个领域共享这宝贵的知识财富。

(二) 学校

各大中学校可通过建立网上学校,加强学校、老师、学生之间的相互交流沟通,提高教学质量。亦可建立公共教学资源库,建设精品课程,宣传学校的教育实力。

(三) 行业

许多行业知识库体系庞大,专业多且层次深。因此,行业一直注重知识和经验的积累。但这些宝贵的知识财富散落在各地,并没有被充分利用和共享。而充分利用现有资源能够创建一套丰富的知识库体系,能够让整个行业受益。

(四) 企业

企业的知识库体系通常是企业的核心竞争力。不断提升的员工素质和不断积累的企业知识库是企业能够保持长久的竞争力的关键。使用"在线教育培训系统",企业能够创建自己的知识库体系,并允许企业内部员工随时随地学习和分享这些知识。对于大型企业来说,还可以为合作伙伴及客户创建远程学习平台,以考核和提升合作伙伴的专业技能并降低服务和支持成本。

三、在线教育的优势

互联网时代,教育已不仅局限于线下教学,在线上渠道打通之后,在线教育一定程度上打破了优质资源传递的时空限制,使得教学方式更为灵活,满足了个性化需求。在线教育也因此获得了广大用户的青睐。在线教育的发展前景广阔,如今已经成为一种新型的教学模式。比起传统教育方式,在线教育有以下优势。

(一)资源利用最大化

各种教育资源通过网络跨越了空间距离的限制,使学校的教育成为能够超出校园向更广泛的地区辐射的开放式教育。学校可以充分地发挥自己的学科和教育资源优势,将最优秀的教师和教学成果通过网络传播得更广。

(二)学习行为自主化

在线教育也是远程教育,任何人可以在任何时间、任何地点,从任何章节开始、学习任何课程。这种学习模式直接体现了其主动学习的特点,满足了现代化教育的需求。

(三)学习形式交互化

教师与学生乃至学生与学生之间,可以通过网络可进行全方位的交流,由此拉近教师与学生的心理距离,也增加了教师与学生的交流机会,扩大了交流范围。在线教育的模式下,计算机对学生的提问类型、人数、次数等进行统计分析,使得教师能更有针对性地指导学生。

(四)教学形式修改化

在线教育的模式下,运用计算机网络中特有的信息数据库管理技术和双向交互功能,能够系统地对每个网络学员的个性资料、学习过程和阶段情况等数据进行完整的系统跟踪记录。其教学和学习服务系统还可根据系统记录的个人资料,针对不同的学员提出个性化学习建议。在线教育为个性化的教学提供了现实有效的实现途径。

第二节 在 线 旅 游

一、在线旅游的概念

在线旅游(online travel agency,OTA)以互联网为核心,满足了旅游消费者信息查询、产品预订及服务评价等需求。囊括了包括航空公司、酒店、租车公司、海内外旅游局等旅游服务供应商及搜索引擎、电信运营商、旅游资讯及社区网站等在线旅游平台。

在线旅游本质上是对传统旅游市场销售渠道的补充。我国在线旅游市场的发展依托整个传统旅游产业的发展,国家政策的支持也为在线旅游行业打造了一个良好的产业环境。利用社会化媒体的交互作用有助于为在线旅游用户提供正向消费,进而促进在线旅游市场的发展。

移动智能终端的发展和应用拓展了在线旅游预订渠道。朋友间的交互作用也从一定程度地刺激了旅游需求和旅游消费。未来随着在线旅游APP的不断完善,线下用户和潜在旅游用户可能直接转化为移动端(手机)在线旅游用户。手机在人们旅行过程中的作用贯穿全程。用户利用手机可以进行旅行前目的地等行程信息查询、旅游过程中信息导航、旅游过程中分享见闻等。

二、移动互联网在 OTA 模式中的主要应用

随着移动互联时代下用户群体从 PC 端向移动端的大量转移,在线旅游极大地改善了用户的消费体验,移动互联网在 OTA 模式中主要应用于以下几个方面。

(一) 移动定位服务

基于位置的服务(location based service,LBS)被称为移动定位服务。它通过一组定位技术获得移动终端的位置信息(以移动通信网络和卫星定位的系统结合来实现)进而进行各种与位置相关的业务。在旅游中,基于位置的移动定位服务包括导航服务、位置跟踪服务、安全救援服务、移动广告服务,相关位置的查询服务等。例如,根据当前定位位置,通过在线旅游服务 APP 等相关应用,可以查询附近酒店、旅游景点、娱乐设施等相关信息。

(二) 移动支付

移动支付又称为手机支付,就是用户使用移动终端(一般指手机)对所消费的商品或服务进行账务支付的一种服务方式。移动支付对实物货币有着替代性作用,不受时空限制,具有先天的优势,在当前的消费行为中起着重要作用。移动支付服务的水平,将成为改善用户体验的重要组成部分。

(三) 移动信息服务

移动信息服务是指用户在移动过程中自动接收的来自广告商或其他以目标客户为群体的组织的相关针对性信息。例如,进入到某地会自动收到当地的欢迎信息。对目标客户或者是进入到一定旅游区域的用户进行相关信息的推送,可以引导其进行消费行为。

(四) 移动信息互动服务

这是一种基于移动互联网的、为目标用户发布大容量及强交互性内容的信息发布服务。相关数据显示,旅游市场传统业务的交易量的增长率逐年下降,而自助游却呈现爆炸式增长。当前的网络问答社区以及搜索服务功能在为自助游提供信息支持的同时,也体现了这个时代用户对于个性化的追求。通过移动信息互动服务,用户不必在旅游出发前进行旅游行程的详尽安排就可以直接出发开始自由旅行。

三、在线旅游的发展趋势

(一) 在线机票——调整市场格局,重新规范市场秩序

2015 年 5 月,国务院国有资产监督管理委员会(以下简称国资委)要求,三年内中国三大航空公司的直销机票比例要提升至 50%,同时机票代理费要在 2014 年的基础上下降 50%。政策出台不久,三大航空公司便相继将机票的佣金率下调至"0",同时完善直销渠道,并对 OTA 平台的部分代理商进行规范审核。航空公司一方面要完成国资委的任务,提高企业的利润,另一方面要掌握在线机票行业的主导权。

(二) 在线住宿——智慧酒店是传统酒店升级换代的大方向

在移动互联网日益火爆的今天,酒店的移动智能化也得到了广泛关注,智慧酒店应运而

生。智慧酒店通过数字化与网络化来实现酒店管理和服务的信息化,能够更快速便捷地满足消费者各方面的需求。

消费者对于酒店的需求已经不仅仅满足于简单住宿,更好的消费体验是其选择酒店的重要条件。除了酒店官网及OTA合作平台,还可以通过微博、微信等多样化的方式预订智慧酒店。消费者可以凭借二维码办理登记、入住、订餐、客服控制等,享受一站式服务。此外支付宝、微信等多种移动端支付方式使在线交易更加便利。

(三)在线度假——线上线下融合趋势不断加强

在"互联网+"背景下,借助线上渠道来进行营销与市场推广更适应行业发展,通过价格战的传统渠道拓展已逐步被淘汰。要获得客户资源,需要推出更加快捷、灵活和多样化的线上无线端产品。因此,在线旅行社拓展线下资源是未来的必然趋势。即在线旅游企业需要储备丰富的线下资源,提供多样化的产品同时,掌握上游资源能使在线旅游企业提高议价能力和话语权,有助于增强竞争力,完善产业链。

案例分析

"双11"在线"囤"旅游

2022年"双11"期间,"先囤货、后预约"的"囤旅游"消费模式继续盛行,酒店套餐、主题乐园套餐、景区门票套餐、乡村民宿等都成为热销产品。"双11"原本是传统旅游淡季,如今成了"囤旅游"旺季。为更好地保障消费者权益,一些旅游产品的预约有效期延长。"双11"旅游产品预售成为一个新的消费亮点,也为旅游"淡季不淡"提供了一条新路径,有助于旅游产业复苏。

在线旅游平台飞猪的数据显示,今年"双11",消费者在飞猪上"囤"了超30万张机票次卡、近190万件高星酒店套餐、超45万件热门主题乐园套餐、超50万件热门景区门票套餐。其中,冰雪旅游是最先热起来的品类。

随着气温降低,各大滑雪场"开板"在即,热度不断攀升,长白山、亚布力、崇礼、哈尔滨、雪乡等排在冰雪旅游热门目的地前列。万达酒店及度假村市场营销中心总经理王鑫表示,预计今年将成为冰雪旅游爆发元年,今年雪季,承办冬奥会的酒店、雪场将陆续面向普通消费者开放,长白山、崇礼等地也将有更多的冰雪娱乐设施、场所开放,多样化的滑道和玩乐体验适合不同客群。携程数据显示,2022年10月20日至11月8日,吉林冰雪旅游产品预订量位居全国第二。

冰雪旅游正成为冬季里的"热消费",激发了游客为长距离旅游消费提前下单的意愿。飞猪平台上,近九成"双11"冰雪旅游订单来自南方城市,上海、杭州、北京、深圳、广州、南京、武汉、苏州、宁波、成都成为排名前十的客源地。除赏雪、滑雪等常规项目外,今冬的冰雪旅游产品更加多元化,包括踏雪徒步、雪地飞盘、雪地摩托越野、雪场旅拍等在内的"滑雪+X"类体验项目受到消费者青睐。截至2022年11月6日24时,万达长白山滑雪酒店相关套餐累计已售超7万件,"滑雪+住宿+温泉+水乐园"等"滑雪+X"类商品热销。

为了保障已购买产品顺利核销,并让消费者能够灵活安排出游时间,在线旅游企业履行服务承诺,纷纷推出一系列保障措施。例如,同程旅游提出"好货安心囤",为消费者提供"提前订,随时退"服务;为减少出游不确定性给消费者带来的顾虑,今年"双 11",飞猪上近八成旅游商品是"现货开卖、即买即约",消费者无须等待,从 2022 年 10 月 25 日零点起即可直接预约使用。在"先囤后约、不约可退"基础上,一些商品的预约有效期延长,最晚可至明年下半年。

资料来源:人民日报海外版."双 11""囤"热了旅游[EB/OL].(2022-11-16)[2023-05-01].https://news.cctv.com/2022/11/16/ARTIJmykyr4tnvaRQcte1frN221116.shtml.

思考题:在线旅游为消费者带来了哪些便利?

第三节 互联网医疗

2020 年是我国互联网医疗企业的"爆发元年",越来越多的居民不方便去医院看病,只好采取在线诊疗的手段。在互联网医疗企业迅速发展的同时,也暴露出了更多的不足。互联网医疗作为医疗行业的发展趋势,对于解决中国医疗资源分配不平衡和人们日益增长的医疗健康需求之间的矛盾具有非常积极的意义。但是对于能否切实解决居民就诊遇到的问题,以及相关企业能否实现持续发展等是现在国家以及企业十分关注的问题。

一、互联网医疗的模式分析

(一) 运营模式

一方面,互联网医疗将实体医院看病流程环节数字化。实体医院在微信上设立公众号,发布医院、医生等相关信息,起到了宣传作用。设立健康社区,用于医患以及患者之间交流和经验分享,最后提供线上挂号服务。而在实体医院大厅铺设自助挂号、缴费、查询的智能设备,降低人工成本,实现看病流程数字化。另一方面,医疗行业中独立于实体医院之外的互联网企业,如 39 健康网、好大夫在线、丁香园等,其线上网站建设与实体医院公众号大同小异,而不同之处在于,整合不同医疗资源,提供在线问诊链接医药网站,在线配药、医药配送等服务。

(二) 盈利模式

与一般互联网企业相似,互联网医疗行业的收入主要来自流量变现、广告植入、会员费等。其中,开设了在线问诊功能的企业网站,会采取服务收费的方式获取盈利。例如,主要提供健康资讯类信息的"39 健康网"以广告作为其主要盈利模式,还提供医院后续服务、技术服务、医生竞价等增值服务并以此获利,未来还提出了健康内容的授权使用、在线医学教育、个人在线健康管理等新的收入模式。另外,互联网医疗行业还通过提供电子商务平台,为医院提供数字化医疗运营服务以及医药招商等获得盈利。例如,寻医问药网提供药品购买平台、平安好医生运营保险等。但目前的互联网医疗行业还没有比较成熟的盈利模式,受政策影响较大,经营较为困难。

二、互联网医疗的优势

(一)优化就诊流程

实体医院开通线上预约挂号、线下自助挂号缴费、打印病历报告等功能,智能化数字化医疗的服务过程优化了就诊流程,与过去患者必须排队完成这些步骤相比,节省了时间,降低了人力、物力,也减少了医院大厅人流密集程度,不仅让患者有着更加舒心的就诊体验,也帮助医院管理上减少了很多困难。对于部分不方便亲自去往医院的患者,通过互联网进行复诊,能解决部分问题,互联网医疗为患者提供了更便捷的就医服务,一定程度上缓解了"看病难"的问题。从患者的角度上来讲,就诊流程的优化还有利于为一些急重症患者的就诊争取时间,帮助这部分患者快速进入到就诊流程中,切实关系到就诊者实际利益和身体健康的问题。

(二)平衡医疗资源

现阶段在我国更多更好的医护人才、医疗资源等都显现向一二线城市流动的现状,导致了我国医疗资源的偏移,许多患者为了得到更好的诊治,不得不跨地区到大城市去看病。针对居民"看病难"的问题,互联网医疗的出现,整合了部分医疗资源,帮助部分患者足不出户就能在线上得到诊疗。在网络平台的支撑下,就诊过程中所涉及的医疗资源在利用形式上的丰富,使得就诊问题打破了地域的限制,提高了就诊的及时性和有效性。

(三)信息透明化

互联网最大的特点就是信息透明化,这对于患者来说非常重要。当患者所获得的信息不断丰富,意味着其对医护人员的了解程度也会得到提升。以往由于信息不对称,患者对医生不了解,也没有选择。而现在患者根据互联网上医生的公开信息以及其他患者对其评价,可以针对病情,自主选择更加适合的医生为自己诊疗,双方也能更好地建立信任。同时一定程度上激励了评价不高的医生,促使他们提高业务水平。

(四)社区分享经验

互联网医疗平台所建立的经验分享社区,不仅能帮助患者对疾病方面知识有着更多更深入的了解,还可以创建一个患者之间交流的平台,患友之间对于病情、心理方面都可以进行交流,减少信息不对称的情况。

 案例分析

中国互联网医疗势头强劲

中国科技巨头在重塑医疗产业方面大显身手。彭博社一篇报道描述了在一家中国互联网医疗平台看到的场景:在北京市中心一座新办公楼的二楼,一群戴着耳机的人并排坐着,快速敲击着键盘。如果不是印有"内科""儿科""妇科"等字样的标牌,他们很容易被误认为是电话客服人员。

互联网医疗已经在中国发展多年,服务内容逐渐从挂号问诊为主向更加多元化的方向发展,在专科慢性病、医药电子商务、医疗资讯平台等细分领域出现了大批代表性企业。目前,中国互联网医疗进入平稳发展阶段,主要应用于在线挂号、在线咨询和问医、查询个人检

查报告、医生信息查询等,在长期医疗方面的帮助相对较少。因此,互联网医疗更多是线下医疗的一种辅助,在分层就医上发挥一定作用。

近几年,互联网医疗加速发展。从供给端来看,线下医疗资源被大量使用,医护人员相对平时出现紧缺。线下问诊模式搬到线上,能够有效缓解医疗资源及人员的紧张,避免出现"无处问医"的局面。从需求端来看,由于医疗资源有限及高昂的医疗费用,人们到医院就医的意愿大大降低,一定程度上催生了患者对线上就医的需求,一些常见小病症有了更方便的问诊途径。

互联网医疗的广泛应用大大提高了居民看病问诊的效率。线上挂号节省时间,又能保障公平。线上问诊让人们足不出户解决常见病症,也使医疗资源得到更合理分配。从广义上来讲,数字技术还能在诸多方面赋能传统医疗行业。各种便携仪器能够持续监测病人的各项体征,及时进行相关指标预警,帮助患者和医生更好掌握病情变化,更有效地进行疾病治疗。

数字化转型是当前所有行业发展的必由之路。现阶段,互联网医疗实现较快发展,一定程度上能加强人们对互联网医疗的了解和认可,建立对互联网医疗的信任与信心。同时,居民需求的提升也对互联网医疗提出了更高要求。其中,专业性是互联网医疗发展的立身之本,也是患者关心的核心问题。保证质量、维护形象和口碑,是当前互联网医疗发展的关键所在。

当前,中国互联网医疗的发展还有很大潜力。从国家层面来看,要做好互联网医疗的顶层设计,完善相关医疗保障制度,加速推动医保融入互联网医疗体系,进一步完善医疗服务结算体系等。同时,加强对互联网医疗的监管,防止不法分子利用非法技术手段在该领域牟利。鼓励医院与科技企业加强合作,加大研发力度,促进医疗与5G、大数据、人工智能的加速融合,开发更多互联网医疗应用场景,为人们的健康生活提供更多便利。从行业从业者层面来看,要不断加强医疗新知识学习,不断丰富实践经验,在此基础上培养互联网思维,学会运用相关互联网技术为患者提供最大程度的帮助。

此外,推动互联网医疗发展要依靠科技的不断进步。在数字化时代,数据的重要性不言而喻。当前,互联网医疗还处于各自为战的阶段,数据共享方面还有待发展。同时,医疗信息往往涉及患者隐私,在信息共享的同时应注重保护个人隐私。这既需要国家层面加强引导和监管,也需要相关从业者和相关科技企业加强技术研发与合作力度。

资料来源:人民日报海外版.中国互联网医疗势头强劲[EB/OL].(2020-11-02)[2023-03-09]. https://jiankang.cctv.com/2020/11/02/ARTI9K6CaE3UH29po8vqIPFd201102.shtml.

思考题:中国的互联网医疗发展有哪些优势和不足?

三、互联网医疗发展的不足

(一)医患关系难建立

在线诊疗模式难以建立,医患关系难以维护。目前居民进行诊疗还是倾向于在实体医院与实体医生建立面对面联系,有着更好的反馈。互联网医疗在实体医院的应用依然在医疗行业外围,核心的诊疗问题并不能用互联网代替,而在线诊疗平台,由于目前服务体系并不完善,导致患者大多只能进行基本的问询,病情首诊一般不能通过在线平台完成,无法独立建立良好医患关系。

(二) 线上线下难结合

目前在线诊疗形式单一化,一般通过图片以及文字进行问询,而患者在互联网上进行问询后,由于地区、医保、身体状况等一系列问题,往往不能进一步得到诊治,患者就医、诊疗、复健等环节脱节,且在线诊疗医生难以开具处方,医药配送等问题也仍未解决,导致互联网医疗线上线下难以结合。

(三) 在线诊疗难进行

一般看病时,医生需要观察患者并面对面进行问诊,即时获取患者身体状态,根据检查结果才能判断患者病情并提出合适的诊疗方案。而在线诊疗一方面由于无法直接观察到患者,不能做出准确判断,另一方面目前医生利用自己的碎片化时间在在线问诊平台上提供问诊服务,医生与患者之间交流存在"时差",不即时交流使得线下一刻钟的诊疗时间可能在线上两天都不一定能完成,进行十分困难。

(四) 远程诊疗难纳医保

由于互联网医疗项目不确定、收费无标准、医保部门难以核算远程医疗成本等原因,"不能报销"成为互联网医疗发展的痛点之一。而目前国家医保局发布的意见规定了部分互联网医疗项目准入医保,一定程度上促进了互联网医疗的发展,但是互联网医疗纳入医保政策仍然在探索阶段,尚未发展成熟。

四、互联网医疗的发展建议

(一) 立足线下发展,辅助线上优化

针对当前互联网医疗发展不足之处,企业若想完善互联网医疗服务体系,必须优先立足于线下发展,辅助进行线上优化。由于医疗行业的特殊性,医患之间大多需要面对面进行诊疗,如果在线就诊平台是独立于实体医院的,线上线下没有实现有机结合,移动互联网医疗则会变成泡沫。企业应该抓住国家大力发展互联网企业机遇,完善基础医疗设施建设,开设线上医疗就诊平台。同时,利用大数据实现健康档案互通,在当前分级医疗体制下,支持患者基层检查,上级诊断,解决目前医疗行业真正痛点,让患者"有处可医"。

(二) 改进诊疗方式,多渠道完善服务

目前在线诊疗主要采用图片、文字等形式,医患之间交流困难。通过改进诊疗方式,在平台上开设视频、电话等形式向医生问诊,辅以文字、图片,提高用户就诊体验感,吸引更多患者由"只问不诊"转换为真正的线上问诊、确诊。由于当前在线问诊平台并不完善,平台上医生主要利用碎片化时间进行诊疗,反馈很不及时,政府以及医疗机构可以就此推行新的举措,将兼职变为专职,医院可直接开设网上就诊窗口,安排医生网络当值,以此完善互联网医疗服务体系。

(三) 政府推进政策,增加患者医疗保障

在推进互联网医疗行业发展的同时,完善互联网医疗保障政策也应该齐头并进,当前居民面临的"看病贵"问题,很大程度源于医疗保障措施不完善,医保并未完整覆盖全居民,部分医疗项目不予报销,在互联网医疗中,面临异地医保、医疗项目不确定、远程医疗费用难核算等问题,医疗保障更得不到合理利用,使许多经济拮据的患者没有能力在互联网上进行诊疗。政府应该据此制定更为完善的政策,增加患者医疗保障,才能促进互联网医疗企业发展。

(四)整合医疗资源,完善一体化医疗服务

患者一般按照搜寻信息、选择医院及医生、问诊、检查、确诊、治疗一系列步骤就医。当前互联网医疗行业没有做到完整一站式服务,患者不能在相关平台上一次性得到满足,相关行业企业应当整合相关医院及医生信息、定点检查医院、后续治疗医院以及医药购买平台等与患者就诊相关的所有资源,提供一体化医疗服务。

第四节 互联网金融

一、互联网金融的概念

互联网金融可以理解为以在线支付、云计算技术、门户网站服务、社交媒体网络平台等互联网工具为载体,实现资源合理配置、资金有效融通以及价格、价值信息的发布和传递等服务,并且是将传统金融领域与现代网络技术有机结合而形成的一种新兴金融。互联网金融的适用性在网络安全逐步完善,高速移动网络服务不断强化,配套设施逐渐提高的背景下得到愈来愈多客户群体的使用与认可。互联网金融吸取互联网的"开放、协同、分享、公平、客观"的精髓内涵并将其与传统金融领域有效连接,从而使得互联网金融参与度更高,协作性更强,透明度更大,信息传播更为便捷,更使得交易成本大大降低,操作与管理成本得到有效控制。

二、互联网金融的内容

(一)网络电子银行

以计算机和互联网技术为依托,提供全面、即时、便捷的银行服务。网络银行较之于传统商业银行提供了一种崭新的银行服务手段并且实行了现代企业组织、管理、监督模式。

(二)网络资本市场

利用现代信息技术的前瞻作用在资本市场尤其是在证券市场中,广泛应用于包括网上公开竞价发行,电子证券交易系统,互联网经济业务,以及与之相关联的综合服务。

(三)网络保险

保险公司及其中介机构以网络及电子商务为媒介来经营保险销售、管理保险活动的经济行为。因网络信息覆盖范围的广泛性,从而达到了保险公司节约开支,降低人力成本,缩短销售环节,并以此提升企业知名度与竞争力的效应。

(四)网络理财

利用网络技术,为投资者提供专业的投资理财分析技术手段,并相应的推出优质的个性化理财工具,以及完善的投资理财交易服务从而为投资者实现财富的保值、增值目的。

第五节 智 能 制 造

一、智能制造的概念

智能制造是一种由智能机器和人类专家共同组成的人机一体化智能系统,它在制造过程中能进行智能活动,诸如分析、推理、判断、构思和决策等。通过人与智能机器的合作共事,去扩大、延伸和部分地取代人类专家在制造过程中的脑力劳动。它把制造自动化的概念更新,扩展到柔性化、智能化和高度集成化。

二、中国智能制造的现状与发展趋势

(一)中国智能制造的现状

随着科技的飞速发展,"中国制造"向"中国智造"转型的故事正在上演。而随着5G时代的到来,众多中国科技企业也是迅速崛起,进一步推动了"中国智造"的发展进程。2020年,不少智能制造企业展示出自己的"智造"实力。面对居民出行受限、企业复工受阻、医护人员出现人手短缺等情况,一些智能制造企业凭借技术积累和制造优势,推出送餐无人机、自动测温机器人和智能医用服务机器人等方便人民生活。

随着人口红利消失,制造业成本上升,国家近年发布多项政策支持制造业智能化转型。明确了对智能制造等重点产业的鼓励发展。根据中研产业研究院《2020—2025年中国智能制造行业市场前瞻与未来投资战略分析报告》智能制造业投资从2014年到2018年热度持续上升,且2017—2019年投资金额均超300亿元。艾媒咨询分析师认为,中国自2015年以来关于智能制造的规划及政策让资本市场更加关注智能制造发展潜力,投资热度上升。

(二)中国智能制造的发展趋势

我国制造业经历了机械化、自动化、数字化等发展阶段,已经搭建起完整的制造业体系和制造业基础设施,在全球产业链中具有重要地位。这让中国具备了实现智能制造、推动全球产业链变革的可能性和基础实力。中国智能制造的发展趋势主要表现在以下几个方面。

1. 智能设计

应用智能化的设计手段及先进的设计信息化系统(CAX、网络化协同设计、设计知识库等),支持企业产品研发设计过程中各个环节的智能化提升和优化运行。例如:实践中,建模与仿真已广泛应用于产品设计,使新产品进入市场的时间实现大幅压缩。

2. 智能产品

在智能产品领域,互联网技术、人工智能、数字化技术嵌入传统产品设计,使产品逐步成为互联网化的智能终端,比如将传感器、存储器、传输器、处理器等设备装入到产品当中,使生产出的产品具有动态存储、通信与分析能力,从而使产品具有可追溯、可追踪、可定位的特性,同时还能广泛采集消费者个体对创新产品设计的个性化需求,令智能产品更加具有市场竞争力。

3. 智能装备

智能制造模式下的工业生产装备需要与信息技术和人工智能等技术进行集成与融合,从而使传统生产装备具有感知、学习、分析与执行能力。生产企业在装备智能化转型过程中可以从单机智能化或者单机装备互联形成智能生产线或者智能车间两方面着手。但是单纯地将生产装备智能化还不能称为真正意义上的装备智能化,只有将市场和消费者需求融入装备升级改造中,才能称之为真正实现全产业链装备智能化。

4. 智能生产,个性化定制

在传统工业时代,产品的价值与价格完全由生产厂商主导,厂家生产什么消费者就只能购买什么,生产的主动权完全由厂家掌控。而在智能制造时代,产品的生产方式不再是生产驱动,而是用户驱动,即生产智能化可以完全满足消费者的个性化定制需求,产品价值与定价不再是企业一家独大,而是由消费者需求决定。

5. 智能管理

随着大数据、云计算等互联网技术、移动通信技术以及智能设备的成熟,管理智能化也成为可能。在整个智能制造系统中,企业管理者使用物联网、互联网等实现智能生产的横向集成,再利用移动通信技术与智能设备实现整个智能生产价值链的数字化集成,从而形成完整的智能管理系统。此外,生产企业使用大数据或者云计算等技术可以提高企业搜集数据的准确性与及时性,使智能管理更加高效与科学。

6. 智能服务

智能服务作为智能制造系统的末端组成部分,起到连接消费者与生产企业的作用,服务智能化最终体现在线上与线下的融合(O2O)服务,即一方面生产企业通过智能化生产不断拓展其业务范围与市场影响力,另一方面生产企业通过互联网技术、移动通信技术将消费者连接到企业生产当中,通过消费者的不断反馈与意见提升产品服务质量、提高客户体验度。

三、中国智能制造发展的不足

我国已具备发展智能制造的基础与条件,掌握了长期制约我国产业发展的部分智能制造技术,如机器人技术、感知技术、复杂制造系统、智能信息处理技术等。以新型传感器、智能控制系统、工业机器人、自动化成套生产线为代表的智能制造装备产业体系初步形成。另外,我国制造业数字化具备一定的基础。目前在规模上,工业企业在研发设计方面应用数字化工具普及率已经达到54%,生产线上数控装备比重已经达到30%。

与发达国家相比我国智能制造仍有较大差距,具体体现在以下几个方面:

(1) 智能制造基础理论和技术体系建设滞后。我国主要侧重智能制造技术追踪和技术引进,对引进技术的消化吸收力度不够,原始创新匮乏;控制系统、系统软件等关键技术环节薄弱,技术体系不够完整。

(2) 我国发展智能制造的数字化基础较为薄弱。制造业发展整体上还处于机械自动化向数字自动化过渡阶段,如果以德国工业4.0作为参照体系,我国总体上还处于2.0时代,部分企业在向3.0时代迈进。

(3) 关键技术和核心部件受制于人。高端传感器、智能仪器仪表、高档数控系统、工业应用软件等市场份额不到5%,大型工程机械所需30 MPa以上液压件全部进口,大型转载机进口部件占整机价值量的50%~60%。

(4) 高端软件产品缺乏。我国制造业的"两化"融合程度相对较低,低端CAD软件和企业管理软件得到很好普及,但应用于各类复杂产品设计和企业管理的智能化高端软件产品缺失,在计算机辅助设计、资源计划软件、电子商务等关键技术领域与发达国家差距依然较大。

(5) 企业系统集成能力较为薄弱。缺乏像西门子一样的国际级大型企业。

当前,智能制造已成为我国建设制造强国的主攻方向,加快发展智能制造是推动中国制造迈向高质量发展、形成国际竞争新优势的必由之路。中国制造企业必须通过数字化转型提升产品创新与管理能力,提质增效,从而赢得竞争优势。

第六节 电子政务

一、电子政务的概念

"政务"在《现代汉语词典》中的解释是"关于政治方面的事务,也指国家的管理工作"。那么"电子政务"简单地来讲就是指运用电子化手段所实施的国家管理工作。具体来说,电子政务指各级政府机构的政务处理电子化,包括内部核心政务电子化、信息公布与发布电子化、信息传递与交换电子化、公众服务电子化等。

电子政务,实质上就是政府机构应用现代信息和通信技术,将管理和服务通过网络技术进行集成,在网络上实现政务组织结构和工作流程的优化重组,超越时间、空间与部门的限制,全方位地向社会提供优质、规范、透明、符合国际水准的管理和服务。

电子政务作为电子信息技术与管理的有机结合,成为当代信息化的最重要的领域之一。电子政务是政府机构在其管理和服务职能中运用现代资讯技术,实现政府组织结构和工作流程的重组优化的主要形式。

电子政务这个定义包含以下三个方面的信息:

(1) 电子政务必须借助于电子信息和数字网络技术,离不开信息基础设施和相关软件技术的发展;

(2) 电子政务处理的是与政权有关的公开事务,除了政府机关的行政事务以外,还包括立法、司法部门以及其他一些公共组织的管理事务;

(3) 电子政务并不是简单地将传统的政府管理事务原封不动地搬到网络上,而是要对其进行组织结构的重组和业务流程的再造;

国家一直重视我国电子政务的发展,全社会对电子政务目标已经达成共识,那就是电子政务要"为民服务"。所以,加快电子政务建设已经具备了一定的认识基础,推行电子政务建设对于提高国民经济总体素质、提高现代化管理水平、加强政府监管、提高行政效率、开展反腐倡廉、建立"和谐社会"等多方面都具有重要作用。

二、电子政务的模式

电子政务是政府部门利用现代信息科技和网络技术,实现高效、透明、规范的电子化内部办公、协同办公和对外服务的程序、系统、过程和界面。电子政务依施行的对象和工作内容可分为政府与政府的电子政务(government to government,G2G)、政府与企业的电子政务(government to business,G2B)、政府与公众的电子政务(government to citizen,G2C)。

(一) 政府与政府的电子政务

政府上下级、部门间利用"电子公文系统"传送有关的政府公文,以提高公文处理速度。或是利用"电子办公系统"完成机关工作人员的许多事务性工作,如下载政府机关经常使用的各种表格,报销出差费用等,以节省时间和费用,提高工作效率。

(二) 政府与企业的电子政务

政府通过网络公布政府采购与招标资讯的"电子采购与招标",减少徇私舞弊,使政府采购成为阳光作业。参与政府采购的中小企业,能降低企业的交易成本。企业也可通过"电子证照办理",在线办理相关证件和执照的申请、登记和变更等。

(三) 政府与公众的电子政务

政府通过网络为民众提供的各种服务,例如开设人才中介服务入口网,为求职者提供就业资讯及职缺媒合服务。或者通过政府网站提供医疗保险、医药等资讯。甚至通过电子报税系统申报个人所得税、财产税等。而通过电子证件服务可办理结婚、出生、死亡证明等有关证书。

三、电子政务的作用

电子政务是政府机关提高工作效率的有效途径,内网建设是政府电子政务的关键,各级政府信息中心不仅要负责具体业务工作,也要承担起网络安全性的管理工作,推动电子政务的发展,可以带来以下五方面的作用。

(一) 提高政府的办事效率

依靠电子政务信息系统,一个精简的政府可以办更多的公务,行政管理的电子化和网络化可以取代很多过去由人工处理的烦琐劳动。

(二) 有利于提高政府的服务质量

实施电子政务后,政府部门的信息发布和很多公务处理转移到网上进行,给企业和公众带来了很多便利,如企业的申报、审批等转移到网上进行,可以大大降低企业的运营成本,加快了企业的决策速度,这又从另一个方面促进了经济的发展。

(三) 有利于增加政府工作的透明度

在网上发布政府信息,公开办公流程等,维护了公众的知情权、参与权和监督权;政务的公开又拉近了公众和政府的关系,有利于提高公众对政府的信任。

(四) 有利于政府的廉政建设

电子政务规范办事流程,公开办事规则,加强了和公众的交互。那些容易滋生腐败的"暗箱操作",通过现代化的电子政务手段将大大减少,这将有利于促进政府部门的廉政建设。

（五）提高了行政监管的有效性

从近几年的实施看我国建设的"金关工程""金税工程"，大大加强了政府部门对经济监管的力度。"金关工程"和"金税工程"的实施大大减少了偷税、漏税和出口套汇等，增加了国家的财政收入；公安部门的网上追逃也取得了显著的社会效益。

四、电子政务与传统政务的区别

从具体操作看，传统政务实际上是一种高成本、低效率的粗放管理方式。电子政务则通过互联网来解放管理能力，它可以降低管理成本、提高管理效率。传统政务容易疏远政府与群众的关系，也容易使中间环节发生腐败和沟通不畅。电子政务的最终目标是使政府能够对群众的要求进行更快捷的反应，从而更直接地为人民服务。与传统政务相比，电脑面前人人平等，电子政务可以对行使权力的过程进行监督，防止以权谋私，促进政务公开和廉政建设。

从工作方式看，传统政务管理形式主要为开会研究、逐级下达和层层上报，耗费了大量行政经费；电子政务通过虚拟办公、电子邮件交换、远程连线会议，克服了"文山会海""公文旅行"等现象，节约了大量人力财力。

从工作模式看，电子政务与传统政务相比，工作模式发生了巨大改变。电子政务利用现代信息技术加强全局管理，精简和优化政务流程，科学决策，并以此推动社会经济文化的发展。同时实行电子政务也带来管理和工作的传统观念的改变。电子政务利用现代信息技术，实现政府的公共事务管理职能，使政务处理更加集约、快捷。

五、电子政务发展的不足

（一）电子政务建设存在一定的误区

首先，对电子政务的建设缺乏全局性、创新性和风险性。其次，随意强化部门利益。第三，基础设施建设落后。第四，电子政务公共网络平台、公共数据中心等关系全局的基础设施建设，明显落后于各部门的网络系统的建设，造成了各部门的信息化缺乏统一的电子政务平台，进一步加深了纵强横弱的管理格局，导致了国家对电子政务的总体布局的弱化。在运行环境建设方面，法治化、标准化和信息安全工作等也明显落后于实际需求。

（二）政府信息化存在"信息孤岛"

我国的政府信息化建设已多年，国家投入了大量的财政资金，但是由于缺乏国家统一的标准和无明确的政务信息化建设的规则，导致了政务信息标准不一、各自为政、自成一体、不联不通，缺乏有效整合，政府大小部门间最终形成了一个个"信息孤岛"，阻断了部门内业务上的内在联系，致使丰富的信息资源难以得到共享。虽然投入了大量的资金，却不能获得为社会提供便利的政府公共服务的回报。

（三）网上的"一站式"服务理解误区

"一站式"审批，是指运用相关的应用软件和网络平台将各审批部门的许可证审批与工商行政管理登记机关注册登记集中于一体的审批方式。互联网审批的各环节是跨地区、跨行业、无纸化快捷地在网上完成的。由于"一站式"审批与互联网审批的不正确理解,导致我国电子政务的发展定位不准确。

第七节 AR房地产交易

一、AR技术的概念

AR技术,即增强现实技术,它是一种把现实世界很难体验到的实体信息,通过电脑等科学技术模拟仿真后再叠加,使真实的环境和虚拟的物体实时地叠加到同一画面和空间同时存在的一种新型技术。它的主体是人,核心是结合现实和虚拟,以达到互动。这就决定了AR技术在房地产领域有非常广阔的应用前景。

房地产行业是个信息密集型的行业,每一个工程项目都拥有大量的图纸信息、技术信息、人员设备信息,传统的"测量放线、按图施工"在信息理解、交互、保存等方面都存在着明显的弊端。增强现实技术作为提升人认知能力的新兴技术,它在房地产领域中对大量数据准确、实时地提取和可视化处理等方面发挥着不可估量的作用。

二、AR技术的特点

增强现实既允许用户看到真实世界,同时也能看到叠加在真实世界上的虚拟对象,将计算机生成的图形与用户在真实物理世界获取的视觉信息组合在一起,使用户产生全新的体验,提高对现实世界中的事物和物理现象的洞察力。增强现实系统中真实物体和虚拟物体与用户环境无缝结合,真实物体和虚拟物体之间能够进行交互,能够实现真正的虚实融合,因此增强现实系统具以下三个特点。

(一)虚实交融

AR增强现实技术最具有代表性的特征之一就是将虚拟与现实融合。AR增强现实技术以计算机为载体,将相关信息划分为虚拟空间范围内的氛围及目标,同时还可将现有的虚拟资讯反馈到现实环境当中去,进而将现实空间与虚拟空间有机结合,最终形成相对完整的闭合回路。通过这一技术的实现,使用者不仅可在虚拟空间与现实空间实时切换,也可真正体验到虚拟空间与现实空间相融合所带来的震撼体验。

(二)实时交互

在AR增强现实技术中,使用者可以通过自主调控,在有限的范围之内实现真实空间与虚拟空间的相互切换,还可迅速地将使用者的使用目的反馈出来,进而形成有机的切换模式。此时,AR增强现实技术就具有实时交互的特征,也就代表着使用者可以随时随地地切换和使用规范模式下的现实空间与虚拟空间的数据及图像。

(三)三维注册

AR增强现实技术实现的根本路径是在有效对象的基础之上,对有效对象的相关数据进行捕捉,随后通过计算机等相应设备,将对象的参数进行计算映射,并最终将所产生的虚拟信息数据及时呈现在计算机显示屏上。这一路径通常被称为三维注册,换言之,AR增强现实技术就是将有效对象真实的空间数据与虚拟的空间数据相互交换并衔接,将注册及转换的位置输出为三维,这成为了 AR 增强现实技术实现现实与虚拟空间相互反馈的重要手段。

此外,由于 AR 增强现实技术可在现实空间的基础之上实现数据的有效反馈,因此操作过程中虚拟的数据也可跟随现有的数据实现转换,如光线、温度等,通过三维注册可更好地衔接虚拟空间与现实空间,实现最真实交互体验。

三、AR 技术在房地产行业的应用

(一) 在房地产项目前期的应用

在房地产开发前期的勘察设计阶段,三维协同设计稳步发展可能会在将来取代传统的二维设计,AR 技术为设计阶段的三维建模提供了更好的展示方法,使得三维模型与二维设计、施工图纸更加紧密地结合起来,更容易让投资方了解设计师的设计理念和作品的突出特点。基于增强现实能力,未来将不再只通过项目前期的效果图来了解项目的外观、定位,而是运用 AR 技术将项目更完美、更全面地展现在决策者面前,使他们更加清楚项目未来是什么样子的。

(二) 在房地产项目开发建设阶段的应用

1. 安全管理过程中的应用

在大型房地产项目的施工现场,往往会面对复杂的工艺、工序,大型机械设备,还有大量具有较高专业技能的工人,如此规模庞大的作业现场,很容易出现遗漏和疏忽,造成安全隐患,这就对工人有着相对较高的要求。由于 AR 可在施工现场加载虚拟的施工内容,使现场人员从平面化的数据提取这种需要较高专业素养的活动中解脱出来,就可以在现场施工管理中减少由于施工组织和图纸的误解和信息传递的失真所造成的巨大损失,减少施工员反复读图识图的时间,辅助管理员的管理、加强现场施工人员的培训甚至通过加载明显的标记信息强调重要节点的施工从而有利于现场的安全管理。如果工人佩戴 AR 眼镜,根据全息画面的指导,进行标准化的操作,可看到接下来的工作步骤,看到面前的设备或材料信息,看到此处施工环节的实施程序,不仅避免出错,还可以缩短工人培训周期。

2. 质量、进度控制方面的应用

在项目施工的质量、进度控制过程中,基于 AR 更深层次研发的同时定位与地图构建系统可以让建筑工人通过整个建筑现场,在数分钟内绘制出非常详细的构造图,云端软件将刚刚绘制的构造图与三维模型对比,这是将截至目前项目的进展情况与计划中的预期结果进行对比。施工现场的任何错误和偏差会被立刻发现,施工人员可以提前纠正,同时软件也会追踪项目的完成情况,包括施工队伍到目前为止取得的进展、预期以及成本情况,更及时地为管理者反映实时状况,对质量、进度做出更有效的控制措施。

3. 隐蔽工程的应用

在常规的地下工程施工中,如果遇到地下有复杂管线的情况,一般都是从相关部门调取施工现场的地下管线数据,然后,施工方还需找经验丰富的挖掘技师来施工。AR 时代面对隐蔽工程就可以做到避险处理,避免对工程造成物理性伤害。虽然这个动态地形虚拟挖掘

还在实验阶段,但是这项技术发展成熟后,从根源上解决了工程施工挖到通信光缆、地下供水、燃气管道等关系民生的重大隐患,同时也大大降低了施工技师的门槛,所有的数据都可以通过增强现实技术直接呈现到施工技师眼前,从而进行更为精确、安全的施工。

4. 在房地产营销阶段的应用

增强现实技术让房产户型乃至周围环境、交通的展现不再单调,能够让购房者未领到"家"而体验到"家"的感觉。传统的户型手册上,户型图是平面的,难以感知未来的室内空间。而AR技术能够将户型从一张纸跃然变为3D情势,将楼盘更为立体、形象地展示给客户,其特色就是实景视频、图像、信息动态混合,其视觉传达的完全性、沉醉感、时空感和互动性是任何现有视觉媒体所不及的。开发商利用AR提供一种加载信息的浸入式环境,借此设计和展示楼盘整体效果、室内装修效果和供购房者选择的装修方案。

课 堂 测 试

班级_____ 姓名_____ 学号_____ 成绩_____

一、单项选择题(本大题共 10 小题,每题 4 分,共 40 分)

1. 下列关于在线教育特点的描述中,错误的是( )。
   A. 使学校的教育成为可以超出校园向更广泛的地区辐射的开放式教育
   B. 任何人、任何时间、任何地点从任何章节开始、学习任何课程
   C. 网络教育为个性化教学提供了现实有效的实现途径
   D. 学籍管理、作业与考试管理等,还是需要依靠线下方式完成

2. 互联网医疗的出现,通过( )帮助部分患者足不出户就能在线上得到诊疗。
   A. 开通线上预约挂号
   B. 自主选择更加适合的医生
   C. 创建一个患者之间交流的平台
   D. 整合了部分医疗资源

3. 智能制造时代,产品的生产方式不再是生产驱动,而是用户驱动,可以通过( )实现。
   A. 智能管理　　　　　　　　　B. 智能生产,个性化定制
   C. 智能服务　　　　　　　　　D. 智能设备

4. 利用"电子办公系统"完成机关工作人员的许多事务性的工作的是( )模式。
   A. G to G　　　B. G to B　　　C. G to C　　　D. B to G

5. 能够让购房者未领到"家"而体验到"家"的感觉的技术是( )。
   A. VR 技术　　　B. AR 技术　　　C. CAD　　　D. GIS 技术

6. 商务智能可被应用的领域是( )。
   A. 银行业　　　B. 保险业　　　C. 电信业　　　D. 以上都可被应用

7. 电子商务发展过程中范围的扩大化体现在( )。
   A. 教育国际化　　　　　　　　B. 标准国际化
   C. 法律规范国际化　　　　　　D. 服务支持国际化

8. 移动电子商务的行业应用包括( )。
   A. 移动购物　　　　　　　　　B. 移动医疗
   C. 移动教育　　　　　　　　　D. 以上全部包括

9. 2019 年,菜鸟全国首个机器人分拨中心在南京启用,保障了各类快消、电器等商品在华东区域的当日达、次日达,没有体现的特点是( )。
   A. 自动化水平得到提升
   B. 物联网加速包裹送达

C. 减少大量重复低效劳动
D. 促进了多智能体机器人调度技术的产生

10. 电子商务能为企业带来的益处不包括（　　）。
    A. 开拓新市场　　　　　　　　B. 降低技术研发成本
    C. 维护客户关系　　　　　　　D. 提升供应链效率

二、多项选择题（本大题共 5 小题，每题 6 分，共 30 分）

1. 下列各项中，适用于在线教育的行业有（　　）。
   A. 政府　　　　B. 学校　　　　C. 企业　　　　D. 行业
2. 在线旅游行业的发展趋势包括（　　）。
   A. 在线机票市场，在线机票竞争格局生变
   B. 在线住宿市场，智慧酒店是传统酒店升级换代的大方向
   C. 在线预订市场，激发游客为长距离旅游消费提前下单
   D. 在线度假市场，线上线下融合趋势不断加强
3. 互联网在线医疗的优势包括（　　）。
   A. 优化就诊流程　　　　　　　B. 平衡医疗资源
   C. 信息透明化　　　　　　　　D. 社区分享经验
4. 电子政务的作用包括（　　）。
   A. 提高政府的办事效率　　　　B. 有利于提高政府的服务质量
   C. 有利于增加政府工作的透明度　D. 有利于政府的廉政建设
5. AR 技术在房地产行业的应用有（　　）。
   A. 房地产项目前期，为设计阶段的三维建模提供了更好的展示
   B. 安全管理过程中，根据全息画面的指导，进行标准化的操作
   C. 在项目施工的质量、进度控制过程中，做出更有效的控制措施
   D. 在房地产营销阶段，将楼盘更为立体、形象地展示给客户

三、判断题（本大题共 5 小题，每题 6 分，共 30 分）

1. 进入到一定旅游区域的用户进行相关信息的推送，可以引导用户消费行为的产生。
    （　　）
2. 目前在线诊疗主要采用图片、文字等形式，医患之间交流困难。（　　）
3. 我国目前对经营性和非经营性的互联网信息服务均实行许可制度。（　　）
4. 随着互联网金融与电子商务之间契合度的加深，又出现了 C2B（消费者对商家）即团购的模式。（　　）
5. 电子政务需要将传统的政府管理事务都搬到网络上。（　　）